Et la fête continue

Alan Riding

Et la fête continue

La vie culturelle à Paris sous l'Occupation

Traduit de l'anglais (Etats-Unis)
par Gérard Meudal

PLON
www.plon.fr

Titre original
And the Show Went On
Cultural Life in Nazi-Occupied Paris

Published in the United States by Alfred A. Knopf, a division of Random House, Inc., New York
ISBN édition originale : Crown Publishers, New York, 978-0-307-26897-6

ISBN Plon : 978-2-259-21481-0

A Alexander.

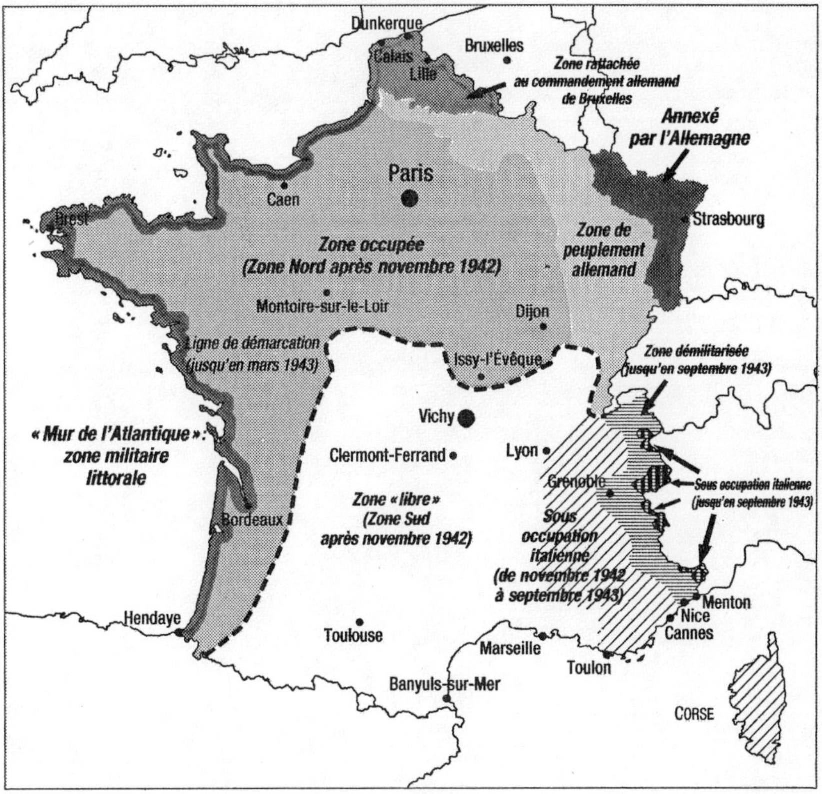
Dunkerque
Calais
Lille
Bruxelles
Zone rattachée au commandement allemand de Bruxelles
Annexé par l'Allemagne
Paris
Caen
Brest
Strasbourg
Zone de peuplement allemand
Zone occupée (Zone Nord après novembre 1942)
Montoire-sur-le-Loir
Dijon
Ligne de démarcation (jusqu'en mars 1943)
Issy-l'Évêque
Zone démilitarisée (jusqu'en septembre 1943)
Vichy
« Mur de l'Atlantique » : zone militaire littorale
Clermont-Ferrand
Lyon
Grenoble
Sous occupation italienne (jusqu'en septembre 1943)
Zone « libre » (Zone Sud après novembre 1942)
Bordeaux
Sous occupation italienne (de novembre 1942 à septembre 1943)
Menton
Nice
Cannes
Hendaye
Toulouse
Marseille
Toulon
Banyuls-sur-Mer
CORSE

Préface

Depuis que j'ai couvert en tant que journaliste les dictatures militaires d'Amérique latine dans les années 1970 et 1980, j'ai toujours été intrigué par la façon dont artistes et écrivains réagissaient à la réalité politique et sociale. Là-bas, les élites culturelles sont restées très discrètes ou ont soutenu la résistance armée, ou encore elles ont protesté depuis l'étranger, mais il y en a peu qui aient collaboré avec les dictateurs. Quand je suis arrivé à Paris en 1989, le sujet m'est apparu sous un éclairage plus précis. Voilà que je me retrouvais dans le lieu de naissance de l'*intellectuel engagé*, de la légendaire Rive Gauche intellectuelle toujours prête à en découdre avec le pouvoir politique. Mais la question qui m'intéressait le plus, à savoir comment artistes et écrivains réagissaient à l'oppression, prenait sa source, je m'en aperçus, dans une période antérieure, non pas le Paris d'aujourd'hui mais sous l'occupation nazie. Je me demandais comment les artistes et les intellectuels avaient réagi à la pire période politique qu'ait connue la capitale au XXe siècle. Est-ce que le talent et la réputation impliquaient une responsabilité plus grande ? La culture pouvait-elle s'épanouir sans liberté politique ?

Ces questions furent bien sûr débattues, et avec passion, immédiatement après la libération de Paris. A l'époque, le but était de punir les artistes et les écrivains qui avaient soutenu l'occupant et le régime fantoche de Vichy, ceux dont on estimait qu'ils avaient trahi leur nation et leurs pairs. Mais, à l'époque comme maintenant, il n'était pas toujours facile de trancher. Est-ce que le fait d'avoir travaillé pendant l'Occupation était systématiquement une forme de collaboration ? Tout écrivain pouvait-il être sanctionné pour « crime » d'opinion ? Est-ce que les peintres talentueux, les musiciens ou les acteurs avaient le devoir d'être exemplaires sur le plan éthique ? Toutes ces questions ont constitué le point de départ de ce livre.

De nombreux Français pensent que l'Occupation est encore un sujet tabou. Des amis m'ont prévenu que mes enquêtes allaient provoquer suspicion, embarras et même silence. Je n'ai pas eu cette impression. Depuis le début des années 1970, lorsque Robert O. Paxton a publié son livre, *La France de Vichy*, le mythe de la France résistante s'est écroulé. Des livres ont été écrits sur chaque aspect de l'Occupation. A travers des films comme *Le Chagrin et la Pitié* de Marcel Ophüls ou *Lacombe Lucien* de Louis Malle, le public français a aussi appris que la collaboration et l'instinct de conservation ont souvent été plus forts que l'envie de résister.

Pour ma part, j'ai recherché des artistes, écrivains et autres qui avaient été témoins de ces « années noires ». Déjà octogénaires ou même plus âgés, ils ont tous accepté de me voir, et, du moins je le pense, m'ont répondu ouvertement et avec franchise. Leur témoignage a été crucial pour démontrer que la vie sous l'Occupation n'était pas une sorte de cliché immobile où un moment particulier pouvait représenter tous les autres, mais plutôt un drame en constante évolution, une scène grouillante où la loyauté, la trahison, la nourriture et la faim, l'amour et la mort trouvaient le moyen de coexister, où même la ligne séparant le bien du mal, les résistants des collaborateurs semblait se déplacer au gré des circonstances. Ce n'était pas moins vrai du monde de la culture. Ses personnalités les plus marquantes se comportaient exactement comme le reste de la population, si ce n'est que, dans leur cas, les enjeux étaient plus importants ; leur qualité d'artistes faisait d'eux des modèles et leur imposait de ce fait plus d'exigences.

Les acteurs principaux ont maintenant disparu mais le décor reste et n'a pas beaucoup changé. Les rues et les monuments de Paris gardent encore le souvenir de ceux qui ont peuplé cette scène il y a quelques décennies. Souvent, tandis que je travaillais à ce livre, j'avais le sentiment que le passé m'accompagnait. Un court trajet en bus sépare le bureau où j'écrivais des endroits que je décrivais. Il est à la fois facile et difficile d'imaginer la Wehrmacht descendant au pas de l'oie les Champs-Elysées, d'imaginer la croix gammée flottant sur la place de la Concorde, le Louvre désolé et vidé de ses tableaux, des uniformes allemands remplissant les loges de l'Opéra de Paris.

L'Hôtel Lutétia sur la Rive Gauche reste marqué d'une double blessure : de 1940 à 1944, c'était le quartier général de l'Abwehr à Paris, puis en 1945, ce fut le centre de réception des prisonniers de guerre et des déportés qui rentraient en France. Dans quelques cas seulement, le décor a changé. En face du Lutétia, la vieille prison du Cherche-Midi, si pratique pour la Gestapo et si redoutée par ses ennemis, a été démolie et remplacée par ce genre de construction anonyme de verre et d'acier qui n'a aucune histoire.

Autour de mon bureau, dans le 6e arrondissement, les souvenirs sont encore plus présents. Dans ma propre rue, rue Monsieur-le-Prince, le groupe de résistants de la première heure, connu sous le nom de Réseau du musée de l'Homme, se réunissait au n° 30. A un pâté de maisons, une librairie allemande destinée à la Wehrmacht occupait un coin de la place de la Sorbonne. C'est également sur cette place qu'habitait Jean Galtier-Boissière, un observateur satirique qui tint le journal le plus incisif et le plus spirituel de l'Occupation. Un peu plus au nord, rue du Sommerard, une plaque apposée sur une école primaire rappelle le souvenir de ces élèves qui furent « déportés de 1942 à 1944 parce qu'ils étaient nés juifs, victimes innocentes de la barbarie nazie avec la complicité active du gouvernement de Vichy ». Le long de la place passe le boulevard Saint-Michel, encore marqué par la trace des intenses combats qui s'y déroulèrent pendant l'insurrection de Paris. Tout près, le Sénat, qui était le quartier général de la Luftwaffe, et derrière lui, le jardin du Luxembourg, où eut lieu le dernier combat de tanks. Sur bien des murs, des plaques rappellent l'endroit où tombèrent de jeunes combattants. Et chaque année, le 25 août, le jour anniversaire de la libération de Paris, ces plaques sont fleuries. Je m'arrête souvent pour lire sur ces plaques des noms inconnus et je me demande parfois si les artistes renommés et les intellectuels ont servi leur pays avec autant de loyauté. Mais j'essaie aussi de ne pas oublier les mots d'Anthony Eden, secrétaire des Affaires étrangères britannique pendant la guerre : « Si on n'a pas connu les horreurs de l'occupation par une puissance étrangère, on n'a pas le droit de se prononcer sur l'attitude d'un pays qui a connu cela. »

CHAPITRE 1

Tout le monde en scène

Le 14 juin 1940, l'armée allemande entra dans Paris sans rencontrer d'opposition. En quelques semaines, les vestiges de la démocratie française furent tranquillement ensevelis et le IIIe Reich s'installa en France pour une occupation d'une durée indéterminée. A qui la faute ? Le pays était à bout de forces et beaucoup de Français voyaient là l'accomplissement d'une défaite annoncée, une débâcle qui se préparait depuis que la France était sortie de la Première Guerre mondiale, officiellement victorieuse mais le moral en berne. Dans le sang et la boue des tranchées du front de l'Ouest, un million quatre cent mille Français avaient péri, ce qui représentait 3,5 pour cent de la population et presque 10 pour cent des hommes en âge de travailler. De plus, le million de Français qui avaient été grièvement blessés, ces *mutilés de guerre* qui avaient survécu, rendaient le passé impossible à oublier. La France s'inquiétait déjà avant guerre de son faible taux de natalité, à présent le massacre d'hommes et de futurs pères signifiait qu'il allait falloir attendre jusqu'en 1931 pour que la population dépasse le niveau de 41,4 millions d'habitants qu'elle avait en 1911, et encore un tel résultat était-il dû en grande partie à l'immigration.

En même temps, le pays ne faisait plus confiance à sa classe politique. La IIIe République, fondée en 1870 après la défaite de la France dans la guerre contre la Prusse, était minée par l'instabilité et en proie aux querelles politiques. Même si l'économie se portait relativement bien dans les années 1920, la reconstruction d'après guerre avait pris beaucoup de retard. Ensuite, lors des années 1930, face aux deux menaces jumelles de la Grande Dépression et du progrès des idéologies extrémistes en Europe, les dirigeants français choisirent d'ignorer l'une et l'autre. Dans un pays qui s'était toujours targué de l'originalité de ses idées politiques, une succession de gouvernements incompétents avait entamé la confiance du peuple dans la démocratie et renforcé l'attrait des alternatives nazie, fasciste et communiste. D'une façon plus radicale, la Grande Guerre ayant engendré une nation de pacifistes, les Français préférèrent ignorer ce qui était de plus en plus évident : que le pays allait se retrouver bientôt en guerre contre l'Allemagne. Et lorsque la guerre devint inévitable, ils choisirent de faire confiance aux vantardises de la propagande officielle selon laquelle leur armée était invincible. Cet aveuglement phénoménal ne fit qu'aggraver le choc qui allait suivre. Lorsque l'armée de Hitler traversa en coup de vent tout l'ouest de l'Europe au cours de l'été 1940, les défenses françaises s'écroulèrent en l'espace de quelques semaines. Ni en 1870 ni en 1914, les choses n'avaient été à ce point catastrophiques.

Et pourtant, dans la morosité croissante de l'entre-deux-guerres, tandis que la liberté artistique et intellectuelle était réduite à néant dans l'Europe tout entière, Paris continua de briller comme un phare culturel. La majorité des Parisiens étaient pauvres, mais ils avaient depuis longtemps été chassés du cœur de Paris par le remodelage urbain radical du baron Haussmann un demi-siècle auparavant. Ce « nouveau » Paris était devenu le haut lieu du divertissement de l'élite et attirait des altesses royales de seconde zone, des aristocrates et des millionnaires qui venaient là acheter des œuvres d'art, suivre les courses de chevaux au bois de Boulogne, écouter Richard Strauss diriger *Der Rosenkavalier* à l'Opéra de Paris ou étrenner dans des soirées les derniers modèles de Chanel ou de Schiaparelli.

Des peintres, des écrivains des musiciens et aussi des danseurs accouraient là, venus de toute l'Europe ou d'Amérique, parfois en quête de liberté sexuelle, fuyant pour certains des dictatures, cherchant pour la plupart l'inspiration et la reconnaissance. Couvrant toute la gamme depuis la solennité littéraire de l'Académie française en passant par l'avant-garde surréaliste jusqu'aux spectacles endiablés du Moulin Rouge, Paris offrait à la fois ouverture intellectuelle et divertissement. Et, flânant parmi tous ces textes et manifestes, tels des courtisans bavards, on trouvait des intellectuels, des artistes et des acteurs. Qu'ils soient admirés pour leurs idées, leur imagination ou tout simplement pour leur vie de bohème, ils arboraient tous les signes extérieurs d'une caste privilégiée.

« Le prestige de l'écrivain était un fait tout français, je crois, écrivit plus tard, en essayiste avisé, Jean Guéhenno. En aucun autre pays du monde, l'écrivain n'était entouré par son peuple de tant de révérence. Chaque bourgeois français pouvait bien craindre que son fils ne devînt un artiste, tous les bourgeois français ensemble étaient d'accord pour reconnaître à l'artiste et à l'écrivain une prééminence comme sacrée[1]*. » Autrement dit, la culture était devenue inséparable de l'image que la France avait d'elle-même. Et le reste de l'Europe partageait cet avis. Mais à présent que la croix gammée flottait sur Paris, comment la culture française, ses écrivains, ses artistes, ses intellectuels allaient-ils réagir ? Une fois de plus, c'est dans le tourbillon de l'entre-deux-guerres que se trouve la réponse.

C'est dans le domaine de la peinture que la prééminence culturelle française était la plus forte. Rien qu'entre la guerre contre la Prusse et la Première Guerre mondiale, les mouvements artistiques nés en France, l'impressionnisme, le post-impressionnisme, les nabis, le fauvisme, le cubisme se succédaient dans ce qui finit par ressembler à une révolution permanente. La guerre 14-18 n'y changea pas grand-chose. Tandis que des artistes allemands comme Otto Dix, George Grosz et Max Beckmann s'attaquaient au cauchemar de la guerre des tranchées, en France les artistes n'accordaient que peu d'attention à un conflit qui se déroulait pourtant à quelque cent cinquante kilomètres au nord de Paris. Après l'armistice, les géants du XIXe siècle comme Renoir, Monet et Rodin étaient encore en vie tandis que l'influence de Pablo Picasso, Marcel Duchamp et Henri Matisse ne cessait de croître. De nombreux artistes dont la célébrité datait d'avant la guerre, des hommes comme Georges Braque, André Derain, Maurice de Vlaminck, Kees Van Dongen, Pierre Bonnard et Aristide Maillol, restaient fidèles à leur style d'avant guerre. Fernand Léger faisait figure d'exception. Il avait passé deux ans au front et son art en fut transformé avec ses dessins de pièces d'artillerie et d'avions qui annoncent ses tableaux « mécaniques » et tubulaires des années 1920. Bonnard évita les tranchées, ne fut que brièvement enrôlé comme artiste de guerre et ne peignit qu'une seule toile de désolation, *Un village en ruines près du Ham*. Mais il s'empressa de retourner aux thèmes qu'il aimait particulièrement, les nus et les scènes d'intérieur.

Pour les artistes européens, Paris était l'endroit où l'on pouvait rencontrer les grands artistes et aspirer à en devenir un soi-même. Et

* Les notes numérotées figurent en fin de volume, par chapitre (NdE).

que la ville fût un important marché de l'art était un atout supplémentaire. Depuis la fin des années 1890, le légendaire marchand d'art Ambroise Vollard avait fait connaître à l'étranger les noms de Cézanne, Gauguin et Van Gogh, et en 1901 il avait offert à Picasso sa première exposition à Paris. Entre les deux guerres, ce fut au tour d'autres marchands, en particulier Daniel-Henry Kahnweiler et les frères Rosenberg, Léonce et Paul, d'approvisionner les collectionneurs européens et américains en œuvres nouvelles en provenance de Paris. Pour les artistes étrangers, l'énergie de la ville, dont le bouillonnement régnait sur les ateliers et les cafés de la Rive Gauche, était un attrait aussi fort que n'importe quel mouvement artistique. Il est vrai que Salvador Dalí, Max Ernst, Man Ray et Joan Miró avaient embrassé la cause du surréalisme, mais d'autres étrangers suivaient leur propre voie comme Constantin Brancusi, Chaïm Soutine, Piet Mondrian, Amedeo Modigliani et Alberto Giacometti. La liste des artistes français importants qui vivaient à Paris à cette époque est, elle, encore plus longue. Et on pouvait leur ajouter architectes et stylistes qui créaient l'Art Déco, un style qui allait caractériser les années 1930. Il n'était probablement jamais arrivé depuis la Renaissance italienne qu'une ville puisse s'enorgueillir d'une telle concentration de talents artistiques.

Dans le domaine des arts de la scène, la nouveauté était venue de l'étranger avec les Ballets russes de Serge Diaghilev qui provoquèrent dans le monde de la danse une révolution qui allait influencer le ballet pendant la plus grande partie du XXe siècle. En 1912, le danseur étoile de la troupe, Vaslav Nijinsky, avait choqué Paris par son interprétation érotique du *Prélude à l'après-midi d'un faune* de Claude Debussy. L'année suivante, le danseur se retrouva au centre d'une bataille au Théâtre des Champs-Elysées lors de la première du *Sacre du printemps* d'Igor Stravinsky, lorsque certains spectateurs protestèrent contre la chorégraphie peu classique de Nijinsky et la musique dont ils désapprouvaient le rythme primitif.

Le rôle de Diaghilev en tant que promoteur et organisateur talentueux était encore très important. Parmi les chorégraphes, il avait engagé Michel Fokine qui était déjà une figure importante de la danse russe et avait rendu célèbres Léonide Massine, Bronislava Nijinska (la sœur du danseur) et George Balanchine. Parmi les danseurs, à côté de l'inimitable Nijinsky, il avait hissé l'Anglaise de naissance

Alicia Markova et les Russes Tamara Karsavina et Serge Lifar au rang de stars internationales (Lifar qui devait lui-même plus tard diriger le Ballet de l'Opéra de Paris). Fervent partisan de l'art total que Wagner avait qualifié de *Gesamtkunstwerk,* Diaghilev avait aussi mêlé différentes formes d'expression artistique, de manière totalement nouvelle. Il avait demandé à Derain, Rouault et Picasso, et aussi aux artistes russes Léon Bakst et Alexandre Benois, de lui dessiner des décors. Et tandis que son compositeur favori, Stravinsky, composait *L'Oiseau de feu*, *Noces* et *Apollon musagète* pour sa troupe, Diaghilev commanda des ballets à Serge Prokofiev, Maurice Ravel, Darius Milhaud, Francis Poulenc et Richard Strauss. Un exemple mémorable de cet « art total » fut *Parade*, un ballet conçu par l'artiste et poète Jean Cocteau, sur une musique d'Erik Satie, avec une chorégraphie de Massine, un livret de Cocteau lui-même, un rideau et des costumes de Picasso et un programme rédigé par Guillaume Apollinaire. Créé au Théâtre du Châtelet à Paris le 18 mai 1917, il provoqua lui aussi un scandale.

Diaghilev ne retourna jamais en Russie. A l'époque de sa mort en 1929, d'autres artistes et écrivains russes, parmi lesquels les peintres Marc Chagall et Natalia Goncharova, avaient fui la Révolution bolchevique pour chercher asile à Paris. Après la prise du pouvoir par Hitler en 1933, ce fut le tour d'artistes et d'intellectuels encore plus nombreux, juifs pour la plupart, de chercher refuge en France. Parmi eux, le peintre abstrait Vassili Kandinsky, le compositeur Arnold Schönberg et les écrivains Joseph Roth, Hannah Arendt et Walter Benjamin.

D'autres étrangers trouvèrent à Paris une autre forme de liberté. Au moment où la romancière Edith Wharton s'établit en France peu avant la Première Guerre mondiale, l'auteur expérimentale Gertrude Stein recevait déjà Picasso, Matisse et leurs pairs dans son appartement de la Rive Gauche au 27 de la rue de Fleurus, appartement qu'elle partageait avec sa compagne Alice B. Toklas. Dans les années 1920 et 1930, Gertrude Stein était devenue une sorte de marraine excentrique de la « génération perdue » d'écrivains américains, en particulier Ernest Hemingway, Thornton Wilder, John Dos Passos, Ezra Pound et F. Scott Fitzgerald. Avec son frère Leo, elle fut aussi l'une des premières à collectionner les œuvres de Picasso et de Matisse. Henry Miller, qui gravitait dans des cercles différents, et nettement moins aisés, jouissait lui aussi d'une liberté dont il écrivit plus tard qu'il

« ne l'avait jamais connue aux Etats-Unis[2] ». Rien d'étonnant à cela dans la mesure où trois de ses romans des années 1930, *Tropique du cancer, Printemps noir* et *Tropique du capricorne* étaient interdits aux Etats-Unis pour cause d'obscénité. L'un des points de ralliement des écrivains américains et français était Shakespeare & Company, la librairie de la Rive Gauche que Sylvia Beach avait ouverte au 12 de la rue de l'Odéon, juste en face de La Maison des amis du livre, tenue par son amie et amante Adrienne Monnier. Sylvia Beach vint également au secours de James Joyce, venu s'installer à Paris en 1920 ; les éditeurs américains et britanniques se détournaient de Joyce, craignant d'être accusés d'obscénité, ce fut elle qui osa publier en 1922 le monumental *Ulysse*. A la fin des années 1930, Samuel Beckett rejoignit Joyce à Paris, bien décidé lui aussi à fuir les rigueurs suffocantes de la très catholique Irlande. Leurs relations ne se gâtèrent que lorsque Lucia, la fille un peu dérangée de Joyce, tomba amoureuse de Beckett et que cet amour ne fut pas réciproque.

Joséphine Baker, la chanteuse et danseuse noire américaine, fut un autre exemple de grand succès dans ce milieu cosmopolite de l'entre-deux-guerres à Paris. Contente d'échapper à la discrimination raciale aux Etats-Unis, elle arriva à Paris en 1925 pour jouer dans *La Revue nègre* au Théâtre des Champs-Elysées, accompagnée d'une troupe de danseurs noirs américains ; elle fut presque aussitôt engagée par les Folies Bergère. C'est là qu'elle devint une vedette et conquit les Parisiens grâce à ses spectacles drôles et érotiques où elle interprétait son chant d'amour à Paris, « J'ai deux amours, mon pays et Paris », et sa célèbre « Danse sauvage » qu'elle exécutait la poitrine dénudée et vêtue en tout et pour tout d'une ceinture de bananes. Par la suite, elle se mit à exploiter son image exotique dans des films français comme *Zou-Zou* et *Princesse Tam Tam* où elle jouait le rôle d'une bergère tunisienne transformée en princesse parisienne à la façon de Pygmalion. En 1934, elle tint même le rôle titre de la brève opérette d'Offenbach, *La Créole*. C'était une chance, à une époque où les Français devenaient de plus en plus xénophobes, que la culture noire américaine fasse fureur à Paris. Le jazz et le swing surtout, apportés par les Noirs américains, furent adoptés avec enthousiasme par les musiciens de Paris, et les plus brillants d'entre eux comme le guitariste tzigane Django Reinhardt et son Hot Club de France. La Baker, comme on l'appelait, n'était pas la seule vedette de cabaret. Music-halls et cabarets étaient de loin les divertissements les plus populaires à Paris et, à l'époque où Edith Piaf rejoignit Joséphine sur scène en 1935, Léo Marjane et surtout Mistinguett, connue comme la Miss, étaient depuis longtemps des reines de la nuit. Les rumeurs colportées par la presse selon lesquelles la Miss et la Baker ne s'entendaient pas contribuaient à attirer encore davantage les foules. Des chanteurs de charme comme Maurice Chevalier, Tino Rossi ou des chefs d'orchestre comme Ray Ventura jouissaient d'une admiration tout aussi grande.

L'industrie française du cinéma, en revanche, était en crise. Même si les nouveaux films parlants étaient très populaires dans les années 1930, l'industrie française se sentait menacée. Elle avait imposé en 1928 des quotas d'importation sur les films produits à Hollywood, et certains producteurs supportaient mal le pouvoir de plus en plus important acquis par les producteurs juifs qui avaient fui l'Europe centrale pour s'établir à Paris. Ayant du mal à trouver des fonds en France, beaucoup de réalisateurs et de producteurs se tournaient vers l'Allemagne à la recherche de partenaires, vers Tobis tout d'abord, une société de production qui avait installé un studio à Paris en 1930, puis vers Universum Film AG ou l'UFA, une société installée à Berlin et contrôlée par les nazis. De ce fait, des dizaines de films français furent tournés à Berlin puis refaits sur le même scénario mais avec des acteurs allemands. Mais l'UFA, Tobis et d'autres sociétés allemandes de production se mirent aussi à distribuer des films en France. La présence allemande était telle que les services secrets français mirent en garde contre le fait que les nazis se servaient du cinéma comme d'une arme contre la France. L'Allemagne enviait également l'abondance de talents dans le cinéma français tant devant que derrière la caméra. Depuis le milieu des années 1930, quand un genre réaliste connu sous le nom de réalisme poétique commença à s'imposer, deux réalisateurs se firent remarquer : Jean Renoir, avec *La Grande Illusion*, *La Bête humaine* et *La Règle du jeu*, et Marcel Carné pour *Quai des brumes*, *Hôtel du Nord* et *Le jour se lève*. La France pouvait aussi s'enorgueillir d'avoir de grands acteurs. A des acteurs de genre comme Fernandel, Michel Simon et Pierre Fresnay, ou le plus célèbre de tous, Jean Gabin avec ses airs de rustre, il fallait ajouter les atouts de toutes ces actrices de charme comme Arletty, Edwige Feuillère, Viviane Romance et Danielle Darrieux.

Dans le domaine du théâtre, Paris avait des écrivains capables de satisfaire tous les goûts. Le théâtre national, la Comédie-Française, offrait un solide éventail de classiques avec Corneille, Racine, Molière et Shakespeare, mais elle montait aussi les œuvres d'artistes vivants. Les auteurs dramatiques les plus populaires étaient Sacha Guitry, Marcel Pagnol et Henri Bernstein qui écrivaient des drames sentimentaux, des comédies de genre et des histoires inspirées de la vie de province pour *le théâtre de boulevard*. Parmi les dramaturges d'une autre envergure, se détachait Jean Giraudoux. Ancien combattant de la Première Guerre mondiale, ancien diplomate et romancier, il avait quarante-six ans lorsque fut montée sa première pièce, *Siegfried*, en 1928. Il y en eut d'autres, mais son commentaire le plus pertinent sur l'époque, il le donna en 1935 avec *La guerre de Troie n'aura pas lieu*, une pièce pleine d'esprit qui suggérait habilement que la France, tout comme Troie, était incapable de voir quel avenir l'attendait. Le vieux dramaturge Paul Claudel ne perçut manifestement pas l'ironie de Giraudoux puisqu'il trouva « répugnante cette apologie de la lâcheté et de la paix à tout prix[3] ». Pourtant, personne ne provoqua plus grand scandale que Cocteau, artiste aux multiples talents, dont *Les Parents terribles* en 1938 durent être retirés de l'affiche après une semaine de protestations. Jugeant la production dramatique avec un sens critique pointilleux aussi bien pour le texte que pour la mise en scène, Colette ajoutait à son rôle de romancière prolifique celui de critique dramatique pour *Le Journal*.

Deux directeurs déjà confirmés jouèrent un rôle particulièrement important dans l'élaboration du théâtre moderne en France. André Antoine bouscula ses conventions en 1887 lorsqu'il créa le Théâtre-Libre, libre dans le sens où il ne se pliait pas aux règles traditionnelles. En se servant d'une troupe permanente, il monta à la fois des pièces étrangères et des pièces interdites. En tant que metteur en scène, il insista sur le réalisme et le naturalisme, rejetant le jeu stylisé de la Comédie-Française. En 1916, Antoine renonça à la mise en scène et à la critique de cinéma mais il demeura une voix très écoutée jusqu'à sa mort en 1943. Encore aujourd'hui, le Théâtre-Libre reste une référence dans le théâtre français. Le Théâtre Antoine, boulevard de Strasbourg à Paris, porte son nom. Son successeur fut Jacques Copeau. Tandis qu'Antoine commençait sa carrière en tant qu'acteur, la première approche de Copeau se montrait plus théorique, en réaction contre l'aspect commercial du théâtre de boulevard et accordant toute l'importance à la suprématie du texte. A partir de 1913 et pendant l'entre-deux-guerres, il mit ses idées en pratique à la fois en tant que directeur et enseignant, et forma toute une génération d'acteurs-metteurs en scène parmi lesquels Louis Jouvet et Charles Dullin qui allaient régner après la guerre sur le théâtre parisien. Au moment où Paris capitula, c'était Copeau lui-même qui dirigeait la Comédie-Française.

Le monde des lettres lui aussi était en pleine effervescence et perpétuait allègrement la tradition selon laquelle les écrivains se mêlaient aussi de politique. L'Académie française, aussi imbue fût-elle de sa propre importance, était l'assemblée la moins intéressante. Elle assurait le prestige de ses quarante *immortels*, mais dès l'instant que des nouveaux membres étaient élus, souvent pour leur influence politique plus que pour leur talent littéraire, elle demeurait un groupe très conservateur. La *Nouvelle Revue française* était nettement plus dynamique. Fondée en 1909, cette revue mensuelle représentait aussi bien les écrivains de référence que les nouveaux talents, et donnait le ton du débat intellectuel. André Gide, auteur de pièces de théâtre, de romans, d'essais ou de journaux, y jouait le rôle d'une sorte d'arbitre; il était incontestablement l'intellectuel français le plus important de l'époque en dépit du scandale qu'il avait provoqué en 1924 en revendiquant son homosexualité dans le livre *Corydon*. Le poète Paul Valéry et l'écrivain catholique François Mauriac étaient aussi très respectés ainsi que nombre de romanciers parmi lesquels Antoine de Saint-Exupéry, Paul Morand, André Maurois et Colette, dont la relation impudique de son premier mariage, *Mes apprentissages*, connut un énorme succès en 1936.

Parmi les auteurs plus jeunes, André Malraux remporta le prix Goncourt en 1933 pour *La Condition humaine*, tout comme Roger Vercel en 1934 pour *Capitaine Conan*. Le premier ouvrage de fiction de Jean-Paul Sartre, son roman existentialiste, *La Nausée*, parut en 1938, suivi en 1939 par *Le Mur*, un recueil de cinq nouvelles plus un court roman. C'était une époque où les livres des auteurs français les plus importants se vendaient très bien dans toute l'Europe. Le prix qui entraînait une forme de reconnaissance internationale, le prix Nobel de littérature, fut attribué à l'homme de lettres politiquement engagé Anatole France en 1921, au philosophe Henri Bergson en 1927 et au romancier Roger Martin du Gard en 1937.

Cependant, ce qu'on devait retenir de cette période, ce furent trois ouvrages d'une remarquable originalité. Au début de l'année 1933, Raymond Radiguet publia son roman inspiré de la Première Guerre mondiale, *Le Diable au corps*, qui raconte une liaison entre un adolescent et une femme dont le mari combat dans les tranchées. Radiguet, qui n'avait pas achevé ses études, devint la coqueluche de la Rive Gauche, avec Cocteau comme principal supporter, mais il mourut de la fièvre typhoïde en décembre 1923, quelques mois seulement après son vingtième anniversaire. Pendant ce temps, le chef-d'œuvre de Marcel Proust, *A la recherche du temps perdu*, fut finalement publié intégralement en 1927, cinq ans après sa mort. Pour de nombreux critiques, français comme étrangers, il demeure l'œuvre littéraire française la plus importante du XXe siècle. Pourtant, à l'époque, le livre qui fit encore davantage sensation fut *Le Voyage au bout de la nuit* de l'irascible médecin Louis-Ferdinand Destouches, plus connu sous le nom de Céline. Publié en 1932, ce roman de fureur et de misanthropie défiait les conventions du style français, tout comme l'*Ulysse* de Joyce l'avait fait pour la littérature anglaise dix ans plus tôt, en mettant à l'épreuve la compréhension du lecteur par le recours à l'ellipse, au langage familier, à l'argot de la rue et aux vulgarités, dans une révolte contre le style littéraire français et la société bourgeoise. Le roman fut sélectionné pour le prix Goncourt mais ne l'obtint pas, ce qui mit en rage Céline, pour qui l'obtention du prix Renaudot fut une piètre consolation.

Le *Voyage* était un véritable tour de force littéraire mais c'était aussi une semi-autobiographie et, en ce sens, un miroir de l'époque. Comme de nombreux hommes de sa génération, Céline avait été profondément traumatisé par la Première Guerre mondiale, même s'il n'avait passé que quelques mois dans les tranchées avant d'être blessé et démobilisé. Après guerre, il voyagea beaucoup puis devint médecin pour le compte de la Ligue des nations au milieu des années 1920, avant de s'établir à Montmartre et d'ouvrir un cabinet privé à l'intention des pauvres. Comme il n'avait écrit jusque-là que deux pièces restées inédites, il était totalement inconnu des cercles littéraires au moment de la parution du *Voyage*. Dans le roman, c'est l'alter ego de Céline, Bardamu, qui se remet de ses blessures de guerre avant de voyager d'abord en Afrique puis aux Etats-Unis où il travaille dans une usine Ford pour finalement revenir à Paris où il devient médecin.

Tout ce dont il a été témoin, depuis le colonialisme et le capitalisme industriel jusqu'à la misère urbaine, le dégoûte.

Cette vision pessimiste de l'humanité, Céline la partageait avec beaucoup d'autres. L'héritage désastreux de la Grande Guerre, tant sur le plan politique que psychologique, affectait de nombreux artistes et écrivains, dont certains avaient pris part aux combats et dont la première réaction devant la menace d'un nouveau conflit était d'afficher résolument leur pacifisme. Ainsi, si le roman de Céline se prononçait contre la guerre, c'était aussi le cas de *Capitaine Conan* qui insistait sur les ravages psychologiques causés par le récent conflit. En 1937, Jean Giono annonça même qu'en cas de nouveau conflit franco-allemand, il aimerait mieux être un Allemand vivant plutôt qu'un Français mort.

Mais s'il était parfois difficile de distinguer le pacifisme du défaitisme, artistes et écrivains étaient aussi ballottés par les vents idéologiques en provenance de Moscou et de Berlin. A la fin des années 1930, bien des écrivains et intellectuels ainsi que certains artistes et musiciens se sentirent tenus de choisir leur camp et d'occuper leur place dans les factions en présence.

Le cheminement qui menait certains d'entre eux jusque-là avait pris naissance deux décennies plus tôt, dans la conviction que, après une guerre qui devait être la dernière, l'art allait produire quelque chose de différent.

La première initiative fut celle de Dada, un mouvement semi-anarchique dirigé contre la guerre et qui fut fondé dans la Suisse neutre par le poète roumain Tristan Tzara, tout juste âgé de vingt ans à l'époque. Lancé en 1916 au cabaret Voltaire de Zurich par une performance définie comme « anti-art », Dada entendait mobiliser peinture, dessin, théâtre et poésie comme autant d'armes dirigées contre la « guerre capitaliste ». L'idée gagna rapidement Berlin, Amsterdam et New York où en 1917 Duchamp se rendit célèbre en présentant un urinoir comme une œuvre d'art, ou plutôt d'« anti-art », intitulée *Fontaine*, donnant naissance du même coup à l'art conceptuel. Dada éveilla aussi de l'intérêt à Paris où André Breton, un jeune poète plein d'ambition, fonda un journal dadaïste, *Littérature*. En 1919, Tzara en personne se rendit à Paris où il continua de publier des manifestes et d'organiser des performances « anti-art ». Mais Breton n'avait pas le caractère d'un disciple. En 1923, il avait alors vingt-sept ans, il rompit avec Tzara, et l'année suivante, avec la publication du *Manifeste du surréalisme,* il donna naissance à un nouveau mouvement qu'il allait diriger, en France puis en exil, au cours des quatre décennies suivantes.

Avec le temps, le surréalisme serait surtout connu pour sa peinture, pour les images oniriques ou fantasmagoriques créées par Dalí, Ernst, Miró, René Magritte, André Masson et Yves Tanguy. Mais Breton envisageait le mouvement comme un mode de vie englobant tout, impliquant aussi bien un lien avec le monde intérieur qu'il qualifiait de « pur psychisme automatique » que la transformation du monde extérieur. Breton avait étudié la médecine et la neurologie, et pour soigner les victimes de traumatismes de la Première Guerre mondiale il avait appliqué certaines des techniques de la psychanalyse freudienne. Au sein du surréalisme, il préconisait l'exploration de l'inconscient par l'interprétation des rêves et par l'« écriture automatique » dans laquelle l'inconscient guide la main pour former des associations libres. Les propres ouvrages de Breton comprennent un roman expérimental, *Nadja*, qui tourne autour de la folie, un autre de ses sujets de prédilection. Plusieurs des poètes les plus importants de l'époque furent aussi attirés par ce mouvement, Louis Aragon, Paul Eluard, Robert Desnos et Benjamin Péret qui voyaient le surréalisme comme une façon de se libérer de l'ordre français classique. Satie, le compositeur d'avant-garde qui mourut en 1925, intégra rapidement ce cercle, démontrant que toutes les formes d'art, que la vie elle-même, pouvaient être surréelles.

Le cinéaste espagnol Luis Buñuel et Dalí en firent la démonstration dans deux films étranges et provocateurs, *Un chien andalou* et *L'Age d'or*. *L'Age d'or,* qui fut rapidement interdit par le préfet de police de Paris après de violentes protestations dans certaines salles, avait été financé par Charles et Marie-Laure de Noailles, des aristocrates mécènes qui adoraient *épater la bourgeoisie*.

Le couple avait également financé *Le Sang d'un poète* de Cocteau, un film surréaliste dont l'auteur niait, ce qui était bien dans sa manière, tout caractère surréaliste. Il y avait même d'autres artistes parmi lesquels le peintre mexicain Frida Kahlo et Magritte qui, tout en employant le langage du surréalisme, rejetaient l'autorité tyrannique de Breton et refusaient de se joindre à son mouvement.

Breton lui-même s'intéressait plus à la poésie qu'à la politique, mais il définissait aussi le surréalisme comme un mouvement révolutionnaire au sens le plus large du terme. Désireux d'étendre son influence au-delà du cercle restreint de la Rive Gauche, il entraîna ses disciples vers le parti communiste en 1926. Si le but était de libérer la société, le moment était mal choisi. Après la mort de Lénine en 1924, Staline avait installé son pouvoir personnel qui commença par entraver la liberté artistique au nom du réalisme socialiste avant d'instaurer la terreur de masse. A l'étranger, les agents staliniens contraignaient de plus en plus les divers partis communistes à suivre à la lettre les ordres de Moscou, entre autres à prendre le système culturel soviétique comme la référence absolue. En 1933, Breton en eut assez et commença à critiquer les positions du parti. Eluard et lui en furent rapidement chassés en tant qu'hérétiques. Lorsque Aragon décida de ne pas les suivre, ce fut lui qui fut exclu à son tour par Breton du mouvement surréaliste Dans l'escalade dramatique que connaissait la politique française, ce n'était là qu'un épisode anecdotique. Mais il laissait présager la manière dont la culture et, particulièrement, le monde des lettres allaient bientôt être engloutis dans un tourbillon idéologique.

Ce qui importait le plus aux Français était de savoir qui gouvernait le pays, ou plutôt de savoir si la France était véritablement gouvernable. Sur ce point, il y avait de sérieux doutes, surtout sous la IIIe République. Sa Constitution, en réaction contre le centralisme impérial de Napoléon III, avait créé une présidence faible et engendré des coalitions gouvernementales qui se succédaient et se chamaillaient sans cesse. Le pouvoir était détenu par la Chambre des députés qui élisait le Président du Conseil et qui, aux yeux de bien des citoyens français, n'avait d'autre but que de faire des affaires.

A la tête de la gauche non communiste, il y avait un intellectuel juif plein de charme, autrefois critique dramatique, Léon Blum. Flottant quelque part au centre se trouvaient les radicaux qui se joignaient habituellement aux coalitions menées par les conservateurs mais étaient eux-mêmes divisés entre des dirigeants de la vieille école, comme Camille Chautemps et Edouard Herriot, et un jeune groupe mené par Edouard Daladier. A eux trois ils firent fonction de Président du Conseil en tout à dix reprises. A droite, Raymond Poincaré et André Tardieu échangèrent eux aussi souvent leurs fonctions. Chacun d'eux fut Président du Conseil à trois reprises. Ce fut également le cas de Pierre Laval qui commença sa carrière politique comme socialiste et l'acheva comme Président du Conseil du gouvernement français de la collaboration sous l'occupation allemande*. Une rare voix sensée fut celle de Paul Reynaud, le seul à faire campagne pour le réarmement, même si son arrivée au gouvernement en mars 1940 était de toute façon trop tardive pour avoir le moindre effet en ce sens.

Voilà quels étaient les hommes qui dirigeaient la France tandis que le pays courait à la catastrophe. « Pourquoi la France est-elle gouvernée par des vieillards de soixante-quinze ans ? demandait dans une question restée célèbre l'hebdomadaire satirique *Le Canard enchaîné*. Parce que ceux de quatre-vingts ans sont morts[4]. » Tandis que l'Union soviétique donnait le jour à Staline, l'Italie à Mussolini et l'Allemagne à Hitler, la France n'eut pas moins de trente-quatre gouvernements entre novembre 1918 et juin 1940.

La manière dont ces gouvernements gérèrent la crise économique de 1929 ne fit qu'aggraver la paralysie. L'économie française, même si on ne pouvait pas en dire autant de la population, avait été prospère dans les années 1920, ce qui avait engendré une foi absolue dans un franc fort et un budget équilibré. Et lorsque l'économie française parut survivre aux contrecoups immédiats de l'effondrement de Wall Street en 1929, cette conviction en fut encore renforcée. Mais en 1931, la Dépression gagna la France et fut rapidement aggravée par la dévaluation de la livre britannique et, un peu plus tard, du dollar américain. Le franc se retrouvant brusquement surévalué, les exportations françaises chutèrent de manière spectaculaire et le chômage se mit à croître. A l'exception de Paul Reynaud, les dirigeants politiques français demeurèrent fermement opposés à l'idée de dévaluer le franc comme à celle de lutter contre la déflation en recourant aux déficits ; au lieu de cela, pour maintenir un budget en équilibre, ils firent des coupes claires dans les dépenses de l'Etat, y compris dans le budget militaire.

Les conséquences de cette politique furent désastreuses : la crise économique dura plus longtemps en France que dans bien d'autres pays, l'agitation sociale vint nourrir les extrémismes et le pays se retrouva à la traîne dans la course européenne aux armements. Finalement, en septembre 1936, le franc fut dévalué, mais pour lors

* Le nom de Laval se lisant aussi bien de droite à gauche que de gauche à droite, cela donna lieu à des quolibets selon lesquels il se sentait à l'aise dans tous les extrêmes.

l'effondrement de la production industrielle engendrait l'inflation. Par comparaison, au milieu des années 1930, Hitler renforçait l'économie allemande et finançait son programme massif de réarmement en recourant presque exclusivement à des déficits énormes.

La faiblesse des gouvernements français successifs devint pour les extrêmes une invitation à occuper le terrain. On aurait même pu affirmer que la France était depuis longtemps un pays en guerre contre lui-même, son histoire, depuis la Révolution de 1789, ayant été ponctuée par des heurts souvent violents comme la révolte des ouvriers de 1848, la Commune de Paris en 1871 et la séparation de l'Eglise et de l'Etat en 1905. Dans les cercles intellectuels, l'affaire Dreyfus déchaîna tout autant les passions. Et, à l'instar d'autres crises politiques majeures, elle façonna l'avenir. En 1894, le capitaine Alfred Dreyfus, officier juif de l'armée française, fut accusé à tort de trahison et d'espionnage pour le compte de l'Allemagne et condamné à la prison à vie. L'affaire provoqua une vague d'hystérie antisémite mais aussi une réaction de la part d'un petit groupe d'intellectuels mené par le romancier Emile Zola qui, le 13 janvier 1898, publia dans *L'Aurore* une lettre ouverte intitulée « J'accuse ! ». Il y accusait l'armée française d'avoir falsifié des preuves contre Dreyfus. La réaction outragée de l'armée contraignit Zola à s'exiler à Londres pendant un an mais, en 1906, Dreyfus fut innocenté. Si Dreyfus lui-même était à présent officiellement un homme lavé de tout soupçon, la fin de l'« Affaire » ne mit pas un terme à l'antisémitisme. En réalité, l'antisémitisme y avait même gagné un certain degré de respectabilité.

Parmi les chefs de file des antidreyfusards, figuraient deux écrivains, Maurice Barrès et Charles Maurras, qui allaient exercer une énorme influence sur les intellectuels tout au long des années 1930. Barrès avait d'abord été de gauche puis avait fini par défendre ce que l'on a appelé « le nationalisme ethnique », une forme de xénophobie dans laquelle l'antisémitisme tenait une part très importante. Barrès mourut en 1923, laissant les intellectuels d'extrême droite entre les mains de Maurras, un poète et critique qui avait rejoint l'Action française, un mouvement nationaliste, monarchiste et antisémite fondé en 1898. Maurras était également profondément antiallemand, convaincu après la Première Guerre mondiale que les Allemands chercheraient à prendre leur revanche sur le traité de Versailles de 1919. Et ce fut Maurras qui, au début des années 1930, devint le mentor de toute une génération de jeunes écrivains, parmi lesquels Abel Bonnard, Lucien Rebatet et Robert Brasillach, qui se mirent tous à prôner ouvertement l'antisémitisme. Et cependant, pour beaucoup d'entre eux, même Maurras n'était pas suffisamment radical. Vers la fin de la décennie, ces trois-là et d'autres membres « diplômés » de l'Action française avaient pris leurs distances par rapport à la germanophobie de Maurras pour se rallier au modèle nazi.

Ce qui contrariait beaucoup de conservateurs c'était l'arrivée massive d'étrangers en France, une vague humaine qui n'avait d'équivalent dans aucun autre pays européen et comparable à l'immigration aux Etats-Unis à la même période. En d'autres termes, les pertes humaines de la Première Guerre mondiale et le faible taux de fertilité des couples français après guerre avaient été compensés par l'arrivée d'un grand nombre de Polonais, d'Italiens, d'Espagnols, de Belges, de Russes, de Grecs et d'Arméniens. Par conséquent la proportion de gens vivant en France mais nés à l'étranger passa de 2,6 pour cent à 8 pour cent entre 1900 et 1931. La population juive de France fit plus que tripler en quatre décennies, passant de 90 000 en 1900 à 300 000 en 1940, avec un grand nombre de ces immigrants qui vivaient dans les quartiers surpeuplés de l'est de Paris. Cela renforça l'opinion chez les xénophobes français que tous les Juifs étaient d'une certaine manière des étrangers et que les Juifs français riches et influents avaient infiltré des secteurs de la société et en avaient pris le contrôle pour servir quelque obscur intérêt étranger. D'un autre côté, la réaction de nombreuses familles juives établies en France depuis longtemps fut de prendre leurs distances à l'égard de ces Juifs étrangers misérables qui venaient tout juste d'arriver de leurs shtetls d'Europe centrale, qui ne parlaient pas français et qui, à la première occasion, partiraient aux Etats-Unis. Tout cela faisait de la France un terreau fertile pour le fascisme.

Certains groupes d'extrême droite descendirent dans les rues de Paris pour faire le coup de poing. Les Camelots du Roi, une bande de brutes liée à l'Action française, s'en prirent aux étudiants de gauche, attaquèrent des personnalités juives et en 1936 extirpèrent violemment Blum de sa voiture et le tabassèrent. Les Jeunesses patriotes, les Francistes et Solidarité française étaient ouvertement profascistes, tandis que les Croix de Feu, fondées par des anciens combattants de la Première Guerre mondiale et dirigées par le lieutenant-colonel

François de La Rocque, prenaient pour modèle l'Italie de Mussolini plutôt que l'Allemagne de Hitler. Au milieu des années 1930, le Comité secret d'action révolutionnaire, plus connu sous le nom de La Cagoule, opta, lui aussi, pour l'action terroriste. Un des traits les plus frappants de l'extrême droite, c'était, parmi ses figures représentatives, le nombre de transfuges du parti communiste qui continuaient en quelque sorte à se considérer comme des socialistes. Parmi eux figurait Jacques Doriot, élu maire de Saint-Denis sur une liste communiste en 1930 ; il fut exclu du parti en 1934 et deux ans plus tard fonda un parti d'extrême droite, le Parti populaire français, avec le soutien financier du régime fasciste de Mussolini. Et même si Doriot était un ancien ouvrier métallurgiste, il attira dans son parti de nombreux intellectuels dont les écrivains Pierre Drieu la Rochelle, Ramon Fernandez, Alfred Fabre-Luce et Bertrand de Jouvenel, l'ancien beau-fils et amant de Colette. Contribuant sans le savoir à cette confusion idéologique, il y avait un autre intellectuel, Charles Péguy, poète et essayiste, qui fut tué sur le front de la Marne en 1914 à l'âge de quarante et un ans. Il avait défendu tour à tour le socialisme, le nationalisme et le catholicisme, et comme, en tant que dreyfusard, il n'était pas antisémite, sa pensée en vint à influencer la droite, la gauche et le centre. En 1927, le philosophe Julien Benda publia *La Trahison des clercs*, reprochant aux intellectuels de s'abaisser à un nationalisme stupide, mais la droite, comme on pouvait s'y attendre, répondit par l'insulte, d'autant plus que Benda était juif.

Au milieu des années 1930, l'extrême droite était manifestement en plein essor. Plusieurs groupes connus sous le nom de *ligues* s'adressaient aux étudiants, et les élections universitaires transformaient souvent le Quartier latin en champ de bataille. A la Sorbonne, les camps étaient clairement délimités et les profascistes étaient majoritaires. Contrôlés par la droite dure, les étudiants de la faculté de droit et de la faculté de médecine étaient ouvertement antisémites et toujours prêts à se joindre à des manifestations contre le gouvernement. La faculté des lettres était encore en proie à des luttes incessantes tandis que la faculté des sciences était contrôlée par diverses organisations communistes qui se regroupèrent en 1939 pour fonder l'Union fédérale des étudiants. Les étudiants qui fréquentaient d'autres institutions académiques renommées comme la très élitiste

Ecole normale supérieure, qu'avaient intégrée entre autres Sartre et Brasillach, étaient aussi sommés de choisir entre le communisme et le fascisme. La pression était énorme qui obligeait chacun à choisir son camp. François Mitterrand, président de gauche un demi-siècle plus tard, défilait avec les Croix de Feu pendant qu'il était étudiant à l'Ecole libre des sciences politiques au milieu des années 1930. Jean-Louis Crémieux-Brilhac, qui rejoignit les gaullistes à Londres pendant la guerre et devint par la suite un historien renommé, se souvenait d'avoir fait partie d'un groupe de gauche à la Sorbonne sans se douter que celui-ci était contrôlé par le parti communiste. Mais étant lui-même d'origine juive, il ne savait que trop bien ce qu'était l'extrême droite. Il se rappelait qu'un de ses condisciples, Philippe Ariès, proche de l'Action française, et qui allait lui aussi devenir un historien célèbre, avait dit en sa présence : « Un Juif, je le sens[5]. » La démocratie, apparemment, était la seule voie qui ne tentait que fort peu la jeunesse étudiante.

La presse encourageait cette radicalisation et servait de tribune à des écrivains renommés. Le parti communiste publiait *L'Humanité* ainsi que le journal du soir, *Ce Soir*, lequel à partir de 1937 fut dirigé par Louis Aragon qui était devenu à l'époque l'intellectuel communiste le plus en vue. La ligne éditoriale des deux journaux définie par le chef du parti Maurice Thorez était d'une loyauté absolue à Moscou. *Le Populaire* exprimait l'opinion des socialistes, et Blum lui-même y écrivait de nombreux éditoriaux. Les socialistes pouvaient aussi compter sur le soutien de *Marianne* et de *L'Œuvre* tandis que deux hebdomadaires satiriques, *Le Canard enchaîné* et *Le Crapouillot*, étaient imprévisibles. Les quotidiens d'information générale comme *Le Matin*, *Paris-Soir* et *Le Petit Parisien* avaient une diffusion énorme tandis que *Le Temps* soutenait généralement le gouvernement du moment. En 1922, François Coty, un magnat de la parfumerie qui avait des sympathies fascistes, acheta *Le Figaro*, le plus ancien journal du pays, et en maintint la ligne conservatrice, mais il fonda également un journal d'extrême droite, *L'Ami du peuple*, et finança des groupes fascistes. A l'extrême droite, il y avait le quotidien de Maurras, *L'Action française*, mais aussi *Je suis partout*, un hebdomadaire qui depuis 1934 avait attiré beaucoup d'intellectuels transfuges du mouvement de Maurras et qui à partir de 1937 fut dirigé par Brasillach. Les hebdomadaires populaires traitant de littérature et de politique, *Candide* et *Gringoire*, qui avaient chacun une diffusion d'environ un demi-million d'exemplaires, faisaient résolument campagne contre la IIIe République et le pouvoir du Parlement.

Un événement crucial, tant pour la gauche que pour la droite, se produisit le 6 février 1934 lorsque l'Action française, les Croix de Feu, les Camelots du Roi et d'autres groupes d'extrême droite marchèrent sur la Chambre des députés dans l'espoir apparemment d'occuper le bâtiment et de renverser le gouvernement. A l'origine de ce soulèvement, le scandale de l'affaire Stavisky, une crise provoquée par la mort mystérieuse d'un infâme escroc, Serge Alexandre Stavisky, un mois auparavant. L'implication de certains ministres qui avaient couvert Stavisky mit en évidence la corruption endémique des gouvernements successifs et entraîna des manifestations de droite qui provoquèrent le remplacement de Chautemps par Daladier au poste de Président du Conseil le 27 janvier. Quand Daladier limogea le préfet de police de Paris, Jean Chiappe, un homme de droite, l'extrême droite se sentit encore plus attaquée et appela ses partisans à se rassembler sur la place de la Concorde l'après-midi du 6 février. Daladier était prêt à faire appel à l'armée, mais finalement la Garde nationale mobile réussit à bloquer le pont de la Concorde qui donne accès à la Chambre des députés. Il s'ensuivit une longue bataille, des autobus furent incendiés, des coups de feu tirés, au moins quinze personnes furent tuées et il y eut des centaines de blessés. Les répercussions de cet affrontement se firent sentir pendant des années. Il radicalisa la droite, poussant de nombreux partisans de l'Action française, nationalistes et monarchistes, vers un véritable fascisme. Il provoqua aussi un contrecoup contre l'extrême droite lorsque Moscou ordonna au Parti communiste français de collaborer avec les socialistes et les modérés pour contrer la menace grandissante du fascisme. Ce changement permit l'élection en mai 1936 du Front populaire de gauche, avec à sa tête Blum, premier Président du Conseil juif en France.

Le Front populaire tint sa promesse de mettre en œuvre des réformes sociales fondamentales ; il gagna le cœur des ouvriers en instaurant les négociations collectives, la semaine de quarante heures et les congés payés. Blum était le chef intellectuel du Front populaire, mais deux autres ministres, dont un, Jean Zay, juif aussi, tenaient aussi résolument à moderniser le pays. En tant que ministre de l'Education nationale et des Beaux-Arts, non seulement Jean Zay fit passer l'âge auquel un enfant pouvait quitter l'école de treize à quatorze ans mais il créa aussi le nouveau musée d'Art moderne et encouragea l'éducation physique et le sport. Roger Salengro, ministre de l'Intérieur, fit interdire les ligues fascistes comme les Croix de Feu. Mais tout comme les gouvernements de la IIIe République, le Front populaire était une coalition fragile qui regroupait des radicaux et des communistes en même temps que des socialistes. Le pacifisme traditionnel de la gauche empêcha Blum de décider un réarmement massif face à la menace allemande grandissante. En même temps, se pliant devant les conservateurs au sein de sa coalition, il déçut la gauche, et fut sans aucun doute déçu lui-même, en refusant d'envoyer des armes au gouvernement républicain espagnol assiégé qui dut, en 1936, faire face à un soulèvement militaire mené par le général Francisco Franco.

L'extrême droite et les journaux conservateurs ne laissaient à Blum aucun répit. Ils n'aimaient pas sa politique et n'appréciaient pas d'être gouvernés par un Juif. Quand il fut élu en juin 1936, Xavier Vallat, un député de droite qui allait diriger sous Vichy la Commission générale aux Questions juives, déclara que les circonstances étaient historiques : « Pour la première fois, ce vieux pays gallo-romain va être gouverné par un Juif. J'ose dire à haute voix ce que le pays pense en son for intérieur : il est préférable de mettre à la tête de ce pays un homme dont les origines appartiennent à son sol qu'un subtil talmudiste[6]. » *Gringoire* employait quatre adjectifs pour décrire Blum : marxiste, circoncis, anglophile et franc-maçon. Maurras alla plus loin, il insulta Blum en l'appelant « ce vieux chameau sémitique » et le menaça de mort : « Il ne faudra abattre physiquement M. Blum que le jour où sa politique nous aura amenés à la guerre simple qu'il rêve contre nos compagnons d'armes italiens. Ce jour-là, il est vrai, il ne faudra pas le manquer[7]. » Cela valut à Maurras d'être condamné à huit mois de prison en octobre 1936.

Mais l'antisémitisme en soi n'était pas puni. Dans trois essais publiés sous le titre *Le Péril juif*, l'écrivain Marcel Jouhandeau ajouta sa voix au chœur antisémite en se plaignant du fait que les Juifs à présent contrôlaient tout, le gouvernement, les banques, la presse, l'édition, la musique et l'éducation. « M. Blum n'est pas de chez nous et, ce qui est le plus fort, M. Blum est maître chez moi et nul Européen ne saura jamais ce que pense un Asiatique. » Après à peine un an au poste de Président du Conseil, Blum fut contraint de se retirer. Il reprit la fonction pour trois semaines en mars 1938, mais six mois plus tard le Front populaire s'effondra. Du coup, une bonne partie de la gauche se mit à partager l'opinion très répandue à droite selon laquelle la IIIe République était irrécupérable et que seule une nouvelle forme de régime autoritaire serait capable de sortir la France de l'ornière.

En dehors de la scène politique officielle, Berlin et Moscou s'employaient activement à gagner à leur cause les meneurs d'opinion français. Du côté allemand, un rôle important fut joué par Otto Abetz, ancien professeur d'art qui allait par la suite devenir l'ambassadeur de Hitler dans la France occupée. Dans les années 1920, il prit l'initiative de fonder un groupe d'échanges culturels franco-germanique appelé le Cercle Sohlberg. Parlant couramment français, il rencontra lors d'un de ses nombreux voyages en France le directeur de presse Jean Luchaire dont la secrétaire, Suzanne de Bruyker, allait devenir sa femme en 1932. Deux ans plus tard, le Cercle Sohlberg fut réorganisé et devint le Comité France-Allemagne avec Abetz, qui n'avait alors que trente et un ans, comme représentant allemand.

Grand, blond, sociable, Abetz utilisa cette position pour nouer des relations amicales avec les écrivains et journalistes français conservateurs parmi lesquels Drieu la Rochelle, Brasillach et Jacques Benoist-Méchin. Au départ, le comité attira même des modérés désireux d'améliorer les relations avec l'Allemagne, et parmi eux Léon Blum qui ne démissionna du comité qu'en 1937, l'année même où Abetz rejoignait le parti nazi. Des alliés potentiels des nazis étaient invités à venir en Allemagne admirer les réalisations du IIIe Reich, certains même à assister aux réunions de masse du parti nazi à Nuremberg. Après avoir vu Hitler présider à un hommage aux drapeaux en 1937, Brasillach fut tellement frappé par son rituel quasi religieux qu'il le compara à l'Eucharistie : « Qui ne voit pas dans la consécration des drapeaux l'analogue de la consécration du pain risque fort de ne rien comprendre de l'hitlérisme », écrivit-il dans *Je suis partout*[8]. Par l'entremise d'Abetz, Jouvenel put interviewer Hitler pour Paris Midi en 1936, obtenant du Führer cette invitation rassurante à l'égard des Français : « Soyons amis. » Plus discrètement, Abetz finançait également des journaux de droite. C'était comme s'il se livrait à une répétition générale de l'Occupation : ses amis intellectuels des années 1930 devaient tous devenir des collaborateurs en vue après 1940.

Au demeurant, Abetz n'avait pas vraiment besoin d'importer la haine de Hitler à l'égard des Juifs. Alimenté par l'Action française et d'autres groupes fascistes, l'antisémitisme en France connut un nouveau regain et une forme grotesque de légitimité littéraire grâce à Céline en personne que le *Voyage au bout de la nuit* avait rendu extrêmement célèbre. Il avait enchaîné en 1936 avec un autre livre tout aussi brillant, *Mort à crédit*, une sorte de prologue au *Voyage* qui commence par le récit de son alter ego, le Dr Ferdinand Bardamu, qui exerce la médecine au milieu de Parisiens pauvres puis remonte à son enfance et à son adolescence. Et là encore c'est la voix de l'auteur, déchaînée, pessimiste, cynique, pleine d'humour, antihéroïque et désespérée, qui donne au livre sa force extraordinaire. Puis brutalement Céline se mit à emboucher les trompettes de l'antisémitisme. En tant que médecin soignant des petits employés, des prostituées, des mères célibataires et ce genre de personnes, il éprouvait une véritable sympathie à l'égard des défavorisés. (Et un profond dégoût de la bourgeoisie.) Il se considérait comme un homme de gauche jusqu'à son voyage en Union soviétique en 1936. A son retour, il publia *Mea culpa*, un pamphlet de vingt-sept pages dénonçant le communisme. Et ce fut alors qu'il embrassa les thèses de l'extrême droite.

L'année suivante, Céline publia un autre pamphlet, en réalité un long essai intitulé *Bagatelles pour un massacre*, dans lequel il montrait son nouveau visage. Evoquant l'horreur de la Première Guerre mondiale, il accusait Juifs, communistes et francs-maçons d'entraîner la France vers une nouvelle guerre, un nouveau massacre, contre l'Allemagne. Mais sa cible principale restait les Juifs qui étaient, selon lui, tout-puissants dans la finance, la politique et les arts, « vermiculaires, persuasifs, envahissants plus que jamais », mais surtout fauteurs de guerre : « C'est les Juifs de Londres, de Washington et de Moscou qu'empêchent l'alliance franco-allemande. » Et il ajoutait : « Je veux pas faire la guerre pour Hitler, moi je le dis, mais je veux pas la faire contre lui, pour les Juifs. » Et il concluait par : « Je préférerai douze Hitler plutôt qu'un Blum omnipotent[9]. » Gide, pour sa part, en fut incrédule, notant dans son journal : « Il va de soi que c'est une plaisanterie. Et si ce n'était pas une plaisanterie, alors il serait, lui Céline, complètement maboul[10]. » Mais Céline savait parfaitement ce qu'il faisait, il écrivit à un ami : « Je viens de publier un livre abominablement antisémite, je vous l'envoie. Je suis l'ennemi N° 1 des Juifs[11]. » Après *Bagatelles pour un massacre* qui se vendit à quatre-vingt mille exemplaires, il récidiva en 1938 en publiant une autre diatribe antisémite, *L'Ecole des cadavres*, qui se vendit presque aussi bien.

Moscou n'était pas en reste. Au départ, son principal agent était Willi Münzenberg, membre fondateur du Parti communiste allemand qui avait été agent du Komintern à Paris et dans différentes autres villes en Europe de l'Ouest après 1933. Même si de nombreux intellectuels français étaient déjà membres du parti communiste, le talent de Münzenberg était d'attirer les non-communistes dans la lutte antifasciste, en particulier en créant des organisations de façade, apparemment respectables. Ces compagnons de route comprenaient des écrivains allemands et autrichiens en exil tout comme des intellectuels français inquiets de la montée de Hitler au pouvoir. Malraux, qui avait un penchant pour l'aventure romantique, n'adhéra pas au parti communiste, mais fit cependant le voyage à Moscou en 1934 pour assister au Congrès général des écrivains soviétiques. Il indisposa ses hôtes officiels en leur reprochant d'imposer le réalisme socialiste aux écrivains soviétiques, remarquant que « Vos auteurs classiques donnent une image plus riche et plus complexe de la vie intérieure que vos romanciers soviétiques[12] ». Il resta pourtant utile à Moscou. En juin 1935, il aida à organiser le Premier Congrès international des écrivains pour la défense de la culture qui se tint à Paris. Et même si Moscou en contrôlait largement les débats, il parvint tout de même à rassembler un plateau éblouissant d'écrivains : Gide président de séance, E. M. Forster, Bertolt Brecht, Aldous Huxley, Waldo Frank, Heinrich Mann et beaucoup d'autres, en tant qu'amis de l'Union soviétique et adversaires de l'Allemagne nazie.

Il y eut des tensions. Ilya Ehrenbourg, journaliste russe et agent soviétique impliqué dans l'organisation du congrès, avait écrit autrefois un pamphlet provocateur traitant Breton et les surréalistes de *pédérastes*. A l'ouverture du congrès, Breton vint trouver Ehrenbourg et le gifla à plusieurs reprises : les surréalistes furent aussitôt exclus de l'assemblée. René Crevel, un poète qui avait été exclu du parti communiste en même temps que Breton et Eluard, essaya d'arranger les choses. Lorsque ses efforts échouèrent il se suicida de désespoir*. Finalement, une déclaration de Breton fut lue par Eluard devant le congrès mais tard, alors que la plupart des délégués étaient absents. Un problème plus crucial se présenta, lié au sort de Victor Serge, un écrivain de langue française né en Belgique qui s'était joint à la Révolution bolchevique et se trouvait alors dans un camp de travail de l'Oural. Ehrenbourg s'ingénia à garder le cas de Serge en dehors des débats, mais plusieurs intellectuels, dont Gide, signèrent une lettre réclamant sa libération, et ce fut Gide en personne qui la remit à l'ambassadeur d'Union soviétique à Paris. Un an plus tard, Serge fut libéré, et bien que la France, dont Laval était alors Président du Conseil, lui refusât un visa, il fut autorisé à se rendre en Belgique.

Il apparut bientôt cependant que le fait le plus important pour la gauche européenne était la guerre civile espagnole. L'Allemagne nazie et l'Italie de Mussolini s'étaient empressées d'armer les forces nationalistes de Franco. Mais seule l'Union soviétique était prête à aider le gouvernement républicain à Madrid. C'est pour cela que les sympathisants de gauche, même non communistes, étaient prêts à serrer les rangs autour de Moscou. Les intellectuels français antifascistes qui étaient pour le moins embarrassés par le refus du Front populaire d'aider les républicains espagnols se sentaient tenus de réagir. Accompagnée de nombreux intellectuels anglais, américains, latino-américains, une délégation française conduite par Aragon se rendit à Madrid et à Valence en juillet 1937 pour participer au Deuxième Congrès international des écrivains pour la défense de la culture. Quelques écrivains français se portèrent même volontaires pour combattre dans les rangs républicains. Parmi eux Malraux qui, à l'aide de vieux avions récupérés en France, constitua une aviation républicaine rudimentaire baptisée Escadrille España. Même si l'impact militaire de cette force aérienne fut minime, elle devint le symbole de la vive sympathie de la France à l'égard de la cause républicaine.

Une protestation plus durable contre les horreurs de la guerre d'Espagne vint de Picasso. Sans jamais quitter Paris, il accepta au début de la guerre civile, étant le plus célèbre des artistes espagnols, d'être nommé directeur du musée du Prado. Au début de 1937, on l'invita à réaliser une œuvre majeure destinée au Pavillon espagnol

* Une autre explication a été avancée à son suicide. On lui aurait diagnostiqué une forme aiguë de tuberculose rénale dont il aurait confié à des amis qu'elle était incurable[13].

de l'Exposition universelle de Paris qui devait se tenir en été. Il n'avait pas de sujet en tête mais le thème lui fut fourni par le bombardement de la ville basque de Guernica le 26 avril par les aviations allemande et italienne. Début juillet, *Guernica*, son immense fresque en noir et blanc, teintée d'ombres grises, fut exposée à la place d'honneur du Pavillon espagnol. Son évocation choquante de la mort et de la destruction permettait de voir concrètement ce qui se passait au-delà de la frontière sud de la France. Les masses imposantes des Pavillons allemand et soviétique, se défiant mutuellement face à face d'une rive à l'autre de la Seine, annonçaient l'avenir menaçant qui se profilait. Après l'Exposition universelle, *Guernica* voyagea à travers l'Europe et les Etats-Unis pour lever des fonds en faveur des républicains espagnols. Quand la guerre civile s'acheva par la victoire de Franco, le tableau demeura au musée d'Art moderne de New York jusqu'en 1981, après la restauration de la démocratie en Espagne.

Le soutien apporté à Franco par les Allemands et les Italiens finit par sceller le sort de la République, mais tandis que le conflit se poursuivait, Moscou s'en servait comme argument pour faire taire tous les sympathisants de gauche qui refusaient de suivre la ligne des Soviétiques. La thèse qui fut imposée avec succès aux divers partis communistes européens était que toute critique contre Moscou revenait à soutenir le fascisme. Les principales victimes en furent les trotskistes et les anarchistes combattant en Espagne, objets d'un sectarisme violent dont furent témoins, et que dénoncèrent par la suite, George Orwell et Arthur Koestler. Mais Moscou espérait également qu'au nom de la solidarité avec les républicains espagnols les sympathisants de gauche non communistes en Europe éviteraient de critiquer ouvertement la tyrannie croissante de Staline en matière de politique intérieure. Dans un cas éminent, cette analyse échoua lamentablement.

Même s'il ne s'était jamais beaucoup mêlé de politique, au début des années 1930, Gide exprimait ouvertement sa sympathie à l'égard du communisme et son admiration pour l'Union soviétique. Il jouissait d'un tel prestige international que Moscou fut bien évidemment enchanté lorsque l'écrivain, alors presque âgé de soixante-dix ans, finit par accepter une invitation à visiter l'Union soviétique en juin et juillet 1936, quelques semaines, par le plus grand des hasards, avant l'ouverture des infâmes procès de Moscou. Au début du voyage, on vit

Gide faire l'éloge funèbre de Maxime Gorki lors de ses funérailles sur la place Rouge et plaider pour la défense du « destin de l'Union soviétique ». Au cours des semaines suivantes, voyageant dans d'excellentes conditions en compagnie de l'éditeur, russe de naissance, Jacques Schiffrin qui lui servait d'interprète, Gide fut reçu avec tous les honneurs dus à un ami estimé du régime. De retour à Paris, il écrivit immédiatement le récit de son voyage : *Retour de l'URSS*.

Ce n'était pas ce que ses hôtes soviétiques attendaient. Le message de Gide était clair : il avait cherché la confirmation de ce que, trois ans auparavant, il avait appelé « Mon admiration pour l'URSS et mon amour[14] ». Il notait des aspects positifs et exprimait cette conviction : « l'URSS finira bien par triompher des graves erreurs que je signale[15] » ; mais son verdict, en fin de compte, était dévastateur. Il remarquait que les artistes étaient contraints de suivre la ligne du parti. « Ce que l'on demande à l'artiste, à l'écrivain, c'est être conforme ; et tout le reste lui sera donné par-dessus[16]. » Sa critique la plus féroce portait sur le manque total de liberté en Union soviétique. « Et je doute qu'en aucun pays aujourd'hui, fût-ce dans l'Allemagne de Hitler, l'esprit soit moins libre, plus courbé, plus craintif (terrorisé), plus vassalisé[17]. »

Le manuscrit de Gide tomba entre les mains d'intellectuels communistes qui s'empressèrent de faire pression sur lui pour qu'il modère ses attaques contre Moscou, sous prétexte que cela risquait de faire du tort à la cause républicaine en Espagne. Cela ne l'empêcha pas de le publier. Le livre, qui fut rapidement traduit en anglais, plut évidemment à la droite, mais il choqua même des sympathisants de gauche non communistes, entre autres Simone de Beauvoir, la compagne de Sartre. Dans ses mémoires, *La Force de l'âge*, elle écrit : « Nous n'avions jamais imaginé l'URSS comme un paradis, mais nous n'avions jamais non plus mis sérieusement en question la construction socialiste. Il était gênant d'y être incités au moment où la politique des démocraties nous écœurait. N'y avait-il plus un coin du monde où pût s'accrocher l'espoir[18] ? » En 1937, pour répondre à tout l'émoi qu'il avait suscité à gauche, Gide publia *Retouches à mon « Retour de l'URSS »*, une nouvelle réflexion plus nuancée sur son voyage. Mais alors il était devenu *persona non grata* pour la majorité de la gauche.

Il n'allait pas longtemps rester le seul. La répression menée par les communistes contre les dissidents de gauche en Espagne et surtout les violentes purges provoquées par les procès de Moscou érodaient la foi dans l'Union soviétique. Assez curieusement, le trotskisme n'avait jamais tellement pris en France, même si Trotski avait vécu en exil près de Paris entre 1933 et 1935*. En réalité, c'étaient plutôt les turbulences à Moscou qui jetaient leur ombre sur la gauche européenne. Dès octobre 1936, par exemple, Münzenberg fut rappelé à Moscou et, après un interrogatoire serré, il se mit à craindre pour sa vie. Prétextant qu'on avait besoin de lui pour organiser les opérations du Komintern en Espagne, il parvint tout de même à obtenir un visa de sortie et reprit ses activités depuis Paris. Quoi qu'il en soit, il était de moins en moins utile à Moscou et en mai 1937 il fut exclu du Parti communiste allemand. Il poursuivit ses activités antifascistes en se servant de certaines organisations de couverture qu'il avait lui-même créées mais il eut la sagesse de ne pas tenir compte d'un nouveau rappel à Moscou. Au lieu de quoi, en 1938, il fonda un journal de langue allemande, *Die Zukunft*, et, tout en restant antifasciste, il entreprit de dénoncer le stalinisme. En 1938, Koestler, qui avait été proche de Münzenberg, quitta lui aussi le parti communiste, écœuré par les procès de Moscou.

Il est étonnant de remarquer que ces violentes querelles au sein des rangs de la gauche et entre la droite et la gauche se déroulaient sur fond d'oubli apparent du réarmement militaire massif de l'Allemagne et de ses ambitions territoriales flagrantes. On aurait dit qu'il était plus important de remporter des victoires idéologiques que de travailler à renforcer la capacité de la France à se défendre. Dès octobre 1935, la France réagit assez mollement à l'invasion de l'Ethiopie par l'Italie, renforçant chez Hitler la conviction que lui aussi pouvait agir en toute impunité. En mars 1936, la France ne bougea pas lorsque l'Allemagne remilitarisa la Rhénanie, en violation du traité de Versailles. Deux ans plus tard, quand Berlin annexa l'Autriche dans ce qu'on appela l'Anschluss, la France, une fois de plus, s'abstint de réagir. Même face à la puissance militaire de plus en plus grande de l'Allemagne et à sa volonté expansionniste, les

* Après avoir été chassé du parti communiste, Breton avait fini par rencontrer Trotski en 1938 à Mexico où ils signèrent un manifeste, *Pour un art révolutionnaire indépendant*. Deux ans plus tard, Trotski fut assassiné à Mexico par un agent soviétique.

dirigeants politiques français restaient divisés sur la question du réarmement, et le haut commandement militaire composé d'hommes âgés insistait sur le fait que le pays était parfaitement en sécurité à l'abri des trois cents kilomètres de fortifications de la ligne Maginot protégeant la frontière Est.

Un jeune officier d'artillerie, le colonel Charles de Gaulle, fut pratiquement le seul à plaider pour la création de nouvelles divisions blindées. Tant chez les intellectuels que chez les politiciens, les souvenirs du carnage de la Première Guerre mondiale continuaient à entretenir le pacifisme, et chacun était persuadé que, quoi qu'il arrive, on pourrait calmer Hitler. En 1936, une rare occasion de se rappeler que la France ignorait tout du cataclysme imminent fut donnée par une chanson populaire de Ray Ventura et son orchestre, *Tout va très bien, Madame la Marquise*. Les domestiques d'une aristocrate rassurent leur maîtresse au téléphone en l'assurant que tout va bien ; certes sa jument préférée est morte, ses écuries ont été détruites dans l'incendie qui ravagea son château et son mari s'est suicidé, mais pas de problème, *Tout va très bien, Madame la Marquise.*

A Munich, le 30 septembre 1938, le Président du Conseil français Daladier et le Premier ministre britannique Neville Chamberlain donnèrent à Hitler le feu vert pour occuper la région des Sudètes en Tchécoslovaquie. En rentrant à Londres, Chamberlain brandit le traité en promettant « la paix pour notre époque ». A son retour à Paris, comme il le raconta plus tard, Daladier s'attendait pratiquement à être lynché, au lieu de cela il fut lui aussi accueilli en héros. Quelques écrivains de gauche dénoncèrent les accords de Munich, mais ils étaient vraiment minoritaires. Les pacifistes se sentirent encore plus rassurés le 6 décembre par une déclaration franco-allemande promettant des relations pacifiques. Même en mars 1939, lorsque l'Allemagne absorba le reste de la Tchécoslovaquie, l'idée unanime à Paris c'est qu'on ne pouvait demander à aucun Français de mourir pour défendre les Tchèques.

Les gouvernements britannique et français en furent tout de même ébranlés et se décidèrent finalement à garantir l'indépendance de la Pologne qui était le pays suivant dans le collimateur de Hitler. L'opinion publique n'y était pourtant pas très favorable. En mai 1939, dans un article de *L'Œuvre* intitulé « Mourir pour Dantzig ? », Marcel Déat affirmait que personne ne pourrait empêcher Hitler de s'emparer de l'enclave baltique : « Flanquer la guerre en Europe à cause de Dantzig, c'est y aller un peu fort, [...] et les paysans français n'ont aucune envie de mourir pour Dantzig. » Même à cette époque, il y avait peu de gens en France persuadés que la survie de leur pays était en jeu. L'ambassadeur des Etats-Unis, William Bullitt, était pour sa part moins optimiste. « Pour ce qui est de la sécurité des Etats-Unis et de l'Amérique, écrivit-il au président Roosevelt en 1939, il serait extrêmement imprudent de ne pas envisager la possibilité que l'Allemagne, l'Italie et le Japon remportent une victoire relativement rapide sur la France et l'Angleterre[19]. »

Il est certain que rien dans la vie sociale et culturelle parisienne au printemps et à l'été 1939 n'aurait pu convaincre Bullitt que la France était prête à affronter la guerre. Les bals masqués et costumés étaient aussi somptueux que d'habitude. Les boîtes de nuit montaient de nouveaux spectacles. Les théâtres et les cinémas ne désemplissaient pas, et on se préparait à ouvrir le nouveau musée d'Art moderne, on fêtait le cinquantième anniversaire de la tour Eiffel et de nouveaux livres paraissaient parmi lesquels *La Nausée* de Sartre et *Gilles* de Drieu la Rochelle. En avril, la défaite des républicains espagnols provoqua l'afflux massif de quelque 450 000 réfugiés en France, et pourtant la victoire de Franco était depuis longtemps prévisible. Le 23 août 1939, à la surprise du gouvernement français, l'Allemagne et l'Union soviétique signèrent un traité de non-agression, le pacte Molotov-Ribbentrop. Une semaine plus tard, l'Allemagne envahissait la Pologne. Le 3 septembre, quelques heures après la Grande-Bretagne, la France déclarait la guerre au IIIe Reich et commençait à mobiliser ses troupes. La vie des artistes et des intellectuels parisiens venait finalement de changer, et de manière abrupte. En l'espace de quelques jours, ils se retrouvaient en train de s'entraîner pour une guerre qu'ils avaient espéré ne jamais connaître. Au bout de quelques mois, des adversaires politiques allaient se retrouver au coude à coude en train de défendre la France.

CHAPITRE 2

Pas si drôle

La déclaration de guerre vint brutalement interrompre l'existence bucolique que menait Max Ernst dans le sud-est de la France où il vivait dans une ferme avec son nouvel amour, Leonora Carrington. Elle était, elle aussi, un peintre surréaliste, même si, seulement âgée de vingt-deux ans, elle était encore débutante. Deux ans plus tôt, elle avait fait la connaissance d'Ernst à Londres, et comme bien d'autres femmes avant elle et après elle, elle était totalement tombée sous le charme de ce fringant peintre aux cheveux blancs, de vingt-six ans son aîné. Ernst était toujours marié à Marie-Berthe Aurenche mais il préférait manifestement Leonora. Après quelques scènes orageuses à Paris, une en particulier au cours de laquelle la jeune et possessive Leonora gifla Marie-Berthe, jalouse et affligée, Ernst et Leonora Carrington s'établirent à Saint-Martin-d'Ardèche, au nord d'Avignon. Leonora avait admiré Ernst en tant qu'artiste dès qu'elle avait vu son travail tandis que lui était fasciné par la manière dont elle était parvenue à créer sa propre vision surréaliste, au cours de son adolescence, dans le cadre improbable d'une riche famille du nord de l'Angleterre. Leur ferme devint rapidement une sorte de ménagerie surréaliste où Marx Ernst sculptait des divinités en forme d'animaux tandis que Leonora recouvrait murs et plafonds de peintures représentant son étrange faune personnelle. Ernst était particulièrement heureux de se trouver loin des querelles politiques qui déchiraient le mouvement surréaliste, même s'il gardait de bonnes relations avec Breton. L'été, les amis venaient en train de Paris, curieux de voir ce que fabriquaient Ernst et sa belle muse dans leur rustique laboratoire surréaliste.

La déclaration de guerre mit fin à cette idylle. Un matin, au début de septembre 1939, deux gendarmes en uniforme vinrent arrêter Ernst. Même s'il vivait en France depuis dix-sept ans et avait été dénoncé par les nazis comme un « artiste dégénéré », il n'en demeurait pas moins allemand et à ce titre « un étranger indésirable » en France. Il fut immédiatement conduit à soixante kilomètres au nord-ouest, au château de Largentière qui servait de camp de rétention provisoire pour les Allemands et les Autrichiens de la région. Quelques semaines plus tard, il fut transféré dans une usine de briques désaffectée, près d'Aix-en-Provence, le camp des Milles. C'est de là qu'il envoya un message à Jeanne Bucher, sa galeriste à Paris : *Chère Jeanne, S.O.S, Max*. Détenu parmi des centaines d'autres, Ernst ne trouvait pas la situation particulièrement agréable, mais il ne fut pas maltraité ; on l'autorisa même à peindre. Il reçut aussi par la suite des peintures, des vêtements et de la nourriture fournis par Leonora qui se tourna vers Eluard pour avoir de l'aide. Finalement en décembre, grâce à l'intervention d'Albert Sarraut, un ancien Président du Conseil, Ernst fut libéré et put rejoindre Leonora et retrouver leur simple vie campagnarde à Saint-Martin-d'Ardèche.

Que les autorités françaises aient pu retrouver Ernst si facilement laisse supposer qu'elles avaient fiché les quelques milliers d'étrangers qui étaient arrivés en France en provenance d'Europe centrale. C'est bien ce qui s'était passé, mais le 10 septembre le gouvernement de Daladier mit en place de nouvelles dispositions concernant les étrangers. Tous les citoyens du Reich devaient se faire enregistrer auprès de la police. Certains furent immédiatement envoyés dans des camps d'internement, d'autres assignés à résidence. Dans les semaines qui suivirent, environ douze mille Allemands et cinq mille Autrichiens, « étrangers indésirables », furent arrêtés et répartis dans une douzaine de camps d'internement, certains improvisés à la hâte, d'autres situés au pied des Pyrénées où se trouvaient déjà des dizaines de milliers de réfugiés espagnols qui avaient fui la victoire de Franco, un peu plus tôt la même année. En toute inconscience, le gouvernement démocratique français préparait la voie à l'occupation allemande. Un an plus tard environ, quand les arrestations de Juifs, de communistes, de francs-maçons et de résistants et autres ennemis désignés commencèrent, tout un réseau de camps de concentration était prêt à les recevoir.

Au cours de la même période, les Britanniques aussi internèrent plusieurs milliers « d'étrangers ennemis », comme le feraient les Etats-Unis deux ans plus tard en arrêtant près de 100 000 Japonais américains. Mais la plupart des hommes politiques, universitaires, syndicalistes, journalistes, artistes et intellectuels détenus en France en 1939 étaient soit des Juifs, soit des opposants au régime nazi et, à ce titre, ne représentaient aucune menace pour la France. Après le pacte Molotov-Ribbentrop, les communistes étrangers étaient devenus logiquement des candidats plus crédibles à l'internement, mais les autorités françaises ne faisaient pas de telles distinctions. Seuls les internés qui disposaient de relations bien placées dans le monde politique ou les milieux artistiques avaient des chances d'obtenir leur libération. Mais dans la mesure où ces exilés avaient fui l'Allemagne ou l'Autriche sans presque rien emporter et vivaient en France en réfugiés quasiment voués à l'indigence, ils étaient peu nombreux à avoir les relations nécessaires. Comme alternative à l'internement, les jeunes réfugiés se voyaient proposer d'entrer dans la Légion étrangère. C'est ce que décida Nicolas de Staël, peintre d'origine russe qui fut envoyé en Tunisie où il ne participa à aucune action. Gide considérait ces rafles d'étrangers innocents comme un spectacle consternant et jugeait la conduite de la France comme « moralement déficiente ». D'après son amie proche, Maria Van Rysselberghe : « Il souffrait de voir la France se montrer tout à coup inhospitalière à ceux qu'elle avait d'abord protégés[1]. »

Parmi eux, un catalogue impressionnant d'artistes et d'intellectuels. Au camp des Milles, par exemple, en plus de Max Ernst, on trouvait les artistes Hans Bellmer, Max Lingner, Hermann Henry Gowa et Wols, les écrivains allemands Lion Feuchtwanger, Alfred Kantorowicz et Golo, le fils de Thomas Mann, en même temps que plusieurs journalistes allemands, un directeur d'opéra et deux prix Nobel de médecine, Tadeus Reichstein et Otto Meyerhof. Hannah Arendt, philosophe juive allemande, fut arrêtée en même temps que le philosophe marxiste Heinrich Blücher, qu'elle épousa en 1940, et fut envoyée au camp de Gurs, un camp de femmes surpeuplé dans le sud de la France. Le frère de Thomas Mann, Heinrich, eut la malchance d'être expédié au Vernet, au sud de Toulouse, un camp qui acquit rapidement la réputation d'être le plus dur avec des gardes brutaux et peu de nourriture. Koestler, qui avait failli être exécuté par les forces de Franco pendant la guerre d'Espagne, fut arrêté à Paris. Bien que né en Hongrie, il avait grandi en Autriche et il fut envoyé lui aussi au Vernet, abandonnant sa jeune compagne anglaise, le sculpteur Daphne Hardy, pratiquement sans le sou dans son appartement parisien. Koestler, dont les mémoires, *La Lie de la terre*, évoquent en détail la vie misérable au camp du Vernet, fut libéré en janvier 1940 après une intervention de Jean Paulhan, directeur de la *Nouvelle Revue française*, qui s'était porté garant de sa « loyauté à l'égard de la France ». Gustav Regler, un romancier allemand blessé en Espagne alors qu'il combattait dans les rangs des républicains, était rentré de Floride où il était en convalescence chez Hemingway. Il proposa ses services à l'armée française, au lieu de quoi il fut immédiatement expédié au Vernet. Walter Benjamin, critique littéraire et philosophe juif allemand, fut arrêté et interné trois mois au camp de Vernuche près de Nevers en Bourgogne avant d'être autorisé à regagner Paris.

A la fin de 1939, près de la moitié des « étrangers indésirables » avaient été libérés, mais une nouvelle vague d'arrestations d'Allemands et d'Autrichiens fut ordonnée le 13 mai après l'entrée de la Wehrmacht sur le territoire français et la poussée anti-allemande qui saisit de nouveau la France. Ce mois-là, Erwin Blumenfeld*, un photographe juif allemand qui s'était exilé en France en 1936, fut emmené au camp du Vernet dans un train bondé parmi des centaines d'autres réfugiés. Des années plus tard, il donna cette description de leur arrivée :

« Nous dûmes nous dévêtir, au grand jour, dans la grande rue et nous aligner, tout nus, derrière nos bagages. Les habitants du Vernet passaient sans nous voir. Tandis qu'on nous fouillait jusqu'à la prostate, à la recherche de trésors cachés : argent, armes et drogues, une horde de singes anthropoïdes étiques rentra au camp, tambour battant et au pas de course : squelettes aux yeux caves sortis du *Triomphe de la mort* de Brueghel. Je me croyais victime d'une hallucination collective : ni la France ni moi ne pouvions tomber si bas ! On prit son clairon au nègre Fenster. Un autre dut remettre la Croix qu'il avait gagnée à la Légion en se battant pour la France[2]. »

Alors que les troupes allemandes s'enfonçaient de plus en plus loin en territoire français, Blumenfeld remarqua que les détenus nazis se

* Blumenfeld parvint à quitter la France en 1941 et gagna les Etats-Unis où il devint un photographe de mode reconnu travaillant pour *Vogue* et *Harper's Bazaar*.

mettaient tout à coup à être mieux traités que les autres. Il ajoutait : « Schwarz, qui avait eu le nez fracturé à Dachau, trouvait que c'était pire ici. Au moins, la cruauté allemande se déroulait-elle ponctuellement et dans l'ordre. »

Ernst, qui se trouvait toujours à Saint-Martin-d'Ardèche avec Leonora Carrington, fut de nouveau arrêté parce qu'un voisin sourd-muet l'avait dénoncé, l'accusant d'envoyer des signaux lumineux à l'ennemi. Un simple gendarme armé d'un fusil vint l'arrêter et il fut emmené au camp d'internement de Loriol dans la Drôme puis, une fois de plus, au camp des Milles. Un mois plus tard, alors que les troupes allemandes occupaient Paris, Ernst fut autorisé à quitter le camp, avec des centaines d'autres prisonniers, et il s'empressa de regagner Saint-Martin-d'Ardèche à pied, espérant bien y retrouver Leonora. Elle avait disparu. Après l'arrestation d'Ernst, elle s'était effondrée. Elle écrivit plus tard : « J'ai pleuré pendant des heures au beau milieu du village puis j'ai regagné la maison et pendant vingt-quatre heures je me suis forcée à vomir en buvant de l'eau de fleur d'oranger et j'ai un peu dormi[3]. » Au bout de trois semaines, un ami anglais et un réfugié hongrois, effrayés de voir dans quel état elle était, la persuadèrent de les accompagner en voiture jusqu'à la frontière espagnole. Ils atteignirent finalement Madrid où ils prirent contact avec l'ambassade britannique. Quand Ernst arriva à leur ferme, il trouva la maison fermée à clef. Il entra par effraction pour récupérer quelques-unes de ses toiles et d'autres de Leonora puis se mit lentement en route pour Marseille.

Beaucoup d'autres prisonniers étrangers furent aussi relâchés ou parvinrent à s'échapper avant que l'armée allemande n'atteigne leurs camps. D'autres choisirent de se suicider comme Walter Hasenclever, un dramaturge allemand qui avala une grande quantité de somnifères le 22 juin. Carl Einstein, un historien d'art allemand, s'évada d'un camp situé près de Bordeaux, mais le 5 juillet, se trouvant coincé à la frontière espagnole, il se suicida en sautant d'un pont. Le sort de Münzenberg, l'ancien agent du Komintern, reste plus obscur. Il fut arrêté à Paris le 14 mai et transféré dans un camp au sud de Lyon. Cinq semaines plus tard, le chef du camp donna l'ordre à quelques prisonniers dont Münzenberg de se rendre à pied jusqu'à un autre camp mais sans être accompagnés par une escorte militaire, ce qui fait qu'ils se retrouvèrent libres. On retrouva le corps de Münzenberg trois mois plus tard. Il avait été pendu sans que l'on sache très bien s'il s'agissait d'un suicide ou si, comme beaucoup le pensent encore, il avait été victime des services secrets soviétiques. Koestler eut plus de chance. Après avoir été fait de nouveau prisonnier pour quelques jours à la fin mai, il s'enfuit à Paris avec Daphne Hardy. Là il s'engagea dans la Légion étrangère, sous une fausse identité pour éviter une nouvelle arrestation. Daphne Hardy commença par le suivre tandis qu'il était ballotté entre l'action militaire et un désarroi de plus en plus envahissant. Elle finit par trouver une place sur un des derniers navires qui quittaient Bordeaux pour l'Angleterre où elle s'occupa de la publication du chef-d'œuvre politique de Koestler, *Le Zéro et l'Infini*, qu'elle avait elle-même traduit de l'allemand. Koestler de son côté rejoignit les milliers d'étrangers qui essayaient de fuir la France et finit lui aussi par arriver en Angleterre en passant par Casablanca *via* Lisbonne.

Le paradoxe c'est que, tandis que ces « étrangers indésirables » étaient déjà victimes du conflit, le reste de la France commençait seulement à se faire à l'idée de la guerre. En octobre 1939, la France avait mobilisé 2,6 millions d'hommes. Beaucoup s'entraînaient, certains étaient postés le long de la ligne Maginot, et d'autres, encore plus nombreux, s'étaient joints à la Force expéditionnaire britannique au nord, où on attendait l'offensive allemande. Les souvenirs de la Première Guerre mondiale étaient encore vivaces, et Paris fut tout d'abord pris de panique. On évacua les enfants par trains entiers vers la province, on s'arracha les masques à gaz, les stations de métro furent reconverties en abris antiaériens, des ballons de surveillance furent mis en position dans le ciel de Paris, on ordonna des couvre-feux et on testa les sirènes. En raison des perturbations, théâtres et salles de cinéma furent provisoirement fermés. Beaucoup de tournages furent interrompus dans la mesure où la plupart des acteurs et des techniciens avaient été mobilisés. En conséquence du pacte Molotov-Ribbentrop, le gouvernement Daladier décida de dissoudre le parti communiste et de dénoncer ses membres comme traîtres à la patrie, ce qui poussa Maurice Thorez, le chef du parti, à déserter pour rejoindre Moscou.

Curieusement, les agents de la cinquième colonne, à savoir les Français qui avaient des sympathies pour Hitler, s'en tirèrent beaucoup mieux. Ceux qui appelaient ouvertement la France à rompre ses relations avec la Grande-Bretagne pour s'allier à l'Allemagne furent sanctionnés, comme tous les auteurs de déclarations pacifistes. Ainsi l'écrivain Jean Giono fut emprisonné pour avoir signé une pétition intitulée « La paix tout de suite ». Le poète surréaliste Benjamin Péret, qui n'était pourtant pas un ami de Berlin, fut lui aussi arrêté pour avoir tenu des propos défaitistes. Mais aucune mesure ne fut prise pour dissoudre les partis profascistes. La censure interdisait dans la presse les positions proallemandes, même si Daladier avait déniché un drôle de porte-parole en nommant le dramaturge Jean Giraudoux ministre de l'Information. Les antécédents de Giraudoux en matière de démocratie n'étaient pas vraiment impeccables. En 1939, il avait publié le texte de cinq conférences xénophobes dans *Pleins pouvoirs* où il donnait de la nationalité française une définition si restrictive qu'on pouvait la juger antisémite. Il n'y avait en effet aucune ambiguïté lorsqu'il incluait « des centaines de mille Askenasis échappés des ghettos polonais ou roumains » parmi les étrangers « grouillant sur chacun de nos arts ou de nos industries nouvelles ou anciennes, dans une génération spontanée qui rappelle celle des puces sur le chien à peine né[4] ». Il proposa la création d'un ministère de la Race pour contrôler l'immigration, ajoutant : « Nous sommes pleinement d'accord avec Hitler qu'une politique ne peut réussir au plus haut niveau que si elle est de nature raciale. » Malgré tout, il restait un propagandiste bien inefficace, du moins si on le comparait à un Paul Ferdonnet, journaliste français de la station de Stuttgart, la radio internationale des nazis.

Cependant, dans une affaire délicate le gouvernement Daladier était prêt à faire face. Déjà en septembre 1938, après l'occupation des Sudètes par l'Allemagne, *La Joconde* et d'autres chefs-d'œuvre furent provisoirement envoyés au château de Chambord dans la vallée de la Loire. Un an plus tard, au moment de la déclaration de guerre, le Louvre avait pris ses dispositions pour vider la plus grande partie du musée. En moins d'un mois, 3 691 toiles furent décrochées, soigneusement empaquetées et transportées par camions en trente-sept convois jusqu'au château de Chambord, tandis que *La Joconde* allait être cachée à Louvigny, à l'ouest de la vallée de la Loire. Le Louvre avait de bonnes raisons d'être satisfait de son opération. *Les Noces de Cana*, le tableau gigantesque de Veronèse, fut enlevé de son cadre et roulé, tandis que *Le Radeau de la Méduse* de Géricault, à peine moins grand, fut placé pour le transport dans un vaste châssis en bois. Le musée fut obligé de laisser sur place la plupart de ses statues et de ses sculptures mais il les remisa dans un sous-sol avant qu'on ait pu construire un abri antiaérien. On fit deux exceptions pour des trésors de l'art grec, la *Victoire de Samothrace* et la *Vénus de Milo,* qui allaient passer la guerre au château de Valençay. A plusieurs reprises, le Louvre fut aidé par la Comédie-Française qui prêta les camions servant habituellement au transport des décors. A la fin de l'évacuation, quand il ne resta plus que des cadres dorés vides dans les galeries de peinture, le musée fut fermé.

Au bout de quelques semaines cependant, comme le conflit attendu avec l'Allemagne commençait à ressembler à ce que les Français appelèrent une *drôle de guerre* *, Paris tout entier poussa un soupir de soulagement. Les écoliers rentrèrent à la maison, les restaurants et les boîtes de nuit rouvrirent et les théâtres, cinémas et salles d'opéra reprirent vie, même s'il manquait beaucoup de jeunes artistes qui étaient au front. Sacha Guitry, dramaturge, directeur, acteur et célébrité à plein temps, était très occupé. Il organisa un bal de charité au profit du service des ambulances, présenta une nouvelle pièce, *Florence*, et adressa à la radio ses vœux de nouvel an aux soldats français. Une chanson cocardière écrite pour les troupes anglaises basées le long de la frontière allemande devint aussi populaire en français qu'en anglais. « On ira pendre notre linge sur la ligne Siegfried. » Edith Piaf, Joséphine Baker et Maurice Chevalier se rendirent dans le Nord pour distraire les troupes. Chevalier obtint même un grand succès avec la chanson « Ça fait d'excellents Français », qui brossait un portrait satirique de la France unie en énumérant les professions et les tendances politiques les plus opposées, du banquier au boulanger, de l'extrémiste de droite de l'Action française jusqu'aux communistes, tous ensemble étant supposés défendre la France.

En un sens il avait raison. Le poète communiste Aragon et l'ex-communiste Eluard, tout comme le romancier fasciste Brasillach et le journaliste antisémite Rebatet, portaient tous à présent l'uniforme, comme la plupart des artistes et des intellectuels en âge de servir. Breton et Céline furent l'un et l'autre affectés à l'infirmerie, le compositeur Olivier Messiaen devint auxiliaire médical et le philosophe Raymond Aron fut nommé dans une unité de météorologie. Michel Déon, qui devait plus tard être élu à l'Académie française en

* Les Allemands l'appelèrent « Sitzkrieg », guerre assise, par opposition à « Blitzkrieg ».

1978, n'avait que vingt ans quand il entra dans l'infanterie. « Je faisais partie de ces Français qui sans cela n'auraient jamais rencontré des paysans, des ouvriers ou des employés, retient-il de cette expérience. Cela a été une aide considérable dans mon travail d'écrivain[5]. » Le cinéaste Marcel Carné se retrouva à creuser des tranchées près de la ligne Maginot à cause de l'image qu'il avait donnée de l'armée dans *Quai des brumes* où Jean Gabin, lui-même devenu soldat entre-temps, jouait le rôle d'un déserteur. Pourtant, les combats réels ne semblaient pas imminents et beaucoup avaient le temps d'écrire des lettres ou de tenir leur journal. Les officiers avaient des permissions pour se rendre à Paris et se tenaient au courant des derniers potins.

« En voyant la réaction de ces intellectuels j'ai compris que la guerre ne les inquiétait pas », observa Stéphane Hessel, le fils de l'écrivain allemand Franz Hessel. Stéphane avait grandi en France et devint par la suite un éminent diplomate français. « A l'abri de la ligne Maginot, ils étaient convaincus que l'Allemagne n'attaquerait pas, qu'elle n'allait pas tarder à s'effondrer à cause de ses problèmes économiques, que les marines française et britannique dominaient toujours le monde, que les Etats-Unis allaient tôt ou tard entrer en guerre, que même l'Union soviétique ne se tiendrait pas à l'écart. La vie intellectuelle prospérait donc autour de figures comme Joyce, Breton, Duchamp[6]. »

La Rive Gauche avait toutefois perdu son atmosphère joyeuse. Travaillant à son premier roman, *L'Invitée*, Simone de Beauvoir avait déjà découvert qu'elle aimait écrire au café et se partageait entre Le Dôme à Montparnasse et le Café de Flore à Saint-Germain-des-Prés, mais elle se retrouvait souvent seule. En face, sur le boulevard, la Brasserie Lipp était certes toujours bondée, mais de politiciens âgés à présent, accompagnés de leurs jeunes maîtresses, à la place de la clientèle habituelle d'artistes. Le Quartier latin semblait étrangement désert depuis que les étudiants de la Sorbonne avaient été parmi les premiers mobilisés. Gaston Gallimard, directeur de la plus prestigieuse des maisons d'édition françaises, les éditions Gallimard, avait même fermé ses bureaux de la Rive Gauche au 5, rue Sébastien-Bottin et avait quitté la ville. Craignant que Paris ne soit bombardé si les hostilités se déclaraient, il avait emporté ses dossiers et installé la majeure partie de son équipe dans une demeure familiale à Sartilly, proche de la mer, à l'ouest de la Normandie, où il poursuivait ses activités. Jean Paulhan qui, tout comme Gallimard, était âgé d'une bonne cinquantaine d'années et trop vieux pour l'armée devait faire la navette entre Paris et Sartilly pour préparer chaque mois la publication de la *Nouvelle Revue française*. Et c'est ce qu'il fit, le dernier numéro de la revue paru avant l'Occupation était daté de juin 1940.

En tant qu'Espagnol, Picasso n'était pas considéré comme un « étranger indésirable », mais en tant qu'opposant à Franco il avait des raisons de s'inquiéter. Quelques jours avant la déclaration de guerre, accompagné de sa maîtresse Dora Maar, il se rendit en voiture dans le sud-ouest de la France, à Royan, où, comme par hasard, l'attendait une autre de ses maîtresses, Marie-Thérèse Walter, avec leur fille Maya, âgée de trois ans. Il installa les deux femmes dans des hôtels différents et loua le dernier étage d'une villa en bord de mer pour en faire son atelier. Il s'occupa également de la femme de Breton, Jacqueline Lamba, et de sa fille. Lors de ses permissions, Breton venait les retrouver dans leur villégiature, et un jour, apprenant qu'il était fauché, Picasso lui offrit un dessin pour qu'il le vende.

Depuis Royan, Picasso se rendait souvent à Paris. Il devait préparer sa première rétrospective américaine, *Picasso, 40 ans de son art*, qui, étonnamment, put ouvrir à temps au musée d'Art moderne de New York en décembre 1939. Il devait aussi s'assurer que ses papiers de résident étaient en règle. Quand la guerre fut déclarée, Matisse et lui se virent offrir l'asile aux Etats-Unis, mais ils refusèrent l'un et l'autre. En tant qu'étranger, Picasso était pourtant plus vulnérable que Matisse. Il décida donc de demander la nationalité française et, le 3 avril 1940, il déposa son dossier. Il fut interrogé par un commissaire de police près de son domicile parisien du 23, rue La Boétie ; la première décision fut positive – « Bons renseignements, avis favorable ». Mais fin mai, alors que les troupes allemandes occupaient déjà le territoire français, sa demande fut rejetée. Un rapport confidentiel indiquait qu'il avait été « signalé comme anarchiste » en 1905 et entretenait « des idées extrémistes, tout en évoluant vers le communisme[7] ». Un mois plus tard, devenu virtuellement sans papiers, Picasso vit les troupes allemandes traverser Royan pour se rendre à Bordeaux.

D'autres artistes mirent aussi à profit la drôle de guerre pour se préparer au pire. Piet Mondrian, le maître hollandais de l'abstraction, était déjà parti en Angleterre en 1938 et de là à New York dès le début de la guerre. En 1940, Dalí et sa femme Gala vinrent le rejoindre à New York tandis que Miró retournait dans l'Espagne de Franco. Matisse, Bonnard et Maillol avaient depuis longtemps fait le choix de vivre et de travailler loin de Paris, et de ce fait jouissaient d'une relative sécurité. Mais d'autres étaient restés à Paris et se débattaient dans un marché de l'art en plein marasme pour trouver de l'argent afin de partir en province ou à l'étranger.

C'est alors que pour certains d'entre eux apparut une sorte d'ange providentiel. L'héritière américaine Peggy Guggenheim avait vécu à Londres où elle avait exposé Cocteau, Kandinsky, Picasso, Braque et Tanguy dans sa nouvelle galerie de Mayfair, Guggenheim Jeune. Elle était aussi souvent venue à Paris où Duchamp l'avait introduite dans les milieux artistiques. Au début de 1940, elle était de retour à Paris mais chargée d'une mission cette fois. « Ma devise était " Achète un tableau par jour " et je m'y suis tenue », écrivit-elle plus tard dans ses mémoires *Ma vie et ses folies*[8]. A Victor Brauner, Alberto Giacometti, Jean Hélion, Man Ray et Constantin Brancusi elle achetait directement, sans tenir compte de leurs récriminations à propos du prix très bas qu'elle leur offrait. D'autres œuvres étaient acquises sur le marché de l'art grâce aux relations de Duchamp. Peu avant que les Allemands n'atteignent Paris, elle fit expédier sa collection à Grenoble puis, quelques mois plus tard, à l'étranger. Pour lors, les trouvailles de Peggy Guggenheim comportaient aussi des œuvres de Kandinsky, Klee, Picabia, Braque, Mondrian, Miró, Ernst, Carrington, Dalí, Chirico, Tanguy et Léger. Cette collection allait servir de base au musée qu'elle ouvrirait sur le Grand Canal de Venise en 1951.

Les écrivains qui ne furent ni enrôlés ni arrêtés comme « étrangers indésirables » vivaient aussi dans l'inquiétude. Irène Némirovsky, romancière née à Kiev en 1903, était arrivée en France, jeune adolescente, quand ses parents, des Juifs aisés, avaient fui la Révolution bolchevique. Dans les années 1930, après le succès de son roman *David Golder*, qui fut rapidement porté à l'écran, Irène devint une figure importante du milieu littéraire français et comptait parmi ses amis de nombreux écrivains de droite. Vers la fin des années 1930, elle et son mari, le banquier Michel Epstein, s'étaient convertis au catholicisme, ce qui ne les empêcha pas plus tard de se voir refuser la nationalité française.

Par précaution, craignant qu'elle et Michel fussent internés, Irène Némirovsky envoya ses deux petites filles, Denise et Elisabeth, à

Issy-l'Evêque, une paisible bourgade au sud de la Bourgogne qui était le village natal de la gouvernante des enfants et où Irène et sa famille avaient passé les deux précédents étés. En même temps elle déclarait à un magazine français qui publiait des portraits de femmes écrivains qu'elle était en train de rédiger des articles pour des journaux étrangers « pour faire connaître le magnifique moral de la France, pour dépeindre la tranquille détermination des combattants, le courage inébranlable des femmes[9] ». Elle donnait aussi des articles à *Marie-Claire*, des extraits de son nouveau roman, *Les Chiens et les Loups*, à *Candide*, et publiait des nouvelles dans *Gringoire*, hebdomadaire politique et littéraire, à présent opposé à la guerre contre l'Allemagne. Même après l'entrée en France de l'armée allemande, Irène Némirovsky continuait à espérer une contre-attaque française. Quand la défaite parut inévitable, elle quitta Paris pour rejoindre ses enfants à Issy-l'Evêque où elle allait habiter pendant deux ans.

Gide, qui se trouvait dans le sud de la France, décida de se montrer discret. « Non décidément, je ne parlerai pas à la radio, écrit-il dans son journal, le 30 octobre 1939. Je ne collaborerai pas à ces émissions d'oxygène. Les journaux déjà contiennent assez d'aboiements patriotiques. Plus je me sens français, plus je répugne à laisser s'incliner ma pensée. Elle perdrait, à s'enrôler, toute valeur. » Mais la remarque suggérait aussi fortement que s'il avait dû choisir de parler ou d'écrire, il n'était pas très sûr de la position qu'il aurait adoptée. « Mais je ne veux pas avoir à rougir demain de ce que j'écrirais aujourd'hui, notait-il et il ajoutait : Mes pensées intempestives, en attendant des jours meilleurs, je les veux engranger dans ce carnet. » Trois mois plus tard, le 7 février 1940, il s'inquiétait des conséquences de la guerre : « Il faut s'attendre à ce que, après la guerre, encore que vainqueurs, nous plongions dans une telle gadouille que seule une dictature bien résolue nous en puisse tirer. » Puis le 21 mai, alors que les troupes allemandes progressaient au pas de charge sur le territoire, Gide désespérait des Français en écrivant : « O incurablement léger peuple de France ! tu vas payer bien cher aujourd'hui ton inapplication, ton insouciance, ton repos complaisant dans tant de qualités charmantes[10] ! »

Drieu la Rochelle, l'écrivain fasciste, avait été blessé lors de la Première Guerre mondiale et était exempté de l'armée pour raisons de santé, ce qui lui permettait de continuer à écrire des romans et à travailler pour la *Nouvelle Revue française*. Mais alors qu'il affichait une parfaite confiance en lui, son journal intime tenu pendant la guerre, et publié plusieurs dizaines d'années après son suicide en 1945, le montre hésitant et inquiet dans les temps qui précèdent le conflit. Les Juifs restent pour lui une obsession, et il ne cesse de se demander si son ami de longue date en même temps que son adversaire politique, Aragon, ne serait pas juif[11]. Grand, séduisant, il affirmait fièrement dans ses écrits que les femmes l'avaient toujours aimé mais confessait sa honte de n'avoir jamais été « un vrai homme » courageux[12]. Il affirmait même à propos de sa seconde femme : « Je n'ai épousé Olesia Sienkiewicz que grâce à l'idée qu'elle était lesbienne et ne pouvait vraiment m'aimer*[13]. » Mais lorsque Drieu la Rochelle parvenait à dépasser son cas personnel, il savait prendre le pouls de la France avec une grande pertinence : « La guerre n'y a rien changé, bien au contraire. Les Français sont plus divisés que jamais, écrit-il en décembre 1939, sous l'apparent consentement général que fait leur atonie[14]. »

Sartre aussi écrivait, mais du front. Météorologiste à Marmoutier, à moins de trente kilomètres de la frontière allemande, il échangeait presque tous les jours des lettres avec Beauvoir qui venait de temps en temps lui rendre visite. Il remplissait des carnets de ses réflexions sur la littérature, l'histoire, la politique et la philosophie, elles allaient servir de base à son traité existentialiste, *L'Etre et le Néant*, publié en 1943. Il observait aussi avec beaucoup d'acuité la vie militaire et se moquait de l'ordre qui avait été donné de dénoncer quiconque afficherait des opinions défaitistes, un ordre qu'il ne tarda pas à violer lui-même en s'interrogeant sur l'utilité de cette guerre. « Pourquoi nous battons-nous ? » écrivit-il le 20 octobre 1939.

« Pour défendre la démocratie? Il n'y en a plus. Pour conserver l'état de choses d'avant-guerre? Mais c'était le désordre le plus complet. Il n'y avait plus ni partis ni idéologies cohérentes. Du mécontentement social partout. Manœuvrés par les capitalistes ? Mais ils n'ont rien à gagner à cette guerre. Ils l'ont freinée tant qu'ils ont pu, ce sont eux les auteurs de Munich. Ils ont accepté le démembrement de la Tchécoslovaquie par terreur du communisme. Et leur intérêt eût été, en septembre 1939, de sauver la face à Hitler comme

* Il avait une raison plus convaincante d'épouser Olesia, elle était riche et continua à l'aider financièrement bien après leur divorce. Il faut dire à son crédit toutefois que bien qu'il haït sa première femme, une Juive, Colette Jeramec, il la sauva de la déportation.

disait un chef de cabinet le 30 août 39. Ils redoutent plus Staline que Hitler et les voilà en guerre contre Hitler, non contre Staline[15]. »

Interrogé plus de trente ans plus tard, Sartre se montrait encore plus radical : « En 1939, 1940, nous étions terrifiés à l'idée de mourir, de souffrir pour une cause qui nous dégoûtait. C'est-à-dire pour une France dégoûtante, corrompue, inefficace, raciste, antisémite, gouvernée par les riches au profit des riches, personne ne voulait mourir pour cela jusqu'à, eh bien, jusqu'à ce que nous comprenions que les nazis étaient encore pires[16]. »

Un homme se serait bien vu en uniforme, lui qui entretenait son image de guerrier intrépide, c'était André Malraux. Son engagement dans la guerre d'Espagne avait dopé la célébrité qu'il avait conquise dans les années 1920 et 1930, d'abord comme aventurier arrêté pour avoir volé des statues des temples d'Angkor Vat au Cambodge, puis comme auteur célébré de *La Condition humaine*. Mais en 1939, quand il se porta volontaire pour entrer dans l'aviation, auréolé de sa gloire de chef de l'Escadrille España, on refusa sa candidature sous le prétexte assez logique qu'il ne savait pas piloter un avion. Il proposa alors d'intégrer une unité de blindés et on lui répondit qu'on le rappellerait. L'appel finit par arriver en avril 1940 et on lui ordonna de rejoindre un régiment de blindés à Provins. Un homme qui pouvait s'enorgueillir d'avoir eu le grade de commandant en Espagne se retrouvait ainsi simple soldat sous l'identité de Georges Malraux. Deux mois plus tard, le fait qu'on n'ait pas pu l'identifier comme étant André Malraux, leader de gauche antifasciste, lui évita probablement une longue peine d'emprisonnement.

Sur le plan politique, l'évolution de la situation un peu partout en Europe sapait l'espoir de la France d'éviter une guerre ouverte avec l'Allemagne. Le 17 septembre 1939, en vertu de son accord passé avec l'Allemagne, l'Union soviétique envahit la Pologne et annexa un tiers de son territoire à la Biélorussie et à l'Ukraine. Mais ni la France ni la Grande-Bretagne n'étaient prêtes à déclarer la guerre à Moscou. Puis, le 30 novembre 1939, son front ouest étant protégé par le pacte de non-agression conclu avec l'Allemagne, l'Union soviétique envahit la Finlande. La résistance finlandaise se révéla plus forte que prévu, et, dans les semaines qui suivirent, France et Grande-Bretagne se sentirent obligées de lui porter secours. En pratique ce soutien eut à peine le temps de se manifester avant que l'Union soviétique et la Finlande n'aient signé un armistice en mars 1940.

Pour la droite française, plus obsédée par le communisme que par le fascisme, l'échec de la France à combattre Moscou dans le cas de la Finlande était impardonnable. Cela amena Pierre Laval et un autre ancien Président du Conseil à renverser le gouvernement Daladier le 19 mars, même si le nouveau gouvernement dirigé par Paul Reynaud n'était guère en mesure de clarifier la situation. Paul Reynaud avait pendant des années plaidé pour un réarmement rapide de la France, pourtant il fut contraint de confier le ministère de la Défense nationale et de la Guerre à Daladier, l'homme qu'on tenait largement responsable de la faiblesse militaire du pays. Reynaud comprit au moins que le principal adversaire de la France c'était Berlin et non Moscou. Mais il n'avait plus le temps d'en tirer les conséquences. Le 9 avril, l'Allemagne envahit le Danemark et la Norvège. Le Danemark se rendit presque immédiatement. La Norvège tenta de lutter courageusement et pressa Reynaud de convaincre la Grande-Bretagne de se joindre à la France et d'envoyer des renforts militaires. Mais le 2 mai, l'Allemagne avait chassé les forces alliées et conquis la Norvège.

Est-ce que Paris était prêt à affronter la suite des événements ? Même pas. A la fin du mois d'avril, un journaliste suisse, Edmond Dubois, raconte que la vie nocturne y disposait de cent cinq cinémas, vingt-cinq théâtres, quatorze music-halls et vingt et un cabarets. Le 8 mai, l'Opéra de Paris présentait la première du nouvel opéra de Milhaud, *Médée*. Et deux jours plus tard, au moment où Hitler lançait son offensive contre l'ouest de l'Europe, les Parisiens étaient toujours convaincus que l'armée française allait l'arrêter. Mais l'Allemagne envahit très rapidement le Luxembourg qui était neutre, la Belgique et les Pays-Bas, puis, au lieu de se diriger vers le sud où était massé l'essentiel des troupes françaises et britanniques, la Wehrmacht lança une attaque éclair de blindés à travers les Ardennes qui étaient supposées infranchissables. En pénétrant en France à l'ouest de la ligne Maginot mais à l'est des principales positions des Alliés, les divisions blindées allemandes prirent le commandement militaire français par surprise. Ils isolèrent ainsi la Force expéditionnaire britannique, l'armée française du Nord et quelques unités belges. Le désastre fut quelque peu limité par l'opération « Dynamo » qui permit à 300 000 soldats, dont 140 000 Français, d'être évacués en Grande-Bretagne par le port de Dunkerque entre le 26 mai et le

4 juin. Mais la France à présent était réduite à assister impuissante à l'avance de l'armée allemande soutenue par la Luftwaffe qui pénétrait sur son territoire sans pratiquement rencontrer d'opposition. Le 10 juin, voyant là une occasion de profiter du succès allemand, l'Italie déclara la guerre à la France.

Ce qui compliquait encore la retraite de l'armée française, c'était l'exode de millions de civils, venant d'abord de Belgique, puis du nord de la France, et pour finir de Paris et de toutes les grandes villes du centre du pays. Sur une période d'à peine quatre semaines, quelque huit à dix millions de gens s'enfuirent vers le sud. Parmi eux il y avait des personnalités culturelles, pas seulement des Juifs comme Milhaud, le dramaturge Tristan Bernard et le philosophe Henri Bergson, mais aussi Colette, Drieu la Rochelle et de nombreuses autres figures du monde des lettres. Gaston Gallimard et Paulhan, accompagnés de leurs épouses, quittèrent rapidement la Normandie pour trouver refuge chez un poète de leurs amis près de Carcassonne. Dans son roman *Suite française*, écrit en 1942 mais qui ne fut publié qu'en 2004, Irène Némirovsky fait une description saisissante de l'exode. Elle se trouvait déjà à Issy-l'Evêque avec sa famille quand il se produisit, mais en se servant de divers témoignages et de sa propre imagination, elle raconta à sa façon l'histoire de tous ces gens pauvres et riches se bousculant désespérément et parfois égoïstement dans une fuite éperdue pour tenter de sauver leur vie. Dans un autre passage du livre, évoquant l'état d'esprit de la bourgeoisie aisée, un collectionneur d'art exprimait son incrédulité devant tout ce qu'il voyait se produire autour de lui : « Je ne peux pas supporter ce désordre, ces éclats de haine, le spectacle repoussant de la guerre. J'irai dans un coin tranquille, à la campagne. Je vivrai avec les quelques sous qui me restent jusqu'à ce que les hommes redeviennent sages[17]. »

Au départ, ce qui provoqua la fuite, ce fut la peur que les Allemands se comportent comme tout le monde pensait qu'ils l'avaient fait dans les territoires français occupés pendant la Première Guerre mondiale, se livrant au pillage, au viol, tuant sans distinction tous ceux qui leur tombaient sous la main. Quand les gens commencèrent à se sauver, la panique accéléra le processus. Si un voisin, ou le boulanger ou, pis encore, le maire, était vu en train d'entasser ses affaires dans sa voiture, il était difficile de ne pas suivre son exemple. Un tel phénomène se produisit des milliers de fois dans Paris, surtout quand on voyait des ministres remplir de meubles et de documents des camions qui quittaient ensuite la ville, de nuit, par convois entiers. Le 10 juin, le président Albert Lebrun, le Président du Conseil Paul Reynaud, le président du Sénat, Jules Jeanneney, et la plupart des députés quittèrent discrètement Paris avant l'aube ou le soir à la nuit tombée. Un nouveau venu accompagnait Paul Reynaud dans sa voiture, le général de Gaulle, qui venait quatre jours plus tôt d'être nommé sous-secrétaire à la Guerre. Cette nuit-là, le gouvernement se retrouva à Orléans.

Paris fermait boutique, on en voyait les signes partout. Le 10 juin était aussi le jour où devaient débuter les épreuves du baccalauréat. Simone de Beauvoir se rendit au lycée Camille-Sée où elle enseignait et découvrit que le bac avait été annulé. « Je suis retournée au Quartier latin, j'ai rencontré des élèves de Henri-IV, toutes rieuses ; pour beaucoup de jeunes gens, ça avait un air de fête, cette journée d'examen sans examen, dans le désordre et le loisir ; ils arpentaient gaiement la rue Soufflot, ils semblaient beaucoup s'amuser[18]. » Ce même soir, Beauvoir partit vers le sud. Michel Francini, qui à seulement dix-neuf ans était déjà artiste de music-hall, raconte qu'il ne quitta Paris qu'après l'appel de Paul Reynaud, le 12 juin, incitant les Parisiens à s'enfuir. « Si je n'avais pas entendu Reynaud à la radio, je serais resté », déclara-t-il plusieurs dizaines d'années plus tard. Au lieu de cela, il découvrit la panique et la confusion qui avaient saisi le pays tout entier. « J'ai connu treize jours d'exode. Je savais que mon père s'était réfugié à Agen mais c'était à plus de 750 kilomètres. Je partis donc sans savoir où j'allais. J'ai fait des kilomètres à pied. Il m'est arrivé de trouver un train, d'y monter et de m'apercevoir qu'il allait dans la mauvaise direction. Je suis arrivé à Agen le matin même du jour où mon père partait pour Pau. Les Italiens aussi nous bombardaient. Les gens n'arrêtaient pas de répéter : les Allemands arrivent, les Allemands sont juste derrière nous. Je mourais de faim, je n'avais qu'un quignon de pain. Je suis allé dans une ferme demander de l'eau et on me l'a refusée. Ils voulaient me la vendre deux francs[19]. » Il est peu probable que les réfugiés aient pu trouver quelque consolation chez des *chansonniers* comme Tino Rossi qui captaient l'atmosphère du moment avec des chansons comme « Quand tu reverras ton village » ou « Le petit réfugié ».

Presque tout le monde se retrouvait en plein chaos. Quand les combats atteignirent le nord de la France, il devint impossible de fuir par le train. Ceux qui possédaient une voiture ou un camion étaient en général les premiers à partir mais ils étaient aussitôt ralentis par les embouteillages et les cratères de bombes. Ceux qui avaient des charrettes ou des bicyclettes étaient suivis par ceux qui partaient à pied, beaucoup d'entre eux poussaient des landaus lourdement chargés. Quand ils traversaient des villages désertés, des chiens et des chats abandonnés venaient leur réclamer de la nourriture. Par endroits, on voyait errer des patients d'hôpitaux psychiatriques, hébétés. Et tout au long de la route on redoutait et on subissait les attaques en rase-mottes des stukas et des Messerschmitt, les avions de chasse qui à ce moment-là régnaient en maîtres dans le ciel français. A chaque attaque aérienne, les gens déboulaient de leurs voitures ou lâchaient leurs vélos pour aller se cacher dans les fossés. Il y eut de nombreux morts et de nombreux blessés. La solidarité n'était pas à l'ordre du jour. Quelques hôpitaux de campagne furent improvisés, parfois les villageois offraient à boire et à manger aux réfugiés de passage, mais le plus souvent c'est l'instinct de survie qui prévalait. Les voyageurs les plus heureux se rendirent dans des maisons en province où ils avaient de la famille ou des amis qui pouvaient les recevoir. Mais la plupart se retrouvaient affamés et sans logis, réfugiés dans leur propre pays. Les soldats français dont les unités avaient été détruites erraient à travers la campagne, complètement choqués, ne sachant où retrouver leur famille. Les étrangers qui avaient échappé aux camps d'internement ne comprenaient qu'une seule chose, c'est qu'ils avaient intérêt à fuir vers le sud.

En encerclant l'armée française et en progressant vers le sud, la Wehrmacht fit près de deux millions de prisonniers. Parmi eux Sartre, Messiaen, Desnos, Anouilh, Brasillach et le futur président de la République François Mitterrand. L'armée allemande n'était pas préparée à gérer un tel nombre de prisonniers et, dans la confusion, beaucoup d'entre eux parvinrent à s'échapper, parmi eux Desnos et Anouilh. D'autres furent emmenés en Allemagne et passèrent les cinq années suivantes comme prisonniers de guerre. Sartre, Messiaen et Brasillach furent toutefois libérés en 1941. Mitterrand s'évada un peu plus tard, la même année. Mais il y eut aussi beaucoup de cas plus tragiques. Cent mille soldats français et civils environ furent tués lors de la défaite de la France. Parmi eux, Paul Nizan, un écrivain très admiré qui avait quitté le parti communiste pour protester contre le pacte Molotov-Ribbentrop, fut tué au combat. Un poète symboliste âgé de soixante-dix-neuf ans, Saint-Pol Roux, fut victime d'un meurtre qui n'avait rien de politique : un soldat allemand ivre força la porte de sa maison près de Brest, tua sa servante, viola sa fille et le roua de tant de coups qu'il mourut quelques heures plus tard à l'hôpital. Au sud de Paris, les Allemands accrochèrent l'unité blindée de Malraux ; après un bref combat, celui-ci fut blessé et capturé. Il eut la chance de ne pas être expédié en Allemagne et parvint à s'échapper quatre mois plus tard avec l'aide de son frère Roland. Aragon, qui fut décoré pour sa bravoure, évita d'être fait prisonnier en prenant place avec les soldats français évacués de Dunkerque vers l'Angleterre. Ces soldats furent rapidement renvoyés en France pour tenter de résister à l'avancée allemande. Mais quand le régiment auquel appartenait Aragon débarqua à Brest, il fut rapidement battu. Aragon parvint à s'échapper et se dirigea par petites étapes vers le sud-est où il retrouva sa femme, l'écrivain d'origine russe Elsa Triolet.

Saint-Exupéry, que son roman *Vol de nuit* en 1931 avait rendu célèbre tant comme écrivain que comme aviateur, vit la guerre depuis le ciel. Blessé lors d'un accident d'avion, il ne put devenir pilote de chasse et il fut donc affecté à une escadrille de reconnaissance basée à Orconte, à environ deux cents kilomètres à l'est de Paris. Dès le déclenchement de la bataille de France, la Luftwaffe conquit la suprématie des airs tout comme les blindés allemands dominaient le terrain. L'escadrille de Saint-Exupéry fut sévèrement éprouvée. Dans *Pilote de guerre*, publié aux Etats-Unis sous le titre *Flight to Arras*, il raconte que la France n'avait que cinquante équipages de reconnaissance composés de trois hommes chacun et que, sur les vingt-deux qui formaient son groupe 2-33, dix-sept avaient disparu à la fin du mois de mai 1940. En termes militaires, c'était un désastre puisque l'armée française ne disposait pratiquement plus d'aucun renseignement de première main sur les positions et les mouvements de la Wehrmacht. La description que donne Saint-Exupéry de l'état d'esprit du pays est encore plus sombre. « Mais il est une impression qui domine toutes les autres au cours de cette fin de guerre. C'est celle d'absurde. Tout craque autour de nous. Tout s'éboule. C'est si total que la mort elle-même paraît absurde. Elle manque de sérieux, la mort, dans cette pagaille. » Après la défaite, il fut démobilisé en Algérie avant de rentrer en France et de retrouver sa belle épouse salvadorienne, Consuelo.

D'autres personnalités de la culture se retrouvèrent aussi dans le sud. Beaucoup de gens du cinéma, en particulier les producteurs juifs, se rendirent à Nice et à Marseille où il y avait des studios, ou bien à Cannes où les hôtels confortables ne manquaient pas. D'autres, qui avaient les moyens, choisirent les stations des Alpes comme Megève. Paul Derval, qui dirigeait les Folies Bergère, se rendit à Biarritz où il retrouva la chanteuse Mistinguett et les actrices Elvire Popesco et Suzanne Flon. Guitry opta pour Dax même si, contrairement à la Provence où Matisse, Bonnard et Chagall avaient trouvé refuge, la région fut bientôt occupée par les troupes allemandes. Peu d'écrivains choisirent de rester à Paris. Parmi eux Paul Léautaud, ce conservateur excentrique qui refusa d'abandonner ses chiens et ses chats bien-aimés. Il regarda la ville se vider rapidement, constatant que même le Louvre était abandonné. Quelques jours plus tard, il nota dans son *Journal littéraire* : « La défaite m'est tout à fait indifférente. Aussi indifférente que la première vue d'un soldat allemand l'autre matin. » L'explication était que, antisémite convaincu, il était persuadé qu'une victoire britannique serait en fait une victoire juive. Un autre écrivain, Marcel Jouhandeau, qui aurait bien voulu partir, resta à Paris à la demande insistante de son épouse tyrannique, Elise. Ce qui lui permit d'être le témoin oculaire de la chute de Paris. Le 10 juin, il écrit : « Il semble que tout le monde part pour un long voyage et nous voilà seuls, au milieu d'un océan de demeures abandonnées. Ceux qui vont venir parleront une autre langue. Nous ne comprendrons plus que celle des oiseaux et des animaux familiers[20]. » Le 13 juin, le général Pierre Héring déclara Paris ville ouverte, lui épargnant ainsi de nouveaux bombardements. A 6 heures du matin, le 14 juin, alors que Paris était déjà aux mains des Allemands, Jouhandeau note, comme en passant : « Quand je traverse l'avenue Malakoff, je me trouve en face de sous-officiers allemands qui photographiaient Luna Park[21]. »

De fait, l'occupation de Paris se fit pratiquement en silence. La ville avait perdu 60 pour cent de sa population, et à part les véhicules allemands, ses rues étaient vides. Les troupes allemandes prirent position devant les ministères et les bâtiments de l'armée tandis que les gradés s'installaient dans les meilleurs hôtels, à commencer par le Crillon, place de la Concorde, puis le Meurice, le Lutétia, le Raphaël et le George-V. Le commandement militaire allemand, le Militärbefehlshaber in Frankreich, ou MBF, établit son quartier général à l'hôtel Majestic, proche de l'Arc de triomphe. La Luftwaffe à son tour prit possession du Sénat, réservant un appartement donnant sur le jardin du Luxembourg à son chef, le maréchal Hermann Göring. La croix gammée fut hissée partout où avait flotté le drapeau tricolore, même sur la tour Eiffel, bien que là du moins, les ascenseurs bloqués obligèrent les soldats allemands à l'escalader jusqu'au sommet. En 1914, l'armée du Kaiser avait prévu de prendre Paris en quarante-deux jours mais avait échoué. Celle de Hitler y était parvenue en trente-cinq jours. Pourtant, la France en tant que nation devait encore se rendre. Le 16 juin, le gouvernement quitta la vallée de la Loire pour s'installer à Bordeaux où Reynaud plaida en faveur d'un transfert dans les colonies françaises d'Afrique du Nord où l'on enverrait également la marine et ce qui restait de l'armée et de l'aviation. C'est avec cette idée en tête que trente-sept députés, parmi lesquels Daladier et deux anciens ministres du Front populaire, Jean Zay et Pierre Mendès France, quittèrent Bordeaux en direction de Casablanca à bord du *Massilia.* Mais le nouveau chef de l'armée, le général Maxime Weygand, nommé fin mai à la place du général Maurice Gamelin, s'opposa à toute idée de regrouper les restes de l'armée en Afrique du Nord et incita Reynaud à démissionner.

Il fut à son tour remplacé par le maréchal Philippe Pétain, le héros de Verdun, qui venait, deux semaines auparavant, d'être rappelé de son poste d'ambassadeur en Espagne et nommé vice-Président du Conseil. Pour la plus grande partie de la population française, cette nomination était rassurante. Pétain était sorti de la Première Guerre mondiale auréolé d'un immense prestige dû à la fois à la victoire et à l'humanité avec laquelle il avait traité les troupes. Quand il fut élu à l'Académie française en 1929, ce fut par un vote unanime. De plus, même s'il ne se maria qu'à l'âge de soixante-quatre ans, il avait une réputation d'homme à femmes que confirmait une certaine lueur dans son regard. Même à l'âge de quatre-vingt-huit ans, il semblait l'homme de la situation. Le lendemain, dans un discours plein d'émotion dans lequel il reconnaissait la supériorité militaire de l'Allemagne, Pétain s'offrait lui-même comme un « don » à la France, voué à soulager ses malheurs. « En ces heures douloureuses, je pense aux malheureux réfugiés, qui, dans un dénuement extrême, sillonnent nos routes. Je leur exprime ma compassion et ma sollicitude. C'est le cœur serré que je vous dis aujourd'hui qu'il faut cesser le combat. » Et il confirma qu'il avait contacté les Allemands pour préparer la fin des hostilités.

Même si Pétain ne prononça à aucun moment le mot « armistice », ce fut ce mot qui provoqua une liesse générale à travers tout le pays. Jusqu'à aujourd'hui, les Français les plus âgés se souviennent parfaitement de l'endroit où ils étaient et de ce qu'ils ont éprouvé en apprenant la décision de Pétain. Il y en a peu qui admettraient s'être sentis à ce moment-là humiliés. « J'étais dans un train, je me sentais complètement désespéré lorsque quelqu'un cria Armistice ! se souvient l'artiste de music-hall Michel Francini : Quel soulagement, quelle joie ! Le cauchemar est terminé, avons-nous tous pensé. Je n'étais pas pétainiste mais je me suis demandé : Si ça n'est pas Pétain, qui cela pourrait-il être ? » Les militaires battant en retraite en plein chaos ne pensaient pas différemment : « Si vous étiez sur la route, pratiquement sans armes, et qu'un homme que vous respectez s'exprime à la radio, vous ne pouviez que l'approuver, se souvient Michel Déon. Nous avons tous poussé un soupir de soulagement. Nous n'en pouvions plus, physiquement comme moralement. Nous n'avions plus de munitions. Je n'ai jamais vu un pays agenouillé à ce point. Quelques officiers entretenaient des petites poches de résistance mais moi-même je n'avais plus d'officier[22]. » Les huit jours entre le discours de Pétain et l'application effective du cessez-le-feu ne firent qu'aggraver les choses. Beaucoup de soldats français qui devinrent prisonniers de guerre furent capturés pendant cette période. Un rapport des services secrets allemand, daté du 15 août 1940 et basé sur des interrogatoires d'officiers français faits prisonniers, remarque qu'« une grande partie d'entre eux sont des hommes âgés, totalement brisés et démoralisés ». Il citait un général allemand qui évoquait le fait qu'après que la retraite d'une division française eut été bloquée par des ponts détruits, « tous ses officiers s'arrêtèrent au bord de la route avec tous leurs équipements et attendirent d'être capturés ». Le rapport ajoutait que beaucoup d'hommes de troupe « se plaignaient amèrement du comportement de leurs officiers[23] ».

Un gradé cependant se montra méfiant. Dès que Pétain se fut adressé à la nation, de Gaulle partit à Londres. Le lendemain, il lut sur les ondes de la BBC une émouvante déclaration enjoignant aux Français de ne pas perdre espoir, leur disant que la défaite n'était pas définitive, que la France n'était pas seule. Il appelait les soldats français en Angleterre depuis Dunkerque ainsi que ceux qui se trouvaient encore en France à le rejoindre, et concluait par cet encouragement bienvenu : « Quoi qu'il arrive, la flamme de la résistance française ne doit pas s'éteindre et ne s'éteindra pas. » De Gaulle prenait un risque considérable. D'un point de vue militaire, son acte ne relevait plus de la simple insubordination, pour un général à deux étoiles c'était de la haute trahison. De plus, il était largement inconnu en France, et de toute façon très peu de gens entendirent son appel quand il fut diffusé pour la première fois. Et pourtant, le 18 juin 1940 allait devenir le jour où de Gaulle entra dans l'histoire de France.

Le 22 juin, l'armistice fut signé dans le même wagon de chemin de fer et dans la même clairière de la forêt de Compiègne où l'armistice de la Première Guerre mondiale avait été signé le 11 novembre 1918. C'était un événement auquel Hitler lui-même ne put s'empêcher d'assister. L'accord partageait la France en deux. Une zone dite libre* avec une population de quelque treize millions d'habitants était placée sous administration française et recouvrait la moitié sud de la France à l'exception de la côte Atlantique, tandis que la zone occupée, avec ses vingt-neuf millions d'habitants, comprenait les trois cinquièmes du territoire français et était sous le contrôle direct de l'armée allemande. D'autres modifications territoriales non mentionnées furent appliquées de fait : les provinces d'Alsace et de Lorraine depuis longtemps contestées furent de nouveau annexées par l'Allemagne, comme elles l'avaient été de 1871 à 1918, et un petit territoire au nord-ouest du pays, comprenant la ville de Lille, fut rattaché au commandement militaire allemand à Bruxelles. Par un accord séparé signé avec Rome le 24 juin, la région des Alpes au sud-est de la France passait sous contrôle italien. L'armistice autorisait la France à conserver une armée de 100 000 hommes sans armes lourdes comme des blindés, et la marine française devait rester à l'ancre dans ses ports d'attache. La France devait payer une contribution massive de 400 millions de francs par jour – l'équivalent de huit millions de dollars à l'époque, mais qui correspondrait en termes de pouvoir d'achat à 92 millions d'euros aujourd'hui –, pour assurer l'entretien de l'armée d'occupation, une disposition qui allait permettre à l'Allemagne de piller l'économie française. Quant aux prisonniers de guerre français, ils allaient finalement demeurer en captivité en Allemagne en attendant un traité de paix final entre les deux pays.

* Elle devint connue sous le nom de la zone no-no, pour non occupée, avec un jeu de mots sur non-non.

Quand l'armistice entra en application le 25 juin, Pétain fit une nouvelle allocution à la radio expliquant à la nation pourquoi il avait accepté l'armistice et ce qu'il signifiait. Au lieu de déplorer la stratégie désastreuse de l'armée française, il suggéra que la France n'avait qu'à s'en prendre à elle-même si elle se retrouvait dans cette situation : « Notre défaite est venue de nos relâchements. L'esprit de jouissance détruit ce que l'esprit de sacrifice a édifié. » Puis, s'assurant rapidement qu'un gouvernement concurrent en exil ne risquait pas de voir le jour en Afrique du Nord, il ordonna que les hommes politiques qui étaient partis à bord du *Massilia* soient ramenés en France et emprisonnés. Le 3 juillet, la Grande-Bretagne elle-même l'aida à serrer les rangs des Français derrière lui : craignant que les bâtiments français à l'ancre dans le port algérien de Mers el-Kébir ne tombent entre les mains des Allemands, Churchill ordonna leur destruction, causant la mort de 1 300 marins français.

Pour lors, Pétain avait décidé d'installer son gouvernement dans la ville thermale de Vichy, au centre de la France, juste sous la ligne de démarcation qui divisait à présent le pays. L'avantage de Vichy n'était pas seulement de disposer de nombreux hôtels élégants et d'un des meilleurs réseaux téléphoniques en France, contrairement à la ville proche de Clermont-Ferrand qui avait été envisagée comme un quartier général possible,Vichy ne possédait ni industrie ni syndicats communistes. La majeure partie du personnel politique, des chefs d'entreprise et bon nombre d'intellectuels en vue convergèrent vers la ville. Le 10 juillet, une assemblée commune de la Chambre des députés et du Sénat se tint à l'opéra de Vichy. La IIIe République fut enterrée et Pétain reçut les pleins pouvoirs. Le vote fut de 569 pour, 80 contre et 17 abstentions. Le lendemain, Pétain se nomma lui-même chef de l'Etat français, le nouvel *Etat français* qui remplaçait la IIIe République et il se nomma chef du gouvernement avec Pierre Laval pour adjoint et successeur. Selon les vues de Pétain et de Laval, tout ce qui restait à faire, c'était de bâtir une nouvelle France de la famille, du catholicisme et des valeurs rurales, une France débarrassée des Juifs, des communistes et des francs-maçons. Et pour donner le ton, la devise traditionnelle de la France « Liberté, égalité, fraternité » fut abandonnée en faveur de « Travail, famille, patrie ».

CHAPITRE 3

Si on dansait ?

Même avec la moitié de la population de Paris éparpillée à travers le pays, tout le monde fut assez vite d'avis que la vie culturelle de la ville devait reprendre son cours. Pour les musiciens, les danseurs et les acteurs, c'était une nécessité. Ils avaient besoin de travailler et ne voyaient pas de raison de ne pas le faire. Ils n'étaient pas responsables du désastre national et n'avaient pas les moyens de redresser la situation. De plus, les Allemands n'avaient aucune raison de s'offenser de cette tradition de théâtre, de cinéma, de ballet, d'opéra, de musique classique ou de cabaret. Le nouveau gouvernement de Vichy qui était responsable des institutions culturelles nationales tenait aussi à démontrer que, bien qu'écrasée sur le plan militaire, la France n'était pas vaincue dans le domaine culturel.

En fait, la culture était le seul domaine dont les Français pouvaient encore se sentir fiers, et il n'était pas aberrant d'espérer que les artistes contribuent à remonter le moral du public en attendant des jours meilleurs. Cela convenait parfaitement aux Allemands ; ils étaient sûrs de rencontrer moins de problèmes si les Français, et en particulier les Parisiens, continuaient à être divertis. Hitler appréciait même l'idée des Français se vautrant dans leur décadence. « La santé spirituelle du peuple français vous importe-t-elle ? demandait Hitler d'après les souvenirs d'Albert Speer. Laissons-les dégénérer ! C'est tant mieux pour nous[1]. »

La priorité des Allemands était alors simplement de faire en sorte que les Parisiens aient l'impression que la vie reprenait son cours normal. Le 23 juillet, Joseph Goebbels, le puissant *Reichminister* de l'Education publique et de la Propagande, se rendit à Paris pour en sonder l'état d'esprit. Les soldats de la Wehrmacht semblaient satisfaits. Les bordels et les cabarets les accueillaient bien volontiers, et certains restaurants proposaient même des menus en allemand. Mais Goebbels trouva la ville encore trop triste et ordonna plus de réjouissances. En septembre, le moral s'était amélioré, et beaucoup de Parisiens rentrèrent chez eux. Bien qu'ils trouvassent la ville pavoisée de croix gammées et des soldats allemands descendant les Champs-Elysées au pas de l'oie tous les jours à 12 h 30 et patrouillant tous les soirs à 11 heures au moment du couvre-feu, ils reconnurent pourtant le Paris d'autrefois.

Mais derrière leur attitude apparemment conciliante, les Allemands avaient en tête une stratégie plus radicale. A la base, il y avait le tenace complexe d'infériorité à l'égard d'une culture qui, depuis deux siècles, dominait l'Europe. Au cours de cette période, la culture allemande avait certes produit sa part de grands artistes, d'écrivains et, surtout, de musiciens, pourtant c'était Paris et non pas Londres ni Rome, ni Vienne et encore moins Berlin, qui donnait le ton du style et du bon goût à toute l'Europe. Les nazis avaient du mal à comprendre la prééminence d'une culture qu'ils jugeaient dégénérée par la présence des Juifs, des Noirs et des francs-maçons. Pourtant, c'était bien cette suprématie et ce pouvoir que Hitler et Goebbels convoitaient ; il fut donc décidé qu'aucune activité culturelle française ne devait rayonner au-delà des frontières du pays.

En novembre 1940, Goebbels donna des instructions en ce sens à l'ambassade d'Allemagne à Paris : « Le résultat de notre lutte victorieuse devra être de briser la prédominance française dans la propagande culturelle, en Europe et dans le monde. Après avoir pris possession de Paris, centre de la propagande culturelle en France, il est maintenant possible de porter à cette propagande le coup décisif. Toute assistance prêtée à cette dernière ou toute tolérance à cet égard serait un crime vis-à-vis de la nation[2]. » En même temps, il voyait là l'occasion pour la culture allemande d'infiltrer la société française, et surtout son intelligentsia. Pour Goebbels, la collaboration sur le plan culturel visait à distraire le public de masse et à impressionner artistes et intellectuels français par la gloire éternelle de l'Allemagne et les réalisations du IIIe Reich. C'était aussi le moyen de faire savoir aux Allemands que la France avait été vaincue, tant sur le plan culturel et intellectuel que sur le plan militaire.

Pour parvenir à ses fins, Goebbels ne laissa rien au hasard. Il créa une nouvelle structure complexe appelée la Propaganda Abteilung ou service de la propagande qui dépendait de son autorité mais faisait aussi partie du commandement militaire allemand en France. Doté d'une équipe de près de mille deux cents personnes, il fut dirigé pendant toute l'Occupation par un sévère officier d'infanterie, le major Heinz Schmidtke, et exerçait la double responsabilité de la propagande et de la censure. Une grande part de son activité était exercée par la Propaganda Staffel qui disposait de cinquante bureaux dans toute la zone occupée. Le bureau le plus important se trouvant à Paris au 52 de l'avenue des Champs-Elysées. Ce service se décomposait en six sections, chacune d'elles étant chargée d'un secteur spécifique : la presse, la radio, le cinéma, la culture qui comprenait la musique, le théâtre, les beaux-arts, les music-halls et cabarets, la littérature et la propagande active. Affectés à la Propaganda Staffel, il y avait quelque deux cents *Sonderführer*, littéralement « chefs spéciaux », qui, en l'occurrence, étaient pour la plupart d'anciens journalistes, des critiques ou des experts de la propagande recrutés par la Wehrmacht pour s'occuper de la culture française. Dans un rapport du 14 juin 1940, le Sonderführer Fritz Werner, responsable de la musique classique, écrivit à Goebbels : « Au cours des derniers siècles, les Français sont passés maîtres dans l'art de pénétrer les autres peuples par la politique culturelle. » Il décrivait la culture française comme un mur dressé entre la France et l'Allemagne et qui devait être détruit pour faciliter l'entente. Il préconisait la solution suivante pour la culture française : « Elle doit avant tout et en tout renoncer à être (trop) importune[3]. »

La Propaganda Abteilung n'avait pas beaucoup de mal à contrôler les médias dans la mesure où les directeurs de journaux étaient soit des fascistes convaincus, soit très désireux de complaire aux Allemands. De toute façon, les journaux étaient soumis à la censure, la plus légère critique de l'Allemagne ou de l'Occupation était supprimée, et on attendait d'eux qu'ils servent les intérêts nazis. Un autre outil de propagande, plus efficace encore, était Radio-Paris, une nouvelle station en langue française dont les studios se trouvaient au 116 bis, avenue des Champs-Elysées, et qui était dirigée par un certain Dr Bofinger, venu de Radio-Stuttgart. Ses émissions politiques servaient à encourager la haine à l'égard des Juifs, des communistes, des francs-maçons et des Britanniques. La réponse quotidienne venait du service français de la BBC par une émission intitulée « Les Français parlent aux Français* ». Mais si les Parisiens n'écoutaient pas les émissions politiques de Radio-Paris, ils étaient séduits par ses émissions culturelles et de divertissement, qui comprenaient de la musique, classique et populaire, du théâtre radiophonique, des débats sur des thèmes comme la cuisine, la santé des enfants et divers sujets féminins. De toute façon, les Parisiens n'avaient guère le choix de ce qu'ils écoutaient. Ils risquaient d'être arrêtés s'ils étaient surpris à écouter la BBC qui d'ailleurs était fréquemment brouillée. Vichy gérait toujours la Radiodiffusion nationale – la radio gouvernementale d'avant guerre connue à présent sous le nom familier de Radio Vichy –, son signal était souvent trop faible pour être capté à Paris et dans le nord de la zone occupée.

La Propaganda Staffel avait une tâche plus délicate dans la gestion des élites culturelles françaises, particulièrement quand il s'agissait de déterminer le degré de tolérance à appliquer dans le cas des arts créatifs et de la scène. Il fallait décider très rapidement si, par exemple, on devait approuver le scénario d'un nouveau film ou bien fournir du papier pour l'impression de tel ou tel ouvrage, et de ce fait la décision dépendait souvent de la personnalité de l'officier allemand en charge du dossier. Certains se vantaient presque de n'y rien comprendre, d'autres se montraient étonnamment conciliants. En fait, il arriva plus d'une fois que les responsables culturels allemands approuvent des films, des livres ou des pièces que Vichy aurait voulu interdire pour des raisons morales.

La Propaganda Abteilung devait aussi faire face à une certaine concurrence de la part de l'ambassade d'Allemagne et particulièrement d'Otto Abetz, l'ambassadeur nouvellement nommé. En tant que représentant avant la guerre du Comité France-Allemagne à Berlin, il avait compris le prestige dont jouissaient artistes et écrivains en France et il avait à présent très envie d'entrer en contact avec eux. Comme une sorte d'annexe à l'ambassade, il installa un nouvel Institut allemand dans un élégant hôtel particulier du XVIIIe siècle, l'hôtel de Monaco, au 57, rue Saint-Dominique, et qui était encore, quelques

* Sur l'air de « La Cucaracha », Radio-Londres inventa une chansonnette qui se retrouva rapidement sur toutes les lèvres : « Radio-Paris ment, Radio-Paris ment, Radio-Paris est allemand. »

semaines avant, l'ambassade de Pologne. Abetz amena aussi dans son sillage de nombreux Allemands connaisseurs de la France dont Friedrich Sieburg, un ancien correspondant à Paris de la *Frankfurter Zeitung*, qui avait publié en 1930 *Dieu est-il français ?* où il faisait le tableau d'une France délicieusement attachée à son passé. Friedrich Grimm, avocat et homme de radio qui avait été nommé attaché d'ambassade, était lui aussi un propagandiste expérimenté. Le directeur de l'institut, Karl Epting, était un autre habitué de Paris. Il y avait dirigé le bureau d'échanges universitaires allemands tandis que son bras droit, Karl-Heinz Bremer, était un historien qui avait enseigné l'allemand à l'Ecole normale supérieure à Paris avant la guerre. Un autre francophile enthousiaste était Gerhard Heller, ancien étudiant de littérature française, à présent Sonderführer responsable de la littérature à la Propaganda Staffel. Et en 1942, après que l'ambassade eut pris à sa charge l'ensemble des activités culturelles, ne laissant que la censure à la Propaganda Abteilung, Heller, lui aussi, passa sous le contrôle d'Abetz. Abetz et Epting formèrent une équipe efficace : des événements politiques et des dîners intimes se déroulèrent à l'ambassade tandis que des conférences, des petits concerts et des réceptions pour les artistes de passage eurent lieu à l'institut. Des personnalités de la culture française fréquentaient l'un et l'autre endroit. Quant aux Parisiens ordinaires qui étaient désireux de mieux connaître l'occupant, ils pouvaient prendre des cours d'allemand à l'institut.

Abetz et Epting s'associèrent également avec Laval et le délégué de Vichy à Paris, Fernand de Brinon, pour créer le groupe Collaboration. Le nom même de l'organisation en expliquait clairement le but. Succédant au Comité France-Allemagne, il devint une sorte de club culturel et intellectuel progermanique et, au début de 1944, il comptait plus de 42 000 membres dans toute la France, dont un bon nombre d'écrivains, de musiciens et de peintres. Il était divisé en sections qui s'occupaient d'économie et de société, de sciences, de littérature, du droit et des arts, et les sections artistiques étaient elles-mêmes réparties entre théâtre, arts visuels et musique. A sa tête se trouvait Alphonse de Châteaubriant, un écrivain qui dirigeait également l'hebdomadaire collaborationniste *La Gerbe*. Le groupe finançait des concerts donnés par des orchestres allemands, donnait des réceptions pour les sommités allemandes de passage et organisait des conférences dans toute la France. A l'intention des soldats allemands et des parisiens germanophones, l'institut d'Epting ouvrit une librairie allemande, Rive Gauche*, à l'angle du boulevard Saint-Michel et de la place de la Sorbonne, en plein cœur du Quartier latin. Tandis que la Propaganda Abteilung consacrait l'essentiel de son temps à la propagande et à la censure, l'ambassade et l'institut s'employaient à séduire les personnalités les plus marquantes de la culture française. A la longue, les intellectuels français furent invités à donner des articles aux deux publications de l'institut, *Les Cahiers de l'Institut allemand* et *Deutschland-Frankreich*. Puis, à partir de 1941, à la demande de Goebbels l'Institut se mit à organiser des voyages en Allemagne à l'intention de délégations d'artistes et d'écrivains français. Tout cela ne fut possible, évidemment, que parce que la vie culturelle en France s'était empressée de reprendre un cours quasi normal avec une hâte presque inconvenante.

Sacha Guitry, dont le talent n'avait d'égal que la vanité, fut l'un des premiers à regagner Paris. Son élégant hôtel particulier de l'avenue Elisée-Reclus, près de la tour Eiffel, lui manquait, tout comme l'exquise collection d'art qu'il contenait. L'adoration de son public lui manquait aussi. Et avant de quitter Dax, dans le sud-ouest de la France, il s'était laissé convaincre de la nécessité de rentrer à Paris parce qu'un officier allemand l'avait reconnu, probablement d'après ses films, et l'avait salué comme un trésor national français. Dès son retour à Paris, il annonça sa présence en demandant audience au général Harald Turner, le gouverneur administratif du Grand Paris. Guitry avait le projet de rouvrir le théâtre de la Madeleine avec sa pièce *Pasteur*, où il jouerait lui-même le rôle-titre. Pour cela, il avait besoin de l'accord des censeurs de la Propaganda Staffel qui exigeaient des coupes, en particulier la suppression de la dernière scène où l'on chantait *La Marseillaise*. Furieux, Guitry fit appel à Turner et, le 31 juillet, à peine six semaines après la chute de Paris, la pièce fut représentée telle qu'elle avait été écrite. Turner invita même le public à se lever au moment de *La Marseillaise*, puis alla rendre visite à Guitry dans sa loge. Tout en le complimentant, le général demanda à Guitry ce qu'il pouvait faire pour lui. Et le Français aurait répondu, dit-on : « Pour moi, rien, merci, mais peut-être le retour de quelques prisonniers. » La conséquence fut que onze prisonniers de guerre furent effectivement libérés[4].

* De petites bombes posées par des résistants soufflèrent plus d'une fois la vitrine de la librairie.

Pour sa production suivante, Guitry décida de célébrer la culture française par un hommage scénique à quelques grands disparus : Rodin, Monet, Renoir, les dramaturges Edmond Rostand et Octave Mirbeau, le compositeur Saint-Saëns, son propre père, l'acteur Lucien Guitry, et l'actrice légendaire Sarah Bernhardt. Accompagné d'extraits de films anciens, Guitry déclamait son propre texte, y compris les paroles prononcées par Mirbeau sur son lit de mort : « Ne collaborez jamais ! » Quand la Propaganda Staffel vint se manifester au bout de onze représentations, ce fut pour demander que le passage sur Sarah Bernhardt, une Juive, soit supprimé. Guitry refusa et annula le spectacle. A côté du retour de Guitry, d'autres théâtres de boulevard se mirent bientôt à monter des comédies légères et inoffensives aux yeux de la censure allemande. Les gens qui arrivaient à Paris de la zone libre furent souvent surpris et choqués de voir à quel point Paris semblait normal. En réponse aux critiques qu'on entendait à Vichy, un journaliste dans *La Gerbe* s'indignait que les *Vichyssois* prennent les Parisiens pour de mauvais citoyens, « parce que nous nous permettons d'essayer d'oublier nos chagrins, et leur pitoyable esprit, en nous rendant dans une salle de spectacle[5] ». Le journaliste aurait pu faire enrager bien davantage ceux qui étaient coincés dans la morosité bourgeoise de Vichy en signalant que les music-halls et les cabarets faisaient aussi des affaires d'or.

La Comédie-Française posait un autre problème. Comme l'Opéra de Paris et d'autres hauts lieux de la culture française, le théâtre historique demeurait sous l'autorité de Vichy. Les Allemands pouvaient censurer ses représentations mais Vichy voulait s'assurer qu'elle ne soit pas condamnée à la fermeture, ou pis encore, comme le Grand Palais qui fut transformé en parc de stationnement provisoire pour les véhicules militaires allemands. La Comédie-Française étant restée ouverte jusque cinq jours avant l'Occupation, la plupart de ses acteurs étaient encore à Paris. L'administrateur provisoire de la troupe et directeur, le très respecté Jacques Copeau, s'empressa donc de monter un spectacle dans une école parisienne pour bien montrer que la troupe était toujours en activité. Puis le 7 septembre, le rideau du théâtre finit tout de même par se lever, mais sur un spectacle bizarre conçu par Vichy. Cela commençait par une lecture d'Abel Bonnard, un poète de droite, membre de l'Académie française, qui devait devenir par la suite le ministre de l'Education de Vichy. Suivaient des lectures de toute une série d'auteurs français traditionalistes. Copeau s'adressa aussi au public dans des termes d'un *pétainisme* fervent, proclamant qu'il y avait des raisons d'espérer puisque la France confessait, condamnait et corrigeait ses erreurs et parce que, « En dépit de tous les désastres nous gardons une foi secrète mais inébranlable dans le grand pouvoir de la patrie, dans l'âme de la race et dans la survie et la force inextinguible de l'esprit français[6] ». Le spectacle fut repris le 15 septembre avant que la troupe ne revienne à son répertoire traditionnel en jouant Corneille, Shakespeare et Mérimée.

Le monde de l'opéra fut encore plus rapide à réagir. En 1939, l'Opéra de Paris au palais Garnier et l'Opéra-Comique dans la salle Favart toute proche furent placés sous une administration commune, celle de Jacques Rouché, homme d'une immense expérience. A la fin de l'été 1940, c'est lui qui fut chargé de rouvrir les deux théâtres, et il savait très bien que les gradés allemands trouvaient l'opéra plus à leur goût que le théâtre en langue française. De plus, aux yeux des Allemands, le palais Garnier avait acquis une aura toute particulière. Lors de son unique visite à Paris, tôt le matin du 23 juin, Hitler avait demandé à voir l'Opéra avant tout autre monument. Accompagné de son architecte en chef, Albert Speer, et de son sculpteur préféré, Arno Breker, il se promena pendant trois heures dans un Paris vide et silencieux, visitant le tombeau de Napoléon aux Invalides, le Panthéon, Notre-Dame et d'autres sites touristiques, mais l'Opéra, comme Speer l'écrivit plus tard, était son monument préféré. Il se trouve que le Führer avait étudié l'extravagance néobaroque de Garnier quand il était étudiant en art et qu'il fut même capable de trouver son chemin à l'intérieur du bâtiment dès sa première visite. Speer ajoutait : « Il semblait fasciné par l'Opéra, s'extasiait sur sa beauté, les yeux brillants d'un enthousiasme dont la bizarrerie me frappa[7]. »

Le 24 août, devant une salle remplie d'officiers allemands en uniforme, l'Opéra de Paris rouvrit avec la même production de *La Damnation de Faust* de Berlioz qui était déjà à l'affiche au moment de la fermeture le 5 juin. On ne sait pas si Rouché avait fait exprès de choisir un compositeur français pour la première production, mais le critique musical de *La Gerbe,* Louis Humbert, applaudit cette décision qu'il trouvait conciliante. Après tout, faisait-il remarquer, Berlioz aimait l'Allemagne et avait été influencé par Beethoven, Weber et

Gluck quand il avait composé cet opéra inspiré d'une pièce de Goethe. La production fut suivie d'une reprise du *Thaïs* de Massenet, puis curieusement du *Fidelio* de Beethoven, véritable hymne à la liberté, avec une cantatrice très appréciée des Allemands, la soprano française Germaine Lubin dans le rôle de Leonore.

En automne, l'Opéra proposait des spectacles le mercredi et le samedi soir, et le dimanche en matinée. Sa troupe de ballet remonta aussi sur scène sous la direction de Serge Lifar, danseur découvert vingt ans plus tôt par les Ballets russes de Diaghilev. Lors du premier spectacle de ballet, le 28 août, un tiers des places était occupé par des Allemands, dont l'ambassadeur Otto Abetz et le chef du commandement militaire allemand, le général Otto von Stülpnagel. A l'Opéra-Comique, un opéra français, *La Basoche*, de Messager, fut choisi pour ouvrir la saison le 22 août. Bientôt, des opérettes, également très appréciées des Allemands, furent montées par plusieurs théâtres dont le Châtelet, Mogador et les Bouffes-Parisiens. Les musiciens français et les chanteurs pouvaient distraire l'élite militaire allemande sans courir de risques sur le plan politique dès l'instant que les programmes ne comprenaient pas d'œuvres de compositeurs juifs. C'est ce que l'on fit prestement comprendre à Jean Wiener, un compositeur juif qui s'était présenté de lui-même à la Propaganda Staffel en automne 1940. Un officier allemand lui dit : « Si je ne vois jamais votre sale nom sur une affiche, peut-être vous laisserai-je tranquille; avez-vous compris ? » Lorsque Wiener reconnut l'homme, un fameux musicologue allemand, la réponse fut immédiate : « Je ne vous connais pas. Sortez[8] ! »

Les cinémas, pour leur part, rouvrirent immédiatement après la chute de Paris. Début juillet, il n'y en avait pas moins d'une centaine en activité. Dans l'ensemble, ils projetaient des films français à cause de l'interdiction allemande de montrer des films britanniques ou américains, des films réalisés par des cinéastes juifs ou mettant en scène des acteurs juifs ou antinazis. Des films en langue allemande étaient programmés au Rex, au Marignan et au Paris désignés à présent sous le nom de *Deutsches Soldatenkino* et réservés aux soldats allemands. Pour les cinéphiles français, le principal changement était la fin des séances comportant deux longs métrages. Mais l'industrie française du cinéma avait cessé en grande partie de fonctionner parce que la plupart des producteurs, des réalisateurs et des acteurs les plus importants avaient fui Paris durant l'exode et n'étaient pas pressés de quitter la Côte d'Azur.

Neuf mois auparavant, la déclaration de guerre avait entraîné l'annulation du premier festival de cinéma de Cannes, mais la ville était redevenue la capitale officieuse du cinéma français grâce à un trio de belles et jeunes actrices, Danielle Darrieux, Micheline Presle et Michèle Morgan qui en étaient devenues les ambassadrices de charme. « On s'en foutait, raconte Danielle Darrieux bien des années plus tard non sans un certain embarras. On allait chez le coiffeur, tout le temps on était dans l'insouciance totale, on était ce qu'on appelle dans la zone libre, comme on était très jeunes, très jolies et des stars en vogue, on se foutait éperdument de tout ce qui se passait là-haut[9]. » Danielle Darrieux et beaucoup d'autres vedettes de cinéma passèrent le reste de l'année 1940 au Grand Hôtel que le photographe Jacques-Henri Lartigue comparait à « un paquebot de croisière immobilisé par la guerre ». Le directeur de l'hôtel était le père de Louis Jourdan, le jeune acteur qui était fiancé à Micheline Presle. « C'était extraordinaire, se souvient celle-ci, on retrouvait les réalisateurs sur des terrasses, on allait en bateau pique-niquer sur les îles. On se sentait bien loin de la guerre. Et puis certaines personnes ont commencé à partir, les réalisateurs, la plupart d'entre eux étaient juifs[10]. » Une photographie prise sur la plage cet été-là montre Michèle Morgan et Danielle Darrieux toutes joyeuses, assises sur les genoux du producteur Gregor Rabinovitch, tandis que Micheline Presle souriante se tient derrière eux. « Il était heureux comme un prince », se souvient Danielle Darrieux. Il fut aussi l'un des premiers producteurs juifs à quitter la France.

Le romancier et cinéaste Marcel Pagnol, qui avait son propre studio à Marseille, fut l'un des rares à reprendre le travail pour achever son film, *La Fille du puisatier*, qui avait été interrompu en mai. Et, poussé par une impulsion qu'il regretta plus tard, il ajouta une scène dans laquelle on voit une famille rassemblée autour d'un poste de radio, qui écoute avec respect le discours de Pétain où il proposait l'armistice le 17 juin*. Dans les semaines qui suivirent, d'autres films à petit budget, sans grand intérêt pour la plupart, furent tournés à Marseille et à Nice. Mais jusqu'au début de l'année 1941, les studios parisiens demeurèrent silencieux. Et pour lors l'industrie cinématographique

* Bien que la censure allemande ait coupé cette scène lors de la projection du film en zone occupée, son rajout fut considéré comme un acte de collaboration.

française avait perdu beaucoup de ses atouts. Parmi ceux qui saisirent l'excuse d'une invitation à Hollywood pour quitter la France, il y avait les cinéastes Jean Renoir, René Clair et Julien Duvivier, et les acteurs Jean Gabin, Charles Boyer, Michèle Morgan et Jean-Pierre Aumont. Parmi eux, seuls Gabin et Aumont reviendraient en France avant la fin de la guerre, Gabin dans une unité de blindés qui participa à la libération de la France, Aumont en tant que soldat des Forces alliées en Italie, avant de regagner la France.

Le cinéma était aussi une des formes artistiques les plus directement concernées par le Statut des Juifs, les premières grandes mesures antisémites de Vichy promulguées à travers toute la France le 3 octobre 1940. Ce Statut concernait bien d'autres domaines que la simple production de films. Il excluait les Juifs, définis comme toute personne ayant trois ascendants juifs, du gouvernement, de la fonction publique, de la magistrature, de l'armée, de la presse et de l'enseignement. Ceux qui reprenaient leur travail dans l'un de ces secteurs devaient signer un document, comme se rappelle Simone de Beauvoir : « Au lycée Camille-Sée, comme dans tous les lycées, on me fit signer un papier où j'affirmai sous la foi du serment que je n'étais ni affiliée à la franc-maçonnerie ni juive : je trouvais répugnant de signer, mais personne ne s'y refusait ; pour la plupart de mes collègues, comme pour moi, il n'y avait aucun moyen de faire autrement[11]. »

Les seuls Juifs autorisés à conserver leur emploi furent des anciens combattants de la Première Guerre mondiale, les titulaires de la Légion d'honneur et ceux qui avaient rendu des « services exceptionnels à la France dans le domaine de la littérature, des sciences ou des arts* ». Quelques rares professeurs d'université, comme l'historien Marc Bloch, parvinrent à obtenir une exemption, mais cela ne les protégea guère pendant la suite de l'Occupation. Il y eut aussi presque immédiatement des pressions pour que soient renvoyés les Juifs de la Comédie-Française et de l'Opéra de Paris qui, en tant qu'institutions nationales, étaient considérés comme des extensions du gouvernement. Mais le cinéma était la seule activité culturelle à être distinguée par ce Statut. En réponse à toutes les campagnes fascistes

* Un document découvert en 2010 montre que Pétain avait personnellement instauré une autre exception : celle des descendants de Juifs nés en France ou naturalisés citoyens français avant 1860. L'authentification de l'écriture de Pétain sur le document confirme pour la première fois que le Maréchal a participé lui-même à l'élaboration du Statut des Juifs.

d'avant guerre contre la « mainmise » des Juifs sur l'industrie cinématographique, et plus particulièrement contre le pouvoir de producteurs juifs étrangers, le Statut décida que les Juifs ne pouvaient être ni producteurs, ni distributeurs, ni réalisateurs de films, ni même propriétaires ou gérants d'une salle de cinéma.

Le Statut des Juifs, bien sûr, n'était pas apparu comme par magie. L'antisémitisme français qui s'était développé dans les années 1930, passant d'une obsession de la droite à un sentiment beaucoup plus largement partagé, se renforça brutalement en juin 1940 lorsque les Juifs se retrouvèrent parmi les boucs émissaires accusés de la défaite française. Les accusations lancées contre eux par les fascistes aussi bien à Paris qu'à Vichy ne manquaient pas : que même les Juifs français n'étaient pas de vrais Français car ils devaient allégeance d'abord au judaïsme plus qu'à la France, que les réfugiés juifs étrangers, environ un tiers de la forte communauté juive française qui comptait 300 000 personnes, étaient des espions, que les Juifs avaient poussé la France à la guerre contre l'Allemagne, que les Juifs avaient infiltré le gouvernement et l'armée, que les Juifs exerçaient en France un pouvoir financier et culturel trop important.

Craignant les conséquences d'une victoire allemande, beaucoup de Juifs français aisés avaient fui Paris avant le 14 juin 1940, mais ils avaient laissé derrière eux des légions de Juifs pauvres, en provenance d'Europe de l'Est, qui avaient cherché refuge en France et n'avaient nulle part où aller (et qui allaient devenir les principales victimes des internements et des déportations vers les camps de la mort nazis). A la mi-juillet, l'Allemagne expulsa d'Alsace récemment annexée quelque 18 000 Juifs en direction de la zone libre. Pendant ce temps, après avoir ordonné que tous les Juifs se fassent enregistrer auprès de la police française et que le mot JUIF soit apposé en lettres capitales sur leur carte d'identité, Vichy révoqua la naturalisation de plus de 7 000 Juifs qui étaient devenus citoyens français depuis 1927. Il annula ensuite la citoyenneté française accordée aux Juifs algériens en 1870. Vichy abrogea même une loi de 1939 contre l'incitation à la haine raciale, de sorte qu'il était désormais autorisé de mener des campagnes antisémites dans la presse.

En réalité, la presse collaborationniste n'avait nul besoin d'être encouragée. *Paris-Soir*, le quotidien à gros tirage, accueillit, bien à sa manière, le Statut des Juifs par ce gros titre : « L'épuration commence » ; et le sous-titre poursuivait : « LES JUIFS ENFIN CHASSÉS de toutes les fonctions publiques de la nation. » Et l'article notait avec une joie méchante : « Les étrangers israélites pourront être internés. » Un mois plus tard, les journaux collaborationnistes applaudissaient à une nouvelle mesure qui exigeait que les commerces dont les propriétaires étaient juifs soient identifiés par une affichette bilingue collée sur la vitrine qui indiquait à la fois *Jüdisches Geschäft* et *Entreprise juive*. Vichy continua à faire encore bien pire, mais ce Statut des Juifs illustrait la volonté du gouvernement français de prendre des mesures antisémites de sa propre initiative sans y être contraint par les Allemands. C'était aussi un présage menaçant destiné à signifier aux Allemands qu'ils pouvaient compter sur le soutien de Vichy pour persécuter les Juifs.

Au cours de l'été et de l'automne 1940, tandis que la campagne pour « nettoyer » la culture française de l'influence juive battait son plein, Hitler et son ministre de l'Aviation, le maréchal Göring, avaient les yeux rivés sur des trésors inestimables : les œuvres des collectionneurs et des marchands d'art juifs français. Le 30 juin, Hitler avait déjà ordonné que toutes les œuvres d'art en France, publiques ou privées, soient « sauvegardées » en attendant les négociations sur un traité de paix. Le sens de cette décision n'était pas très clair dans la mesure où différents secteurs du Reich l'interprétaient en fonction de leurs propres intérêts.

Un Allemand s'opposa à ces saisies de tableaux, un historien d'art respecté, à présent lieutenant de la Wehrmacht, le comte Franz Wolff-Metternich, qui dirigeait la branche française de la Kunstschutz, le secteur de l'armée allemande chargé de la protection des œuvres d'art pendant les conflits. Mais tandis qu'avec Jacques Jaujard, le directeur des musées français, il insistait sur le fait que les expropriations prévues violaient la convention de La Haye de 1907, ils s'opposaient à des adversaires bien plus forts qu'eux. Otto Kümmel, le directeur des musées de Berlin, avait déjà établi une liste d'œuvres cruciales pour la culture allemande et qui étaient détenues à l'étranger. Cela incita Goebbels à exiger de la France la restitution de toutes les œuvres d'art « enlevées » à l'Allemagne depuis 1500, et particulièrement au cours des guerres napoléoniennes. Agissant pour le compte du ministre des Affaires étrangères Ribbentrop, Abetz tenta de prendre l'initiative en ordonnant à la hâte la confiscation des œuvres appartenant aux nombreux collectionneurs juifs et leur transfert à l'hôtel de Beauharnais, siège de l'ambassade d'Allemagne, demeure du XVIIIe siècle sur la Rive Gauche, 78, rue de Lille. Son argument était que ces œuvres serviraient de dépôt de garantie dans le cadre des réparations que la France aurait à payer selon les termes du traité de paix définitif. Le commandement militaire allemand, cependant, répugnait à s'associer à cet acte de piraterie ; à la demande pressante de Metternich, il répondit que la saisie de toute œuvre d'art était illégale et refusa de coopérer.

Mais, le 17 septembre, Abetz, Metternich et l'armée furent pris de court par Hitler, lequel confia la mission de confisquer toutes les œuvres d'art « autrefois » possédées par des Juifs* au Einsatzstab Reichsleiter Rosenberg, ou ERR, un service dirigé par Alfred Rosenberg, l'idéologue en chef du parti nazi. Au début, le butin pillé fut stocké au Louvre, dans trois galeries du département des Antiquités orientales, mais la place manqua rapidement. Le Jeu de Paume, tout proche, un musée du XIXe siècle sur la place de la Concorde, fut choisi pour servir d'entrepôt principal aux œuvres d'art en transit vers l'Est. Même si Abetz parvint à conserver quelques vingtaines de toiles au prétexte qu'elles étaient destinées à décorer le ministère des Affaires étrangères, il dut pourtant assister au déménagement de quatre cents malles d'œuvres d'art que l'on transférait de l'ambassade au Jeu de Paume.

Von Stülpnagel, le commandant de l'armée allemande, était embarrassé. Dans un courrier confidentiel à son commandant en chef, il condamna la confiscation des œuvres d'art possédées par les Juifs, estimant que cela faisait du tort à l'image de l'Etat allemand : « Je suis moi-même d'avis qu'il faudrait arrêter cela[12]. » Mais il n'avait aucune influence en la matière. Les équipes spéciales du ERR pour la peinture, chargées à présent de trouver, de recueillir, de cataloguer et d'expédier en Allemagne toute œuvre d'art possédée par des Juifs, étaient parfaitement informées des collections qu'elles devaient viser en priorité. C'était entre autres celles de la famille Rothschild, d'Alphonse Kann, de la famille David-Weill, de Lévy de Benzion, de Georges Wildenstein, de la famille Seligman, de Jacques Stern, d'Alfred Lindon et des marchands d'art Léonce et Paul Rosenberg. La plupart de ces Juifs fortunés étaient déjà partis, et avaient dispersé leurs collections dans des châteaux et des planques à travers tout le

* Le 23 juillet, Vichy déchut de la nationalité française tous ceux qui avaient fui la France.

pays. Dans quelques cas, il faudra près de trois ans au ERR pour les retrouver.

La justification légale inventée pour couvrir ce vol organisé était que les Juifs étaient à présent « sans Etat » et que par conséquent les œuvres d'art étaient « sans propriétaire ». Ne voulant pas se contenter des ces prises royales, le ERR se mit à la recherche de collections détenues par des Juifs moins connus, qu'il repéra, comme l'indiqua plus tard un de ses rapports, en partie « grâce aux listes d'adresses fournies par la police française ». Ces œuvres d'art furent elles aussi stockées au Jeu de Paume. Quand Göring s'y rendit pour la première fois, avec l'air de faire le tour du propriétaire, coiffé d'un chapeau à large bord et vêtu d'un grand pardessus, il fut stupéfait par ce qu'il vit et qui lui était en effet destiné. En prévision de l'inspection de Göring, le Jeu de Paume avait été organisé comme un musée du XIXe siècle avec des centaines de tableaux couvrant les murs sur deux étages, plus un bon nombre disposés sur des portants. A la fin de l'année, Hitler avait donné son accord pour la première livraison d'œuvres d'art possédées par des Juifs et destinée à enrichir le musée qu'il avait prévu d'ouvrir à Linz, la ville d'Autriche où il avait passé son enfance. Les vingt-deux premières toiles destinées à Linz provenaient de la collection Rothschild et comprenaient *L'Astronome* de Vermeer. Elles furent transportées au début février par un train appartenant à la Luftwaffe et obligeamment prêté par Göring. Naturellement, il y avait aussi de la place à bord pour cinquante-cinq œuvres d'art choisies par Göring pour son musée privé de Carinhall.

Le marché de l'art parisien, après le marasme des années 1930, fut relancé par l'Occupation. L'Hôtel Drouot, l'hôtel des ventes propriété du gouvernement et géré par Vichy, retrouva le cours normal de ses affaires le 26 septembre 1940, et, devant l'arrivée d'Allemands disposant de beaucoup d'argent et bénéficiant d'un taux de change artificiellement très favorable*, les Parisiens se mirent à vendre plus que jamais peintures et objets d'art. Les galeries appartenant à des Juifs furent rapidement aryanisées ou rachetées par des Aryens après confiscation. La galerie Bernheim-Jeune fut vendue pour une bouchée de pain à un collaborateur célèbre. Kahnweiler, qui était citoyen allemand, avait déjà perdu une galerie lors de la Première

* En juin 1940, le taux de change était de 12 à 20 francs pour un reichsmark, ce qui revenait à une réévaluation de 67 pour cent de la monnaie allemande.

Guerre mondiale lorsque les commissaires-priseurs français l'avait vendue comme bien ennemi. A présent, le marchand était persécuté en tant que Juif; il parvint cependant à « vendre » sa galerie à l'écrivain Michel Leiris et à sa femme Louise qui était sa belle-sœur. La galerie André-Weil fut reprise par Louis Carré tandis que Wildenstein cédait la sienne à son assistant Roger Dequoy. Emmanuel David parvint à garder sa galerie ouverte, grâce à la protection d'amis qu'il avait à la Propaganda Staffel.

Ces galeries comptèrent bientôt parmi leurs clients des officiers allemands. Parmi les entreprises confisquées à des familles juives, il y en avait certaines spécialisées dans l'art moderne, celui que Hitler qualifiait de « dégénéré » et qui ne présentait aucun intérêt pour les nazis. Le marché des artistes français plus traditionnels était lui aussi florissant. A l'automne la galerie Louis-Carré présenta des œuvres de Matisse et Maillol, tandis qu'en novembre le Salon d'automne à l'Orangerie exposait des œuvres de maîtres français, de Renoir à Rodin. Pour exposer à ce salon, les artistes devaient jurer qu'ils étaient français mais pas juifs. D'autres expositions comme le Salon des indépendants et le Salon du dessin et de la peinture suivirent.

Une fois de plus, l'argument préféré des Français était que les institutions culturelles devaient continuer à fonctionner. Le 17 septembre 1940, les musées Carnavalet et Cernuschi rouvrirent. Puis, le 29 septembre, après une cérémonie à laquelle assistait le *Feldmarschall* Gerd von Rundstedt, qui avait commandé sept divisions de panzers pendant l'invasion de la France, le Louvre à son tour rouvrit certaines de ses galeries, même si les départements de peinture restaient vides et fermés. Le musée n'était ouvert que cinq heures par jour, les mardis, jeudis et samedis, et deux heures le dimanche, l'entrée était gratuite pour les Allemands. La plupart des visiteurs étaient des soldats de la Wehrmacht qui pouvaient même acheter un guide en allemand. Metternich insista pour apposer des affichettes en allemand interdisant de fumer ou de toucher les œuvres. A l'Orangerie, au bord de la place de la Concorde où les vastes fresques de Monet, les *Nymphéas*, étaient demeurées, une rétrospective de Monet et de Rodin attira les foules.

La première exposition relevant strictement de la propagande, « La franc-maçonnerie dévoilée », visait la franc-maçonnerie interdite par Vichy en 1940 comme « société secrète ». Abetz prétendit que

900 000 personnes avaient visité cette exposition qui ouvrit au Petit Palais en octobre 1940. Ce serait la première d'une série de grandes expositions de propagande : « La France européenne » au Grand Palais de juin à octobre 1941 revendiqua 635 000 visiteurs, « Le Juif et la France » était supposée avoir attiré 155 000 personnes au palais Berlitz entre septembre 1941 et janvier 1942, et, pour finir, « Le bolchevisme contre l'Europe », qui ouvrit à la salle Wagram en mars 1942, aurait reçu 370 000 visites. Après Paris, toutes ces expositions tournèrent dans d'autres villes de France.

Dans le monde de l'édition, les nazis semblèrent plus motivés par des questions d'idéologie que par la recherche du profit, et là aussi ils trouvèrent des collaborateurs zélés. Pendant que trois maisons d'édition appartenant à des Juifs, Calmann-Lévy, Nathan et Ferenczi, furent rapidement aryanisées et rebaptisées, les éditeurs français étaient pressés de reprendre leur activité. Parmi eux Bernard Grasset et Robert Denoël avaient montré où allaient leurs sympathies en publiant dans les années 1930 des auteurs de droite dont, dans le cas de Denoël, les pamphlets antisémites de Céline. A présent, Grasset et Denoël, tous les deux amis d'Abetz, se proposaient bien volontiers de faire entrer la littérature allemande en France.

D'autres éditeurs ressentirent eux aussi le risque d'être exclus. Depuis sa cachette dans le sud de la France, Gaston Gallimard craignait que l'image de gauche de sa maison puisse en faire une cible pour les nazis. Et à partir du moment où les Allemands avaient commencé à se mêler de l'édition, ses propres auteurs encourageaient Gallimard à rentrer à Paris. Dès le début du mois d'août, les forces d'occupation avaient publié la liste Bernhard des cent quarante-trois ouvrages qui devaient être retirés de la circulation, parmi eux des livres d'auteurs juifs et des ouvrages antinazis. En septembre, quand une nouvelle liste de près d'un millier de titres interdits fut promulguée, la « liste Otto », l'association française de l'édition, le Syndicat national des éditeurs, offrit de collaborer sous prétexte de maintenir en vie la culture française. Dans un accord signé avec la Propaganda Staffel, le syndicat demandait aux éditeurs de ne pas publier de livres interdits en France ou en Allemagne et d'assumer la responsabilité de chaque nouvel ouvrage publié. Le syndicat soulignait : « Il s'agit de livres qui, par leur esprit mensonger et tendancieux, ont systématiquement empoisonné l'opinion publique française; sont visées en particulier les publications de réfugiés politiques ou d'écrivains juifs, qui, trahissant l'hospitalité que la France leur avait accordée, ont sans scrupules poussé à une guerre dont ils espéraient tirer profit dans leurs buts égoïstes[13]. » Pour leur part, les nazis étaient ravis : sans cette autocensure, il leur aurait fallu une véritable armée d'experts parlant français pour examiner des milliers de manuscrits.

Gallimard fit avec l'ambassade d'Allemagne un pacte digne de celui de Faust. Abetz avait fait savoir qu'il y avait, selon lui, trois pouvoirs en France : la banque, le parti communiste et la *Nouvelle Revue française*. Et il ne tarda pas à s'intéresser à la prestigieuse revue littéraire et politique qui avait été fondée en 1909 par six écrivains dont Gide, Copeau, Jean Schlumberger. En 1911, la revue donna naissance aux éditions de la NRF, également sous le contrôle de Gaston Gallimard. Depuis 1925, la *NRF*, abréviation sous laquelle elle était devenue célèbre, avait été dirigée par Jean Paulhan, et cette position faisait de lui automatiquement un des personnages les plus puissants de l'intelligentsia parisienne. Sous sa forme traditionnelle, avec ses colonnes ouvertes à un large éventail d'opinions politiques, elle n'était pas acceptable pour Abetz. Mais l'ambassadeur allemand souhaitait l'autoriser à reparaître si, et seulement si, elle était dirigée par son ami Drieu la Rochelle. Sans beaucoup d'hésitation, Gallimard accepta. Quand la première édition du temps de l'Occupation parut en décembre 1940, les Editions Gallimard ne marquaient pas seulement leur retour aux affaires, elles avaient aussi acquis la possibilité de publier des auteurs qui n'étaient pas connus pour leurs sympathies nazies.

Trente ans plus tard, Sartre devait déclarer : « Sous l'Occupation nous avions deux possibilités : collaborer ou résister[14]. » En réalité, les choix – et les dilemmes auxquels était confronté chaque artiste – étaient bien plus compliqués, comme Sartre le démontra lui-même. Quelques Juifs tels le dramaturge Bernstein, le romancier Maurois et le compositeur Milhaud ne perdirent pas de temps et quittèrent immédiatement la France pour les Etats-Unis. Par contre, l'écrivain Paul Morand et l'historien Paul Hazard, qui venaient d'être élus à l'Académie française, choisirent de revenir depuis l'étranger dans la France occupée. Certains voyaient dans la défaite le moyen de résoudre les problèmes des années 1930, plutôt que d'en créer de nouveaux. Paul

Claudel, diplomate, dramaturge et conservateur, fut ravi de voir disparaître la IIIe République qui, affirmait-il, avait dévoré le pays comme un cancer envahissant. Dans son journal, à la date du 20 juillet 1940, il déplorait le fait que la France ait perdu son indépendance mais soulignait des aspects qu'il trouvait positifs. « La France est délivrée après soixante ans du joug du parti radical et anti-catholique (professeurs, avocats, juifs, francs-maçons). Le nouveau gouvernement invoque Dieu et rend la Grande Chartreuse* aux religieux. Espérance d'être délivrés du suffrage universel et du parlementarisme : ainsi que de la domination méchante et imbécile des institutions qui lors de la dernière guerre se sont couvertes de honte. Restauration de l'autorité[15]. » En décembre 1940, il composa même une ode à Pétain contenant ces vers édifiants : « France, écoute ce vieil homme sur toi qui se penche / et qui te parle comme un père. » Pourtant Claudel ferait partie des citoyens français qui changeraient d'avis. Le jeune poète Claude Roy fit une volte-face encore plus spectaculaire en passant de l'Action française au parti communiste.

Les écrivains qui se trouvaient en zone libre avaient le choix d'y rester. En tant que communiste éminent, Aragon fit ce choix et plus tard il mena la résistance intellectuelle dans la région. De la même façon, Malraux, bien connu pour ses positions antifascistes, resta sur la Côte d'Azur avant de rejoindre la résistance armée au début de 1944. D'un autre côté, les hommes de droite comme Drieu la Rochelle, qui avait fui le combat, n'étaient pas mécontents du résultat ; certains proposèrent leurs services à Vichy tandis que la plupart d'entre eux rentraient à Paris. Beaucoup de modérés aussi regagnèrent la capitale, parmi eux Mauriac, convaincu au départ qu'« en dépit de tout », comme il le dit à Jean Guéhenno, il n'y avait pas d'autre choix pour les Français que de soutenir Pétain. Il devait plus tard se rallier à la Résistance, mais en juin 1941, il commit pourtant l'erreur de solliciter Epting pour qu'il approuve la publication de son roman *La Pharisienne*, et plus tard Heller pour se voir accorder un supplément de papier pour un second tirage. Dans la dédicace de l'exemplaire qu'il adressa à Heller, Mauriac écrit : « Au lieutenant Heller qui s'est beaucoup intéressé au sort de *La Pharisienne*, avec gratitude[16]. » De son côté, Cocteau, artiste aux multiples facettes et véritable papillon

* La Grande Chartreuse est un monastère isolé dans le Sud-Est de la France qui fut fermé par le gouvernement en 1903 et restitué à l'ordre des Chartreux par Pétain.

social, refusa tout simplement de cesser d'être Cocteau. En août 1943, il note dans son journal : « Ne se laisser distraire à aucun prix des choses sérieuses par la frivolité dramatique de la guerre[17]. » Au cours des trois années précédentes, il s'en était invariablement tenu à ce principe.

Ce fut pour presque tous une période de grande incertitude. Saint-Exupéry, par exemple, rendit visite à Pétain avant de décider de quitter la France, et même aux Etats-Unis il éprouvait encore des sentiments ambivalents à l'égard de De Gaulle. D'autres éprouvèrent le besoin d'analyser les causes de la défaite française comme le fit Henry de Montherlant dans *Le Solstice de juin*, qu'il écrivit en sécurité dans un café de Marseille. Et à ce stade, l'idée communément admise, même chez les modérés, était que la décadence de la France d'avant guerre, qui était devenue la principale explication à tous les problèmes du pays, avait attiré la défaite. La droite, bien entendu, avait une liste de coupables beaucoup plus détaillée.

Gide, qui resta en zone libre jusqu'à son départ en Tunisie en 1942, s'efforçait lui aussi d'analyser la situation politique, mais uniquement en privé, dans son journal. Et, de manière assez typique, cette quintessence de l'homme de lettres hésitait. Il applaudit au premier discours de Pétain, puis en désapprouva un autre, une semaine plus tard. Il était impressionné par la victoire allemande, notant : « Nous sommes gentiment manœuvrés, sans même bien nous en apercevoir, par Hitler, seul meneur du jeu, dont l'habilité sournoise et cachée dépasse celle des grands capitaines[18]. » Se faisant presque l'écho de Pétain, il considérait aussi que la France était responsable de sa défaite : « Tout mon amour pour la France ne pouvait faire que je ne me fasse sensible à l'état de délabrement de notre pays. » Seulement il ajoutait à la constatation constante de ce délabrement une grande tristesse : « Il était évident que cela nous menait à l'abîme[19]. » A un moment, il regrette même d'être loin de la mêlée : « L'intellectuel qui cherche avant tout et surtout à se mettre à l'abri perd une rare occasion de s'instruire[20]. » Mais il n'avait pourtant aucune envie d'être à Paris.

Quelques mois plus tard, il était toujours aussi hésitant : « Mon tourment est plus profond encore : il vient également de ce que je ne puis décider avec assurance : le bien est ici, de ce côté; le mal est là[21]. » Et il ajoutait : « Ah! Je voudrais qu'on me laisse tranquille, être oublié : libre de penser à mon gré sans qu'il en coûtât rien à personne et d'exprimer sans contrainte ou crainte des censures le balancement de ma pensée[22]. » Le 21 mai 1941, Gide se vit brusquement rappeler que la droite française le considérait comme un des problèmes de la France. La toute nouvelle Légion française des combattants fit interdire une conférence sur la poésie d'Henri Michaux que Gide avait prévu de donner à Nice. « Il me plaît d'être “ victime ” de la Légion. » Et il ajouta plus tard : « Il me déplaît que ce soit pour si peu de chose[23]. » Pourtant, plus d'un an après la défaite, Gide demeurait angoissé : « Fier d'être français… La France, hélas ! Depuis des mois, des années, ne nous a guère donné motifs d'être fiers[24]. »

On peut probablement pardonner à Gide d'avoir donné des textes au premier et au troisième numéro de la *Nouvelle Revue française* de Drieu la Rochelle, dans la mesure où il reconnut par la suite son erreur et rompit les liens avec la revue dans un article du *Figaro*. Mais en réalité, à de rares exceptions près, les écrivains français semblaient très désireux de continuer à publier, même s'il fallait pour cela se soumettre à la censure.

Il y en eut un qui refusa de plier, ce fut Guéhenno. Il est vrai qu'il n'avait pas besoin de publier pour vivre dans la mesure où il avait un poste de professeur dans un lycée parisien. Mais, depuis le tout début de l'Occupation, à l'inverse des hésitations de, disons, Gide et Mauriac vis-à-vis de Pétain, Guéhenno ne transigea jamais. Son *Journal des années noires* s'ouvre sur sa réaction au discours de Pétain du 17 juin, proposant l'armistice : « Voilà, c'est fini », écrit-il écœuré, et il ajoute : « Je ne croirai jamais que les hommes soient faits pour la guerre. Mais je sais qu'ils ne sont pas non plus faits pour la servitude[25]. » Deux jours plus tard, il entendit de Gaulle lancer son appel depuis Londres. « Quelle joie d'entendre enfin, dans cet ignoble désastre, une voix un peu fière[26]. » Il rentra de Clermont-Ferrand à Paris, début septembre, et reprit ses cours, mais il était de plus en plus triste. Quand le Statut des Juifs fut décrété, il écrivit : « Je me sens plein de honte[27]. »

Guéhenno était bien loin de se réjouir quand la *Nouvelle Revue française* annonça la participation de Gide, Giono et Jouhandeau à son premier numéro, et de Valéry et Montherlant au deuxième. Le 30 novembre 1940, il écrit : « L'espèce de l'homme de lettres n'est pas une des plus grandes espèces humaines. Incapable de vivre longtemps caché, il vendrait son âme pour que son nom paraisse. Quelques mois de silence, de disparition, l'ont mis à bout. Il n'y tient plus. Il ne chicane plus sur l'importance, le corps du caractère dans lequel on imprimera son nom, sur la place qu'on lui donnera au sommaire. Il va sans dire qu'il est tout plein de bonnes raisons. Il faut, dit-il, que la littérature française continue. Il croit être la littérature, la pensée française, et qu'elles mourraient sans lui[28]. » Quelques mois plus tard, Guéhenno envoya même cette pique à Gide : « Une volonté d'enrichissement, de perfectionnement de soi-même, peut-être admirable, ne cesse de le conduire. Mais je ne sens que l'éloignement pour cette vie irresponsable, jamais engagée. Tout pour lui n'est que littérature, occasion de plaisir[29]. »

Un observateur particulièrement drôle de la vie politique et intellectuelle fut Jean Galtier-Boissière, journaliste qui fonda l'hebdomadaire satirique *Le Crapouillot*, pendant qu'il combattait dans les tranchées. En 1940, il refusa de rouvrir le journal et tenta de survivre en devenant libraire. Pendant toute la guerre, il tint un journal, publié plus tard sous le titre *Mon journal pendant l'Occupation*, vivant mélange d'anecdotes, de rumeurs, de blagues et de notations au fil de la plume. Par exemple, il caractérise le général Weygand, le commandant de l'armée française humiliée, par ce jeu de mots : « *Veni, vidi*, Vichy ». Ou il évoque la rencontre par hasard d'un Français et d'un Allemand. L'Allemand : « Vous avez l'air bien joyeux d'avoir été vaincu.» Le Français : « Vous paraissez bien triste d'être le vainqueur. »

Galtier-Boissière connaissait un grand nombre d'écrivains et d'artistes tant parmi les collaborateurs que parmi les résistants, ce qui rend ses observations particulièrement éloquentes. Et, quant à lui, il dit toujours ce qu'il pense, y compris cette conviction qu'il acquit très tôt que l'Allemagne perdrait la guerre. Quatre mois après le début de l'Occupation, il donne un dîner chez lui place de la Sorbonne auquel assiste entre autres Drieu la Rochelle qui ne cesse de faire l'éloge de l'ambassadeur Abetz. « Drieu est certain de la rapide victoire allemande. Je lui dis que je crois à la guerre longue et à la victoire anglaise. Il hausse les épaules avec un sourire supérieur et me traite de fou. “ Mon cher Drieu, je te parie que tu seras fusillé. Et toi ? me demande-t-il. Moi aussi ! Mais moi... par erreur ”[30]. » Les plaisanteries sur le compte des Allemands devinrent sa distraction favorite. « Hitler téléphone à Mussolini : Etes-vous à Athènes ?... Pardon, je n'entends pas bien... Je vous demande si vos troupes sont à Athènes ?... Je vous entends très mal, mon cher Adolphe, sans doute téléphonez-vous de très loin... de Londres probablement[31]. »

La plupart des écrivains recommencèrent donc à publier des livres et des pièces tandis que les modérés et un petit nombre de ceux qui se retrouveraient bientôt dans la Résistance écrivaient dans des journaux, quotidiens et hebdomadaires, et dans des revues, aussi bien à Paris qu'en zone libre. Mais même s'ils se contentaient d'écrire des articles sur la culture dans, par exemple, *La Gerbe*, ils risquaient de voir leur nom côtoyer des diatribes antisémites. *Comœdia*, un hebdomadaire littéraire et politique, était le seul organe dans la zone occupée où des écrivains non collaborateurs ne risquaient pas d'entacher leur réputation. En zone libre, il existait plus de débouchés dont plusieurs revues littéraires et en particulier le supplément littéraire du *Figaro* qui s'était installé à Lyon.

Pourtant, la presse parisienne servait en grande partie de porte-parole aux Allemands en échange de subsides de l'ambassade d'Allemagne. Certains quotidiens avaient un tirage énorme : *Le Matin*, qui reparut le 17 juin, vendit bientôt plus d'un demi-million d'exemplaires par jour ; *Le Petit Parisien* approchait les 700 000, et *Paris-Soir* presque un million. Les Allemands s'attachaient aussi à s'approprier la presse ou à en influencer les dirigeants, au sein d'une compétition que se livraient la Propaganda Abteilung et l'ambassade d'Allemagne. Eugène Gerber, le directeur de *Paris-Soir,* placé par les Allemands, obtint le soutien de la Propaganda Abteilung pour étendre son empire et prendre le contrôle de plusieurs hebdomadaires populaires féminins, parmi lesquels *Pour elle* et *Notre Cœur.* Jean Luchaire, ami d'Abetz depuis les années 1930, lança un nouveau quotidien, *Les Nouveaux Temps*, et dirigea plus tard l'Association de la presse parisienne. Abetz soutint aussi l'homme d'affaires allemand Gerhard Hibbelen qui s'empara de la Société parisienne d'édition qui avait appartenu à des Juifs, et bâtit un groupe de presse qui comprenait cinquante journaux à travers la France.

De plus, Abetz et la Propaganda Abteilung finançaient des quotidiens et des hebdomadaires plus modestes qui s'employaient à dénoncer des Juifs ou des gens soupçonnés de l'être, dont *Gringoire*, *L'Appel* et, le plus vil de tous, *Au pilori.* L'exemple d'*Aujourd'hui* montre qu'il n'y avait pas d'autres solutions. Au départ il était dirigé par Henri Jeanson, journaliste respecté qui croyait en la possibilité d'un journal indépendant. En décembre 1940, il fut remplacé par Georges Suarez, un collaborateur si notoire qu'il fut exécuté peu après la Libération. D'autres comme *L'Œuvre*, *Le Cri du Peuple* et *Le Réveil du Peuple* étaient les organes des partis fascistes français et se plaisaient à exiger de Vichy qu'il soutienne les Allemands avec plus d'enthousiasme.

Le porte-drapeau de la presse collaborationniste était incontestablement le très redouté *Je suis partout*, un hebdomadaire fondé en 1930 et qui devint ouvertement fasciste et antisémite vers le milieu des années 1930. Robert Brasillach, son rédacteur en chef depuis 1937, fut libéré d'un camp de prisonniers de guerre en avril 1941 et regagna son poste. Favorable au début à Vichy, *Je suis partout* se joignit au lynchage médiatique des anciens Présidents du Conseil Blum, Daladier et Reynaud, les accusant d'être responsables de l'humiliation de la France. Au fur et à mesure de l'Occupation, *Je suis partout* se mit à embrasser toutes les causes des nazis et, plus infamant encore, à dénoncer nommément dans ses colonnes des communistes ou des personnalités juives cachées en zone libre. En même temps, l'hebdomadaire rendait largement compte de l'actualité artistique, même si son critique de théâtre, Alain Laubreaux, et son critique musical, Lucien Rebatet, se complaisaient souvent dans le rôle d'inquisiteurs, prompts à assimiler chacun de leurs adversaires à des agents du judaïsme international. Dans ce domaine ils jouissaient d'une très grande indépendance et écorchaient même au passage des gloires comme Guitry et Cocteau qui étaient en bons termes avec Abetz et avec l'Institut allemand.

Dans les premiers mois de l'Occupation, évidemment, les écrivains et les journalistes fascistes ne rencontrèrent aucune opposition intellectuelle. Le parti communiste avait été neutralisé par le pacte Molotov-Ribbentrop d'août 1939 ; seuls quelques rares intellectuels osaient envisager de résister. Cela donne tout son sens à l'importance de la première manifestation de franche révolte. Le 11 novembre 1940, des étudiants des universités et des grandes écoles décidèrent de célébrer l'anniversaire de la victoire française lors de la Première Guerre mondiale en tentant de manifester sur la tombe du Soldat inconnu à l'Arc de triomphe. Jorge Semprun, écrivain d'origine espagnole, qui rejoignit ensuite la Résistance et fut déporté à Buchenwald, n'avait que seize ans à l'époque : « Nous arrivâmes sans trop de problèmes jusqu'à la place de la Concorde, se souvient-il, autour du Rond-Point des Champs-Elysées nous étions plusieurs centaines à brandir des pancartes et à crier. Puis la police française bloqua l'avenue. Par l'avenue George-V on vit arriver des troupes allemandes et la manifestation se disloqua rapidement. Je parvins à m'échapper dans la station de métro George-V[32]. » Françoise Gilot, qui devint plus tard la maîtresse de Picasso, eut moins de chance. Elle était étudiante en droit à l'époque et avait dix-neuf ans. Elle était venue à bicyclette de Neuilly où elle habitait pour prendre part à la manifestation, mais elle fut arrêtée par la police française. « Ils ont relevé nos noms. Certains étudiants furent emprisonnés plusieurs jours. Je fus renvoyée chez moi. Mais ensuite, jusqu'à ce que mon père parvienne à faire rayer mon nom de la liste, je devais me rendre tous les jours à la Kommandantur de Neuilly pour émarger. J'étais devenue une sorte d'otage[33]. » Le commandement militaire allemand fit fermer la Sorbonne jusqu'au 20 décembre.

Ces courageux jeunes gens furent des exceptions. La plupart des Parisiens avaient accepté la réalité de l'Occupation et suivaient le conseil de Pétain selon lequel la collaboration avec l'Allemagne était ce qu'il y avait de mieux pour la France. Fin octobre, Hitler se rendit à Hendaye, à la frontière franco-espagnole, pour s'entretenir avec le généralissime Franco. Au cours de son voyage vers le sud, il fit étape à Montoire dans la vallée de la Loire pour rencontrer Laval qui était aussi le ministre des Affaires étrangères de Vichy. Le 24 octobre, sur le chemin du retour, il s'arrêta de nouveau à Montoire pour son unique rencontre avec Pétain. Six jours plus tard, à la radio, Pétain déclara aux Français : « C'est dans l'honneur et pour maintenir l'unité française, une unité de dix siècles, dans le cadre d'une activité constructive du nouvel ordre européen, que j'entre aujourd'hui dans la voie de la collaboration. » Il affirmait que cela laissait espérer un allègement des souffrances des Français, l'amélioration du sort des prisonniers de guerre, la réduction du coût de l'occupation, et un assouplissement de la ligne de démarcation. Il concluait en insistant sur le fait qu'il avait pris cette décision de son propre chef. « C'est moi seul que l'histoire jugera. Je vous ai tenu jusqu'ici le langage d'un père. Je vous tiens aujourd'hui le langage du chef. Suivez-moi ! Gardez votre confiance en la France éternelle. » Le mot « collaboration » n'était pas encore dévoyé, et cela pouvait paraître une réponse acceptable à l'Occupation, pas pour Galtier-Boissière en tout cas, qui rapporta cette blague : « La collaboration, c'est : donne-moi ta montre, je te dirai l'heure[34]. » Mais pour la plupart des gens, comme l'historien Henri Amouroux le raconta plus tard, la France comptait désormais « quarante millions de pétainistes ».

Pourtant, telle que Pétain la concevait, la collaboration présentait peu d'intérêt pour les nazis. Le premier geste de réconciliation de la part de Hitler fut d'ordonner le transfert des restes du fils de Napoléon, le duc de Reichstadt, l'Aiglon, de Vienne aux Invalides en décembre 1940. Le 15 décembre 1940, Galtier-Boissière note dans son journal : « Grand Brouhababa pour le retour des cendres de Napoléon II : “ un geste chevaleresque du Führer ”... Mais les Parisiens, irrespectueux, disent qu'ils préféreraient du charbon à des cendres[35]. » En réalité, il était parfaitement clair que Hitler n'avait nullement l'intention de « récompenser » Pétain en lui offrant un traité de paix, ne serait-ce que parce que l'idée même de punir la France, pour les réparations qu'elle avait extorquées après la Première Guerre mondiale, pour sa défaite de 1940, pour son arrogance, était très populaire en Allemagne. Ainsi, rien qu'en maintenant la fiction d'un éventuel traité de paix, Berlin s'assurait toute la collaboration dont elle avait besoin : la coopération de Vichy dans l'envoi de matières premières, de produits industriels et de travailleurs en Allemagne, et bientôt dans les rafles de Juifs pour la déportation.

La dernière chance pour Pétain de pouvoir négocier une collaboration moins sévère fut l'armistice du 22 juin. Mais comme la plupart des Français attendaient désespérément un cessez-le-feu, Pétain n'avait aucune marge de manœuvre. Parmi les demandes allemandes acceptées par Vichy, l'une en particulier terrorisait la vaste communauté d'exilés allemands et autrichiens en France, dont beaucoup étaient écrivains, professeurs d'université, et dont beaucoup étaient juifs : l'article 19 exigeait de la France qu'elle livre tout sujet du Reich réclamé par l'Allemagne. Ces « étrangers indésirables » qui venaient tout juste d'échapper aux camps d'internement comprirent qu'ils devaient quitter la France le plus tôt possible. Ils n'avaient que peu de possibilités : demander l'asile en Suisse (mais il n'était pas sûr que l'Allemagne respecterait la neutralité de la Suisse), franchir les Pyrénées pour traverser l'Espagne de Franco jusqu'au Portugal, qui était neutre, ou s'embarquer sur un bateau depuis la Côte d'Azur pour l'Afrique du Nord, ou bien trouver un pays prêt à les accepter et obtenir de Vichy un visa de sortie. Se cachant dans des hôtels minables tout le long de la côte méditerranéenne, entre Marseille et Nice, ces gens qui fuyaient l'injustice se sentirent de plus en plus gagnés par le désespoir. C'est alors que, de manière totalement inattendue, une lueur d'espoir apparut. Le 25 juin, le jour même où l'armistice entra en application, un Comité de secours d'urgence fut constitué à New York avec pour mission d'amener écrivains et artistes importants aux Etats-Unis. L'homme chargé de cette mission était un journaliste littéraire élégant, diplômé de Harvard, répondant au nom de Varian Fry. Pour beaucoup, il allait devenir un improbable sauveur.

CHAPITRE 4

L'Américain

Fry avait trente-deux ans quand il arriva à Marseille le 14 août 1940, portant sur lui la liste de deux cents personnalités culturelles éminentes et 3 000 dollars cachés dans les jambes de son pantalon. Ses motivations étaient simples, comme il le raconta après la guerre dans ses mémoires, *La Liste noire** : « Je savais que parmi tous ces gens coincés en France il y avait de nombreux écrivains, artistes et musiciens dont les œuvres m'avaient procuré tant de plaisir. Je ne les connaissais pas personnellement mais j'éprouvais un véritable amour pour ces gens et beaucoup de gratitude pour les nombreuses heures de bonheur que leurs livres, leurs tableaux et leur musique m'avaient données. A présent ils étaient en danger. Il était de mon devoir de leur venir en aide, tout comme eux, sans le savoir, m'avaient aidé par le passé. » Ayant visité Berlin en 1935, il avait assisté à l'agression de deux Juifs âgés et savait bien que ces artistes étaient vraiment menacés. Il se porta volontaire pour employer ses vacances à les évacuer. Il pensait que la tâche pourrait être accomplie en un mois.

Fry avait tout de même de bonnes raisons de croire qu'il bénéficiait de soutiens puissants dans son pays. La liste de noms qu'il avait dans la poche avait été établie par le Comité de secours d'urgence avec l'aide d'écrivains exilés, Thomas Mann et Jules Romains, le théologien Jacques Maritain et Alfred H. Barr Jr, le directeur du musée d'Art moderne de New York. De plus, Eleanor Roosevelt, la première dame des Etats-Unis, qui n'était jamais en reste quand il s'agissait de défendre les Droits de l'homme, avait prié le Département

* Publié pour la première fois en 1946, le livre a également été réédité sous le titre *Livrer sur demande*, Ed. Agone, 2008.

d'Etat d'accorder des « visas de secours » à ces réfugiés talentueux. Mais quand Fry eut traversé le Portugal et l'Espagne pour se retrouver finalement à Marseille, les choses parurent plus problématiques. Même s'il parlait couramment le français et l'allemand, il n'avait aucune relation. Ses instructions étaient de « sauver » deux cents personnes. « Mais comment m'y prendre? se demandait-il. Comment vais-je entrer en contact avec eux? Et que puis-je pour eux une fois que je les aurai trouvés? A présent que j'étais à Marseille je compris tout à coup que je ne savais absolument comment commencer, ni par où[1]. »

Les choses s'arrangèrent étonnamment vite. Le premier contact de Fry fut Frank Bohn qui avait été envoyé à Marseille par l'American Federation of Labor pour venir aider les leaders syndicalistes européens en fuite. Et Bohn connaissait déjà le moyen de faire sortir des gens de France. S'ils avaient un visa transatlantique, ils pouvaient obtenir un visa de transit pour traverser l'Espagne puis le Portugal, et peut-être même un visa de sortie français qui leur permettrait de quitter le territoire en toute légalité. Dans les premières semaines après la défaite française, certaines personnes furent autorisées à s'embarquer pour l'Afrique du Nord. C'était la solution idéale. D'autres voyageaient clandestinement jusqu'à la frontière espagnole et réussissaient à traverser l'Espagne et à gagner le Portugal sans avoir les papiers nécessaires. Il y avait aussi la solution qui consistait à utiliser de faux passeports et visas qu'on trouvait au prix fort à Marseille. Mais dans le cas de réfugiés célèbres, l'usage de faux papiers augmentait le risque d'être arrêté et de finir entre les mains de la Gestapo. A présent, Fry savait à quoi s'en tenir. Grâce à Bohn, il trouva une chambre à l'hôtel Splendide, boulevard d'Athènes, et se mit à envoyer des lettres aux réfugiés qui avaient une adresse connue.

En l'espace d'une semaine, le bruit se répandit à travers toute la Côte d'Azur qu'un Américain venait d'arriver à Marseille avec de l'argent plein les poches et des visas tout prêts, « comme un ange venu du ciel », ainsi qu'il le raconta lui-même[2]. Sa présence fut même mentionnée dans deux journaux locaux, *Le Petit Provençal* et *Le Petit Marseillais,* amenant des foules de réfugiés jusqu'à l'hôtel Splendide et poussant la police locale à le convoquer pour un interrogatoire.

La couverture de Fry était une lettre de l'YMCA International indiquant qu'il était venu aider des réfugiés à obtenir des visas et leur procurer de quoi vivre. Mais il savait à présent qu'il était surveillé et il s'inquiétait de devoir laisser des documents compromettants dans sa chambre, susceptibles d'être saisis lors d'une descente de police. Son seul atout était d'être américain ; les Etats-Unis avaient reconnu le régime de Vichy et n'étaient pas encore entrés en guerre avec l'Allemagne. Ce que Fry, cependant, tout comme les autorités françaises, n'allait pas tarder à apprendre, c'est que le consul général des Etats-Unis à Marseille, Hugh S. Fullerton, désapprouvait fortement ses activités.

L'aide lui vint d'un groupe hétéroclite d'Américains charitables, de réfugiés européens et de volontaires français, dont Miriam Davenport, étudiante aux Beaux-Arts à Paris, qui s'était liée d'amitié avec le poète allemand en fuite Walter Mehring au cours de son exode vers le Midi ; Mary Jayne Gold, une jeune fille aisée aussi généreuse que volage ; Charles Fawcett, un artiste aventurier ; Albert O. Hirschman, un intrépide Juif allemand antifasciste qui allait devenir plus tard un économiste américain distingué et que Fry surnommait « Beamish » ; Franz von Hildenbrand, un Autrichien élégant qui parlait l'anglais avec l'accent d'Oxford ; Lena Fishman, une Juive d'origine polonaise qui devint la secrétaire de Fry ; Daniel Bénédite, un protestant français de gauche, qui prendrait en charge l'opération après l'expulsion de Fry en septembre 1941 ; et divers autres qui étaient eux-mêmes des réfugiés. Un jeune vice-consul américain, Hiram Bingham IV, approvisionna subrepticement Fry en visas et documents de voyage destinés aux fugitifs jusqu'à ce que son chef, en total désaccord, l'oblige à quitter le service des visas au printemps 1941.

Le Marseille que découvrit Fry dans les premiers mois de son séjour débordait de vie culturelle. La radio du gouvernement, la Radiodiffusion nationale, était venue s'y installer avec son orchestre et une petite troupe d'acteurs pour jouer ses pièces radiophoniques. Des artistes aussi variés que les compositeurs Reynaldo Hahn et Paul Paray, Joséphine Baker et le cinéaste Pagnol y travaillaient. Le violoncelliste espagnol Pablo Casals qui avait décidé de ne pas quitter la France se mit à donner des concerts à Marseille et un peu partout dans le Midi jusqu'à ce que les Allemands envahissent la zone libre, fin 1942. La revue littéraire *Les Cahiers du Sud* reparut et, malgré la censure de Vichy, publia de nombreux écrivains antifascistes. Pendant un certain temps, elle servit même en quelque sorte d'hôtel pour écrivains réfugiés, avec ses bureaux qui se transformaient bien souvent le soir en dortoirs. Les théâtres reprirent leurs activités, l'opéra rouvrit, et un chanteur inconnu nommé Yves Montand fit ses débuts sur scène. Tant de bourgeois et de Juifs parisiens fortunés avaient cherché refuge ici et y étaient restés que Lucien Rebatet, l'écrivain antisémite, rebaptisa la ville « Marseille la Juive ».

Pour Fry, c'était aussi une sorte de terrain vague, rempli d'espions de la Gestapo, de policiers français véreux et de réfugiés à gogo, peut-être 150 000 sur une population de 650 000 habitants. Dans un tel endroit, des exilés pouvaient, un jour, bavarder tranquillement dans un café du port, et le lendemain, devoir se cacher dans la crainte d'une arrestation, on pouvait acheter des visas chinois et de faux passeports polonais ou tchèques, les soldats britanniques qui avaient manqué l'évacuation de Dunkerque essayaient d'acheter en douce leur place sur des bateaux pour l'Afrique du Nord, où il était même possible d'envoyer ou de recevoir du courrier de l'étranger. La France était vaincue, et officiellement Vichy administrait la zone libre, pourtant Marseille demeurait une sorte de port franc pour les artistes et intellectuels allemands et autrichiens qui étaient dans le collimateur de l'article 19, et menacés d'être arrêtés et déportés vers le Reich.

Il y eut quelques avocats indépendants qui aidèrent Fry à obtenir par les voies officielles des visas et des sauf-conduits. Fry connaissait aussi quelques fonctionnaires de la police prêts à défier ou à ignorer les nouvelles lois. Et quand il n'y avait pas d'autre solution, il était prêt à faire appel à des voies plus illégales. Son équipe et lui se trouvèrent bientôt à l'aise dans ce monde parallèle. Dans une certaine occasion, Fry accepta de jouer le rôle d'agent secret londonien pour permettre la fuite de soldats britanniques. Une autre fois, son équipe chercha même de l'aide auprès de bandits corses qui, remarqua Fry, étaient par ailleurs impliqués dans « la traite des Blanches, le marché noir et le trafic de drogue[3] ». Fry et Beamish apprirent rapidement le métier d'espion : il leur arrivait d'envoyer des messages à New York, cachés dans des tubes de dentifrice et acheminés par des réfugiés qui quittaient la France en toute légalité. Tous les moyens étaient bons pour sauver des vies.

Les mémoires de Fry laissent voir ses angoisses et ses déceptions, mais aux yeux de tous il faisait constamment preuve d'un calme rassurant. « Il y avait en lui un mélange délicieux de ferme résolution et d'esprit, une attitude méthodique et presque formelle tempérée d'espièglerie », raconta Hirschman bien après la mort de Fry en 1967. « Son élégance vestimentaire (sa tenue habituelle était un costume rayé sombre et un nœud papillon) associée à son visage impassible furent un atout considérable pour négocier avec les autorités[4]. » De fait, dans la mesure où Fry feignait de travailler de manière parfaitement légale, il n'hésita jamais à exiger des fonctionnaires français qu'ils reviennent sur certaines de leurs décisions illégales. En même temps, il se sentait accablé par son incapacité à sauver le plus grand nombre. Il décida rapidement d'outrepasser son projet initial de sauver deux cents personnes dans la mesure où certains de ceux qui figuraient sur sa liste avaient déjà quitté la France et où quelques-uns, comme Willi Münzenberg, étaient morts.

Pour faire face à la demande croissante, Fry s'installa au mois d'octobre dans des locaux plus spacieux au 60 de la rue de Grignan et prit la dénomination officielle de Centre américain de secours. En mai 1941, il avait déjà reçu des lettres de 15 000 réfugiés et s'était occupé de 1 800 cas, ce qui représentait 4 000 personnes. De plus, certains réfugiés étaient toujours internés au camp voisin des Milles et dans d'autres camps de la zone libre. Rien que ceux qui se trouvaient à Marseille formaient une concentration extraordinaire de talents. « Il y avait dans nos rangs assez de médecins, de psychologues, d'ingénieurs, de professeurs, de poètes, de peintres, de musiciens, d'économistes et d'hommes publics pour donner vie à un grand pays tout entier », nota Victor Serge, l'écrivain ex-communiste qui tentait à présent d'échapper à la fois à Moscou et à Berlin. « Notre misère renferme autant de talents et de compétences que ce dont Paris disposait dans ses meilleurs jours, mais cela ne se voit pas. Nous ne sommes que des hommes pourchassés, terriblement fatigués, au bord de l'épuisement nerveux[5]. »

Vers la fin de l'année 1940, Fry et son équipe convoyaient des réfugiés hors de France à un rythme impressionnant. Certains d'entre eux étaient jeunes et prêts à prendre des risques, d'autres, vieux, épuisés et parfois un peu imbus d'eux-mêmes. Fry en personne dut par exemple se rendre jusqu'à Lisbonne pour accompagner Heinrich Mann, sa femme et son neveu Golo, ainsi que le romancier allemand Franz Werfel accompagné de sa femme Alma Mahler-Werfel qui emportait avec elle des partitions de son défunt premier mari Gustav Mahler. Dina Vierny jouait fréquemment le rôle de guide ; elle avait vingt et un ans et était la muse et le modèle d'Aristide Maillol qui était pratiquement de soixante ans son aîné. Vêtue d'une robe rouge, elle attendait habituellement à proximité de la gare de Banyuls-sur-Mer, un village de pêcheurs proche de la frontière espagnole, et conduisait les réfugiés en Espagne, à travers la montagne. Au début, Vierny suivait son propre itinéraire mais, une fois que Maillol eut connaissance de ses activités, l'artiste, originaire de Banyuls-sur-Mer, lui montra le chemin le plus sûr pour quitter la France. Vierny était une Juive d'origine russe (et une sympathisante trotskiste) et, à ce titre, visée par le décret de Vichy du 4 octobre qui ordonnait que tous les Juifs d'origine étrangère soient internés ou assignés à résidence. En 1941, elle fut arrêtée à Banyuls-sur-Mer par la police française et envoyée à Perpignan pour être interrogée, mais Maillol engagea un avocat influent et obtint sa libération, puis l'envoya rapidement poser pour Bonnard et Matisse sur la Riviera de façon à l'éloigner de la frontière. Quand elle revint, elle reprit ses missions clandestines. Tous les huit jours environ, elle se rendait à Marseille pour se concerter avec Fry et son équipe.

Hans et Lisa Fittko n'étaient pas membres du comité de Fry mais s'avérèrent des alliés courageux et très utiles. Fuyant l'Allemagne nazie ils avaient été internés tous les deux pendant la drôle de guerre, Hans à Vernuche, où Walter Benjamin était lui aussi détenu, et Lisa à Gurs, où la sœur de Benjamin, Dora, avait été envoyée. En juin 1940, les Fittko réussirent à s'évader, et, après s'être retrouvés à Marseille, Lisa se rendit à Banyuls-sur-Mer pour trouver un moyen de quitter la France. Par chance, le maire de la ville, Vincent Azéma, qui était antifasciste, lui indiqua le meilleur itinéraire pour franchir les Pyrénées. Pendant les huit mois suivants, jusqu'à ce qu'ils soient contraints de fuir en avril 1941, les Fittko firent passer une bonne centaine de réfugiés en Espagne sans que personne se fasse prendre.

Pourtant, une des premières tentatives d'évasion se termina tragiquement, même si ce n'était pas leur faute. Hans avait demandé à Lisa de faire passer Benjamin en Espagne, et, le matin du 25 septembre 1940, accompagné de deux autres réfugiés, Henny Gurland et son fils adolescent Joseph, le groupe se mit en route pour reconnaître l'itinéraire prévu. Même s'il n'avait que quarante-huit ans, Benjamin fut rapidement épuisé, et, quand vint le moment de rentrer à Banyuls-sur-Mer pour passer la nuit, le philosophe insista pour rester dormir par terre à l'endroit où ils s'étaient arrêtés. Le lendemain matin, Lisa et les autres rejoignirent Benjamin et, se relayant pour porter sa lourde valise noire, ils finirent par arriver en Espagne. Alors que le petit village de pêcheurs de Port-Bou en Espagne était déjà en vue, Lisa entreprit de suivre le long chemin de retour jusqu'à Banyuls. Mais quand Benjamin et les autres atteignirent Port-Bou, on leur refusa l'entrée officielle en Espagne en les autorisant tout de même à passer la nuit dans un hôtel du village. Déprimé, désespérant de jamais parvenir à s'échapper, Benjamin prit apparemment une forte dose de morphine et mourut le lendemain matin. Avant de perdre conscience, il donna une note à Henny Gurland qui l'apprit par cœur avant de la détruire. « Dans une situation sans issue, je n'ai pas d'autre choix que d'en finir. C'est dans un petit village des Pyrénées où personne ne me connaît que ma vie va s'achever[6] ».

Tous ceux qui figuraient sur la liste de Fry n'avaient pas envie de partir. Fry rendit visite à Gide et à sa fille Catherine* à Cabris, près de Cannes, mais sa proposition fut refusée. Fry apprit que l'écrivain avait été courtisé par les nazis mais refusait de collaborer. « Il connaissait les conséquences possibles de sa décision, écrivit plus tard Fry, il refusa néanmoins de quitter la France. Il y était chez lui et était bien décidé à rester[7]. » (Gide partit en fait en Tunisie en 1942.) Fry alla voir Matisse dans son studio à Cimiez au-dessus de Nice et ne parvint pas non plus à le persuader de quitter la France. Un même refus lui vint de Malraux qui vivait avec sa maîtresse Josette Clotis et leur bébé à la villa La Souco à Roquebrune-Cap-Martin, surplombant la Méditerranée près de la frontière italienne. Malraux réitéra ses positions antinazies et anti-Vichy mais choisit de rester en France. Fry lui donna tout de même un peu d'argent et plus tard réussit à lui faire parvenir des droits d'auteur américains pour *Man's Fate*, la traduction anglaise de *La Condition humaine*.

Gide, Matisse et Malraux, naturellement, étaient français et n'étaient pas juifs. Mais les écrivains et les artistes qui étaient allemands ou juifs, ou les deux, avaient de bonnes raisons de quitter la France. Il y en eut pourtant une qui refusa de le faire, ce fut Gertrude Stein, l'austère matrone des écrivains américains expatriés. Elle et sa compagne, Alice B. Toklas, juives toutes les deux, avaient passé l'été

* Bien qu'homosexuel et n'ayant apparemment jamais consommé son mariage avec sa cousine Madeleine en 1894, Gide eut une fille, Catherine, en 1923, avec Elisabeth Van Rysselberghe, la fille de sa confidente Maria Van Rysselberghe connue sous le nom de La Petite Dame.

1939 dans leur maison de Billignin, un village d'une région située à l'est de Lyon, le Bugey, qui était leur retraite favorite depuis quinze ans. Quand la guerre fut déclarée, elles firent un rapide voyage à Paris pour prendre des vêtements chauds et rapporter le portrait que Cézanne avait fait de sa femme et le portrait de Gertrude par Picasso, mais elles ne rentrèrent à Paris qu'après la Libération. Elles passèrent l'Occupation dans un calme relatif. Avant que les Etats-Unis n'entrent en guerre, en décembre 1941, les Allemands ne les considéraient pas comme des « ennemis étrangers », du moment que leur village était encore dans la zone libre un an auparavant. De plus, Stein était violemment anticommuniste et n'avait jamais caché son admiration pour Pétain. Et elle avait au moins un ami bien placé, son traducteur français et grand ami, Bernard Faÿ, spécialiste de la culture américaine, qui fut nommé par Vichy directeur de la Bibliothèque nationale à la place d'un Juif très respecté, Julien Cain.

En 1941, Faÿ et Stein se mirent d'accord pour publier un choix de discours de Pétain en anglais aux Etats-Unis. Stein en écrivit la préface où elle comparait Pétain à George Washington comme « premier dans la guerre, premier dans la paix et premier dans le cœur des citoyens ». Elle fut probablement soulagée plus tard que le projet soit abandonné lorsque les Etats-Unis rejoignirent les Alliés. Mais Faÿ et elle restèrent proches tout au long de la collaboration et il est possible qu'il ait assuré à Stein et Toklas une certaine protection. Après la guerre, au cours de son procès pour collaboration, Faÿ prétendit qu'il avait protégé Stein et Toklas d'une arrestation et qu'il avait empêché les Allemands de s'emparer des œuvres d'art qui étaient restées dans leur nouvel appartement au 5, rue Christine, à Paris. L'Occupation ne fut pas cependant une période de tout repos pour les deux femmes qui durent se rendre à pied dans des villages éloignés afin de trouver de la nourriture au marché noir. A un moment donné, début 1943, alors qu'elles emménageaient dans une nouvelle maison dans le proche village de Coluz, elles reçurent un message leur conseillant de partir en Suisse. « Non, répondis-je, se souvient Stein dans *Wars I Have Seen*, Ils essayent sans arrêt de nous faire quitter la France, mais nous y sommes et nous y resterons[8]. »

Samuel Beckett aussi décida de rester en France ; ou plutôt, il revint à Paris à la fin de 1939, estimant, aurait-il dit, qu'il préférait « la France en guerre à l'Irlande en paix ». En tant que citoyen d'un pays neutre, l'Irlande, il bénéficiait d'une certaine protection mais détestait les nazis et décida de se joindre à l'exode des Parisiens fuyant vers le Sud. Après avoir pensé un moment à partir en Irlande, il fit partie de ceux qui revenaient en masse à Paris. Bientôt, avec sa compagne, Suzanne Dechevaux-Dumesnil, il s'engagea dans la Résistance. Il traduisit en anglais des rapports secrets à l'intention de Londres et Suzanne servait de messagère. En été 1942, craignant d'être arrêtés, ils entrèrent dans la clandestinité. Après avoir obtenu de faux papiers, ils quittèrent Paris par le train pour se rendre à Lyon. De là, ils se rendirent à pied jusqu'à Roussillon, au nord d'Aix-en-Provence, où Beckett travailla dans une ferme et finit par prendre part aux actions de résistance du maquis local.

L'autre Irlandais célèbre, James Joyce, était déjà malade en 1940 tandis qu'il fuyait Paris devant l'avance allemande. Il se trouva alors bloqué pendant des mois dans l'est de la France avant d'être autorisé à entrer en Suisse. Il finit par atteindre Zurich mais il y mourut en janvier 1941. Deux écrivains britanniques réagirent différemment à l'invasion allemande. Somerset Maugham qui résidait depuis longtemps sur la Riviera partit presque immédiatement pour les Etats-Unis. Mais P. G. Wodehouse et sa femme Ethel qui vivaient au Touquet sur la côte de la Manche furent internés comme ennemis étrangers. En juin 1941, il fut libéré d'un camp en Allemagne et emmené à Berlin où il donna à la radio cinq causeries qui, bien qu'humoristiques et anecdotiques, firent scandale en Grande-Bretagne. En 1943, les Wodehouse furent autorisés à rentrer à Paris où ils demeurèrent à l'hôtel Bristol jusqu'à la Libération. L'enquête qui eut lieu par la suite démontra que Wodehouse avait agi plus par étourderie que par traîtrise, mais il n'en demeura pas moins *persona non grata* en Grande-Bretagne et passa le reste de sa vie à New York.

Simone Weil représenta un des cas les plus atypiques, même au regard des situations extravagantes de nombreux réfugiés. Née dans une famille juive agnostique, ayant pour frère un brillant mathématicien, elle se disait bolchevique à l'âge de dix ans. Comme beaucoup des étudiants français les plus brillants, elle entra très jeune à l'Ecole normale supérieure à Paris. Et elle resta fidèle à ses convictions radicales. Après avoir obtenu ses diplômes, elle mena de front l'enseignement de la philosophie et le travail manuel, une façon de partager le sort des ouvriers. Et elle alla plus loin. Apparemment rongée par la culpabilité d'une jeunesse passée à l'abri du besoin, elle se refusait tout plaisir, s'habillait de guenilles, mangeait si peu qu'on l'aurait qualifiée aujourd'hui d'anorexique et méritait le surnom qu'on lui donna de Vierge Rouge. Mais vers le milieu des années 1930, elle avait commencé à perdre foi dans le communisme et se tourna vers l'anarchisme et le syndicalisme*. Elle alla même en Espagne offrir ses services à la cause républicaine, mais fut horrifiée par la violence et comprit qu'elle était trop myope pour pouvoir se rendre utile. En fait, après un accident au cours duquel sa jambe fut brûlée au troisième degré, elle dut quitter le front pour toujours. Puis en 1937 elle vécut une expérience mystique à Assise dans la chapelle de saint François et peu après embrassa le christianisme, même si elle ne se fit pas baptiser. Lorsque Paris tomba, elle trouva refuge avec sa famille à Marseille où elle continua à écrire, de plus en plus sur des questions de foi. En même temps, plus par principe que par nécessité, elle travailla comme ouvrière agricole. Elle acquit de faux papiers sous le nom de Simone Werlin mais ne chercha apparemment pas à contacter Fry. Elle finit par quitter Marseille en bateau avec sa famille et arriva à New York en juin 1942. Mais très vite elle projeta de se rendre en Grande-Bretagne pour être plus proche de la France. A la fin de l'année elle gagna Londres et se mit à collaborer avec les Forces françaises libres de De Gaulle, mais se vit refuser sa demande d'être parachutée en France pour rejoindre la Résistance. Atteinte de tuberculose et refusant nourriture et médicaments, elle n'avait que trente-quatre ans quand elle mourut à Ashford, le 24 août 1943. Presque tous ses écrits philosophiques qui la rendirent célèbre plus tard furent publiés à titre posthume.

La plupart des réfugiés célèbres ne pouvaient attendre d'aide de personne sauf de Fry. Parmi les Juifs allemands qu'il mit en sécurité en leur faisant traverser l'Espagne, figurent le prix Nobel de médecine Otto Meyerhof, le psychiatre Bruno Strauss, les écrivains Lion Feuchtwanger, Hannah Arendt et Konrad Heiden, qui fut un biographe de Hitler. Et parmi les musiciens juifs qui s'échappèrent

* C'est dans l'appartement de la famille Weil, près du jardin du Luxembourg, le 30 décembre 1933, que Trotski présida la rencontre fondatrice – il l'appela une préconférence – de la Quatrième Internationale qui fut officiellement créée en juin 1936. Pendant le séjour de Trotski chez les Weil, Simone l'aurait mis hors de lui en osant le critiquer pour un massacre lors d'une mutinerie de marins, qu'il avait ordonné en 1921. Comme Adolf Holl le raconte dans *The Left Hand of God*, en juillet 1936, Trotski avait écrit dans une lettre à Victor Serge qu'il avait bien connu Simone Weil : « Pendant un certain temps elle était au moins sympatisante de notre cause mais elle a perdu sa foi dans le prolétariat et dans le marxisme. Il est possible qu'elle revienne à des idées de gauche. »

grâce à l'organisation de Fry, la claveciniste Wanda Landowska et le pianiste Heinz Jolles étaient les plus connus.

Mehring, le poète protégé de Miriam Davenport, un farouche antinazi, connut bien des frayeurs avant de quitter la France. Il disposait d'un permis pour traverser l'Espagne mais craignait d'être reconnu et renvoyé à la Gestapo. La solution de Fry fut de lui fournir un faux passeport tchèque, persuadé que Mehring était bien trop débraillé pour passer pour un poète distingué. « En fait, il était tellement petit qu'on l'appelait Baby, se souvient Fry. Il n'avait qu'un seul costume taché et froissé, celui qu'il portait déjà en arrivant à Marseille. Il avait plus l'air d'un vagabond que d'un poète, ou alors d'un bébé[9]. » Mehring n'atteignit jamais l'Espagne. Il fut arrêté à la frontière et envoyé dans le camp tout proche de Saint-Cyprien. Fry parvint, on ne sait comment, à obtenir sa libération, mais Mehring, terrorisé, refusait désormais de quitter la chambre de Fry à l'hôtel Splendide, prétendant qu'il était malade. Fry finit par lui trouver une place sur un bateau en partance de Marseille. Au moment d'embarquer, Mehring passa devant un policier français qui sortit une liste de tous ceux qui n'étaient pas autorisés à quitter la France et sur laquelle son nom figurait. Le policier se retira pour aller faire quelques vérifications auprès de ses collègues, il revint, annonça laconiquement qu'il devait y avoir deux Walter Mehring, et autorisa le poète à embarquer.

Jacques Schiffrin, l'éditeur juif d'origine russe qui accompagna Gide lors de son voyage en Union soviétique en 1936, n'était pas moins pressé d'échapper aux nazis. Totalement intégré dans le milieu littéraire parisien, il avait aussi de bonnes raisons d'espérer un soutien de ses pairs. En 1923, il avait fondé les éditions de la Pléiade pour publier en français les classiques russes, huit ans plus tard il y ajouta des auteurs français, classiques et modernes, dans ce qu'il rebaptisa la Bibliothèque de la Pléiade. En 1933, Schiffrin connut des difficultés financières et La Pléiade fut absorbée par les éditions Gallimard tout en demeurant une collection prestigieuse. Le rôle de Schiffrin, lui, fut rapidement oublié.

Durant l'été 1940, Schiffrin emmena sa famille à Saint-Tropez, après que des officiers allemands eurent réquisitionné leur appartement parisien. Puis, en novembre, il reçut un billet de Gaston Gallimard l'informant qu'il était démis de ses fonctions d'éditeur de la Bibliothèque de la Pléiade. Gallimard n'eut pas le courage de lui en donner la raison réelle, à savoir que Schiffrin était juif, et préféra évoquer une réorganisation « de la maison autour de nouvelles lignes éditoriales[10] ». Des amis de Schiffrin à New York l'avaient assuré que son nom figurait sur la liste de Fry. Finalement, le 6 mai 1941, il apprit qu'il pourrait avec sa famille embarquer à Marseille sur un bateau à destination de Casablanca le 15. Dans une lettre à Gide, cinq jours plus tard, il évoque l'angoisse dans laquelle vivaient la plupart des réfugiés. « Depuis notre arrivée à Marseille nous subissons une nouvelle forme de torture. Des arrangements sont faits et défaits dans la même journée. C'est-à-dire une fois que nous avons obtenu tous les papiers nécessaires, les visas, les billets, les passeports, etc., l'étape suivante échoue et tout est fichu. Pour tenter de sauver ce qui paraît perdu à jamais, je traîne dans les rues à la recherche de quelqu'un qui connaît quelqu'un[11]. » Quand les Schiffrin arrivèrent à Casablanca, ils furent internés par le gouvernement de Vichy, ils finirent par gagner New York plus de trois mois après avoir quitté Marseille.

Les surréalistes étaient probablement le groupe le plus visible à Marseille, ayant recréé une sorte de monde à leur façon dans une demeure décrépite, la villa Air-Bel, en dehors de la ville. Bénédite l'avait dénichée en cherchant un endroit où Fry pourrait s'évader de la pression qu'il supportait vingt-quatre heures sur vingt-quatre en plein centre de Marseille. Avec ses dix-huit chambres, son salon autrefois élégant et sa vaste cuisine, la villa Air-Bel était idéale. En octobre 1940, Fry y fut rejoint par plusieurs membres de son équipe, Bénédite et sa femme, Mary Jayne Gold et Miriam Davenport, et aussi par Victor Serge. Mais l'hôte le plus fameux était André Breton qui était arrivé avec sa femme, Jacqueline Lamba, et leur fille Aube. Et, bien sûr, dans les mois qui suivirent, la villa Air-Bel se transforma en une sorte de commune surréaliste avec à sa tête Breton dans le rôle du gourou. « Ils prirent du bon temps, raconte Stéphane Hessel qui passa par la villa Air-Bel avant de rejoindre les Forces françaises libres à Londres, mais en même temps ils avaient peur, la peur est un aiguillon qui incite à la belle vie : profitons de la vie pendant que c'est encore possible[12]. »

Au début de décembre 1940, le cours de leur vie fut bouleversé lorsque la police française débarqua pour perquisitionner la maison et découvrit triomphalement un vieux pistolet qui appartenait à

Breton. Il se trouve que Fry et les autres avaient eu vent d'un projet de visite officielle de Pétain à Marseille, et la position de Hirschman avait été claire. « Je débarrasse systématiquement le plancher quand un chef d'Etat fasciste arrive en ville », dit-il à Fry[13]. Mais tous les autres, plus quelques visiteurs de passage, étaient à la villa Air-Bel quand la police arriva, et il fut rapidement évident qu'ils allaient être emprisonnés. A la tombée de la nuit, avec 570 autres *indésirables*, ils furent enfermés à bord du SS *Sinaïa*, un cargo à l'ancre dans le port de Marseille. Après deux nuits inconfortables, Fry et Gold firent remettre une lettre au capitaine lui rappelant qu'il détenait illégalement deux citoyens américains. Le capitaine les invita rapidement dans sa cabine, se confondit en excuses, blâma Vichy pour avoir transformé son bateau en prison et leur offrit à chacun un cognac.

Finalement, au bout de quatre jours de détention, Fry et son équipe furent libérés. Un indice qui permet de se faire une idée du nombre de réfugiés à Marseille fin 1940, c'est qu'il fallait quatre bateaux, quatre forts et trois cinémas, en plus des geôles et prisons habituelles, pour les contenir tous. L'un d'entre eux, qui fut détenu peu de temps, était un libraire : dans sa vitrine il avait placé des photos de Pétain et de l'amiral François Darlan, de part et d'autre d'un exemplaire des *Misérables* de Hugo. « En tout vingt mille personnes ont été arrêtées, note sèchement Fry, la visite du Maréchal a été un immense succès[14]. »

Tant que les surréalistes attendaient encore leurs visas, la villa Air-Bel continuait à attirer des visiteurs curieux, lesquels faisaient partie pour la plupart du cercle d'artistes et de poètes de Breton lui-même. Parmi eux, Wifredo Lam, André Masson, Max Ernst, Jacques Lipchitz, Benjamin Péret, Remedios Varo, Roberto Matta, Jean Arp et Marcel Duchamp qui allaient tous finalement quitter la France. « De nombreux surréalistes s'y retrouvent chaque jour et nous trompons du mieux que nous pouvons les angoisses de l'heure », écrivit plus tard Breton[15]. Par exemple, il organisait des débats et faisait travailler des artistes à des dessins collectifs ; l'un d'eux inventa un jeu de cartes où les quatre couleurs traditionnelles étaient remplacées par Amour, Rêve, Révolution et Savoir. Plusieurs de ces séances furent photographiées, sur l'une d'elles on voit une exposition en plein air des derniers travaux d'Ernst que Consuelo, la femme de Saint-Exupéry, est en train d'aider à accrocher aux arbres. « Tous les habitués des Deux-

Magots étaient là, aussi fous que d'habitude », écrit Fry[16], épinglant au passage avec amusement l'amie française d'Oscar Dominguez, « grosse, plus très jeune mais très riche », les poèmes de Péret qui ressemblaient à des graffiti de toilettes publiques et le peintre roumain borgne Victor Brauner, dont les femmes et les chats n'avaient aussi qu'un œil. « André Breton sortait parfois sa collection de vieux magazines, des papiers de couleur, de pastels, de ciseaux et de pots de colle et tout le monde se mettait à faire des collages, poursuit Fry. A la fin de la soirée, André décidait qui avait fait le meilleur travail en criant *Formidable! Sensationnel!* Ou bien *Invraisemblable!* Devant chaque dessin, collage ou découpage[17]. »

Peggy Guggenheim venait parfois aussi en visite à la villa. Après avoir quitté Paris le 11 juin, elle avait loué une maison sur le lac d'Annecy où elle hébergeait également l'artiste d'origine allemande Jean Arp et sa femme juive, Sophie Taeuber, elle aussi peintre. Tandis que Peggy se préparait à faire transporter de Grenoble à New York sa collection d'art récemment acquise, on lui demanda de payer le bateau pour les Etats-Unis pour la famille de Breton, pour Ernst et pour Pierre Mabille, le médecin des surréalistes. Elle accepta dans le cas de Breton et sa famille et de Max Ernst mais, ce qui était bien dans sa manière, réclama en échange une toile d'Ernst. Avec son ami Victor Brauner qui, lui aussi, avait bien besoin d'être aidé, elle se rendit à la villa Air-Bel. Mais elle fut si choquée par l'atmosphère menaçante de Marseille que, après avoir donné quelque argent à Fry et à Breton, elle s'empressa de rentrer à Grenoble. Quand elle revint à la villa Air-Bel, quelques semaines plus tard, les Breton, Serge, Lam, Masson, l'écrivain Anna Seghers et l'anthropologue Claude Lévi-Strauss étaient en sécurité à bord d'un bateau bondé faisant route vers les Antilles. Mais Peggy eut tout de même une consolation. Ernst était toujours là et, en s'efforçant de lui soutirer encore de nouvelles toiles, elle finit par le séduire. Comme elle le raconta plus tard : « Je découvris bientôt que j'étais amoureuse de lui[18]. »

Les semaines qui suivirent apportèrent leur lot de danger et de mélodrame. Se sentant en péril en tant que Juive, Peggy commença à faire des plans pour quitter la France, mais elle voulait aussi emmener avec elle son nouvel amant. Elle accompagna plusieurs fois Ernst au consulat américain de Marseille, espérant bien que le nom de Guggenheim y ferait impression. Finalement, le salut vint du musée d'Art moderne de New York où travaillait le fils d'Ernst. Dans une déclaration sous serment, Alfred Barr certifia qu'Ernst détestait violemment toute forme de gouvernement totalitaire, et un visa d'urgence fut finalement délivré. Le 1er mai 1941, vingt mois après sa première arrestation en France en tant qu'« étranger indésirable », Ernst traversa l'Espagne en transportant ses toiles roulées dans une valise. Curieusement, même les douaniers français qui fouillèrent ses bagages déclarèrent qu'il était un grand artiste et le laissèrent passer avec force salutations. A Lisbonne, une autre surprise l'attendait sous les traits séduisants de Leonora Carrington qu'il n'avait pas vue depuis un an et qui venait de passer plusieurs mois dans un hôpital psychiatrique au nord de l'Espagne. Cette nouvelle bouleversante surprit aussi Peggy Guggenheim quand elle arriva quelques jours plus tard à Lisbonne. Pis encore, Peggy comprit rapidement qu'Ernst était toujours amoureux de Leonora et qu'elle venait de le perdre. Mais Leonora avait donné son accord pour épouser un diplomate mexicain, Renato Leduc, et elle tint parole tout en étant très étonnée de l'attitude de Max. Plus de quarante-cinq ans plus tard, elle déclara dans un entretien : « Je trouvais que quelque chose n'allait pas dans le fait que Max soit avec Peggy. Je savais bien qu'il ne l'aimait pas[19]. »

Le 13 juillet, Peggy et sa suite comprenant un ex-mari, son ex-femme, sept enfants et Ernst prirent à Lisbonne l'avion pour New York où ils rejoignirent Breton et les autres exilés surréalistes. Cinq mois plus tard, Peggy épousa Ernst. C'était, lui dit-elle, sa meilleure garantie de ne pas être déporté comme un ennemi étranger. Mais le mariage ne dura pas.

Au moment où Ernst quittait Marseille, il y avait encore sur la liste de Fry d'autres artistes qui attendaient d'obtenir un visa. Marc Chagall, lui, avait hésité. Bien que Juif d'origine russe, il avait obtenu la nationalité française en 1937 et se sentait en sécurité dans sa ferme de Gordes, à l'est d'Avignon. Dans une lettre adressée à un fonctionnaire français, il écrivait qu'il avait choisi la France pour pays adoptif en 1910, ajoutant : « depuis cette date, ma carrière artistique s'est entièrement déroulée en France. J'ai toujours été très honoré d'être considéré comme un peintre français[20] ». Le 8 mars 1941, Fry et Bingham passèrent le week-end en compagnie de Chagall et de sa femme Bella, et lui transmirent une invitation formelle à se rendre aux Etats-Unis de la part de Barr, mais une fois de plus le peintre répondit qu'il était heureux là où il était.

Le mois suivant, l'arrestation de Juifs accusés de se livrer au marché noir en zone libre alarma les Chagall qui se précipitèrent à Marseille pour rencontrer Fry. Lors d'une descente de police à l'Hôtel Moderne, le 9 avril, Chagall fut arrêté parmi d'autres Juifs et emmené dans un car de police. Aussitôt informé par Bella Chagall, Fry réagit avec son panache habituel et prévint sévèrement le responsable de la police française que « Vichy allait se trouver gravement embarrassé et que vous alliez être sévèrement puni pour avoir " arrêté " l'un des plus grands peintres du monde[21] ». A peine trente minutes plus tard, Chagall fut relâché. Et malgré cela, il insista pour partir avec tous ses tableaux. Le 7 mai, accompagné d'une tonne et demie de bagages, les Chagall quittèrent la France par le train pour se rendre à Lisbonne à travers l'Espagne, d'où ils embarquèrent pour les Etats-Unis.

L'exode se poursuivit. Le sculpteur juif d'origine russe Lipchitz, qui avait été à plusieurs reprises mis en garde par Fry contre le danger qu'il courait, quitta Marseille une semaine plus tard; Péret et son amie peintre Remedios Varo gagnèrent Mexico fin 1941. Duchamp partit pour New York en juin 1942, et Arp et Taueber, qui s'étaient vu refuser des visas américains, gagnèrent la Suisse en novembre 1942. Willy Maywald, un photographe de mode allemand qui était arrivé en France en 1931, dut attendre encore plus longtemps. Il fut interné dans différents camps pendant la drôle de guerre avant de parvenir à s'échapper en mai 1940. En attendant que Fry lui procure un visa, il séjourna avec des amis à Cagnes-sur-Mer, entre Nice et Cannes, où il ouvrit un atelier de fabrication de chaussures et d'objets en raphia de façon à gagner de l'argent pour lui-même et pour d'autres réfugiés. Ce n'est qu'en décembre 1942 qu'il put finalement partir en Suisse.

Fry trouva un soutien loyal en la personne de la comtesse Lily Pastré, la riche héritière de la fortune de Noilly Prat. Elle ouvrit son château de Montredon, au sud de Marseille, à des artistes, des acteurs et des musiciens, dont Casals et la pianiste juive roumaine Clara Haskil qui y donnaient parfois des concerts. Le 27 juillet 1942, Pastré accueillit une représentation peu ordinaire du *Songe d'une nuit d'été*, dirigée par l'acteur Jean Wall et par Boris Kochno, l'ancien assistant et librettiste de Diaghilev, avec des costumes taillés dans les rideaux de Pastré par un jeune Christian Dior. L'accompagnement musical fut fourni par l'Orchestre national de la radiodiffusion française, dirigé par Manuel Rosenthal. Pastré hébergea aussi des fugitifs et aida Haskil et Arp à gagner la Suisse. Quand les Allemands envahirent le sud de la France, ils occupèrent une partie de son château, ce qui n'empêcha pas la pétulante comtesse de continuer à soutenir la culture à Marseille.

Certains artistes réfugiés ne quittèrent jamais la France. Sonia Delaunay, peintre juive d'origine ukrainienne dont le mari français, Robert Delaunay, mourut en octobre 1941, survécut pendant toute la guerre en se cachant à Grasse près de Cannes. Le photographe français Willy Ronis, qui était juif lui aussi, quitta Paris pendant l'exode et trouva du travail dans une troupe de théâtre qui tournait dans toute la zone libre. Quand les Allemands occupèrent le Sud, il dut lui aussi se cacher. Les artistes Bellmer et Wols, qui avaient été internés au camp des Milles avec Ernst, survécurent eux aussi à la guerre, comme Brauner et Jacques Hérold, deux Juifs roumains qui ne trouvèrent aucun pays acceptant de les accueillir.

D'autres eurent moins de chance. Chaïm Soutine, Juif d'origine lituanienne qui avait été un chef de file en peinture dans l'entre-deux-guerres, vivait à Paris depuis 1937 avec une Juive allemande, Gerda Groth. Elle fut internée au camp de femmes de Gurs en mai 1940 et ils ne se revirent jamais. En mars 1941, Soutine quitta Paris avec Marie-Berthe Aurenche, l'ex-femme d'Ernst, pour Champigny-sur-Veude, dans le centre de la France. Contraint de porter l'étoile jaune après mai 1942, il continua cependant à peindre. Mais à l'été 1943 sa santé se dégrada, on le ramena en toute hâte à Paris où il mourut le 9 août. (Picasso, Cocteau, le poète Max Jacob et Gerda Groth furent parmi ceux qui assistèrent à ses obsèques au cimetière Montparnasse.) Tristan Tzara, le fondateur du mouvement Dada, et l'acteur Sylvain Itkine rejoignirent la Résistance, mais Itkine fut assassiné par la Gestapo quelques jours seulement avant la Libération en août 1944. Fry fut particulièrement affecté par la mort de deux importants socialistes allemands, Rudolf Hilferding et Rudolf Breitscheid, qui furent arrêtés par la police française et qui, malgré les démarches insistantes de Fry, furent remis aux nazis. Le rapport officiel dit que Hilferding se pendit dans sa prison à Paris en 1941 et que Breitscheid fut tué lors d'un bombardement allié à Buchenwald en 1944. Fry était persuadé que les deux hommes étaient morts des mains des nazis.

En été 1941, les difficultés que rencontrait Fry devenaient de plus en plus grandes, la pression exercée sur lui pour qu'il abandonne son opération venait à présent autant du Département d'Etat et du Comité de secours d'urgence à New York que de la police française. Depuis les premiers jours à Marseille, il s'était résigné à n'attendre aucune aide du consul général des Etats-Unis. Au cours d'une visite, fin 1940, Fullerton lui conseilla de quitter la France avant d'être arrêté et lui montra un câble du Département d'Etat qui critiquait ses activités. En janvier 1941, le diplomate refusa de renouveler le passeport de Fry à moins qu'il n'acceptât de rentrer aux Etats-Unis. L'ambassade des Etats-Unis à Vichy n'était guère plus accueillante. Lorsque Fry s'y rendait pour réclamer davantage de visas, il se rappelle que le chargé d'affaires « était toujours trop occupé pour le recevoir[22] ».

Fry ne fut pas plus soutenu lorsque l'amiral William D. Leahy devint ambassadeur en janvier 1941. Un troisième secrétaire lui fit savoir un jour que la police française avait un dossier sur lui. « Je lui répondis que la police avait un dossier sur tout le monde », dit Fry[23]. Dans le même temps, probablement sous la pression du Département d'Etat, le Comité de secours d'urgence adressait à Fry des messages ambigus. Il continuait à lui envoyer de l'argent mais il commençait à s'irriter de ses demandes de soutirer toujours plus de visas d'urgence au Département d'Etat. Vers la fin de 1940, un journaliste américain nommé Jay Allen arriva même à Marseille et affirma que le Comité l'avait nommé pour remplacer Fry. Fry et son équipe se contentèrent de l'ignorer.

Le plus gênant était que le consul Fullerton partageait sa désapprobation avec les autorités locales françaises qui pouvaient ainsi plus facilement se débarrasser de ce gêneur au grand cœur. Le 10 juillet 1941, Fry fut convoqué par Maurice de Rodellec du Porzic, le nouveau chef intransigeant de la police qui, comme Fry le raconta plus tard, lui fit remarquer d'emblée : « Vous avez causé beaucoup d'ennuis à mon bon ami le consul général des Etats-Unis. » Il continua en lui disant que, à la fois le gouvernement des Etats-Unis et le Comité de secours d'urgence avaient demandé que Fry rentre chez lui « sans délai ». Lorsque Fry protesta, le chef de la police lui dit que s'il ne partait pas de son plein gré, il serait arrêté et assigné à résidence dans une petite ville « où vous ne pourrez plus faire de mal ». Fry finit par accepter de partir le 15 août mais il demanda tout de même à Rodellec du Porzic pourquoi il lui en voulait tant : « Parce que vous avez trop protégé des Juifs et des antinazis[24]. » Le lendemain, Fullerton remit à Fry un nouveau passeport, valable seulement pour un voyage aux Etats-Unis.

L'échéance du 15 août arriva, puis fut dépassée, mais deux semaines plus tard, Fry fut arrêté et conduit à la ville frontière de Cerbère. Son équipe l'accompagna et lui offrit un dîner d'adieu au buffet de la gare avant qu'il prenne son train pour l'Espagne. Daniel Bénédite, qui avait souvent prouvé son courage, prit la direction des opérations, et des centaines de réfugiés supplémentaires furent aidés à quitter la France avant que le Centre américain de secours ne soit fermé par la police française en juin 1942. Le nombre de personnes sauvées par Fry et son équipe se monte à environ deux mille, dix fois plus que le nombre qu'il était venu secourir en août 1940.

De retour aux Etats-Unis, Fry critiqua la politique d'immigration américaine et alerta sur le terrible destin des Juifs européens dans un article de décembre 1942 dans *The New Republic*, intitulé « Le massacre des Juifs en Europe ». La conséquence immédiate fut que le FBI ouvrit un dossier sur lui. Après cela, il disparut de la scène, écrivit ses mémoires et devint professeur de lycée. Dina Vierny fut la seule à ne pas l'oublier. Quelques mois avant la mort de Fry, elle persuada André Malraux, à l'époque ministre de la Culture, de décerner à Fry l'ordre de chevalier de la Légion d'honneur. Plus de trente ans après les faits, elle se souvenait encore de lui avec affection : « J'ai connu cet homme. Il n'avait pas le physique de l'emploi : saint Georges devant le dragon. Il était modeste. Il ne lui était pas venu un instant à l'esprit qu'il pouvait être un héros, un véritable héros américain. Il n'est resté en France que trois cent quatre-vingt-neuf jours, mais il a tenté par tous les moyens, souvent illégaux, de sauver des êtres humains sans penser au danger qu'il encourait lui-même. L'homme était délicieux, lettré, curieux, attentif, ne pensant qu'à sa tâche. Plus tard il regretta de ne pas avoir pu en sauver davantage[25]. »

Puisque tant de ressources artistiques, littéraires et intellectuelles avaient quitté la France (ou avaient été contraintes à se cacher), on avait l'impression que le domaine des arts et des lettres était désormais entièrement livré aux partisans de Vichy et aux sympathisants des nazis. Cet exode était-il justifié ? Il est clair que parmi les réfugiés européens, les Juifs et les militants antinazis n'avaient pas d'autre choix. Mais beaucoup d'artistes français, comme les cinéastes ou les acteurs qui partirent pour Hollywood ou les surréalistes que Fry avait aidés, avaient fait un choix plus personnel. « Je ne pense pas qu'ils aient eu honte de partir, dit Stéphane Hessel des artistes qui s'installèrent à New York, ils avaient le sentiment de devoir sauver leur œuvre, leur réputation et leur contribution à l'art dans le monde[26]. » Mais leur fuite suscitait des accusations de lâcheté et d'égoïsme de la part de ceux qui étaient restés et des accusations bien plus violentes de la part de la droite qui les dénigrait en les appelant *les mauvais Français émigrés en Anglo-Saxonnie.* De fait, alors que l'Occupation approchait de son premier anniversaire, que Paris bouillonnait de vie culturelle et que la plupart des expressions artistiques prospéraient, on pouvait prétendre que ceux qui étaient partis avaient laissé le champ libre à de nouveaux talents qui allaient les remplacer. Et ils étaient nombreux à prétendre jouer ce rôle.

CHAPITRE 5

Paris by night

Dès le printemps 1941, les Parisiens semblaient s'être étonnamment bien adaptés à l'Occupation, heureusement peut-être, puisqu'il était évident que personne ne se bousculait pour leur venir en aide. Les Etats-Unis n'avaient pas envie d'entrer en guerre. L'Union soviétique avait un pacte de non-agression avec l'Allemagne. Et même si la Grande-Bretagne avait fait échouer une tentative d'invasion allemande pendant l'été 1940, à la surprise de la plupart des Français, la « courageuse petite Angleterre » ne présentait guère une menace pour le Reich. D'ailleurs, la propagande allemande et celle de Vichy faisaient habilement remarquer aux Français que l'Angleterre était leur ennemi héréditaire. Et on pouvait même trouver de nouvelles raisons de se méfier de *la perfide Albion* : le sentiment que la Grande-Bretagne avait sacrifié la France pour sauver ses propres troupes à Dunkerque, la décision de Churchill de bombarder les bâtiments de la marine française dans le port de Mers el-Kébir en Algérie, et le soutien des Anglais à une tentative avortée de De Gaulle de s'emparer du Sénégal sous contrôle de Vichy en septembre 1940.

Le bénéficiaire par défaut était Pétain qui, à ce stade, paraissait aux yeux d'une majorité la seule alternative à la décision de soutenir soit les Allemands, soit les Anglais. Le problème était que le Maréchal lui-même ne pouvait pas changer grand-chose à la vie des Parisiens. En fait il ne mit jamais le pied à Paris entre juin 1940 et avril 1944, quatre mois avant la libération de la ville. En réalité, tout dépendait des Allemands, et la plupart des Parisiens choisirent de s'en accommoder. Et cela impliquait de chercher un maximum de distractions.

Les années 1930 avaient vu naître un ensemble extraordinaire de music-halls, de cabarets, de night-clubs et de bordels, et ils avaient presque tous rouvert leurs portes à Noël 1940. Dans beaucoup d'entre eux, surtout dans les music-halls, les Parisiens pouvaient s'amuser sans avoir d'uniformes allemands derrière eux. La raison en était simple : comiques et chansonniers faisaient leur numéro en français, souvent pimenté d'argot, ce que peu de soldats allemands étaient capables de comprendre. Evidemment, étant donné le risque d'être dénoncé, toute critique directe des forces d'occupation était imprudente, mais cela ne rendait que plus amusant le jeu des sous-entendus. Une chanson, par exemple, faisait un calembour sur le mot Occupation.

Car chez nous le plus grand malaise
C'était le manque d'occupations
Car on se plaignait qu'on n'en avait pas
Eh bien maintenant, je crois qu'on en a[1] *!*

Une autre suggérait aux auditeurs de bien lire entre les lignes :

C'est donc vous qui, dans ce qu'on dit,
Devez chercher ce qu'on veut dire
Et penser : s'il ne l'a pas dit
J'ai compris... ce qu'il voulait dire.

Tous les textes et les paroles des chansons devaient être approuvés par la Propaganda Staffel, mais les fonctionnaires allemands se montraient étonnamment conciliants dès l'instant que l'Allemagne n'était pas en cause. Ils laissèrent le comédien Jacques Grello se moquer des calomnies des journaux collaborationnistes en affirmant qu'un d'eux devait bien dire la vérité, mais lequel ? Et Jean Rigaux fut autorisé à se moquer des Italiens qui occupaient le sud-est de la France. On rapporte aussi l'histoire de deux comédiens, Raymond Souplex et Jean Rieux, qui furent convoqués par la Propaganda Staffel et sommés de remettre le texte d'un de leurs sketches d'avant guerre où ils ridiculisaient Hitler. Ils affirmèrent qu'ils n'avaient pas de texte et on leur ordonna de le présenter. Ils le firent sans aucune coupe et les officiers allemands les félicitèrent pour leur honnêteté[2]. Georges Merry, le partenaire de Rieux avec qui il avait écrit en novembre 1940 une revue pour le Théâtre des Nouveautés, intitulée *Occupons-nous* (un autre jeu de mots sur le terme Occupation), eut moins de chance. Plus tard, au cours de la guerre, Merry fut arrêté pour avoir, dans une émission de variétés à la radio, adressé des messages codés à un groupe de résistants. Déporté d'abord à Buchenwald, il mourut au camp de concentration de Mittelbau-Dora en Allemagne.

En pratique, l'essentiel des textes comiques écrits pour la scène se contentait d'évoquer sur le ton de la satire la vie quotidienne des Parisiens qui jonglaient avec leurs cartes de rationnement et le marché noir, qui faisaient du vélo après avoir passé des années au volant ou qui essayaient de rendre présentables de vieux vêtements. Rien d'étonnant si le Parisien moyen se sentait chez lui au music-hall. Il connaissait la plupart des chansons, certaines des blagues, et il pouvait passer la soirée, et même en hiver la soirée *au chaud*, et oublier ses soucis. Michel Francini, acteur de music-hall qui revint à Paris à la mi-juillet, se souvient d'avoir joué surtout pour un public français lorsqu'il prit son premier rôle pendant l'Occupation dans la revue *1900* qui débuta au Théâtre de l'Etoile le 10 septembre 1940. « Les gens venaient en foule, dit-il. Pourquoi ? Pour sortir. Il n'y avait pas eu de morts à Paris. La revue était française et le public presque exclusivement français. Elle tint l'affiche cinq ou six mois. Puis je fis pendant deux semaines un show de cabaret à Reims auquel assistaient trois Français et deux cents Allemands. Ils ne me trouvaient pas très drôle mais ils aimaient bien les girls[3]. »

Il est certain que, pour beaucoup de soldats allemands, voir une fille danser à moitié nue était la principale motivation pour sortir le soir. Et pouvoir le faire à Paris était une des récompenses implicites pour les soldats qui se voyaient accorder quelques jours de permission dans la plus belle des villes occupées. Pour dénicher les bons endroits, les soldats pouvaient consulter le *Pariser Zeitung*, journal en allemand qui indiquait que Tabarin proposait le meilleur spectacle érotique. Et si, pour finir la soirée, ils allaient faire un tour au bordel, cela aussi faisait bien partie du Paris de leurs rêves. Les plus fameux bordels de la ville, le One Two Two, 122, rue de Provence, sur la rive droite, et le Sphynx, sur la rive gauche, étaient probablement au-dessus de leurs moyens. Des officiers allemands, des collaborateurs français, des agents clandestins de la Résistance, des affairistes du marché noir et des artistes en tous genres, y compris des femmes, s'y retrouvaient pour boire, bavarder, espionner et prendre du bon temps. (Sans obligation pour le visiteur de recourir aux services sexuels proposés par la maison.) Les simples soldats, pour leur part, avaient le choix entre une quantité d'établissements plus abordables où des médecins de la Wehrmacht contrôlaient la santé des prostituées.

On pouvait aussi rencontrer des femmes de manière plus improvisée, comme le célèbre romancier allemand Ernst Jünger le nota dans son journal. Le 1er mai 1941, trois semaines après avoir été affecté à Paris par la Wehrmacht, il se rappelle avoir rencontré Renée, vendeuse dans un grand magasin. « Paris offre des rencontres comme celle-là sans qu'on ait presque à les chercher ; on s'aperçoit qu'elle fut fondée sur un autel de Vénus. » Jünger l'emmena dîner, puis au cinéma. « J'ai touché sa poitrine. Un glacier ardent, une colline au printemps qui cache, par myriades, les germes de vie, des anémones blanches, peut-être. » Puis devant l'Opéra de Paris, ils se quittèrent « sans doute pour ne plus jamais nous revoir[4] ». Et ainsi Jünger, l'auteur immensément sérieux de ce roman consacré à la Première Guerre mondiale, *Orages d'acier*, avait découvert un autre des charmes de Paris.

Les officiers allemands, qui avaient les moyens, préféraient généralement le cabaret où ils pouvaient voir des danseuses à peine vêtues de quelques plumes en même temps qu'un ou deux chanteurs connus et, s'ils avaient de la chance, ils pouvaient même dîner au champagne en compagnie d'une ravissante Française. Les Allemands qui avaient une amie française régulière n'étaient pas si nombreux. Les photos de l'époque montrent souvent des militaires en uniforme regardant un spectacle mais sans aucune femme à leur table. Lorsque l'ABC rouvrit, il joua d'abord exclusivement pour les soldats allemands. Aux Folies Bergère, où les Allemands constituaient 80 pour cent du public, Paul Derval proposa rapidement des programmes en allemand et en français. Certains artistes incluaient dans leur tour de chant une chanson allemande fameuse comme « Lili Marlène » ou le succès allemand « Bei mir bist du schön », qui en fait avait été, à l'origine, écrit en yiddish par un compositeur juif, Sholom Secunda, invitant le public à reprendre en chœur. Les Allemands n'étaient pas très différents des touristes d'aujourd'hui, ils se retrouvaient tous ensemble dans les hauts lieux de la vie nocturne et s'imaginaient vivre une expérience typiquement française.

Pendant la plus grande partie de l'Occupation, cabarets et music-halls firent des affaires en or, à Pigalle-Montmartre, Montparnasse et les Champs-Elysées, les quartiers les plus actifs. D'après un décompte, il y avait cent deux night-clubs à Paris, dont quarante-neuf cabarets rien qu'à Montmartre. Les acteurs étaient tellement pris que certains d'entre eux devaient se produire chaque soir dans deux spectacles différents, et ils fonçaient à vélo d'un théâtre ou d'un club à l'autre. Pour certains directeurs de salle, c'était comme si *la Belle Epoque* était de retour. Les Folies Bergère et le Casino de Paris étaient reconnus pour présenter les spectacles les plus éblouissants et les plus grandes vedettes. En 1942, les Folies Bergère appelèrent avec vantardise leur nouveau spectacle *Trois millions*, parce que c'était le prix qu'il avait coûté. Et il fut suivi par un autre encore plus coûteux, *Quatre millions*. C'est au Casino de Paris que Maurice Chevalier fit ses débuts sous l'Occupation en 1941, dans une revue baptisée *Toujours Paris*, ce qui n'était pas un titre très original puisque des douzaines de revues exploitaient le nom de la capitale, parmi elles, *Paris, je t'aime* ; *Amours de Paris* ; *Pour toi, Paris* ; *Tout Paris* ; *Bravo Paris* ; *Paris en fleurs* ; *Paris-Printemps* ; et même *Paris, ich liebe dich*. En 1941 et 1942, l'ABC ne se limita pas à la chanson et à la danse, dans deux revues appelées *Chesterfollies*, furent ajoutés du burlesque, des numéros de clowns et d'acrobates. Au Lido, Jacques Tati, bien connu plus tard pour son personnage de Monsieur Hulot, se faisait un nom dans des numéros de mime et de parodies. L'Alhambra, le Palace, Bobino, Le Shéhérazade et les Variétés étaient des cabarets et théâtres populaires auprès des officiers allemands. Les meilleurs cabarets, où l'on trouvait toujours une bonne chère et de grands crus, restaient ouverts toute la nuit, permettant aux fêtards d'ignorer le couvre-feu.

Cela veut dire qu'il y avait du travail en abondance pour les acteurs, les chanteurs et les musiciens, sauf naturellement s'ils étaient juifs. Un cabaret garantissait à ses clients allemands que tous ses employés étaient parfaitement aryens, un autre annonçait que les Juifs n'étaient pas les bienvenus. Dans une telle atmosphère, même avant que Vichy ne promulgue le Statut des Juifs en octobre 1940, beaucoup d'acteurs juifs préférèrent rester dans la relative sécurité de la zone libre. « Il y avait beaucoup de Juifs dans le monde du spectacle », se rappelle Francini, Nous avons appris que des amis juifs ne reviendraient pas. Quand des Juifs partaient, d'autres prenaient leur place, directeurs, producteurs, ils tiraient profit de leur absence[5]. » Une artiste de cabaret juive, très populaire, Marie Dubas, hésita avant de quitter la France. Elle était rentrée d'une tournée aux Etats-Unis et au Portugal pour se retrouver la cible d'attaques de la presse collaborationniste. *Paris-Soir*, qui l'accusait d'avoir épousé un officier de l'aviation française et de s'être convertie au catholicisme de manière à pouvoir remonter sur scène, posa la question : « Mais ignore-t-elle que le problème juif n'est pas religieux, il est racial. » L'appartement parisien de Marie Dubas fut réquisitionné par la Wehrmacht mais elle poursuivit néanmoins sa carrière à Lyon, Nice et d'autres villes de la zone libre. Finalement en 1942, alors que le régime de Vichy se mettait aussi maintenant à déporter les Juifs sur le territoire qu'il contrôlait, elle obtint un visa pour la Suisse. Son nouveau public était constitué de réfugiés comme elle. Elle leur chantait : « Ce soir, je pense à mon pays. »

Parmi les plus importantes vedettes de cabaret non juives, la seule qui ne poursuivit pas sa carrière à Paris fut Joséphine Baker. Possédant désormais la double nationalité, américaine et française, elle se produisit au Casino de Paris au début de mai 1940, mais elle interrompit son spectacle quand les Allemands arrivèrent en France. En revanche, elle alla chanter pour les soldats français sur la ligne Maginot avant de regagner dans le Sud le château des Milandes en Dordogne qu'elle avait loué en 1938 (et qu'elle acheta en 1947). Elle y fut rejointe par le capitaine Jacques Abtey, un officier des services secrets français qu'elle avait rencontré à Paris et qui était en contact avec les forces de De Gaulle à Londres. En se servant de la gloire de la Baker comme couverture, Abtey jouant le rôle de son secrétaire, ils se rendirent à Lisbonne, porteurs de renseignements sur les mouvements militaires des Allemands rédigés à l'encre sympathique sur les partitions de Joséphine. Ils remirent leurs messages à des agents français, puis on leur donna l'ordre de se rendre à Marseille où Joséphine reprit son rôle dans *La Créole* d'Offenbach, à l'Opéra de la ville. Toujours sur ordre de Londres, en janvier 1941, ils partirent pour l'Afrique du Nord qui, bien que gouvernée par Vichy, offrait une plus grande sécurité. Joséphine fut malade pendant la plus grande partie des vingt mois suivants*; pourtant, quand les soldats américains

* Une histoire, souvent répétée mais qui ne fut jamais confirmée par Joséphine Baker, raconte qu'elle serait tombée malade après un dîner privé avec Göring qui aurait tenté de l'empoisonner à cause de son appartenance

débarquèrent au Maroc en novembre 1942, elle proposa immédiatement de se produire devant eux. Au cours des vingt-deux mois qui précédèrent la libération de Paris, elle se produisit de Casablanca à Beyrouth, en insistant toujours sur le fait qu'elle agissait en tant que membre des Forces françaises libres. Elle fut décorée plus tard de la croix de guerre et de la médaille de la Résistance avec la rosette.

Les collègues d'avant guerre de Baker furent heureux de remonter sur scène à Paris, en particulier la légendaire Mistinguett. Née en 1875 Jeanne Bourgeois, elle avait été une diva des cabarets depuis le début du siècle et était devenue peu après une star du muet, aussi célèbre pour ses jambes qui étaient assurées pour une fortune, ses exubérantes plumes d'autruche et sa voix sensuelle que pour sa collection de jeunes amants. Chevalier eut la chance d'être son partenaire de danse aux Folies Bergère en 1911 ; elle ne tarda pas à le séduire et fit sa carrière. En vieillissant, elle garda ses admirateurs, et ses amants, par la seule force de sa personnalité. Pendant l'Occupation – elle était alors dans la soixantaine –, la Miss se produisit presque sans interruption, prenant la suite de Chevalier au Casino de Paris en novembre 1941. Elle était aussi célèbre pour l'habitude qu'elle avait de se plaindre de façon éhontée à son public, disant qu'elle avait faim et soutirant ainsi en cadeau du beurre, du vin, du foie gras d'admirateurs sans doute plus affamés qu'elle. Comme tout le monde, elle chanta devant des publics composés de soldats allemands, mais, à l'inverse de Chevalier, Tino Rossi, Charles Trenet, Léo Marjane et Edith Piaf, elle ne se rendit jamais en Allemagne pour se produire devant des prisonniers de guerre français. Après la libération de Paris, à soixante-neuf ans, elle paraissait ravie quand on laissait entendre qu'elle avait eu quelques amants allemands et répondait avec dédain : « Ça, c'est différent, ça, c'est l'amour. »

Comme l'industrie cinématographique à Paris tardait à reprendre ses activités, les directeurs de cabaret recherchaient des acteurs et actrices populaires pour qu'ils se produisent sur scène, parmi eux Viviane Romance et Ginette Leclerc. Suzy Solidor, chanteuse et vedette du cinéma d'avant guerre, ouvrit son propre cabaret, Chez Suzy Solidor, où elle chantait « Lili Marlène » et d'autres chansons allemandes, le soir, devant un public en uniforme. Mais le public

à la Résistance, en versant du cyanure dans son vin. L'histoire invraisemblable prétend même qu'elle se serait enfuie par une trappe destinée au linge sale avant d'être secourue par ses compagnons résistants.

français appréciait surtout ses bien-aimés *chansonniers*. Trenet, déjà surnommé affectueusement *le fou chantant*, remonta sur scène en février 1941. Il avait une voix de baryton veloutée, une belle présence souriante et il écrivait lui-même la plupart de ses chansons, parmi lesquelles, « Boum ! », « Douce France » et le fameux, « La Mer » (enregistré plus tard par Bobby Darin sous le titre « Beyond the sea »). Les spectacles de Trenet aux Folies Bergère, à l'ABC et à la Gaîté Parisienne, devant des parterres de soldats allemands, étaient toujours bien accueillis. Pourtant, curieusement, alors qu'il semblait incapable d'offenser qui que ce soit, *Paris-Soir* décida de s'en prendre à lui, annonçant d'abord faussement qu'il était mort, puis l'accusant d'être juif, prétendant que Trenet était l'anagramme de Netter, un nom juif répandu en France. Trenet s'empressa de prouver qu'il n'était pas juif, puis, se sentant d'autant plus vulnérable qu'il était homosexuel, accepta une demande d'aller chanter pour les prisonniers de guerre français en Allemagne en septembre 1943. Après la Libération, il s'installa aux Etats-Unis pour plusieurs années jusqu'à ce que tout soit oublié et pardonné.

Piaf, « le petit moineau », n'était pas moins active. En mai 1940, elle joua dans sa première pièce, *Le Bel Indifférent*, que Cocteau avait écrite pour elle. A la fin du mois de mai, tandis que la Wehrmacht marchait sur Paris, elle partit en tournée en province. Après la défaite, elle donna quelques récitals en zone libre mais, fin septembre, elle était de retour à Paris dans sa ville. Quelques jours plus tard, elle se produisit salle Pleyel. L'année suivante, elle joua aussi dans le film de Georges Lacombe, *Montmartre sur Seine*, le rôle d'une chanteuse dont la vie ressemblait beaucoup à la sienne. « Mon vrai boulot, c'est de chanter. De chanter quoi qu'il arrive ! » aurait-elle dit en 1940. Et elle tint parole. Pendant toute l'Occupation, elle attira les foules lors de ses tournées sur la Côte d'Azur et se produisit à peu près partout à Paris, à l'ABC, à Bobino, aux Folies Bergère, au One Two Two, au Moulin Rouge (où en 1944 elle tomba amoureuse du jeune Yves Montand) et même dans l'élégante salle Pleyel, un mois avant la libération de la ville.

Naturellement, il y avait des Allemands dans son public, et elle réagissait favorablement à leur présence, selon le témoignage de Simone Berteaut, une amie d'enfance qui fit partie plus tard sporadiquement du cercle des intimes de Piaf et qui prétendait, à tort, être la demi-sœur de la chanteuse. Trois des chansons de Piaf, dont « Mon légionnaire », furent interdites par les Allemands. Une fois, selon Berteaut, Piaf chanta une mélodie populaire allemande transposée en argot français, pour le plus grand plaisir à la fois des occupés et des occupants. Une autre fois, et Berteaut ne fut pas la seule à y assister, elle dédia une chanson aux prisonniers de guerre français : « Où sont-ils mes petits copains ? » et apparut soudain drapée dans le drapeau français. On a aussi des preuves qu'elle aida à cacher et à entretenir trois amis juifs, les musiciens de cabaret Michel Emer et Norbert Glansberg, et le jeune réalisateur Marcel Blistène[6].

Mais c'est un autre épisode qui la lava de tout soupçon de collaboration après la Libération. Ayant été choisie pour « marraine » par des prisonniers du Stalag III-D dans la région de Berlin, elle accepta deux fois de longues tournées dans des camps allemands où étaient détenus des prisonniers français. Acclamée même par les Allemands lors de sa première visite au Stalag III-D en 1943, elle persuada le commandant du camp de se laisser photographier avec elle et « ses » soldats comme elle les appelait. Ces photographies survécurent. Le plan élaboré par sa secrétaire, Andrée Bigard, qui était dans la Résistance, était d'agrandir les photos. La photo de chaque prisonnier fut ensuite découpée et apposée à un faux document faisant de lui un travailleur français en Allemagne. Quand Piaf retourna au camp au début de l'année suivante, les documents furent discrètement distribués, ainsi chaque prisonnier qui parviendrait à s'échapper disposait de papiers d'identité allemands pour le protéger. Et plusieurs d'entre eux s'évadèrent de cette façon. « Non, dit Piaf, après la guerre, je n'étais pas dans la Résistance, mais j'ai aidé mes soldats[7]. »

De tous les *chansonniers*, Chevalier jouissait d'une immense popularité en France et à l'étranger qui le mettait sous les feux de la rampe. Pendant la drôle de guerre, il s'était produit devant des soldats français sur la ligne Maginot et, avec une certaine ostentation, il avait fait don de sa vieille Packard comme métal de récupération pour l'effort de guerre. Après la défaite française, il se retira avec sa compagne, Nita Raya, une actrice juive roumaine, dans le cadre confortable de La Bocca, sa villa proche de Cannes où la natation et le tennis semblaient plus réels que la guerre. Se sentant en sécurité dans la zone libre, il se produisait régulièrement à Nice et d'autres villes des environs. Quand on lui demandait quelles étaient ses opinions politiques, son instinct, comme celui de la plupart de ses admirateurs, était de soutenir Pétain. Dans un entretien accordé à *L'Eclaireur de Nice* en décembre 1940, il déclare : « Puisque nous avons la chance de pouvoir vénérer un homme et de comprendre parfaitement ce qu'il attend de nous, je l'associe en privé à toutes les décisions que je suis amené à prendre. Je me demande : que dirait-il s'il était dans mes souliers ? Que ferait-il s'il était sous mon canotier ? C'est pourquoi, pour les années à venir, je ne peux souhaiter que ce que notre Grand Homme parmi les Grands souhaitera[8]. »

En septembre 1941, Chevalier se laissa persuader par Henri Varna, le directeur du Casino de Paris, de jouer dans la nouvelle revue, *Paris Toujours*. Il était inquiet à l'idée de rentrer à Paris, mais avec la foule d'admirateurs, de journalistes et d'amis du show-business qui attendait son train à la gare d'Austerlitz, il reçut l'accueil le plus chaleureux dont il pouvait rêver. Il afficha son grand sourire et dit combien il était ravi d'être de retour chez lui. Quand on lui proposa de l'emmener en voiture, il décida même de prendre le métro, pour, dit-il, reprendre contact avec les Parisiens. (Il ne parcourut en fait que cinq stations en métro avant de rejoindre la voiture qui l'attendait.) Comme on pouvait s'y attendre, avec son style désinvolte, son charmant sourire et quelques saluts de son canotier, Chevalier eut beaucoup de succès, même si Galtier-Boissière, toujours sceptique, ne se laissa pas impressionner, notant dans son journal : « Au Casino de Paris, Chevalier fait son tour de chant devant un parterre de feldgrau, venus uniquement pour contempler des fesses[9]. » De manière plus imprudente, Chevalier accepta non seulement le patronage de *Paris-Soir* pour deux concerts dans une banlieue ouvrière mais il se produisit aussi à un gala de charité auquel assistaient des officiers allemands et organisé par Radio-Paris. Se rappelant la popularité de Chevalier, les producteurs allemands l'invitèrent à se rendre à Berlin. Au lieu de quoi, à la demande de Vichy, il accepta de chanter devant des prisonniers de guerre français au Stalag 11-A, à Altengrabow, le camp précisément où il avait lui-même passé vingt-sept mois pendant la Première Guerre mondiale.

Fin novembre, il se rendit en train à Berlin avec son jeune accompagnateur, Henri Betti. Ils y passèrent la nuit et furent conduits le lendemain à Altengrabow pour un concert devant quelque trois mille prisonniers. Chevalier avait demandé selon lui pour seul cachet la libération de dix Français de Ménilmontant, le quartier de Paris où il était né. Il refusa une nouvelle invitation à se produire à la Scala de Berlin, mais malgré tout son déplacement servit la propagande allemande. Son concert d'Altengrabow fut rediffusé en Allemagne et par Radio-Paris en France. L'hebdomadaire illustré allemand *Signal*, qui était diffusé dans les pays occupés et se vendait à quelque 700 000 exemplaires rien qu'en France, publia même des photos de lui à Berlin, sans préciser qu'il n'avait chanté que pour des prisonniers français.

Son image à l'étranger en pâtit. En août 1942, une émission de la France libre de Londres incluait le nom de Chevalier dans une liste de collaborateurs notoires méritant la peine de mort. Malgré cela, il se produisit à nouveau au Casino de Paris en octobre. Mais quand il rentra à La Bocca, l'armée allemande avait envahi la zone libre et il prit chez lui les parents juifs de Nita Raya pour les mettre à l'abri. Il donna un certain nombre de concerts dans le Sud mais se tint à l'écart de Paris. En février 1944, l'humoriste juif André Isaac, qui se trouvait alors à Radio-Londres et travaillait sous le nom de scène de Pierre Dac, lança une nouvelle menace de mort contre Chevalier que celui-ci prit au sérieux. Puis, en mai, il apprit qu'il avait été condamné à mort par un tribunal spécial du Gouvernement français provisoire de De Gaulle à Alger. Craignant à présent autant la Gestapo que la Résistance, il quitta La Bocca avec Nita et ses parents pour se cacher en Dordogne où il resta jusqu'à la Libération. Il faillit se faire tuer par les maquisards avant de fuir à Toulouse où il fut arrêté un certain temps. Joséphine Baker n'était pas la seule à condamner sa conduite pendant la guerre. Dans son autobiographie, *Joséphine*, elle écrit : « Maurice était un de ces Français qui pensaient que les Allemands avaient gagné la guerre et qu'il était temps que les choses reviennent à la normale, à la façon allemande[10]. » Mais Chevalier eut de la chance. Au moment de devoir répondre aux accusations de collaboration, il put compter sur des amis bien placés pour parler en sa faveur, en particulier quelqu'un d'aussi important que Louis Aragon, le poète communiste, et il fut blanchi.

Le public français, quand il voyait ses chanteurs préférés sur scène, ou qu'il les entendait à Radio-Paris, était souvent ému par les paroles de leurs chansons. Deux thèmes revenaient le plus souvent, l'un autour de l'amour, l'autre de la France. Léo Marjane, la rivale d'avant guerre de Mistinguett, dut, à la fin de la guerre, expliquer pourquoi elle s'était produite devant les troupes allemandes et avait chanté à Radio-Paris*. Mais plusieurs de ses chansons comme « J'attendrai » et « Attends-moi, mon amour » parlaient au nom des centaines de milliers de femmes dont les maris, amants ou fils étaient prisonniers de guerre, ou, plus tard, forcés de travailler en Allemagne. Son plus grand succès, « Je suis seule ce soir », fut diffusé presque tous les soirs sur Radio-Paris. Elle commence ainsi :

Je suis seule ce soir
Avec mes rêves
Je suis seule ce soir
Sans ton amour.

Puis

Je suis seule ce soir
Avec ma peine
J'ai perdu l'espoir de ton retour.

Et se termine ainsi :

Dans la cheminée le vent pleure
Les roses s'effeuillent sans bruit
L'horloge en marquant les quarts d'heure
D'un son grêle berce l'ennui.

Le grand succès de Trenet, tout aussi mélancolique, « Que reste-t-il de nos amours ? », se retourne aussi avec nostalgie vers un temps plus heureux.

Que reste-t-il de nos amours ?
Que reste-t-il de ces beaux jours ?
Une photo, vieille photo de ma jeunesse.

Dans leurs chansons sur la France, les *chansonniers* évoquaient les charmes éternels du pays, comme par exemple Lina Margy avec « Ah le petit vin blanc » et Pierre Dudan avec son « On prend l'café au lait au lit ». Le succès instantané de Trenet, « Douce France », proclame, après avoir évoqué des souvenirs d'enfance :

* Même si Radio-Paris était une station de propagande allemande, Chevalier, Suzy Solidor et Yvonne Printemps faisaient partie des artistes qui se produisaient régulièrement dans les spectacles qu'elle organisait et qui étaient très bien payés.

Oui, je t'aime
Et je te donne ce poème
Oui, je t'aime
Dans la joie et la douleur
Douce France.

Pour ces Français, bloqués en province, il écrivit « Si tu revois Paris, dis bonjour aux amis ». Et Mistinguett, en guise de consolation, chanta « La tour Eiffel est toujours là ». Mais c'est Chevalier qui joua surtout le rôle du boute-en-train avec des chansons qui faisaient écho au message de Pétain, « Aimons-nous et reconstruisons la France ». « Ça sent si bon la France » présente une longue liste de Français et de lieux dignes d'affection depuis « ce vieux clocher dans le soleil couchant » jusqu'à « cette brunette aux yeux de paradis ». « La chanson du maçon » est encore plus pétainiste, elle imagine toute la France chantant à l'unisson en bâtissant leur nouvelle maison, c'est-à-dire la France; elle s'achève ainsi : « Nous serions des millions de maçons / à chanter sous le toit d'nos maisons. » Dans « Notre espoir », Chevalier rappelle qu'autrefois il chantait l'amour et la joie, mais à présent les mots lui manquent, alors il improvise avec des « Tra la la la la la » et « Dzim pa poum pa la », puis il ajoute : « Moi mon espoir c'est qu'le ciel redevienne beau / et qu'on chante en paix dans notre vieille France. »

Une autre des vedettes préférées de la vie nocturne à Paris, et c'est encore plus surprenant, fut Django Reinhardt. Ce guitariste doué, d'origine belge, était tsigane et aurait pu facilement partager le sort des centaines de milliers de tsiganes qui se retrouvèrent dans les camps de la mort nazis. Pourtant, malgré la haine des nazis pour le jazz considéré comme un produit de la culture noire américaine « dégénérée », sa popularité des années 1930 perdura pendant toute l'Occupation. Reinhardt était à Londres avec son quintette du Hot Club de France quand la guerre fut déclarée; au lieu de choisir l'exil, il rentra immédiatement à Paris. Pendant l'occupation allemande, il continua de jouer au Hot Club de France et dans d'autres boîtes de nuit, attirant les amateurs de jazz français mais aussi allemands. (Un officier de la Luftwaffe, Dietrich Schulz-Koehn, publia même son propre bulletin secret consacré au jazz.)

Le Hot Club de France, dirigé par Charles Delaunay, qui faisait partie de la Résistance, organisa des concerts de jazz et des festivals dans des endroits aussi prestigieux que la salle Gaveau et la salle Pleyel. Même Radio-Paris, dans sa volonté de conquérir des auditeurs français, diffusait du jazz dans ses nombreuses émissions de variétés. Peut-être tout cela était-il rendu possible par l'absurde prétention d'André Cœuroy qui, dans son *Histoire générale du jazz* en 1942, affirmait que les origines du jazz étaient européennes. Reinhardt, lui, ne se sentait évidemment pas très en sécurité dans Paris occupé. A un moment, fin 1943, il décida de partir en Suisse, mais il fut arrêté à la frontière par des gardes allemands. Par chance, l'officier responsable était fanatique de jazz et il renvoya Reinhardt à Paris où celui-ci, en 1944, ouvrit son propre club, Chez Django Reinhardt.

Django était certes le musicien de jazz le plus célèbre de la capitale, mais il n'était qu'un parmi des centaines de musiciens qui travaillaient dans les music-halls et les cabarets. Parmi eux, Johnny Hess se distingua par l'étrange mouvement sociopolitique qu'il lança indirectement. Hess et Ventura avaient introduit en France à la fin des années 1930 le rythme entraînant des grands orchestres de swing. Et bien que Ventura, qui était juif, soit parti en Amérique du Sud avec son célèbre orchestre dès le début de l'Occupation, c'est le swing qui régnait sur la vie nocturne parisienne au début des années 1940. (Après guerre, Trenet expliqua que « La Mer » n'avait pas eu de succès en France quand il l'avait chantée en 1943 parce que la chanson « manquait de swing ».)

Mais il y eut autre chose. Dès 1938, Hess introduisit dans les paroles de sa chanson « Je suis swing » un mot sans signification particulière, *zazou*. Il devint rapidement un surnom pour les amateurs de swing et, pendant l'Occupation, il en vint à désigner une forme plus large de protestation culturelle dans laquelle les hommes avaient les cheveux longs et de longues vestes, les femmes des jupes courtes et de grosses chaussures, et tous portaient des lunettes noires et un parapluie fermé. Leur désir de se faire remarquer passait pour une provocation, ce qui n'était pas pour leur déplaire. Quand les Juifs furent obligés de porter l'étoile jaune après mai 1942, les zazous en fabriquèrent une à leur tour sur laquelle ils gribouillèrent *swing* ou *zazou*. Après avoir irrité les autorités, le mouvement connut sa consécration en 1942 avec la chanson de Hess « Ils sont zazous » où il décrivait en détail leur tenue, ajoutant avec une approbation apparente : « Et puis surtout, ils ont l'air dégoûtés. »

Si les zazous soignaient leur code vestimentaire, beaucoup de Parisiens s'efforçaient surtout de rester élégants, et d'avoir chaud, à une époque où les produits indispensables comme la laine, la soie, le cuir manquaient ou, plutôt, étaient envoyés en Allemagne. Ils savaient qu'en ayant l'air bien habillés, non seulement ils se sentaient mieux mais ils prouvaient aussi aux Allemands que le moral de la France était intact. Le résultat fut un véritable festival d'improvisation et d'imagination à la fois de la part des couturiers et des Parisiennes pour surmonter les multiples obstacles qui interdisaient l'élégance. Déjà pendant la drôle de guerre, les maisons de couture et les magazines comme *Marie-Claire* s'étaient rapidement adaptés, adoptant les uniformes militaires gris et bleus et prodiguant des conseils sur les tenues qu'il convenait de porter dans les abris antiaériens ou sur la manière la plus élégante d'arborer le masque à gaz. Pendant l'exode, les pages féminines de certains journaux donnaient aussi des conseils sur ce qu'il fallait emporter, en particuliers des vêtements confortables et des chaussures plates. Mais après la chute de Paris, les Allemands se précipitèrent sur les rayons des magasins et entreprirent d'acheter toutes les marchandises. Avec un reichsmark artificiellement surévalué par l'occupant, ils pouvaient se le permettre. Les soldats se bousculaient aux Galeries Lafayette, au Printemps et dans tous les grands magasins pour acheter de la lingerie et des parfums qu'ils rapporteraient chez eux à leur femme ou à leur fiancée comme preuve ultime qu'ils avaient bien conquis Paris. Les gradés se rendaient plutôt dans les boutiques de haute couture, exhibant souvent une photographie de leurs *Frauen* pour savoir quelle taille ils devaient prendre.

En réalité, ce que le IIIe Reich voulait absolument, c'était prendre la place de Paris pour devenir le centre vivant de la haute couture. Dès août 1940, Goebbels ordonna aux principaux grands couturiers français de se préparer à déménager leurs activités à Berlin et à Vienne. Là on leur assurait qu'ils disposeraient de toutes les matières dont ils avaient besoin et qu'on les orienterait vers un style plus adapté à la femme allemande. « La mode parisienne doit passer par Berlin avant que les femmes élégantes puissent la porter », proclamait l'hebdomadaire allemand *Signal*. Dans ses mémoires, l'ambassadeur Abetz prétend avoir défié Berlin dans un rapport : « Ce n'est pas par la suppression passagère, mécanique et forcée de la mode française qu'il est possible de parvenir à la création d'une mode vraiment allemande mais seulement par le développement de l'Esprit créateur et du goût artistique de la mode allemande même[11]. » Quelque temps plus tard, Lucien Lelong , le couturier qui présidait la guilde de la profession, la Chambre syndicale de la couture, parvint à bloquer le projet allemand de « déporter » la haute couture. « Elle est à Paris ou elle n'est pas », affirme-t-il avoir déclaré avant de partir à Berlin plaider sa cause. Sur place, il expliqua que, si l'industrie de la mode parisienne était renommée pour ses fameux couturiers, elle employait aussi des milliers de petites mains indépendantes et des dizaines de milliers d'artisans spécialisés dans le travail de toute une série de matières comme le cuir, les parfums, les bijoux et autres accessoires. Finalement, pour ne pas provoquer inutilement le mécontentement des Français dès le début de l'Occupation, les Allemands renoncèrent à leur projet. Mais ils n'abandonnèrent jamais le rêve de faire de Berlin la capitale de la mode.

Il se trouve que deux des principales maisons de couture parisiennes de l'entre-deux-guerre refusèrent de travailler sous l'occupation allemande. Mais tandis qu'Elsa Schiaparelli allait s'installer à New York, Coco Chanel resta à Paris et ressortit de l'Occupation avec une image sérieusement abîmée. Entre deux voyages dans le Sud, Chanel, qui avait cinquante-six ans au moment de la chute de Paris, partageait sa suite au Ritz avec Hans Gunther von Dincklage, de treize ans plus jeune qu'elle, dont on disait qu'il était un espion de l'Abwehr, le service d'intelligence de la Wehrmacht. Pendant la guerre, elle s'efforça aussi de reprendre le contrôle de sa société à une famille juive exilée, les Wertheimer, qui avaient acquis la majorité des parts en 1924. Finalement, en 1943, avec l'assistance de von Dincklage, Chanel participa à un complot absurde dans lequel était prétendument impliqué le chef des services secrets étrangers de Hitler, Walther Friedrich Schellenberg, qui la chargeait de transmettre un message secret à Churchill par l'entremise de son ancien amant, le duc de Westminster. Il ne sortit rien de tout cela, mais Chanel dut répondre à bien des questions au moment de la Libération. Elle fut brièvement arrêtée, et après que certaines relations bien placées eurent obtenu sa libération, dont, selon certaines versions, Churchill lui-même, elle partit en Suisse où elle vécut jusqu'en 1954. Une troisième artiste de la haute couture, une Juive,

Fanny Berger (ce qui était le nom professionnel d'Odette Bernstein), n'eut pas cette possibilité. Elle avait son *salon de mode* à une adresse très huppée, au 4, rue Balzac, près de l'Arc de triomphe, mais en juillet 1941 elle fut contrainte de le céder à un aryen, une de ses anciennes employées. Elle parvint à échapper aux grandes rafles de Juifs de l'été 1942. Mais en septembre de cette année-là, elle fut arrêtée en tentant de franchir la ligne de démarcation. Elle passa neuf mois dans le camp d'internement de Beaune-la-Rolande, dans la vallée de la Loire, avant d'être envoyée au camp de transit de Drancy, près de Paris. Fin juillet 1943, elle fut déportée à Auschwitz et immédiatement assassinée. Elle avait quarante-deux ans.

Beaucoup de couturiers juifs quittèrent Paris, laissant une fois de plus le champ libre aux autres. Ceux qui restèrent continuèrent à travailler : Jeanne Lanvin, Nina Ricci, Robert Piguet, Jacques Fath, Maggy Rouff, Marcel Rochas et Lelong qui, à partir de 1942, employa comme principaux couturiers Christian Dior et Pierre Balmain. Lors des premiers défilés de haute couture sous l'Occupation, en octobre 1940, la profession s'attacha à séduire ses clients fortunés et le monde du spectacle en imaginant par exemple le vêtement qu'il fallait porter pour prendre le dernier métro en rentrant d'une soirée à l'Opéra. Certains couturiers soutinrent la propagande de Vichy en imprimant des écharpes à l'effigie du maréchal Pétain en uniforme et d'autres où on le voyait acclamé par des foules en délire*.

Les officiers nazis avec de l'argent plein les poches étaient des clients importants. Mais les couturiers n'oubliaient pas les ouvrières *parisiennes*. La bicyclette par exemple était devenue le meilleur moyen de se déplacer en ville, et si certaines jeunes femmes étaient heureuses de porter des jupes courtes, les plus modestes avaient le choix dans tout un assortiment de différentes jupes-culottes. L'importance d'attirer les regards tout en roulant à bicyclette sur les Champs-Elysées fut soulignée par un défilé de mode en 1941 où les couturiers firent allusion à des tenues de cyclistes dans trois de leurs collections, Elégance pratique, Elégance sportive et Elégance parisienne. Faire face à toutes les conditions météorologiques était encore plus important pour tous ceux qui roulaient à bicyclette ou sur des tandems connus sous le nom de vélo-taxis qui tiraient des petites

* La Royal Air Force à son tour fournit à ses pilotes ces écharpes sur lesquelles étaient reproduites des cartes de France, de Belgique et du Luxembourg.

remorques à un ou deux sièges, généralement un simple panier monté sur deux roues de façon précaire. Comme ce moyen de transport un peu rustique n'offrait aucune protection, les passagers aussi devaient s'habiller en tenant compte des intempéries.

Des changements furent imposés par les restrictions. Le bois remplaça le cuir dans la fabrication des semelles de chaussures, augmentant de quelques centimètres la taille des femmes et entraînant une grande inventivité dans la forme des talons et l'usage de bandes de tissus colorés pour en améliorer l'aspect. Le claquement sec des chaussures sur les trottoirs inspira même à Chevalier « La symphonie des semelles en bois ». De la même façon, puisqu'il était pratiquement impossible de trouver des bas de soie, les femmes firent semblant d'en porter en se teignant les mollets à l'aide d'une lotion spéciale, commercialisée par Elizabeth Arden; certaines se peignirent même une ligne verticale sur les jambes pour faire plus vrai. Les fourreurs n'arrivaient plus à se procurer de vison et la moitié des peaux de mouton produites en France étaient expédiées en Allemagne, mais ils firent de leur mieux en travaillant des peaux de phoque, de lapin et même de chat. Quelques-uns des nombreux fourreurs parisiens qui étaient juifs eurent même la vie sauve grâce à leur métier. La Wehrmacht avait tellement besoin de fourrure pour les uniformes d'hiver qu'elle relâcha quelque 350 fourreurs juifs du camp de concentration de Drancy et en exempta d'autres d'une arrestation pour qu'ils puissent continuer à travailler « sans aucun contact avec le public ».

Les magazines féminins étaient remplis d'articles qui expliquaient comment combattre le rationnement et les restrictions, en rafraîchissant de vieux habits par exemple, en transformant une couverture en manteau d'enfant ou des pantalons en jupes bien chaudes. (Et avec tous les Français prisonniers de guerre en Allemagne ou travailleurs forcés, les pantalons d'hommes ne manquaient pas dans les penderies.) En même temps, en raison de la pénurie croissante des textiles traditionnels, pas seulement la laine et la soie mais aussi le velours, le satin et la dentelle, les couturiers se mirent à expérimenter des fibres nouvelles, en particulier la rayonne et la fibranne, que l'on pouvait extraire de la cellulose. En fait, bien avant qu'on apprenne que les nazis utilisaient les cheveux des victimes de leurs camps d'extermination, on fit des expériences pour obtenir du tissu en mélangeant des cheveux à de la fibranne.

Et malgré tout cela, la haute couture survécut, avec des défilés de printemps et d'automne largement couverts par les journaux de mode et les magazines féminins. La première occasion où les riches Parisiens purent porter smokings et robes longues fut un gala organisé à l'Opéra, le 20 décembre 1940, pour une œuvre de charité de Pétain, le Secours national-entraide d'hiver. Et même si les occasions de s'habiller étaient moins nombreuses qu'avant la guerre, les réceptions à l'Institut allemand à l'occasion du passage de personnalités venues d'Allemagne et d'autres galas de charité ne manquaient jamais d'attirer le gratin.

La meilleure façon pour une femme d'attirer les regards, et la moins coûteuse, était peut-être d'arborer un chapeau original. Des photographies d'André Zucca, dans les rues du centre de Paris, suggèrent que le rouge et le noir étaient les couleurs préférées. Dessinés par des professionnels ou improvisés à la maison, les chapeaux, de toutes les couleurs, de toutes les tailles et de toutes les formes, devinrent l'emblème le plus remarquable de la mode sous l'Occupation. Ils offraient aussi la démonstration la plus inventive de l'habileté manuelle des Français. Certains chapeaux étaient fabriqués en celluloïd, et même à partir de fines tranches de bois et de papier journal. Nulle part les chapeaux n'étaient plus spectaculaires qu'aux courses à l'hippodrome de Longchamp ou à celui d'Auteuil au bois de Boulogne. Par contraste avec les chapeaux plus petits, d'usage quotidien, ceux-ci étaient d'une taille extravagante, souvent surmontés d'une ou deux plumes. Les journaux collaborationnistes mettaient un point d'honneur à photographier les réalisations les plus inventives comme une façon de montrer les Parisiens en train de s'amuser joyeusement aux côtés d'élégants Allemands en uniformes militaires. Le message implicite était que si les Parisiens pouvaient se permettre de passer un après-midi à parier sur des chevaux, la vie était certainement redevenue comme avant. Evidemment, ces mêmes journaux évitaient de montrer la lutte de plus en plus difficile de la majorité des Parisiens pour se tenir chaud et se nourrir correctement.

L'argent continuait à diviser les Parisiens, et cela se voyait clairement dans le fonctionnement des restaurants. La plupart des gens ne pouvaient se permettre de manger qu'à la maison. Ce qu'ils se procuraient au moyen des cartes de rationnement était agrémenté par des suppléments achetés au marché noir, et pour ceux qui avaient de généreux parents à la campagne, par l'envoi occasionnel d'un poulet ou d'un gigot. Mais de nombreux bistros familiaux restèrent ouverts, prêts à courir le risque d'une amende ou même de fermeture, en proposant deux menus, l'un officiel, l'autre au marché noir, l'un bon marché, l'autre coûteux. Ainsi, même dans des établissements d'apparence modeste, comme celui que fréquentait régulièrement Picasso, Le Catalan, rue des Grands-Augustins, on pouvait certains jours avoir des huîtres, suivies de gigot d'agneau (par moments, les huîtres étaient même si abondantes qu'on se servait des coquilles comme combustible).

Les restaurants plus élégants, fréquentés par l'élite militaire allemande et par les riches Parisiens, ne s'embarrassaient pas de telles ruses. Dans des établissements comme Maxim's, La Tour d'Argent, Prunier, Drouant, Laurent, Le Pavillon de l'Elysée et le Fouquet's, tout était disponible au juste prix, depuis le meilleur champagne jusqu'aux grands crus de cognac. Parmi ces restaurants, Maxim's, à deux pas de la place de la Concorde, avait la clientèle allemande la plus fidèle, à commencer par Göring, lors de ses fréquentes rapines artistiques à Paris. C'est aussi chez Maxim's que l'on pouvait voir des officiers allemands inviter des collaborateurs de marque, comme le directeur de journaux Jean Luchaire, ou des célébrités, comme Sacha Guitry.

La vie nocturne à Paris aurait-elle pu être différente ? C'étaient évidemment les Allemands qui en décidaient ; ils voulaient s'amuser et que les Parisiens se distraient. Et puisque music-halls, cabarets, bordels et restaurants étaient étroitement surveillés, la vie nocturne parisienne ne posait aucun problème politique et ne menaçait aucunement la sécurité des occupants. Les Parisiens aussi souhaitaient que la vie nocturne continue ; elle faisait partie de l'identité de la ville, elle donnait une apparence de normalité et elle fournissait du travail à plusieurs milliers d'acteurs, de chanteurs, de danseurs, de strip-teaseuses, mais aussi de couturières, de fourreurs, de cuisiniers et de serveurs. Il est vrai que le spectacle des Parisiens s'amusant pendant l'Occupation ne manquait jamais de surprendre les visiteurs, qu'il s'agisse de gens venus de province ou d'agents gaullistes envoyés en mission secrète par Londres. Mais pour beaucoup de Parisiens, après avoir subi l'humiliation de la défaite, c'était le meilleur moyen de se prouver à eux-mêmes, et peut-être aussi aux Allemands, que tout n'était pas perdu.

CHAPITRE 6

La Résistance comme idée

Face à la défaite et à l'Occupation, les Français réagirent successivement par la colère, le désespoir, la résignation, puis ils finirent par s'en accommoder. A l'exception notable de ces écrivains fascistes qui se réjouirent de la victoire nazie, la plupart des artistes et intellectuels français réagirent plus ou moins de la même façon. Au début, du moins, eux aussi voyaient dans le maréchal Pétain une sorte de bouclier qui protégerait la France du pire dans ce qui promettait d'être une longue épreuve. Se sentant impuissants, ils adoptèrent l'attentisme, une façon de ménager la chèvre et le chou qui leur permettait de continuer à vivre, à écrire, à peindre, à jouer, à enseigner, en attendant d'être sauvés par quelque puissance extérieure, vraisemblablement les Etats-Unis. Et pourtant, quelques semaines après la défaite française, des intellectuels isolés et des chercheurs à Paris osèrent penser différemment. Ils refusèrent d'accepter l'humiliation de la France comme un fait immuable. Ils n'avaient aucune expérience ni de la politique ni en matière d'insurrection, mais de façon presque instinctive ils adoptèrent l'*idée* de la Résistance comme alternative à l'*attentisme*. Ils pensaient que, bien avant qu'une lutte armée soit viable, les Français devaient apprendre à *penser* en termes de résistance, à rejeter toute collaboration ouverte, à se persuader qu'il était possible de s'opposer à l'Occupation. Mais la caractéristique la plus surprenante de ces *résistants* de la première heure était qu'il ne s'agissait pas de politiciens antifascistes, d'écrivains ou de journalistes engagés dans les combats idéologiques des années 1930. Pour la plupart, c'étaient des ethnologues peu connus que l'étude du comportement humain à travers les âges avait conduits à passer de nombreuses années hors de France.

Après la guerre, ce cercle rebelle fut désigné sous le nom de Réseau du musée de l'Homme parce que c'est dans les bureaux du musée de style Art Déco qui venait de s'ouvrir place du Trocadéro que quelques-uns des premiers conspirateurs se réunirent. Leur improbable chef se nommait Boris Vildé, un linguiste d'origine russe qui avait vécu en Estonie et en Allemagne avant de venir à Paris en 1933. Alors qu'il n'avait que vingt-cinq ans, il s'était lié d'amitié avec Gide qui l'avait présenté à Paul Rivet, alors directeur du musée de l'Ethnographie, ancêtre du musée de l'Homme. Cette rencontre avait donné à Vildé le goût d'étudier l'ethnographie et, en 1939, il travaillait comme ethnologue au département européen du musée. Quand la guerre fut déclarée, il rejoignit l'armée française en tant qu'officier d'artillerie. Après avoir été blessé et capturé par la Wehrmacht en juin 1940, il parvint à s'échapper. Le 5 juillet, il refit son apparition au musée de l'Homme, hagard et boitillant mais affirmant qu'il était bien décidé à faire quelque chose. Le mois suivant il fut rejoint par un autre ethnologue, Anatole Lewitsky, et sa petite amie, Yvonne Oddon, la bibliothécaire du musée. Ils recrutèrent aussi René Creston, sociologue au musée, tandis que le vénérable Rivet, dans sa soixantaine avancée, offrait aux conspirateurs sa bénédiction et ses conseils.

Dans Paris et au-delà, quelques personnes cherchaient aussi des amis et des connaissances dans l'idée de trouver une forme d'opposition aux Allemands. L'une d'elles, poussée simplement par le désir de « rester saine d'esprit », selon son expression, était Agnès Humbert, conservateur du musée des Arts et Traditions populaires qui, par chance, était voisin du musée de l'Homme. Quand elle rentra à Paris le 5 août, elle alla immédiatement voir Jean Cassou, historien d'art réputé et directeur désigné du futur musée d'Art moderne. Lui aussi éprouvait le besoin d'agir et ils formèrent une minuscule cabale comprenant les écrivains Claude Aveline et Marcel Abraham (qui était juif), les éditeurs Albert et Robert Emile Paul*, et Christiane Desroches, égyptologue au Louvre.

Ensemble ils adoptèrent le nom grandiose de Les Français libres de France, mais leurs ambitions étaient modestes : se retrouver une fois par semaine pour échanger des nouvelles entendues dans la rue ou à la BBC et rédiger des pamphlets subversifs et des tracts pour les

* La maison d'édition Emile-Paul fut la seule à refuser de signer l'accord d'autocensure avec la Propaganda Staffel.

diffuser dans Paris. Le premier, rédigé par Jean Cassou en septembre et déposé sur des banquettes de café ou dans des toilettes publiques, les distinguait déjà de ces intellectuels qui espéraient toujours que Pétain allait « sauver » la France. Il était intitulé *Vichy fait la guerre.* Se basant sur des informations de la BBC, il dénonçait précisément le régime de Pétain d'avoir donné à ses troupes l'ordre de tirer sur les forces navales britanniques et gaullistes qui tentaient de « libérer » le Sénégal, la colonie française en Afrique de l'Ouest. Le mois suivant, après une campagne de la presse collaborationniste dénonçant Cassou comme communiste et juif (sa femme était juive), Humbert et lui furent tous les deux licenciés par Vichy.

Pendant ce temps, Germaine Tillion, une autre ethnologue du musée de l'Homme, qui venait de rentrer à Paris après une affectation en Algérie, fut elle aussi consternée par ce qu'elle découvrait. Ignorant l'initiative de Vildé, elle prit contact avec Paul Hauet, un colonel à la retraite qui aidait déjà des Français prisonniers de guerre à s'évader des camps allemands en France. Au Palais de justice, quelques avocats dont Albert Jubineau, André Weil-Curiel et Léon Maurice Nordmann commencèrent aussi à mobiliser leurs amis, et même certains employés français de l'ambassade des Etats-Unis décidèrent d'agir*. On apprit bientôt à Paris qu'un petit cercle de résistants spontanés s'était aussi formé dans le nord-ouest de la France, dirigé par une institutrice de Béthune, Sylvette Leleu. Puis un autre groupe apparut en Bretagne.

Vildé comprit rapidement que tous ces petits groupes devaient coordonner leurs activités qui consistaient également à aider les soldats et les aviateurs anglais à s'échapper de France soit par l'Espagne, soit par la Bretagne. Adoptant le nom de guerre de Maurice, Vildé se mit à voyager secrètement à Lyon, Marseille et Toulouse pour établir des contacts et recueillir des renseignements sur les positions et les mouvements des militaires allemands. Ses rapports étaient transmis à Londres par le bureau de l'ambassade des Etats-Unis à Paris. Pour des raisons de sécurité, Vildé gardait pour lui un bon nombre de ses activités clandestines, et on apprit plus tard qu'il avait fourni à Londres des renseignements sur la base de sous-marins allemands de Saint-Nazaire et sur des défenses antiaériennes allemandes à Strasbourg. En octobre 1940, il avait aussi réussi à rassembler les

* L'ambassade proprement dite s'installa à Vichy mais elle conserva des bureaux à Paris jusqu'à l'entrée en guerre des Etats-Unis en décembre 1941. L'ambassade à Vichy resta ouverte jusqu'en novembre 1942 quand les Alliés envahirent l'Afrique du Nord.

différents groupes en une sorte de réseau informel qu'il nomma le Comité national de Salut public. Ce qu'ils avaient en commun, c'était leur opposition aux nazis et à Vichy et leur soutien à de Gaulle, qui, à ce stade, était plus un symbole qu'un véritable chef de guerre. Agnès Humbert, qui très imprudemment tenait un journal dans lequel elle racontait en détail chacune de ses rencontres, laissa entendre, le 20 octobre, qu'ils n'étaient au mieux que des amateurs. « Quelle étrange situation la nôtre ! Nous voilà tous gens ayant, pour la plupart, dépassé la quarantaine, courant comme des étudiants enthousiastes et fervents derrière un chef dont nous ne savons rien, dont aucun de nous n'a vu la photographie[1]. »

L'initiative suivante du nouveau Comité fut de publier un journal clandestin, un des premiers de l'Occupation, appelé *Résistance*. Se décrivant lui-même comme le bulletin officiel du Comité, il publia sa première édition le 15 décembre 1940, quatre pages simplement, imprimées sur une ronéo appartenant au musée de l'Homme. Cassou, Abraham et Aveline composaient le comité éditorial, et Agnès Humbert nota malicieusement : « C'est moi la dactylo évidemment[2]. » A la une, l'éditorial, écrit par Vildé lui-même commençait ainsi :

> « Résister ! C'est le cri qui sort de votre cœur à tous, dans la détresse où vous a laissés le désastre de la Patrie. C'est le cri de vous tous qui ne vous résignez pas, de vous tous qui voulez faire votre devoir. Mais vous vous sentez isolés et désarmés, et dans le chaos des idées, des opinions et des systèmes, vous cherchez où est votre devoir. Résister, c'est déjà garder son cœur et son cerveau. Mais c'est surtout agir, faire quelque chose qui se traduise en faits positifs, en actes raisonnés et puissants. Beaucoup ont essayé, et souvent se sont découragés en se voyant impuissants. D'autres se sont groupés. Mais souvent leurs groupes se sont trouvés, à leur tour, isolés et impuissants. Patiemment, difficilement, nous les avons cherchés et réunis. Ils sont déjà nombreux (plus d'une armée pour Paris seulement), les hommes ardents et résolus qui ont compris que l'organisation de leur effort était nécessaire, et qu'il leur fallait une méthode, une discipline, des chefs[3]. »

L'éditorial se poursuivait en incitant les gens à former des groupes, à nommer des chefs, à apprendre la discipline, à se préparer pour le moment où ils seraient appelés au combat. Vildé insistait ensuite sur le fait que les membres du Comité étaient tous indépendants et qu'ils n'avaient jamais pris part aux querelles des partis politiques. Il concluait : « Nous promettons que nous n'avons qu'une ambition, qu'une passion, qu'une volonté : faire renaître une France pure et libre. »

Le Comité entreprit alors de distribuer le journal – Agnès Humbert se décrit en train de transporter une centaine d'exemplaires dans sa mallette à travers les rues de Paris – et de continuer à aider les soldats anglais et éventuellement étrangers à regagner Londres. Deux semaines plus tard, parut la deuxième édition de *Résistance*, sur six pages cette fois. Le principal document était le texte de l'appel du 18 juin 1940 du général de Gaulle, présenté sous ce titre : « L'Heure de l'Espoir ». Le numéro mentionnait aussi d'autres journaux clandestins, notamment *Pantagruel*, publié par un éditeur de musique, Raymond Deiss.

Agnès Humbert, qui, par moments, avait l'impression d'être devenue un personnage de roman policier, commença à sentir la victoire : « Il faut dès maintenant dresser la liste noire des caméléons, des capons, des imbéciles. La Quatrième République n'aura que faire d'eux, ou plutôt saura quoi faire d'eux[4]. » Quand elle vit des porteurs français transporter les bagages d'officiers allemands, cette douce mère de deux enfants explosa de colère : « Il faut arrêter ça, il ne faut pas qu'ils nous colonisent, qu'ils emportent toutes nos marchandises sur le dos de nos hommes, pendant qu'ils marchent les bras ballants, la face béate, le ceinturon et les bottes bien astiqués. Non, il ne le faut pas. Et pour que nous ne voyions plus ça, il faut tuer. Tuer comme les bêtes sauvages, tuer pour vivre. Tuer traîtreusement, sur plan, tuer des innocents. Il le faut et je le ferai[5]. »

Au lieu de cela, le complot commença à s'effilocher. Au début de janvier 1941 eut lieu la première arrestation, celle de l'avocat Nordmann qui fut pris en train de distribuer *Résistance*. Le réseau continua à fonctionner, publiant le troisième numéro de son journal à la fin du mois, à plusieurs milliers d'exemplaires dont une partie était désormais acheminée anonymement par courrier. Vildé se trouvait à ce moment-là dans le sud de la France où il cherchait des soutiens pour son groupe. Il était allé voir son vieil ami Gide puis s'était tourné vers Malraux, certain que le héros autoproclamé de la guerre civile espagnole serait prêt à reprendre de l'action. Mais Malraux fit à Vildé la réponse qu'il avait déjà faite aux autres recruteurs de la Résistance : dans la mesure où la résistance sans armement adéquat ne servait à rien, il préférait attendre l'entrée en guerre des Américains. « C'est très bien ça, dit-il à Vildé, mais pas sérieux. » A la mi-février, il y eut un revers plus grave. Ayant reçu des informations de deux employés du musée de l'Homme, la Gestapo y fit une descente et, après avoir interrogé une douzaine de membres du personnel, arrêta Lewitsky et Oddon. Craignant que son propre rôle ne soit découvert, le directeur du musée, Rivet, s'enfuit en zone libre et plus tard se réfugia en Amérique du Sud. Les trois éditeurs de *Résistance*, Cassou, Aveline et Abraham, décidèrent eux aussi de quitter Paris pour le Sud, passant les rênes à un brillant activiste, Pierre Brossolette.

Il y eut de nouvelles recrues, dont Pierre Walter et Georges Ithier, deux amis de Vildé. Le plus fameux fut Jean Paulhan, l'ancien directeur de la *Nouvelle Revue française*, qui travaillait toujours pour les Editions Gallimard et accepta d'installer la ronéo chez lui. Les quatrième et cinquième numéros de *Résistance*, publiés tous les deux en mars, furent imprimés dans son appartement de la rue des Arènes dans le 5e arrondissement. Mais le 26 mars, Vildé lui-même fut arrêté, dénoncé par Albert Gaveau, un agent double qui avait infiltré le réseau*. Et à la mi-avril, Agnès Humbert et Pierre Walter furent arrêtés par la police allemande. A l'été 1941, dix-neuf membres du Réseau étaient entre les mains de la Gestapo, détenus d'abord dans les prisons parisiennes de la Santé et du Cherche-Midi, puis dans une prison du XIXe siècle, à Fresnes, au sud de Paris.

Au mois de mai, Paulhan fut arrêté à son tour. Dans son journal, Agnès Humbert raconte qu'elle fut interrogée au sujet de Paulhan et prétendit ne même pas connaître son nom. Mais les Allemands savaient très bien que Paulhan avait caché la ronéo chez lui. La chance de Paulhan était que, même s'il n'avait jamais caché ses opinions antiallemandes, il était resté en bons termes avec Drieu la Rochelle, l'écrivain fasciste qui lui avait succédé à la tête de la *Nouvelle Revue française*. Grâce à Drieu la Rochelle, Paulhan fut libéré. Le 20 mai il écrit à son sauveur : « Mon cher Drieu, je crois bien que c'est à vous seul que je dois d'être rentré tranquillement ce soir rue des Arènes. Alors, merci. Je vous embrasse. Jean Paulhan[6]. »

* Gaveau, dont la mère était allemande, fut arrêté en novembre 1945 et condamné à vingt ans de travaux forcés.

Deux jours plus tard, dans une autre lettre à Drieu la Rochelle, Paulhan raconte son expérience. Son interrogateur, un capitaine allemand, lui dit qu'il était parfaitement au courant que Lewitsky lui avait passé la ronéo et qu'il lui avait promis que Paulhan serait relâché quand toute l'histoire de cette ronéo serait tirée au clair. Paulhan raconta à Drieu la Rochelle qu'au bout de cinq jours passés à la Santé, il avait admis « 1° que Lewitsky m'avait en effet remis une caisse contenant la Ronéo, 2° qu'après avoir appris l'arrestation de L, j'avais jeté la Ronéo à la Seine (par petits morceaux) ». Alors, à sa grande surprise, Paulhan fut libéré*[7].

D'autres membres du Réseau du musée de l'Homme eurent moins de chance. Une des raisons fut que l'Allemagne envahit son ancien allié, l'Union soviétique, en juin 1941, le Parti communiste français était enfin libre de se joindre à la Résistance. Et sa première action fut l'assassinat d'un cadet de la marine allemande dans une station du métro parisien, le 21 août 1941. Ce geste et d'autres actions du même genre entraînèrent des représailles allemandes, et quantité d'otages furent exécutés. Une des victimes fut Honoré d'Estienne d'Orves, un officier de marine, aristocrate gaulliste, entré très tôt dans la Résistance et dénoncé par un espion allemand infiltré en janvier de cette année. Quand les prisonniers du musée de l'Homme furent jugés à Fresnes en janvier 1942, on s'attendait donc à des peines très lourdes. Dans son journal de prison, le 21 octobre 1941, Vildé avait raconté la visite que lui avait faite en prison le procureur français qui s'était juré « d'obtenir sa tête », une menace qu'il prit au sérieux tout en l'écartant comme sans importance : « Et pourtant j'aime la vie, Dieu, je l'aime ! Mais je n'ai pas peur de mourir. Etre fusillé, ce sera en quelque sorte un aboutissement logique de ma vie[8]. »

Le 17 février, le tribunal allemand déclara coupables sept hommes et les condamna à mort, parmi eux Vildé, Lewitsky, Walter, Ithier et Nordmann et trois femmes, dont Yvonne Oddon, mais les condamnations des femmes furent immédiatement commuées en déportation. Agnès Humbert et une autre femme furent condamnées à cinq ans de prison en Allemagne tandis que les autres accusés écopèrent de peines plus légères. Le lendemain, l'avocat de Walter ranima chez Humbert l'espoir d'une commutation de peine. Evoquant les

* Sans se laisser intimider par cette expérience, Paulhan allait continuer à jouer un rôle majeur dans la résistance des écrivains.

paroles de l'avocat, elle note dans son journal : « Les Allemands ne peuvent négliger des demandes de grâce signées d'un François Mauriac, d'un Paul Valéry, d'un Georges Duhamel. Vildé gracié, les autres le seront automatiquement. L'indicateur, l'ignoble Gaveau, que je n'ai jamais vu, sera " descendu " où qu'il se trouve[9]. » Mais le 23 février, les sept hommes furent fusillés au mont Valérien, à l'ouest de Paris. Seule la dernière requête de Vildé fut acceptée : il fut exécuté le dernier.

Par une sorte de coïncidence, un autre groupe d'intellectuels, résistants de la première heure, fut démantelé par la Gestapo. Dirigé par un professeur d'allemand à l'université, Jacques Decour, il avait commencé par protester contre l'arrestation d'un éminent physicien français, Paul Langevin, en octobre 1940. Decour fut bientôt rejoint par le radiologue Jacques Solomon, gendre de Langevin, et Georges Politzer, philosophe marxiste d'origine hongroise. Langevin fut relâché au bout de quarante jours et assigné à résidence à Troyes, en Champagne, jusqu'à ce qu'il parvienne à partir en Suisse en 1944. Néanmoins, fin 1940, ces *résistants* fondèrent deux journaux clandestins, *L'Université libre* et *La Pensée libre*, qui furent parmi les premiers à appeler les intellectuels à ne pas collaborer avec l'occupant. Les trois hommes étaient membres du parti communiste qui, malgré le pacte germano-soviétique, décida de créer une série de « fronts nationaux » antifascistes.

De là naquit le Front national des écrivains qui eut du mal au départ à convaincre les écrivains non communistes. Puis, à l'été 1941, après que l'Allemagne eut envahi l'Union soviétique, Decour obtint le soutien du parti pour tendre la main aux non-communistes et, avec Jean Paulhan comme allié précieux, il cofonda le Comité national des écrivains qui allait avoir son propre journal clandestin, *Les Lettres françaises*. Mais avant même que le premier numéro soit imprimé, Decour et Politzer furent arrêtés, puis Solomon à son tour une semaine plus tard. Solomon et Politzer furent fusillés par les Allemands le 23 mai, Decour, le 30 mai 1942.

Au moment où *Les Lettres françaises*, s'organisaient avec une nouvelle équipe, les survivants du Réseau du musée de l'Homme reprenaient aussi leurs activités. Il n'était plus possible de publier *Résistance* mais Germaine Tillion engagea les survivants à récolter des renseignements à l'intention des Forces françaises libres de

Londres jusqu'à ce que, en août 1942, elle soit à son tour arrêtée et déportée en Allemagne*. Brossolette, le dernier directeur du journal, se consacra à l'organisation de nouveaux groupes de résistants en zone occupée et, après une rencontre avec de Gaulle à Londres, devint un agent de liaison en France entre les groupes gaullistes et les agents secrets britanniques des Opérations spéciales qui menaient des actions de sabotage et d'espionnage dans les territoires occupés par les nazis. Arrêté en février 1944 au retour d'un de ses voyages à Londres, Brossolette fut longuement torturé par la Gestapo dans son infâme quartier général du 84, avenue Foch. Le 22 mars, bien que menotté, il réussit à ouvrir la fenêtre de sa chambre et à se jeter dehors, il mourut quelques heures plus tard. D'autres membres du Réseau du musée de l'Homme eurent plus de chance. Aveline et Abraham, qui se trouvaient en zone libre au moment où le Réseau fut démantelé, rejoignirent d'autres groupes de résistants et survécurent à la guerre sans être jamais arrêtés. Cassou, qui se cachait à Toulouse, fut arrêté en décembre 1941. En prison, il composa trente-trois sonnets, de tête puisqu'il ne disposait pas de papier, qui furent publiés clandestinement en 1944. Au printemps de 1943, il reprit ses activités de résistant.

En tant qu'institution, le musée de l'Homme devait payer un lourd tribut pour sa participation précoce à la Résistance. Trente-huit membres de son personnel feraient partie des *morts pour la France et pour la liberté*, certains furent fusillés comme Vildé, d'autres furent tués en combattant au sein de la Résistance et l'une d'entre eux, Deborah Lifchitz, une ethnologue juive spécialiste de l'Ethiopie et du Mali, fut envoyée à la mort à Auschwitz. Pourtant, à part le fait de publier *Résistance* et de fournir des renseignements à Londres, le Réseau ne fut jamais pour les occupants qu'une source d'irritation secondaire. Ainsi, il ne commit jamais ni assassinats ni actes de sabotage. Si ses chefs furent aussi durement punis, c'était essentiellement pour dissuader les autres de suivre leur exemple. Leurs activités clandestines eurent peu d'impact en comparaison de l'émotion que souleva leur mort très médiatisée. Beaucoup d'autres résistants allaient mourir quand un grand nombre d'artistes et d'intellectuels rejoignirent la lutte clandestine contre les Allemands. Mais le Réseau du musée de l'Homme devait rester un exemple exceptionnel, non seulement

* Germaine Tillion et Agnès Humbert survécurent toutes les deux.

parce qu'il s'agissait d'une armée hétéroclite de gens très cultivés, totalement sous-équipés pour affronter la Wehrmacht, mais aussi parce que, dans un temps où la plupart des Français commençaient à s'accommoder de l'Occupation, ils furent pratiquement les seuls à agir conformément à leur croyance en l'*idée* de la résistance.

CHAPITRE 7

Maréchal, nous voilà !

Depuis la Seconde Guerre mondiale, le nom de Vichy est devenu synonyme de collaboration avec les nazis, pourtant, avant que Pétain n'y installe son gouvernement en juillet 1940, il évoquait une fameuse ville d'eaux à la réputation nettement plus innocente. Au début des années 1860, Napoléon III s'y était fait construire une vaste villa pour y retrouver sa maîtresse Marguerite Bellanger sous prétexte de prendre les eaux fortement sulfureuses de la station thermale*. La présence de l'empereur ne manqua pas d'entraîner des transformations très rapides. Une liaison ferroviaire fut mise en place avec Paris, et Vichy devint bientôt une villégiature à la mode pour la bonne société parisienne en quête de cure. Un parc charmant fut tracé sur les rives de l'Allier, des villas de style impérial furent bâties en grand nombre, des hôtels chics, des restaurants et le fameux Grand Casino jaillirent de terre autour du jardin central de la ville. L'opéra de Vichy qui ouvrit en 1902 programmait toute une série d'opéras et de ballets, et Richard Strauss en personne y dirigea sa *Salomé* en 1935.

Cinq ans plus tard, Vichy apparut aussi comme un abri sûr pour de nombreux Parisiens qui fuyaient l'avance de l'armée allemande. Bientôt, Pétain et son futur député Laval estimèrent que la ville convenait bien pour être le siège du gouvernement. Située au centre de la France, à moins de cinquante kilomètres de la ligne de démarcation qui séparait la zone libre de la zone occupée, Vichy n'était qu'à quelques heures de Paris par la route comme par le train. Dans ce

* On raconte qu'en 1863 l'impératrice Eugénie accompagna son mari à Vichy où Marguerite Bellanger séjournait dans une villa voisine. Au cours d'une promenade, le chien de Marguerite Bellanger accourut vers l'empereur qu'il avait manifestement reconnu. Eugénie y vit la preuve de la liaison entre l'actrice et son mari et ne revint plus jamais à Vichy.

havre de tranquillité, loin des bruits de bottes de la Wehrmacht, Pétain pouvait jouer le rôle qu'il s'était choisi, celui de chef de l'Etat de la France *entière*.

Curieusement, la fiction selon laquelle Vichy parlait au nom de la nation tout entière et pas seulement au nom de la zone libre fut largement acceptée. Pas moins de quarante pays y envoyèrent des ambassadeurs dont les Etats-Unis, la Chine, le Japon et, jusqu'en juin 1941, l'Union soviétique. Des pays lointains épargnés par la guerre étaient également représentés, tels l'Afghanistan, la Thaïlande, l'Irak, la Turquie, la plupart des pays d'Amérique latine, mais aussi un pays neutre comme l'Irlande et même le Vatican. Cela arrangeait les affaires des propriétaires de somptueuses demeures à Vichy qui, au lieu de rester vides et abandonnées, étaient prises d'assaut par les différentes ambassades. La villa Ica par exemple, le nouveau siège de l'ambassade des Etats-Unis sur le bien nommé boulevard des Etats-Unis, appartenait à Florence Gould, la milliardaire américaine, figure éminente de la Riviera. D'autres délégations louèrent des suites à l'Hôtel des Ambassadeurs lui aussi bien nommé.

Evidemment, la plupart des diplomates se languissaient de Paris, même occupé, mais ils trompaient leur ennui en jouant au tennis, en se rendant à d'interminables réceptions et à des dîners et en organisant des parties fines clandestines. Les diplomates d'Amérique latine étaient réputés pour donner les plus belles fêtes dont certaines se prolongeaient bien au-delà du couvre-feu de 11 heures. L'idée que Pétain était un personnage important attirait à Vichy des journalistes étrangers dont les correspondants de United Press, Associated Press, du *Chicago Tribune* et du *New York Times*. Au rang des distractions, on pouvait aussi compter sur les tournées de l'Opéra de Paris et de troupes de ballets et de théâtre, tandis qu'Edith Piaf venait chanter à l'un ou l'autre des nombreux galas de charité organisés par Pétain. Pendant ce temps, les Allemands se faisaient discrets et surveillaient les événements depuis une maison pleine de recoins, proche du fleuve. Otto Abetz, l'ambassadeur de Hitler, passait le plus clair de son temps à Paris.

Pétain installa son appartement et son bureau au troisième étage du meilleur hôtel de Vichy, l'Hôtel du Parc, qui donne sur le jardin situé au cœur de la ville, et utilisait l'Hôtel Majestic comme annexe. Tous les dimanches, vêtu avec son élégance habituelle et accompagné de sa femme Eugénie, connue sous le nom de *la Maréchale*, il assistait depuis le balcon de son hôtel à la relève de la garde avant de se faire conduire à la messe à l'église Saint-Louis où la foule ne manquait jamais de l'attendre pour l'acclamer. Laval occupait le deuxième étage mais préférait rentrer dormir à une vingtaine de kilomètres de là, à Châteldon, le village médiéval où il était né en 1883 et dont il possédait le château. L'étage en dessous était occupé par le ministère des Affaires étrangères également dirigé par Laval, tandis que les autres ministères étaient répartis un peu partout en ville : le ministère de la Défense (l'armistice de 1940 avait autorisé la France à conserver dans la zone libre une armée de 100 000 hommes, dotée d'armes légères) était établi au Grand Hôtel thermal. L'Hôtel Carlton abritait les ministères des Finances, de la Justice et du Travail. Le secrétariat à la Jeunesse était installé à l'Opéra.

Gonflant la population de la ville jusqu'à 130 000 habitants, Vichy comptait environ 30 000 *fonctionnaires* dont beaucoup étaient attirés par la perspective de la sécurité de l'emploi et l'avantage de ne pas vivre sous l'occupation allemande. Ils passeraient la guerre à l'abri du danger sans pour autant éviter l'inconfort d'hivers glaciaux (celui de 1940-1941 fut l'un des plus rigoureux qu'on ait connus) et les fréquentes pénuries alimentaires. Les postes ministériels du premier cabinet de Pétain furent attribués à des militaires en retraite, à d'anciens ministres ayant appartenu à des gouvernements d'avant guerre et à des membres du parti ultranationaliste de Maurras, l'Action française. Quelques pétainistes entretenaient déjà des relations très étroites avec les nazis, comme Fernand de Brinon qui fut le représentant de Vichy à Paris à partir de décembre 1940. Mais les intellectuels fascistes qui croyaient plus à la nouvelle Europe de Hitler qu'à la Révolution nationale de Pétain ne voyaient pas l'intérêt de résider à Vichy. Marcel Déat, par exemple, un ancien socialiste devenu fasciste et qui dirigea par la suite *L'Œuvre*, quitta Vichy parce que Pétain n'avait pas tenu compte de sa demande de calquer le régime sur la dictature de Salazar au Portugal. En 1941, il créa son propre parti collaborationniste, le Rassemblement national populaire, et n'abandonna jamais l'espoir qu'il puisse devenir un jour le parti officiel de Vichy. Lucien Rebatet, virulent journaliste antisémite, travailla quelque temps pour la Radiodiffusion nationale de Vichy avant de revenir à Paris et de collaborer à l'hebdomadaire pronazi *Je suis partout*. Comme il le nota plus tard dans son livre *Les Décombres* : « Tous ceux qui avaient des convictions fascistes ou anti-juives partirent pour Paris[1]. » Mais il ne manquait pas d'hommes politiques, d'hommes d'affaires ou d'artistes qui cherchaient à Vichy du travail et des avantages.

Parmi eux figurait Charles-Edouard Jeanneret-Gris, le fameux architecte suisse, plus connu sous le nom de Le Corbusier. Il quitta Paris quelques jours avant l'arrivée des Allemands et partit pour Vichy : « Je dois me battre là où je pense qu'il est nécessaire de placer l'architecture dans la bonne voie », écrivait-il à l'époque[2]. En d'autres termes, c'était l'artiste qui parlait. Pour exercer sa profession, il devait être proche du pouvoir, et il n'était pas rebuté par la politique de Vichy dans d'autres domaines. Le 1er octobre 1940, deux jours avant que Vichy ne promulgue le Statut des Juifs, Le Corbusier nota que les Juifs « traversaient des temps très difficiles », mais il ajoutait cruellement : « On dirait que leur soif aveugle de l'argent a corrompu le pays *[3]. » Le véritable rêve de Le Corbusier était d'être engagé par Vichy pour mener un plan de rénovation urbaine à Alger, et il s'y rendit par avion pendant l'été 1940 avec ce projet en tête. Il fut aussi nommé conseiller dans le cadre de la reconstruction des zones abîmées pendant l'invasion allemande et il fut plus tard chargé d'un programme de construction de nouveaux logements. Mais aucun de ses rêves ne se réalisa. En avril 1942, il se rendit une fois de plus à Alger mais son projet fut rejeté. « Il y a des inventeurs qui ont des idées et tout ce qu'ils y gagnent c'est un coup de pied dans le derrière », se plaignit-il[4]. Le 1er juillet 1942, il quitta définitivement Vichy et, en octobre, il rouvrit son bureau à Paris. En deux ans, tout ce qu'il avait gagné, c'était la réputation inconfortable d'être un proche de Vichy.

L'erreur de Le Corbusier avait été de projeter ses espoirs et ses ambitions sur la figure majestueuse du *Maréchal* sans savoir ce que Pétain avait en tête pour la France. Il n'était pas le seul parmi les artistes et les intellectuels. Le pianiste Alfred Cortot fit partie des très rares artistes qui choisirent de vivre et de travailler à Vichy, mais bon nombre d'entre eux partageaient l'attitude anticommuniste du régime et son identification au catholicisme, et, du moins dans un premier

* Des amis de Le Corbusier soulignèrent plus tard qu'il n'était pas antisémite mais qu'il détestait les francs-maçons.

temps, lui apportèrent leur soutien. Certains, comme les écrivains Marcel Jouhandeau, Jacques Chardonne, Ramon Fernandez et Henry de Montherlant, le firent publiquement. D'autres, comme Gide et Mauriac, le firent discrètement, plus par espérance que par conviction ; les uns et les autres ne tardèrent pas à déchanter. Mais au cours de l'été 1940 ils étaient pratiquement à l'unisson de la majorité des Français qui voulaient se persuader que, tel un prophète de l'Ancien Testament, Pétain allait les sortir de captivité. Cela les rassurait de penser que dans la personne de ce vieux soldat continuait à battre le brave cœur de la France, que le héros militaire d'autrefois allait une fois encore sauver l'honneur du pays. L'allure de patriarche de Pétain par ailleurs y contribuait. Son image honnête et débonnaire était inlassablement popularisée par des affiches, des écharpes, des tableaux, des articles de presse, des livres, des émissions de radio, et les actualités montrant les foules qui venaient l'acclamer lors de ses déplacements dans les villes et villages de la zone libre *. Et quand il s'adressait aux Français à la radio, sa vision d'une Révolution nationale, basée sur les valeurs désuètes de *travail, famille, patrie*, était exprimée en termes simples et faciles à comprendre. Les Français avaient de bonnes raisons de penser que Pétain savait ce qu'il faisait.

La réalité était beaucoup plus complexe. Tandis que Vichy travaillait au jour le jour avec Abetz et l'ambassade d'Allemagne à Paris, il fallait aussi traiter avec le commandement militaire allemand, la Commission de l'Armistice basée à Wiesbaden, la Propaganda Abteilung et, plus tard, la Gestapo et les SS. Par ailleurs, même si le régime de Pétain était installé à Vichy et même si les Allemands avaient rejeté sa demande de s'établir à Versailles, il n'en avait pas moins certains pouvoirs jusque dans la zone occupée, non seulement sur les principales institutions culturelles et éducatives mais aussi dans le domaine de la sécurité et de l'économie. Vichy comptait, pour maintenir l'ordre, sur le réseau traditionnel des *préfets*, des fonctionnaires appointés disposant du pouvoir de gouverneur et qui devaient leur loyauté au gouvernement central et non aux citoyens. Mais si les préfets étaient, *de facto*, les chefs de la police dans leur département, ils fournissaient à Vichy des informations cruciales sur le comportement des Allemands et sur les réactions de la population à l'Occupation.

* Galtier-Boissière note malicieusement dans son journal qu'il acheta un portrait de Pétain pour l'accrocher dans ses toilettes.

Vichy se trouvait néanmoins constamment sous la pression des Allemands, qui désapprouvaient toute manifestation excessive de nationalisme et interdisaient aux différentes organisations émanant de Vichy d'intervenir en zone occupée. Toutefois, le plus gros problème était de gérer les relations économiques avec les Allemands. Vichy était contraint par les clauses de l'armistice de verser quatre cents millions de francs par jour* pour couvrir les frais de l'Occupation, mais il fallait aussi organiser le système économique de façon à satisfaire l'énorme demande des Allemands en produits industriels et agricoles, et en matières premières. Pétain lui-même était tiraillé entre plusieurs voies. Alors qu'il avait publiquement adopté la collaboration avec l'Allemagne après sa rencontre avec Hitler en octobre 1940, il continuait à promettre une Révolution nationale destinée à construire une France nouvelle et plus forte.

En pratique, au moins jusqu'à ce que l'Allemagne occupe le sud de la France, cela signifiait la soumission aux Allemands dans la zone occupée et une relative autonomie dans la zone libre. Ainsi, bien qu'astreints à la censure de Vichy, des journaux littéraires comme *Poésie, Confluences, Les Cahiers du Sud* et *Fontaine* publiaient des auteurs connus pour leurs positions antifascistes tels les poètes Aragon et Eluard. La région de Vichy disposait aussi d'une presse très active qui comprenait neuf quotidiens et trente hebdomadaires qui avaient fui Paris, parmi lesquels *Le Figaro, Le Temps, La Croix*, une nouvelle édition lyonnaise de *Paris-Soir* ainsi que de nombreux quotidiens régionaux comme *La Dépêche de Toulouse*. Ces journaux jouissaient d'une certaine liberté : la revue intellectuelle *Esprit*, que le philosophe Emmanuel Mounier avait transportée à Lyon, fut un des rares exemples de publications fermées par Vichy. Même Maurras, connu pour ne pas aimer l'Allemagne, pouvait exprimer son scepticisme à l'égard des occupants dans le journal de son mouvement, *L'Action française*. Michel Déon, qui était à l'époque un partisan de Maurras et est aujourd'hui un *immortel* de l'Académie française, se souvient de l'état d'esprit à Lyon à l'époque : « On ne pouvait pas penser que la France était sur le droit chemin, mais on attendait, totalement impuissants, dans un monde en guerre. Au sud, on était libre, on pouvait s'exprimer, même dans les journaux. Malgré la censure, on pouvait critiquer. On devenait égoïste. Je vivrai ! Je mangerai ! Au sud, on ne pouvait penser qu'à la victoire[5]. »

* Ce qui revenait, en termes de pouvoir d'achat actuel, à verser 33,5 milliards d'euros par an à l'Allemagne.

Au sein du régime de Vichy, les tensions étaient constantes entre ceux qui étaient pour une franche collaboration et les partisans de la Révolution nationale. Etranger lui-même au monde obscur de la stratégie politique, Pétain était mal préparé à faire fonctionner le gouvernement qu'il dirigeait et dans lequel des hommes aux convictions et aux ambitions très diverses dépensaient une énergie énorme à lutter pour la suprématie et à régler de vieux comptes datant de la IIIe République. Il s'ensuivait souvent de la déception : avec le temps, beaucoup de gens de droite abandonnèrent Vichy et, soit acceptèrent la nouvelle Europe sous domination allemande, soit rejoignirent la Résistance. Un des hommes politiques à rompre avec Pétain fut François Mitterrand. Après s'être évadé d'un camp de prisonniers allemand, fin 1941, il détenait un poste d'importance moyenne dans le gouvernement de Vichy, où il s'occupait des prisonniers de guerre, avant de rallier la Résistance au milieu de l'année 1943.

Il se présenta pourtant, assez tôt, une occasion où Pétain affirma sa volonté. Il n'aimait pas Laval entre autres à cause de la désinvolture avec laquelle celui-ci arrivait en retard à leurs rencontres et lui soufflait la fumée de sa cigarette au visage. Mais plus profondément, le Maréchal se méfiait instinctivement de cet homme qui paraissait incarner le cynisme et l'amoralité de la IIIe République. Laval pouvait au moins se vanter de sa clairvoyance sur un point. Déjà en 1919, son désir d'éviter un nouveau conflit avec l'Allemagne l'avait conduit à voter contre le traité de Versailles, convaincu qu'il allait enflammer le ressentiment allemand et provoquer des problèmes. Maintenant, il était disposé à tendre la main aux Allemands. Le 19 juillet 1940, à Paris, il fut le premier officiel de Vichy à rencontrer Abetz. Tout cela ne faisait que renforcer la méfiance de Pétain à l'égard de Laval.

Le 13 décembre 1940, apprenant que Laval s'était engagé dans des négociations non autorisées avec les Allemands, Pétain sauta sur l'occasion pour se débarrasser de lui. Il demanda à tous les membres de son cabinet d'offrir leur démission, puis accepta celle de Laval et l'assigna à résidence. Dans une brève allocution à la radio, Pétain déclara : « C'est pour de hautes raisons de politique intérieure que je me suis résolu à prendre cette détermination. Elle ne retentit en rien sur nos relations avec l'Allemagne. Je demeure à la barre, la Révolution nationale continue. » Laval fut remplacé par un triumvirat composé de l'ancien Président du Conseil Pierre-Etienne Flandin, du général

Charles Huntziger et de l'amiral François Darlan. De la part de Pétain, c'était une manœuvre audacieuse mais qui déplut à Berlin. Abetz se rua à Vichy, accompagné d'un garde armé, pour libérer Laval et le ramener à Paris. Pendant qu'il était encore à Vichy, d'après ce qu'entendit raconter Galtier-Boissière, Abetz demanda à rencontrer Flandin qui prétendit être malade. Comme Abetz insistait sur la nécessité de le rencontrer, Flandin, pour maintenir l'alibi de sa maladie, reçut l'ambassadeur dans son lit. « Une vraie farce de Molière », nota Galtier-Boissière[6]. Deux mois plus tard, les Allemands limogèrent le triumvirat, laissant seulement Darlan au poste de vice-Président du Conseil et de nouvel héritier politique désigné. Mais même si Darlan montra beaucoup d'empressement à collaborer avec les Allemands, faisant de nombreuses concessions lors d'une rencontre avec Hitler en mai 1941, Laval demeura pourtant le préféré des nazis. En avril 1942, au grand dépit de Pétain, Laval revint aux affaires, mais cette fois avec le titre et le pouvoir de Président du Conseil.

Ce changement marqua un tournant dans les relations entre Washington et Vichy. Après la défaite française, les Etats-Unis furent d'abord représentés à Vichy par un chargé d'affaires, Robert D. Murphy, qui s'employa énergiquement à soutenir Pétain comme un contrepoids aux Allemands. Au début de 1941, après que Murphy eut été nommé envoyé spécial du président Roosevelt en Afrique du Nord alors sous l'autorité de Vichy, l'amiral William D. Leahy le remplaça, avec le titre d'ambassadeur. La nomination à ce poste d'un officier de haut rang de la marine américaine n'était évidemment pas due au hasard. Non seulement il aurait à traiter avec un autre officier de la marine, le Président du Conseil *de facto* de Vichy, l'amiral Darlan, mais Washington voulait aussi absolument empêcher que la flotte française basée à Toulon ne tombe entre les mains des Allemands. En fait, jusqu'à décembre 1941, avec l'entrée en guerre des Etats-Unis, Washington et Vichy poursuivirent le même objectif : chacun voulait que l'autre reste en dehors du conflit. Et même après l'entrée en guerre des Etats-Unis, les relations avec Vichy demeurèrent cordiales. Mais le retour de Laval au pouvoir était le signe d'un changement. Leahy fut déplacé et, moins de six mois après, les Alliés envahirent l'Afrique du Nord, amenant Vichy à rompre ses liens avec Washington. Pour lors, Laval, qui n'avait jamais cru en la révolution de Pétain, avait adopté la collaboration telle que la définissaient les nazis comme la seule voie qui restait à Vichy.

Pourtant, dans certains secteurs culturels et sociaux, la Révolution nationale, qui n'était d'ailleurs ni nationale ni révolutionnaire, entraîna des changements qui survécurent à la fin de la guerre. Au début, le programme semblait uniquement voué à la glorification de Pétain. Avec Paul Marion, ancien communiste et journaliste, au poste de ministre de l'Information, le Maréchal avait trouvé la bonne personne pour le mettre en œuvre. Mais après que Pétain eut été magnifié et les suspects habituels blâmés pour la défaite française, Vichy identifia les principaux ingrédients de sa nouvelle révolution morale : les mères, les enfants, la famille, l'artisanat et le folklore, l'agriculture et les sports. Tous ces thèmes, et ce n'était pas une coïncidence, étaient étroitement associés à l'Eglise catholique française profondément conservatrice qui ne se remettait toujours pas de la perte de son pouvoir depuis la réforme de l'école « laïque et républicaine » en 1905. Pétain, pour sa part, n'était pas très croyant, mais il bénéficiait du soutien de la majorité des catholiques, y compris de nombreux intellectuels, et il se plaisait à laisser croire à la hiérarchie catholique qu'il était inspiré par ses valeurs. Un thème sous-jacent était que la campagne c'était bien et la ville c'était mal. Et que rien n'était plus patriotique que de travailler la terre. Une chanson parmi tant d'autres, « La terre de France », tenait ce discours :

Nous travaillons, nous travaillons
Nous travaillons avec confiance.
Nous redressons, nous relèverons
Le prestige de la France.

Le message implicite derrière cette propagande était que les intellectuels parisiens de gauche et décadents, c'est-à-dire ceux qui avaient soutenu le Front populaire, avaient aussi contribué au marasme où se trouvait le pays. L'idée que les Français feraient mieux d'utiliser leur corps plutôt que leur esprit était certainement de celles que Vichy, aussi bien que l'Eglise, pouvait approuver.

Vichy pouvait également compter sur le soutien de l'Eglise pour le rôle central donné aux femmes dans la « nouvelle » France, à la fois comme piliers de la famille et procréatrices de légions de bébés français, et catholiques, dont on avait grand besoin. Tout à fait persuadé que la place de la femme était à la maison, par exemple Vichy interdit aux femmes de travailler dans le service public, sans se demander comment les mères de famille dont les maris étaient prisonniers en Allemagne pouvaient faire face pour entretenir leur famille. Pour limiter la liberté des femmes, Vichy rendit le divorce plus difficile et menaça les avorteurs de la peine de mort*. En même temps, Pétain élevait la femme à un niveau de quasi-sainteté, reflétant l'inquiétude éternelle de la France à propos de son faible taux de natalité. Il encouragea les femmes à avoir de nombreux enfants en créant une décoration spéciale, la Médaille d'honneur de la famille française qui se déclinait en différentes catégories : le bronze pour au moins cinq enfants, l'argent pour sept ou davantage et l'or au-delà de dix. Il institua aussi la fête des Mères, célébrée chaque dernier dimanche de mai. Lors de la première fête, en 1941, une affiche adressa le message de Pétain aux enfants : « Ta mère a tout fait pour toi, tu dois la remercier poliment. » En 1943, à l'occasion de la fête des Mères, Elyane Célis enregistra une chanson aux paroles sirupeuses de circonstance, « Etre maman », qui comportait ces paroles réjouissantes : « Etre maman, c'est être plus jolie. »

Pétain, lui, était le père de la nation, même s'il n'avait pas lui-même d'enfants. Bientôt, dans toute la zone libre, les écoliers commencèrent leur journée en chantant « Maréchal, nous voilà », l'hymne officieux de Vichy. Quatre vers émouvants qui se terminaient par le même refrain :

Maréchal, nous voilà !
Devant toi, le sauveur de la France,
Nous jurons, nous tes gars,
De servir et de suivre tes pas,
Maréchal, nous voilà !
Tu nous as redonné l'espérance,
La Patrie renaîtra, Maréchal, Maréchal
Maréchal, nous voilà !

Plus tard, la Résistance allait lancer plusieurs parodies de cette chanson, l'une d'entre elles remplaçant le refrain par « Général, nous voilà ! » en référence à de Gaulle, une autre avertissant Pétain qu'il serait puni pour la collaboration : « Maréchal, tu payeras ! » Mais les Français âgés qui avaient grandi dans la zone libre se souviennent

* Le 30 juillet 1943, Marie-Louise Giraud, une blanchisseuse de la région de Cherbourg, fut reconnue coupable d'avoir accompli vingt-sept avortements et fut l'une des dernières femmes guillotinées en France.

encore des paroles de la chanson. Ce que l'on sait moins, c'est que les auteurs de cette chanson, André Montagnard et Charles Courtioux, avaient plagié l'air d'un compositeur juif polonais, Casimir Oberfeld, qui fut plus tard déporté de France à Auschwitz, où il mourut.

Empruntant à la fois au Front populaire et au IIIe Reich, Vichy mit l'accent sur l'éducation physique pour les enfants et les adolescents, et quadrupla le budget consacré aux sports avant la guerre. Jean Borotra, ancien champion de tennis à Wimbledon qui fut commissaire général aux Sports avant d'être renvoyé par Laval en avril 1942, fut en première ligne pour promouvoir le sport au rang de nouveau credo national. Il organisa des rencontres d'athlétisme aussi bien à Paris qu'en zone libre, des courses cyclistes à Vichy et des régates d'aviron sur l'Allier. Il invita même les sportifs à prononcer le serment de l'athlète : « Je promets sur l'honneur de pratiquer le sport avec désintéressement, discipline et loyauté pour devenir meilleur et mieux servir ma patrie[7]. » Le plus grand succès du régime fut d'accorder au sport une plus large place dans les écoles et les universités. Les affaires de Borotra se gâtèrent après qu'il eut perdu son poste à Vichy. Connu comme un anglophile fervent, il fut soupçonné de contacts secrets avec des agents britanniques et arrêté en novembre 1942. Déporté en Allemagne, il fut détenu à Sachsenhausen, Buchenwald et d'autres camps avant d'être libéré par les troupes américaines à Itter, en Autriche, en mai 1945. Après son retour en France, il eut pourtant à répondre de son association avec Vichy.

Le souci d'améliorer les jeunes, ou du moins de les tenir à l'écart de la tentation de faire des bêtises, était évidemment une des toutes premières priorités de Vichy. Et, en l'occurrence, l'exemple du mouvement scout dirigé par l'Eglise catholique eut une importance cruciale. Il savait par expérience recruter des adolescents, les organiser en équipes, leur enseigner l'indépendance et, par-dessus tout, leur inculquer des valeurs morales et patriotiques. Il n'est donc pas étonnant s'il échut à d'anciens chefs scouts la mission de créer et d'organiser plusieurs mouvements de jeunesse pour le compte de Vichy. Le premier, les Chantiers de la Jeunesse, fut fondé en juillet 1940 pour remplacer le service militaire qui avait été supprimé par l'armistice. Sous la houlette d'un ancien chef scout, le général Joseph de La Porte du Theil, les Chantiers organisèrent des camps isolés dans toute la zone libre où des jeunes gens de vingt ans devaient passer huit mois à vivre sous un régime de discipline militaire. Ils portaient des uniformes, apprenaient à marcher au pas, hissaient les couleurs et rendaient hommage à Pétain. Plus utilement, ils participaient aussi à l'entretien des forêts et à des travaux agricoles. Entre 300 000 et 500 000 jeunes passèrent par ces camps pendant l'Occupation. Mais à partir de 1943, les Chantiers servirent aussi les intérêts allemands puisque, quand ils complétèrent leur temps d'enrôlement dans les camps, certains jeunes gens étaient systématiquement envoyés en Allemagne dans le cadre d'un programme de travail obligatoire. En janvier 1944, lorsque le général de La Porte du Theil refusa les ordres allemands de regrouper tous les jeunes des camps pour les envoyer travailler en Allemagne, il fut arrêté et lui-même emprisonné en Allemagne. En pratique, de nombreux jeunes parvinrent à s'échapper et à rejoindre la Résistance dans le maquis.

Une organisation similaire, les Compagnons de France, également fondée en juin 1940 par un ancien chef scout, Henri Dhavernas, s'adressait aux jeunes garçons entre quatorze et dix-neuf ans. Elle avait elle aussi une structure paramilitaire, avec tentes, uniformes, cérémonies du drapeau, feux de camp et tout le reste. Pétain en personne assista à sa cérémonie inaugurale, applaudissant au projet du mouvement de remplacer les paysans qui étaient à l'époque prisonniers de guerre dans les travaux des champs et la réparation des routes et des ponts. Les Compagnons s'engagèrent aussi dans des activités culturelles comme la musique et le théâtre. Et même si le mouvement était supposé devoir toute loyauté à Pétain, il n'exclut jamais les Juifs et servit même souvent de refuge à des jeunes qui venaient de la zone occupée et fuyaient vers le Sud. En février 1941, Dhavernas fut remplacé par Guillaume de Tournemire qui s'engagea dans la Résistance fin 1942. De plus en plus, Vichy sentait qu'il avait perdu le contrôle du mouvement jusqu'à ce que, finalement, en janvier 1944, les Compagnons fussent dissous. Beaucoup de ses membres rejoignirent alors le maquis. Une seule organisation survécut, Les Compagnons de la Musique, un chœur qui devint célèbre dans toute la France. Après la Libération, adopté par Edith Piaf en personne, le groupe continua à se produire sous un nouveau nom, Les Compagnons de la Chanson.

Mais l'expérience dont l'impact culturel fut le plus durable fut celle de Jeune France, lancée par le secrétariat d'Etat à la Jeunesse de

Vichy en décembre 1940 dans le but de promouvoir les activités culturelles dans tout le pays, y compris en zone occupée. Le trait distinctif du mouvement était que ses responsables étaient non seulement des catholiques anticommunistes qui croyaient au dessein de la Révolution nationale, mais aussi des gens cultivés et larges d'esprit. L'homme qui se trouvait derrière Jeune France était Pierre Schaeffer, encore un catholique et ancien scout, diplômé de la prestigieuse Ecole polytechnique, et qui s'était livré avant guerre à des expériences de sons électroacoustiques à la Radiodiffusion nationale. Tout juste âgé de vingt-neuf ans, il vit une occasion de diffuser des programmes culturels à la radio à l'intention des jeunes et proposa la création de Radio Jeunesse qui, en août 1940, disposait déjà d'une plage quotidienne de quinze minutes sur Radio-Vichy. Le ton était résolument patriotique, on diffusait des discours de Pétain et la lecture d'œuvres du poète national Charles Péguy. Mais à côté de ce message orienté, Radio Jeunesse diffusait aussi du théâtre, de la musique chorale, de la poésie et des entretiens avec des artistes.

Le succès de Radio Jeunesse permit à Schaeffer de convaincre Vichy de mettre en œuvre le projet plus ambitieux de Jeune France. En collaborant avec d'autres anciens chefs scouts, Schaeffer parvint à mobiliser des artistes en tous genres, poètes, peintres, acteurs, réalisateurs et stylistes, avec l'intention affichée de préserver « les grandes traditions » de la culture française. Chaque section de Jeune France, théâtre, littérature, radio et cinéma, musique et arts visuels, avait des représentants à Paris et en zone libre. De nouveaux centres culturels, les Maisons Jeune France, furent également créés à Lyon, Toulouse, Marseille, Bordeaux et Le Mans ainsi qu'à Paris. Ces centres, précurseurs d'un réseau semblable qui allait être créé dans les années 1960, non seulement organisaient des événements culturels et des débats mais donnaient aussi des cours du soir sur à peu près tous les sujets depuis le chant choral jusqu'à la mode.

L'idée d'apporter la culture aux masses était conforme à la philosophie de la Révolution nationale, pourtant, en pratique, la grande largesse d'esprit de Jeune France fit naître un sentiment de liberté chez de nombreux artistes. En mai 1941, sous l'égide du mouvement, Jean Bazaine ignora délibérément le rejet officiel de l'art « dégénéré » et organisa une exposition d'art abstrait à la galerie Braun à Paris sous le titre innocemment trompeur de « Vingt jeunes peintres de tradition française ». Cette même année, Jeune France accueillit lesdites Rencontres de Lourmarin où poètes et musiciens étaient invités à travailler ensemble à de nouveaux projets. Grand amateur de théâtre, Schaeffer employa aussi le budget de Vichy pour financer l'école de mime d'Etienne Decroux qui allait avoir Marcel Marceau parmi ses premiers élèves.

Schaeffer se passionnait tout particulièrement pour les spectacles théâtraux ou musicaux devant de larges foules, de préférence en plein air. Et qui mieux que Jeanne d'Arc pouvait émouvoir des foules patriotiques ? Avec un collègue, Pierre Barbier, il créa un grand spectacle musical en dix tableaux consacré à l'héroïne martyre, *Portique pour une fille de France,* qui, le 11 mai 1940 , fut joué simultanément à Lyon, Marseille et Toulouse devant des foules de plus de vingt mille personnes chaque fois. L'oratorio d'Arthur Honegger *Jeanne au bûcher*, sur un texte de Paul Claudel, fut présenté la première fois à l'opéra de Lyon le 4 juillet 1941, sous le patronage de Jeune France. D'autres manifestations culturelles furent organisées autour de la fête de Jeanne d'Arc, le deuxième dimanche de mai : l'orchestre national de la Radiodiffusion française joua la *Messe solennelle pour Jeanne*, de Paul Paray, en mai 1941, et la *Messe pour Jeanne d'Arc* de Gounod, en mai 1942.

Jeune France prit au sérieux sa mission d'organiser des tournées de spectacles et des expositions. Là où son action fut la plus importante, ce fut dans le domaine du théâtre avec quelque vingt compagnies différentes se produisant sept cent soixante-dix fois à travers la France au cours des dix-sept mois d'existence du mouvement. Le répertoire était riche en Molière, Racine et autres classiques français, mais le théâtre grec aussi était populaire. A Paris, à nouveau sur une musique d'Honegger, Jean-Louis Barrault dirigea une représentation en plein air des *Suppliantes* d'Eschyle parmi les herbes folles du stade Roland-Garros abandonné, tandis que Jean Vilar, qui allait devenir un des principaux metteurs en scène de la France d'après guerre, adapta *Les Travaux et les Jours* d'Hésiode, à Melun, toujours en plein air, avec pour figurants des paysans et des artisans avec leurs outils de travail. Mais le véritable enthousiasme que le mouvement Jeune France éveilla parmi les jeunes artistes le voua à sa perte. Sous la pression de la ligne dure de Vichy, Jeune France fut fermé en mars 1942 ; pourtant son influence devait survivre à l'Occupation.

Une autre organisation fut également punie pour son succès. En décembre 1940, un ancien officier, Pierre Dunoyer de Segonzac, fonda l'Ecole nationale des cadres de la jeunesse. Basée au château d'Uriage, une petite ville thermale de montagne près de Grenoble, l'Ecole d'Uriage, comme on l'appela, se montrait d'un élitisme sans complexe dans son projet de former une nouvelle génération de chefs pour la France d'après guerre. Parmi ses enseignants, il y avait Emmanuel Mounier et Hubert Beuve-Méry, un journaliste catholique qui, en décembre 1944, allait fonder le quotidien du soir *Le Monde*. Sous leur direction et celle d'autres intellectuels, l'orientation d'Uriage était catholique, nationaliste et anticommuniste, et en même temps pétainiste et antiallemande. Les quatre mille hommes et femmes qui suivirent ses cours, qui duraient entre trois et douze semaines, suivirent un programme intensif d'éducation morale, intellectuelle et politique, au terme duquel ils étaient supposés être imprégnés de l'« esprit d'Uriage ». Mais la liberté d'esprit n'était pas du goût de Vichy et l'école fut fermée par Laval en 1942. Après cela, plusieurs de ses diplômés aussi bien que Segonzac, Bouvier et Beuve-Méry rejoignirent la Résistance. Pendant ce temps, une autre expérience, plus artistique, se déroulait à Oppède-le-Vieux, au nord d'Aix-en-Provence, où le célèbre architecte Bernard Zehrfuss attira des musiciens, des peintres, des sculpteurs et des architectes dans une sorte de commune qui, curieusement, fut subventionnée par Vichy. Parmi ceux qui y séjournèrent en 1941, se trouvait la femme de Saint-Exupéry, Consuelo, elle-même écrivain. Mais, en 1942, cette expérience aussi commença à être regardée avec suspicion par Vichy : Zehrfuss obtint un visa pour se rendre à Barcelone et profita de l'occasion pour rejoindre les Forces Françaises libres.

La fermeture à la fois de Jeune France et de l'Ecole d'Uriage en 1942 mit en évidence la manière dont la réalité de l'Occupation ravivait l'idéalisme conservateur de la Révolution nationale. Dans sa tentative pour trouver une base populaire à son régime, Pétain recruta des anciens combattants de la Première Guerre mondiale pour former la Légion française des combattants. Elle se développa rapidement, comptant environ 590 000 membres au début de 1941, et accepta plus tard dans ses rangs des volontaires qui n'étaient pas anciens combattants. Parallèlement aux préfets de Vichy, la Légion contribuait à assurer un fonctionnement méthodique de l'Occupation, de nature à permettre aux Allemands de diminuer la présence de leurs forces de sécurité en France. (Ainsi au milieu de l'année 1942, l'Allemagne avait moins de trois mille policiers basés en France.) Mais si la Légion parvenait à déplacer des foules nombreuses pour accueillir Pétain lors de ses déplacements à travers la zone libre, elle était incapable de l'aider à résister à la pression allemande. En pratique, comme il en fit l'expérience à plusieurs reprises, sa marge de manœuvre était minime. Et il fut encore affaibli quand il s'opposa à la demande des nazis de déclarer la guerre à la Grande-Bretagne. Bientôt Vichy ne put rien faire d'autre que de réagir à des événements sur lesquels il n'avait aucune prise.

Le premier exemple fut l'opération « Barbarossa », l'invasion de l'Union soviétique par l'Allemagne le 22 juin 1941. Avec le temps, cela devait se traduire par l'envoi toujours plus important de produits manufacturés et de matières premières de France vers l'Allemagne, et un recrutement massif, d'abord volontaire, puis forcé de travailleurs français pour les usines allemandes. Mais la conséquence la plus immédiate fut la mobilisation du Parti communiste français aligné sur Moscou qui commença à résister à l'Occupation. Son premier coup, littéralement parlant, fut tiré dans la station de métro Barbès-Rochechouart à Paris, le 21 août 1941, et tua un cadet de la marine allemande.

D'autres meurtres semblables se produisirent, et le Führer, furieux, ordonna l'exécution de cinquante otages pour chaque Allemand tué. Comme en prévision, des centaines de communistes et de Juifs étaient déjà détenus en otages dans les prisons françaises. Après qu'un soldat allemand eut été tué à Bordeaux et un officier à Nantes fin octobre, quarante-huit otages furent exécutés. Fin novembre, quatre-vingt-quinze autres furent exécutés. L'indignation publique et les condamnations de l'Eglise catholique obligèrent Vichy à protester, et, du moins à ce qu'il prétendit, il obtint certaines commutations. Cependant, au cours des neuf mois qui suivirent les actions armées du parti communiste, quatre cent soixante et onze otages furent fusillés. Après une année de calme relatif, l'Occupation dégénérait. Les attaques de la Résistance et les exécutions continuèrent même après que les Allemands eurent annoncé que, par mesure de représailles, « Tout parent mâle, beau-frère, cousin des agitateurs, âgé de plus de dix-huit ans serait fusillé » et que leurs parentes seraient condamnées aux travaux forcés. En septembre 1942, après que plusieurs soldats allemands furent tués dans l'attaque du Rex, un cinéma parisien exclusivement fréquenté par les Allemands, cent soixante-six otages supplémentaires furent fusillés.

Bien avant cela, Pétain sentit que la majorité de la population française commençait à perdre confiance en lui. En fait, le 12 août 1941, avant même que le premier soldat allemand ne fût tué, il lança à la radio un appel à l'unité nationale : « Français, j'ai des choses graves à vous dire. De plusieurs régions de France, je sens se lever depuis quelques semaines un vent mauvais. » Il reconnaissait que sa Révolution nationale ne s'était pas encore accomplie mais blâmait les partisans de l'ancien régime et ceux qui travaillaient pour des intérêts étrangers. Rappelant son rôle au cours de la Première Guerre mondiale, il poursuivait : « Je sais par expérience ce qu'est la victoire ; je vois aujourd'hui ce qu'est la défaite », et il concluait : « Rappelez-vous ceci : un pays battu, s'il se divise, est un pays qui meurt ; un pays battu, s'il sait s'unir, est un pays qui renaît. »

Pourtant, dans les mois qui suivirent, les divisions internes de Vichy allaient de plus en plus être mises en évidence par le procès intenté aux dirigeants politiques d'avant guerre. Pour Pétain, le véritable but de ce procès était de rendre la IIIe République responsable de la défaite de la France et ainsi de légitimer son propre régime. En octobre 1941, lassé d'attendre le procès, Pétain, de son propre chef, condamna sommairement les anciens Présidents du Conseil Blum et Daladier ainsi que l'ancien chef des armées, le général Maurice Gamelin, et deux autres hommes politiques. Le dernier Président du Conseil avant la défaite, Paul Reynaud, et son ministre de l'Intérieur, Georges Mandel, furent acquittés, mais l'un et l'autre remis aux nazis qui les envoyèrent dans des camps en Allemagne. Puis, en février 1942, les cinq déclarés coupables par Pétain furent amenés devant la Cour suprême de justice à Riom, près de Clermont-Ferrand, pour un nouveau procès, public, cette fois. Ce qui leur était entre autres reproché c'est que le Front populaire de Blum avait mis en œuvre des réformes sociales, comme les congés payés et la semaine de quarante heures, qui avaient affaibli le désir de la France de se battre. Gamelin refusa de répondre à toutes les questions, ce qui était peut-être l'attitude la plus sage puisque, dix jours avant que la France ne déclare la guerre à l'Allemagne, il avait affirmé devant l'Assemblée nationale : « Le jour où la guerre sera déclarée à l'Allemagne,

Hitler s'effondrera[8]. » Mais Daladier démontra habilement que c'était le commandement militaire et non pas les hommes politiques qu'il fallait blâmer pour la débâcle*.

En terminant sa déposition, le 6 mars, Daladier alla plus loin; se détournant des juges pour s'adresser au public, il déclara : « L'Allemagne a connu sa première défaite contre l'Angleterre et la deuxième contre la Russie. Il n'y a aucun doute, l'Allemagne sera battue. Il ne faut pas laisser faiblir notre confiance[9]. » A la mi-mars, après vingt-quatre auditions et les dépositions de quatre cents témoins, Hitler ordonna à Abetz de faire cesser le procès. Il avait espéré qu'il démontrerait que c'était la France et non l'Allemagne qui était responsable de la guerre, au lieu de quoi, c'était devenu une source d'embarras. Le 14 avril, le procès fut suspendu et les accusés furent envoyés dans des camps en Allemagne. Blum fut emprisonné à Buchenwald puis à Dachau où, curieusement, il fut plutôt bien traité et vécut dans un confort tout relatif. Tous les cinq devaient survivre à la guerre.

Les Français n'appréciaient guère le développement de l'insurrection armée, ils critiquaient à la fois les communistes qui provoquaient des représailles et les Allemands qui les appliquaient. Mais pour Vichy, au début, bien plus que l'opposition politique venant des Forces Françaises libres de De Gaulle, l'émergence des Francs-Tireurs et Partisans, ou FTP, d'obédience communiste, posait un tout autre problème : cette organisation de guérillas et de partisans défiait Vichy dans sa prétention à être la seule alternative viable face à l'occupation allemande. La réaction de Vichy fut de renforcer sa propagande anticommuniste, faisant même à Berlin la faveur de décrire Moscou comme la principale menace pour la « nouvelle » Europe. Ceux qui étaient encore plus désireux de combattre le communisme, c'étaient les fascistes français à Paris, dirigés par Jacques Doriot, chef du Parti populaire français, et Marcel Déat, le journaliste qui avait fondé récemment son propre parti. Immédiatement après l'invasion de l'Union soviétique par l'Allemagne, ils se mirent à travailler avec l'ambassade d'Allemagne et la Wehrmacht pour créer la Légion

* En dehors des pétainistes et de la droite, le point de vue de Daladier était largement partagé. Dès le 28 juin 1941, après avoir lu *Les Causes militaires de notre défaite*, d'un certain colonel Michel Alerme, Galtier-Boissière se moquait de la prétention de l'auteur à accuser la IIIe République : « En vérité, c'est à cause de l'incapacité du Conseil Supérieur de la Guerre que les troupes françaises se sont retrouvées dans le rôle de sauvages armés d'arcs et de flèches face aux canons et aux mitrailleuses », écrivait-il dans *Mon journal pendant l'Occupation* (p. 55).

des volontaires français contre le bolchevisme destinée à envoyer des volontaires français se battre sur le front de l'Est. L'initiative fut soutenue par le délégué de Vichy à Paris, Brinon, et, ce qui est plus surprenant, par le cardinal Alfred Baudrillard. En pratique, la LVF, c'est le nom sous lequel la Légion se fit connaître, contribua très peu à l'effort de guerre nazi. La plupart de ses sept mille volontaires furent tués, et les rares survivants incorporés à une brigade française de la Waffen-SS en 1944. Néanmoins, en termes de propagande, cela devint un symbole très fort de la collaboration française.

Mais si le bolchevisme était le nouvel ennemi, Vichy n'était que trop prêt à poursuivre sa collaboration avec les Allemands dans la chasse à l'ancien ennemi, les Juifs. Au cours de l'année qui suivit le Statut des Juifs en 1940, il prit quantité de lois et de décrets visant les Juifs. Dans certains cas, ils outrepassaient les diktats nazis comme celui qui ordonnait la confiscation ou aryanisation des sociétés possédées par des Juifs dans la zone occupée, disposition qui fut étendue à la zone libre en 1941. Dans le cas des entreprises juives, toutefois, Vichy avait des raisons personnelles d'agir avant les Allemands. Ainsi, du moins en zone libre, il s'assurait que les sociétés passaient entre les mains d'actionnaires ou de propriétaires français plutôt qu'allemands. Mais Vichy, en général, souhaitait vivement dépouiller les Juifs de toute influence. Lorsque, en mars 1941, l'Allemagne poussa Darlan à créer un service spécial pour les Affaires juives, la Commission générale aux Questions juives, il nomma à sa tête un infâme antisémite d'avant guerre, Xavier Vallat. Celui-ci déclara fièrement à Theodor Dannecker, qui dirigeait l'antenne parisienne du bureau des Affaires juives d'Adolf Eichmann : « Je suis antisémite depuis bien plus longtemps que vous[10]. » En juin 1941, un deuxième Statut des Juifs fut promulgué, leur interdisant toute une série de professions, dont la médecine, le droit et l'architecture. Le tristement célèbre ministre de la Justice de Darlan, Joseph Barthélemy, ajouta de nouvelles restrictions aux professions exercées par les Juifs, comme le métier d'acteur au cinéma, au théâtre ou au music-hall. Ces mesures s'appliquaient dans la zone occupée mais aussi dans celle de Vichy.

Dès octobre 1940, Vichy s'était arrogé le droit d'interner les Juifs étrangers, et bientôt plusieurs milliers d'entre eux se retrouvèrent dans des camps dans le sud de la France. L'année suivante, au lieu d'attendre que les Juifs étrangers de la zone occupée viennent se présenter d'eux-mêmes aux autorités, Vichy demanda à la police française d'aller les arrêter. La première grande rafle de Juifs menée par la police française à Paris le 14 mai 1941 provoqua l'envoi en camp d'internement de trois mille sept cents réfugiés, principalement des Polonais. Parmi les intellectuels parisiens, Jean Guéhenno fut l'un des rares à noter cette escalade dans l'antisémitisme officiel : « Rue Compans, plusieurs hommes ont été emmenés. Leurs femmes, leurs enfants suppliaient les policiers, criaient, pleuraient... Le petit peuple parisien qui assistait à ces scènes déchirantes était plein de révolte et de honte[11]. »

Une deuxième rafle à Paris, entre le 20 et le 25 août, visa quatre mille deux cents hommes, dont un tiers étaient cette fois des Juifs français ; ils furent envoyés dans un ensemble immobilier inachevé à Drancy, en banlieue parisienne, qui allait devenir le principal camp de transit pour les Juifs déportés vers l'Est. Parmi ceux qui furent arrêtés se trouvait le philosophe Jean Wahl*, ce qui poussa Guéhenno à observer amèrement : « Mais c'est un grand criminel : il est juif[12]. »

La troisième rafle, visant cette fois essentiellement des Juifs français, est rappelée par une plaque posée près de l'Ecole militaire à Paris. Le 12 décembre 1941, est-il écrit, la police française et la police militaire allemande arrêtèrent 743 éminents Juifs français et les enfermèrent dans une écurie de l'Ecole militaire avant de les envoyer au camp de Royallieu à Compiègne où certains moururent de froid et de faim. Les survivants firent partie des 1 112 Juifs partis de France pour Auschwitz par le premier train de déportés le 17 mars 1942.

Au printemps de 1942, la « solution finale » de Hitler était en cours, et il attendait l'aide de Vichy. En avril, après le retour au pouvoir de Laval, Vallat fut remplacé à la Commission générale aux Questions juives par Louis Darquier de Pellepoix, encore plus fanatique et totalement dévoué aux Allemands. Dans le cadre de leur stratégie européenne d'élimination des Juifs, les nazis décidèrent que cent mille Juifs devaient être déportés de France. Et comme ils avaient besoin de la police française pour procéder aux arrestations et des trains français pour transporter les déportés, ils se mirent à préparer

* Jean Wahl eut de la chance : après trois mois passés à Drancy au cours desquels il écrivit soixante-dix poèmes, il fut relâché et réussit finalement à gagner les Etats-Unis.

une nouvelle rafle avec René Bousquet, secrétaire général de la police de Vichy*. Ils se mirent d'accord pour que, dans un premier temps, quarante mille Juifs étrangers entre seize et quarante ans soient déportés vers l'Est, et parmi eux dix mille en provenance de la zone libre. Laval proposa alors qu'on y ajoute également les enfants de moins de seize ans, de façon qu'ils ne soient pas séparés de leurs parents. Laval refusa même une offre américaine proposant de prendre en charge mille enfants juifs, sous prétexte qu'ils n'étaient pas orphelins. La rafle, qui fut repoussée après le 14 juillet pour éviter la Fête nationale, commença avant l'aube du 16 juillet et se poursuivit les jours suivants, menée par au moins quatre mille cinq cents policiers français, aidés par des volontaires du parti fasciste de Doriot ; ils arrêtèrent 12 884 Juifs, dont 4 051 enfants. Beaucoup furent transportés par des convois d'autobus jusqu'à un stade appelé le Vélodrome d'Hiver, où ils furent détenus dans des conditions épouvantables puis transférés vers les camps de Beaune-la-Rolande et de Pithiviers ou de Drancy avant d'être déportés**.

La *rafle du Vél d'Hiv*, le nom sous lequel elle allait être connue, choqua de nombreux Parisiens et provoqua une protestation de l'ambassade des Etats-Unis à Vichy et, de façon plus significative, de cinq éminents évêques catholiques menés par l'archevêque de Toulouse, Jules-Gérard Saliège. Le 23 août dans son sermon, Saliège lut un court texte qui fut distribué sous forme de feuille volante et plus tard lu sur le service français de la BBC : « Que des enfants, des femmes, des hommes, des pères et des mères soient traités comme un vil troupeau, que les membres d'une même famille soient séparés les uns des autres et embarqués pour une destination inconnue, il était réservé à notre temps de voir ce triste spectacle. » Puis, se référant à deux camps d'internement voisins, il ajouta : « Dans notre diocèse, des scènes d'épouvante ont eu lieu dans les camps de Noé et de Récébédou. Les Juifs sont des hommes, les Juives sont des femmes. Tout n'est pas permis contre eux, contre ces hommes, contre ces femmes, contre ces pères et mères de famille. Ils font partie du genre humain. Ils sont nos Frères comme tant d'autres. Un chrétien ne peut

* Bousquet ne fut pas inquiété après la guerre et fit une brillante carrière dans la banque avant d'être rattrapé par son passé. En 1991, il fut inculpé de crimes contre l'humanité. Deux ans plus tard, il fut abattu chez lui par un homme connu pour des problèmes psychiatriques.

** En pratique, les enfants étaient séparés de leurs parents. Beaucoup d'entre eux furent enfermés au camp de Beaune-la Rolande, à environ quatre-vingts kilomètres au sud de Paris, avant d'être déportés séparément.

l'oublier[13]. » Pourtant, en tant qu'institution, la hiérarchie catholique garda le silence. Et les arrestations se poursuivirent à travers toute la zone occupée, et six mille cinq cents Juifs étrangers internés en zone libre furent également envoyés à Drancy. A la fin de 1942, 36 803 Juifs dont 6 053 enfants avaient été déportés de France.

Parmi eux se trouvaient la romancière Irène Némirovsky et son mari, Michel Epstein. Ils avaient déjà quitté Paris et rejoint leurs deux filles à Issy-l'Evêque lorsque les troupes allemandes entrèrent dans la petite ville de Bourgogne le 17 juin 1940. Depuis leur premier séjour, deux étés plus tôt, Irène et Michel étaient toujours descendus à l'Hôtel des Voyageurs, et alors qu'une douzaine d'officiers s'y étaient installés on n'avait pas demandé au couple de partir. En fait, Epstein, qui parlait allemand, jouait même parfois au billard avec les soldats qui, dans cette région calme et bucolique de Saône-et-Loire, n'avaient pas grand-chose à faire. Les deux enfants des Epstein, Denise, alors âgée de onze ans, et Elisabeth, trois ans, fréquentaient l'école du village tandis qu'Irène, quand le temps le permettait, se promenait dans les bois des alentours, le bois du Sapin ou le bois de la Maie, où elle pouvait écrire en paix. Un de ses endroits préférés était l'Etang perdu, caché parmi les arbres. « Elle partait dans la campagne et écrivait toute la journée, toute la journée, toute la journée, se souvenait Denise. Ce n'est que plus tard que j'ai compris qu'elle était bouleversée d'avoir été abandonnée par le milieu littéraire qui l'avait autrefois tant fêtée[14]. »

Les Epstein ne passaient pas inaperçus dans la petite ville, non pas parce qu'ils étaient les seuls Juifs mais parce qu'ils étaient parisiens et cultivés. « Irène était chic, élégante, grande, mince, se souvient Gérard Morley, le fils d'un résistant local qui avait dix ans à l'époque. On voyait bien qu'elle n'était pas d'Issy, qu'elle était d'une autre classe sociale. On savait qu'elle était écrivain parce qu'elle avait offert à ma mère un exemplaire de son livre *Deux*[15]. » Une photo de classe d'Elisabeth souligne aussi cette différence. Elisabeth est la seule à porter des chaussures, tous les autres sont en sabots. Pourtant, les Epstein n'avaient plus beaucoup d'argent. Michel avait perdu son poste à la banque à Paris dès le mois d'octobre 1940, les éditions Fayard avaient annulé un contrat avec Irène. Curieusement, c'est un homme de droite, le directeur de *Gringoire* alors basé à Marseille, Horace de Carbuccia, qui accepta de la publier sous pseudonyme. Il fit paraître huit de ses nouvelles entre décembre 1940 et février 1942 avant de décider qu'il prenait là un trop grand risque. De plus, même s'il ne pouvait pas la publier, Robert Esménard, des éditions Albin-Michel, lui resta fidèle et continua à lui envoyer des avances pour des livres à venir.

Fin juin 1941, après l'invasion de l'Union soviétique par l'Allemagne, le détachement de la Wehrmacht d'Issy fut affecté sur un autre front et, après avoir organisé une petite fête au château local, les occupants repartirent aussi brusquement qu'ils étaient arrivés. Irène, qui envisageait une épopée en cinq parties intitulée *Suite française* et inspirée de *Guerre et Paix*, avait déjà achevé le premier volume, *Orage en juin*, évoquant l'exode. Elle situa le deuxième volume, *Dolce*, dans une ville occupée comme Issy où elle imagine l'histoire d'un amour non consommé entre un officier allemand raffiné, logé chez l'habitant, et une jeune femme dont le mari est prisonnier de guerre. L'histoire s'achève lorsque les Allemands sont envoyés sur le front de l'Est*. A cette époque, elle écrit également *Chaleur de sang*, un drame familial dans une ville de Bourgogne et qui sera publié en 2007. Au début de l'année 1942, les Epstein quittèrent l'Hôtel des Voyageurs et louèrent la moitié d'une vaste maison non meublée qui donnait sur le monument aux morts de la ville. Ce printemps-là, tandis qu'Irène et sa famille devaient désormais porter l'étoile jaune, elle continuait à remplir ses carnets d'une écriture microscopique destinée à économiser le papier. Elle et son mari ne se cachaient pas et ne firent aucun effort pour gagner la zone libre qui n'était qu'à une trentaine de kilomètres au sud, pourtant le peu de nouvelles qui parvenaient jusqu'à eux commençaient à les inquiéter.

« Le visage de ma mère était pâle, se souvient Denise, elle ne souriait plus. Mon père, qui avait l'habitude de chanter, était devenu silencieux[16]. »

Le 13 juillet, deux gendarmes frappèrent à la porte ; ils avaient un mandat d'arrêt pour Irène. « Quand ils vinrent la chercher, il n'y eut pas de larmes, se souvient Denise, elle me demanda de veiller sur Papa, et dit à Elisabeth qu'elle partait en voyage. Je suis sûre qu'elle savait qu'elle nous quittait pour toujours[17]. » Cherchant désespérément à la faire libérer, Michel contacta des amis du monde de l'édition et écrivit même à Abetz une lettre où il rappelait qu'Irène

* Les trois volumes qu'elle avait prévu d'écrire pour « son » *Guerre et Paix* étaient *Captivité*, *Bataille* et *La Paix*.

« détestait le régime bolchevique[18] ». Il ignorait que le 17 juillet elle était déjà à bord d'un train qui emmenait neuf cents autres Juifs du camp de Pithiviers à Auschwitz. Un mois plus tard elle mourut, peut-être du typhus. Elle avait trente-neuf ans. La chance d'Epstein tourna le 9 octobre. Il fut lui aussi arrêté par les gendarmes et mourut dans une chambre à gaz d'Auschwitz le 6 novembre. La seule bonne nouvelle, c'est que Denise et Elisabeth survécurent, d'abord cachées par un instituteur local lorsque les gendarmes vinrent les chercher, puis emmenées par une gouvernante dans le sud-ouest de la France où elles vécurent secrètement dans un couvent pendant dix-huit mois. Dans leur bagage, elles transportaient le manuscrit inachevé de *Suite française*, qui serait publié soixante-deux ans plus tard.

Même après les grandes rafles de 1942, la police française et les officiels continuèrent d'appliquer la politique nazie, et Bousquet lui-même joua un rôle dans ce qui fut connu sous le nom de la bataille de Marseille en janvier 1943, lorsque la police détruisit une partie de la vieille ville et arrêta quelque deux mille personnes pour les déporter. Sur les 76 000 Juifs qui furent envoyés de France vers les camps de la mort, à peine 2 000 survécurent. Après la guerre, les responsables de Vichy prétendirent qu'ils croyaient que les Juifs étaient envoyés en Allemagne pour travailler, mais en 1943 ils ne pouvaient pas ignorer l'existence de rumeurs insistantes, à défaut de rapports confirmés, selon lesquelles les Juifs étaient massacrés en masse en Pologne. En novembre 1943, *Les Etoiles*, un journal clandestin, publié par des écrivains dans le sud de la France, rapportait les horreurs d'Auschwitz et notait : « Périodiquement, en guise de représailles, des groupes de deux cents ou trois cents personnes à la fois sont asphyxiés dans des chambres à gaz[19]. »

De plus, Vichy ne fit rien pour soulager la misère et la faim qui entraînèrent la mort d'au moins trois mille Juifs dans les camps d'internement français. Le bilan de la France dans son ensemble fut tout de même plus réconfortant. Les trois quarts des Juifs bloqués en France en 1940 échappèrent à la déportation, et même s'ils passèrent l'Occupation dans le dénuement et la peur, beaucoup survécurent parce qu'ils étaient d'une certaine façon protégés, ou au moins n'étaient pas dénoncés, par leurs voisins français. Dans le Massif central, par exemple, des pasteurs protestants et des familles de Chambon-sur-Lignon et d'autres villages de montagne prirent d'énormes risques en cachant des milliers de Juifs pour éviter qu'on ne les arrête. Beaucoup de Juifs trouvèrent aussi refuge dans le sud-est de la France qui était sous occupation italienne entre novembre 1942 et septembre 1943. Mais si une plus grande proportion de Juifs put survivre à la guerre en France plutôt que, par exemple, aux Pays-Bas, il y a aussi à cela une explication géographique. Pays relativement étendu, comptant des dizaines de milliers de villages isolés et de hameaux, traversé en son centre par une chaîne de montagnes, la France offrait de nombreuses cachettes. Certains villages de la France paysanne ne virent pas un soldat allemand de toute l'Occupation.

Tandis que de nombreux Français étaient soit hostiles, soit indifférents à la persécution des Juifs, Pétain comprit que sa popularité dépendait surtout de son habileté à gérer le problème des prisonniers de guerre. Aussi, en mai 1942, lorsque Berlin demanda à la France d'envoyer 350 000 travailleurs pour remplacer les travailleurs allemands expédiés sur le front russe, Vichy proposa d'échanger chaque travailleur contre un prisonnier de guerre. En réalité, Laval parvint seulement à baisser le chiffre de la demande à 250 000 travailleurs, mais Berlin imposa un échange bien plus désavantageux : trois ouvriers qualifiés contre un prisonnier de guerre. Vichy fut contraint d'accepter. Le retour des premiers prisonniers au mois d'août dans ce qu'on allait appeler « la relève » fut célébré comme un triomphe de Vichy, mais le nombre de volontaires resta bien inférieur au nombre exigé. Le problème fut résolu, le mois suivant, par une nouvelle loi faisant obligation à tout homme entre dix-huit et cinquante ans et à toute femme entre vingt et un et trente et un ans d'effectuer toutes les tâches définies par Vichy. On ordonna aux entreprises d'établir la liste de tout leur personnel qui n'était pas indispensable. Et l'envoi de travailleurs vers l'Allemagne repartit de plus belle. A la fin de 1942, le quota de 250 000 avait été atteint, et quatre-vingt-dix mille prisonniers de guerre avaient été libérés. La conséquence en fut un ralentissement de l'activité économique en France en un temps de pénurie sévère de produits de première nécessité comme la nourriture, les vêtements ou le charbon. La seule consolation pour Vichy venait que, du moins en zone occupée, c'était désormais Hitler et pas Pétain qui était rendu responsable de la misère grandissante du pays.

Pourtant, le pouvoir de Pétain était de plus en plus entamé par des événements qui échappaient à son contrôle. Le 8 novembre 1942, les troupes américaines débarquèrent en Algérie et au Maroc, territoires contrôlés par Vichy. Washington avait souhaité enfoncer un coin entre Vichy et Berlin en plaçant les troupes françaises stationnées en Afrique du Nord sous le commandement du général Henri Giraud qui s'était évadé d'un camp de prisonniers en Allemagne et avait fait allégeance à Pétain. L'amiral Darlan, l'ancien Président du Conseil, se trouvait par hasard en Algérie à ce moment-là, et, prenant les commandes, il signa rapidement un cessez-le-feu avec les Américains. Pendant ce temps, Laval se précipitait à Munich pour tenter de persuader Hitler que les forces de Vichy en Afrique du Nord résistaient à l'invasion alliée. Sans se laisser impressionner, Hitler ordonna à la Wehrmacht d'occuper la zone libre et, peu après l'aube, le 11 novembre, le trente-quatrième anniversaire de l'armistice scellant la défaite allemande dans la Première Guerre mondiale, les troupes allemandes passaient devant l'hôtel de Pétain à Vichy. Presque en même temps, les troupes italiennes occupèrent la Savoie, la moitié de la Côte d'Azur et la Corse.

Alors que Vichy perdait rapidement le contrôle de l'Afrique du Nord et du reste de son Empire africain, certains proches dans l'entourage de Pétain lui conseillèrent de partir à Alger pour préserver la fiction déjà bien entamée d'un gouvernement français indépendant, mais il refusa. Au lieu de cela, sous la pression allemande, il accepta à contrecœur de rompre les relations diplomatiques avec les Etats-Unis. Dans un message diffusé à la radio, il déclara qu'il avait cru avoir connu ses jours les plus sombres en juin 1940. Guéhenno ne se laissa pas impressionner : « Et le voilà désespéré à l'heure même où tous les Français recommencent à espérer, notait-il dans son journal. Jamais chef d'Etat ne fut plus ignorant de son peuple, plus sourd[20]. »

Un acte de rébellion pourtant fut pour la France, au moins dans une certaine mesure, une occasion de sauver la face. Le 27 novembre, les troupes allemandes et italiennes pénétrèrent dans la base navale de Toulon; l'ordre fut donné de saborder la flotte française pour l'empêcher de tomber aux mains des Allemands : soixante-sept bâtiments furent coulés ou détruits, comprenant trois cuirassés, sept croiseurs et quinze contre-torpilleurs. La situation de la France en Afrique du Nord, cependant, restait confuse. Le 24 décembre, Darlan fut assassiné à Alger par un monarchiste engagé dans un étrange complot qui visait à porter au pouvoir Henri, comte de Paris, le prétendant orléaniste au trône de France. En fait, ce meurtre permit aux Américains de désigner Giraud comme successeur de Darlan. Il s'ensuivit une longue lutte de pouvoir entre Giraud et de Gaulle. Celui-ci fut contraint de partager la présidence des Forces Françaises libres et du Comité français de libération nationale, et il lui fallut plusieurs mois pour devenir le chef incontesté de la bataille pour la libération de la France*.

A Vichy, même si Pétain gardait toujours le titre de chef de l'Etat, Laval, à présent, dirigeait le gouvernement et tenait peu compte du vieux maréchal. Berlin autorisa Vichy à conserver certains signes de pouvoir mais avec une contrepartie : plus que jamais la police française, la gendarmerie rurale et la milice paramilitaire, récemment créée, devaient continuer à exercer la répression pour le compte des Allemands. De toute façon, des événements qui se déroulaient loin de France avaient des conséquences bien plus importantes pour l'Occupation. Tandis que les Alliés renforçaient leur emprise sur l'Afrique du Nord, la bataille de Stalingrad, qui dura six mois, au sud de la Russie, venait de s'achever le 2 février 1943 par la reddition de l'armée allemande. Dans son journal, Galtier-Boissière rapporte la dernière blague à la mode : « Churchill et Staline sont dans la merde jusqu'aux oreilles : Hitler n'en a que jusqu'aux genoux. “ Mais comment faites-vous donc ? ” lui demandent les deux autres. “ Je suis sur les épaules de Mussolini[21]. ” » Pourtant si Stalingrad s'avéra un tournant capital de la guerre, les Parisiens avaient toujours autant de mal à imaginer une fin rapide de l'Occupation. Leur seule consolation restait cette vie culturelle intense qui depuis la défaite en 1940 avait tant fait pour entretenir leur moral.

* Curieusement, pendant toute une partie de cette période, de nombreux Juifs internés par Vichy restèrent dans des camps au Maroc et en Algérie.

CHAPITRE 8

Vivace ma non troppo

Si les Parisiens n'avaient pas réagi aux efforts des Allemands pour promouvoir leur littérature, leur théâtre et leur cinéma, ils furent très réceptifs à leur musique. Et pourquoi ne l'auraient-ils pas été ? Il n'y avait pas le problème de la barrière des langues et par ailleurs ils connaissaient déjà et aimaient la musique allemande*. Après tout, Bach, Haendel, Mozart, Beethoven, Mahler et tant d'autres grands compositeurs allemands n'étaient-ils pas au cœur de la musique classique. Et de la même façon que la barbarie hitlérienne ne pouvait être reprochée aux compositeurs allemands, pas même à ce romantique nationaliste et scandaleusement antisémite de Richard Wagner, le IIIe Reich ne pouvait en aucun cas revendiquer leur génie.

Les nazis pourtant voyaient les choses autrement. En 1941, Goebbels proclama que les Allemands étaient « le peuple le plus musical de la terre » et, à ce titre, l'héritier des grands compositeurs du passé[1]. Il comprit aussi que la musique était le seul domaine dans lequel l'Allemagne pouvait impressionner les Français et exporter sa culture avec succès. Ainsi, s'attendant à un bon accueil de la part du public français aussi bien que de la part des officiers cultivés de la Wehrmacht, Berlin mobilisa les chefs d'orchestre, les orchestres, les troupes d'opéra et les chorales, les chargeant d'apporter la musique allemande à Paris et dans les provinces françaises tout au long de l'Occupation. Et pour voir des musiciens français s'incliner devant la musique allemande, de nombreux critiques et compositeurs français furent invités à Vienne fin 1941 pour la commémoration du cent cinquantième anniversaire de la mort de Mozart.

* Musique « allemande » désigne ici la musique des principautés germaniques d'avant 1871, de la Vienne impériale, de l'Allemagne et de l'Autriche modernes.

Bien sûr, toute la musique allemande n'était pas suffisamment allemande. Vers le milieu des années 1930, les nazis avaient interdit les œuvres de compositeurs juifs morts comme Mendelssohn, Meyerbeer et Mahler, et des représentants vivants de l'avant-garde comme Paul Hindemith, Arnold Schönberg, Alban Berg et Kurt Weill. Puis en 1938, inspirée par l'expérience du *Entartete Kunst*, ou Art dégénéré, une exposition qui s'était tenue l'année précédente à Munich, on organisa à Düsseldorf une exposition du même genre appelée *Entartete Musik*, ou Musique dégénérée. En 1940, étendant la liste noire à la France occupée, ils y ajoutèrent les compositeurs juifs français dont Paul Dukas qui était mort cinq ans auparavant et Darius Milhaud qui était déjà parti aux Etats-Unis. En pratique, des œuvres de Dukas et de Mendelssohn, mais pas de Milhaud, furent parfois jouées et de temps en temps diffusées à la radio dans la zone libre. De plus Jacques Offenbach, Juif d'origine allemande qui avait connu la célébrité en France au milieu du XIXe siècle, conservait une immense popularité, avec ses opérettes que l'on représentait dans le sud de la France et son cancan qu'on entendait tous les soirs dans les cabarets parisiens.

Pour les Français, l'attrait de la musique classique c'était que son caractère abstrait pouvait procurer une échappatoire unique à la réalité. Quand les orchestres militaires allemands ou les chorales se produisaient à l'heure du déjeuner sur les marches de l'Opéra, les foules se formaient rapidement, non pas pour approuver l'occupant mais attirées par le magnétisme de la musique. Et quand les fanfares de cuivres allemandes jouaient au jardin du Luxembourg, les Parisiens qui prenaient leur bain de soleil à côté pouvaient oublier un moment qu'il s'agissait là des trompettes d'une armée conquérante. En réalité, le seul vrai danger de la musique classique était le risque de rendre les nazis humains. Si tant d'Allemands en uniforme assistaient aux concerts et aux opéras, parce que, eux aussi, aimaient la musique, cela les rendait-il moins monstrueux ? Est-ce qu'un homme dont les yeux s'emplissent de larmes quand il écoute Mozart peut aussi être un assassin ? Un pays qui a donné au monde Bach et le Philharmonique de Berlin peut-il être mauvais ? En vérité, les émotions provoquées par la musique sont partagées par tous. Hitler admirait Bruckner aussi bien que Wagner, et Mussolini était lui-même musicien et jouait du violon. Après avoir assisté à une interprétation de la *Neuvième sym-*

phonie de Beethoven par le Philharmonique de Berlin pour célébrer le cinquante-troisième anniversaire de Hitler, le 20 avril 1942, Goebbels écrivit : « Elle a été interprétée à la perfection avec un effet saisissant ; je ne l'ai jamais entendue jouer avec une telle ferveur. Le public était profondément ému. Autour de moi j'ai vu des soldats et des ouvriers avoir les larmes aux yeux[2]. » Dans *Dolce*, le deuxième volume de l'épopée inachevée d'Irène Némirovsky, *Suite française*, une Française esseulée ouvre son cœur à un officier allemand logé chez elle lorsque celui-ci se met à jouer du piano.

Dans l'intérêt du marché musical allemand, la Propaganda Staffel incita Vichy à faire repartir la vie musicale à Paris. Les musiciens de la ville étaient eux aussi très désireux de reprendre le travail. Des ordres furent donnés pour rouvrir les salles d'opéra et de concert ainsi que le Conservatoire de Paris, la principale école de musique du pays, tous sous la responsabilité de Vichy. Quatre orchestres symphoniques reprirent leur tradition de concerts du dimanche après-midi, chacun dans sa propre salle : l'Association des Concerts Lamoureux à la salle Pleyel, l'Association des Concerts Pasdeloup à la salle Gaveau, l'Association des Concerts Pierné* au Théâtre du Châtelet, et la Société des Concerts du Conservatoire dans la salle du Conservatoire.

En juillet 1941, Francis Poulenc écrivit à Darius Milhaud alors en exil : « La vie musicale est intense et chacun puise là-dedans l'oubli des tristesses présentes[3]. » Pourtant, au début, les orchestres manquaient de musiciens : un bon nombre d'entre eux étaient prisonniers de guerre, d'autres étaient juifs et se sentaient plus en sécurité en zone libre, quelques-uns étaient des Parisiens qui avaient quitté la ville lors de l'exode et qui attendaient la permission allemande de rentrer à Paris. Paris avait aussi perdu un orchestre, l'Orchestre national de la Radiodiffusion française qui s'était réfugié à Rennes pendant la drôle de guerre, puis était parti à Marseille en juin 1940 et dépendait à présent de Vichy (il ne revint à Paris qu'en mars 1943, quatre mois après que la zone libre fut envahie par les Allemands). Mais, en octobre 1941, Paris en gagna un nouveau. Radio-Paris, la station allemande en langue française, fonda le Grand Orchestre de

* Connu initialement sous le nom d'Orchestre Colonne, il prit le nom du compositeur Gabriel Pierné en 1940 parce que Edouard Colonne était juif.

Radio-Paris qui attira rapidement un large public à ses concerts gratuits bihebdomadaires au Théâtre des Champs-Elysées. Et comme Vichy devait financer Radio-Paris parmi ses innombrables fardeaux économiques, il finit aussi par payer les salaires des quatre-vingts membres de l'orchestre*.

Evidemment, Vichy ne pouvait pas ignorer les Allemands. Par exemple, c'était le secrétaire général des Beaux-Arts de Vichy, Louis Hautecœur, qui nommait les directeurs des institutions culturelles, mais seulement après avoir consulté la Propaganda Staffel. De la même façon, si Vichy avait augmenté le budget culturel d'avant guerre, il devait rembourser aux théâtres les billets qu'ils avaient offerts aux forces d'occupation : 20 pour cent des places à l'Opéra de Paris et à l'Opéra-Comique étaient réservés à la Wehrmacht, et les autres billets étaient vendus à moitié prix.

Le principal atout musical de Vichy était son interprète vedette, le pianiste Alfred Cortot qui était acclamé à travers l'Europe, y compris en Allemagne. Né en Suisse, il avait vécu en France depuis son enfance, et à présent âgé de soixante-trois ans, il était un pétainiste convaincu. D'abord conseiller de Hautecoeur, puis, à partir de mai 1942, du ministre de l'Education Abel Bonnard, il était le seul artiste important à jouer un rôle officiel au sein du régime. En 1942, il fut nommé président du Comité professionnel de la musique, et l'année suivante il dirigea ce qu'on appela le Comité Cortot, une sorte de groupe consultatif formé de professionnels de la musique, aussi bien modérés que pétainistes. Il prit son rôle très au sérieux et s'efforça de promouvoir l'éducation musicale et de réorganiser la profession. Il appuya aussi un excellent projet, les Jeunesses musicales de France, destiné à initier les jeunes à la musique classique : cinq mille élèves participèrent à la saison 1942-1943, certains d'entre eux assistant à des répétitions en costume à l'Opéra et recevant gratuitement des places de concert.

Dans le même temps, Cortot continuait à jouer, donnant des récitals en France et, ce qui était plus compromettant, avec des orchestres allemands en France et en Allemagne. En juin 1942, il se rendit à Berlin pour interpréter le concerto pour piano de Schumann avec le Philharmonique de Berlin dirigé par Wilhelm Furtwängler. Lors

* Ces salaires qui étaient deux fois plus élevés que ceux des musiciens de l'Opéra de Paris servirent à attirer un certain nombre de musiciens de l'Orchestre national.

d'une réception à son retour à Paris, Max d'Ollone, responsable de la musique au sein du Groupe Collaboration, le félicita pour son « geste précieux de collaboration », d'autant plus qu'il était le premier artiste français à se produire en Allemagne depuis le début de l'Occupation. Six mois plus tard, Cortot donna encore une série de concerts à Berlin et dans cinq autres villes allemandes. C'est de cette collaboration musicale plus que de son action à Vichy qu'il eut à répondre après la Libération.

La délégation française qui assista aux commémorations mozartiennes 1791-1941 à Vienne reçue par Richard Strauss fut présentée comme un nouvel exemple de collaboration culturelle. Conduite par Hautecœur, elle comprenait Jacques Rouché, qui était à la fois directeur de l'Opéra et de l'Opéra-Comique, le critique fasciste Lucien Rebatet, le fameux compositeur suisse Arthur Honegger, les musiciens français collaborationnistes Florent Schmitt et Marcel Delannoy ainsi que des critiques et des journalistes parmi lesquels Robert Bernard, directeur d'origine suisse de *L'Information musicale*, hebdomadaire musical patronné par les nazis. Les visiteurs pouvaient difficilement ne pas être impressionnés par un programme comportant pas moins de soixante-cinq concerts.

Comme dans le cas d'autres délégations d'artistes, d'écrivains ou d'acteurs, tous ceux qui acceptaient ces invitations en Allemagne n'étaient pas forcément des partisans des nazis. L'excuse qu'ils avançaient le plus souvent pour justifier ce genre de voyages c'est qu'en contrepartie des prisonniers de guerre français seraient libérés. Mais on ne connaît aucun exemple de telles libérations pas plus que de gens qui auraient refusé l'invitation à Vienne pour protester contre les dispositions désormais appliquées aux musiciens juifs. Ceux-ci avaient alors pour la plupart perdu leur place dans les orchestres de Paris. Onze maisons d'édition musicale appartenant à des Juifs avaient été fermées ou aryanisées. Le compositeur et chef d'orchestre juif Manuel Rosenthal, qui avait été libéré d'un camp de prisonniers de guerre en février 1941, fut avisé en juillet de la même année qu'il ne pouvait plus diriger l'Orchestre national de la Radiodiffusion française. Peu de temps après, Paul Paray, un compositeur chef d'orchestre, partit pour Monaco parce qu'il n'acceptait pas de diriger ce même orchestre privé de ses musiciens juifs. Reynaldo Hahn, né au Venezuela d'un père juif-allemand, avait réussi à obtenir un brevet d'aryanité, mais il jugea plus prudent de passer la guerre à Marseille. La Société des auteurs, compositeurs et éditeurs de musique, connue sous le sigle SACEM, demanda même à ses 12 500 membres de déclarer par écrit qu'ils n'étaient pas juifs. Pourtant, plus tard, après que Vichy eut interdit de verser des droits d'auteurs aux compositeurs juifs, la SACEM envoya secrètement de l'argent à des compositeurs juifs qui se cachaient ou aux épouses de certains autres qui avaient été déportés. Parmi ceux-ci, au moins quinze moururent à Auschwitz et dans des camps nazis.

Même si les mélomanes considéraient la musique classique comme une expérience purement personnelle, le monde de la musique ne pouvait pas échapper à la politique. Et puisque les nazis utilisaient la musique comme une arme de propagande, leurs adversaires se sentaient tenus de leur répondre. Mais comment ? Ils avaient déjà connu des pertes dans leurs rangs. De jeunes compositeurs français prometteurs comme Jehan Alain, Maurice Jaubert et Jean Vuillermoz avaient été tués lors de la bataille de France. Tout comme Milhaud, Nadia Boulanger, professeur très respectée, vivait à New York, même si elle n'avait pas été personnellement persécutée, et elle avait entamé une longue et riche relation avec les compositeurs américains.

Raymond Deiss, l'éditeur de Milhaud, Poulenc et d'autres musiciens français, prit la tête des opérations. Quatre mois exactement après le début de l'Occupation, et de sa propre initiative, il commença à imprimer un journal d'opposition au nom rabelaisien, *Pantagruel*. Dans son premier numéro, il invitait ses compatriotes à soutenir le général de Gaulle qui, assurait-il, triompherait, « soutenu par le peuple anglais dont le flegme et les résolutions inébranlables sont légendaires ». Au cours de l'année suivante, il publia seize numéros de son bulletin avant d'être arrêté et déporté en Allemagne. Deux ans plus tard, largement oublié en France, il fut décapité dans une prison de Cologne. Maurice Hewitt, qui avait fait partie du Quatuor Capet avant la guerre et qui avait fondé en 1939 l'Orchestre de chambre Hewitt, enregistra des œuvres de Rameau sous l'Occupation. En même temps, déjà âgé d'une bonne cinquantaine d'années, il rejoignit un groupe de résistants dirigé par les Anglais et dont le but était d'aider les aviateurs alliés à quitter la France *via* l'Espagne. Arrêté en décembre 1943, il fut déporté à Buchenwald où il organisa des concerts. Après sa libération en 1945, il dirigea, vêtu de sa tenue de prisonnier, le *Requiem* de Fauré en mémoire des déportés français.

Mais pour l'infime minorité de musiciens qui voulaient prendre position, la lutte contre les Allemands se déroulait surtout dans la sphère musicale elle-même. Déjà, en 1941, un journal clandestin, *L'Université libre*, reconnaissait qu'il était illogique de boycotter toute la musique allemande mais il demandait instamment aux musiciens français de ne pas trahir leurs racines en collaborant avec l'occupant. Certains le faisaient déjà : Delannoy et Schmitt avaient rejoint d'Ollone dans son Groupe Collaboration, le chef d'orchestre et compositeur Eugène Bigot participait aux dîners organisés par le Groupe et Joseph Canteloube avait proposé ses services à Cortot, à Vichy. L'été suivant, le chef Roger Desormière et la compositrice Elsa Barraine décidèrent de fonder un groupe de résistants lié au parti communiste ; ils l'appelèrent le Comité du front national de la musique*. Ils furent rejoints par une liste impressionnante de musiciens : les compositeurs Honegger, Poulenc, Georges Auric, Louis Durey, Alexis Roland-Manuel, Manuel Rosenthal et Henri Dutilleux, la soprano Irène Joachim, Claude Delvincourt, directeur du Conservatoire de Paris, et Charles Munch, chef permanent de la Société des concerts du Conservatoire, le meilleur orchestre de Paris.

Ce rassemblement de talents n'était en réalité rien de plus : une élite de musiciens sans expérience politique, et comme cela se vérifia rapidement, sans aucune capacité à faire sortir le milieu musical de sa confortable neutralité artistique. Ils publièrent un petit journal clandestin, *Le Musicien d'aujourd'hui*, qui, en octobre 1942, définissait ainsi ses objectifs : garder vivante la musique interdite, comme celle de Milhaud, en la jouant en privé, aider les musiciens prisonniers en Allemagne ou ceux qui, en tant que Juifs, devaient se cacher, boycotter les événements pronazis et encourager les manifestations spontanées de protestations comme le fait de jouer *La Marseillaise* en présence d'Allemands**. Comme force d'opposition, le front demeura pourtant périphérique; ainsi en mars 1944 il comptait moins de trente membres et n'avait publié que huit numéros du *Musicien d'aujourd'hui*, même si les deux derniers touchèrent un plus vaste public parce qu'ils avaient été encartés dans *Les Lettres françaises*, journal clandestin des écrivains.

Ce qui mobilisait le plus le front c'était ce qu'il appelait « l'étranglement systématique de la musique française par la propagande

* Il fut appelé successivement Comité des musiciens du front national, Front national des musiciens et, pour finir, Front national de la musique.

** *La Marseillaise* était souvent jouée en zone libre mais interdite en zone occupée.

nazie ». Comme Auric l'écrivit plus tard avec amertume dans un article non signé du *Musicien d'aujourd'hui* : « Mais si la musique n'a pas de patrie, les musiciens en ont une. Et on va mettre nos orchestres et leurs chefs, nos virtuoses, nos chanteurs, au service des œuvres monumentales de l'Ecole germanique... tout cela sous le prétexte de pallier la soi-disant insuffisance de la culture française[4]. »

En fait, la musique française était souvent jouée, mais il s'agissait essentiellement des œuvres symphoniques de Berlioz, Debussy, Fauré et Ravel, et des opéras de Bizet, Gounod et Massenet. Les compositeurs vivants, pour leur part, se sentaient négligés, pour des raisons peut-être politiques. Et il ne s'agissait pas pourtant de débutants. Dans les années de l'entre-deux-guerres, six d'entre eux, Milhaud, Honegger, Poulenc, Auric, Durey et Germaine Tailleferre, s'étaient fait connaître sous le nom de groupe des Six, en référence à des compositeurs russes du XIXe siècle connus comme les Cinq. Malgré des styles différents, ils étaient amis, avaient à peu près le même âge et avaient tous sympathisé avec le Front populaire au milieu des années 1930. A présent ils voyaient bien qu'ils allaient devoir se battre s'ils voulaient être entendus.

Ils furent aidés par Vichy qui éprouvait le besoin de défier la supériorité affirmée de la musique allemande. Pendant quatre ans, le régime passa commande à cinquante-sept compositeurs, y compris ceux du Front national de la musique, et surtout ceux qui rentraient en France de camps de prisonniers. Certaines de ces œuvres furent jouées en public et beaucoup furent enregistrées. Il était aussi possible de présenter de nouvelles compositions en privé, chez des particuliers ou dans des salons culturels. Une des possibilités était de se produire devant les étudiants de l'Ecole normale de musique, même si les compositeurs préféraient un public plus large, comme aux nouveaux Concerts de la Pléiade, fondés par l'éditeur Gaston Gallimard et la productrice de cinéma Denise Tual. Ils avaient lieu au Conservatoire ou à la Galerie Charpentier devant un parterre d'invités, et, dans la mesure où le public ne dépassait pas quarante personnes, aucune autorisation officielle n'était requise. Ici, Poulenc et les autres pouvaient entendre leurs nouvelles œuvres exécutées par les meilleurs interprètes et chanteurs. Il arrivait que le programme comprenne des œuvres de Milhaud et d'autres musiciens interdits. Les concerts n'étaient pas vraiment clandestins puisque même des Allemands francophiles y assistaient.

Honegger, qui avait un passeport suisse mais avait passé, à l'exception de deux ans, toute sa vie en France, jouissait déjà d'une grande notoriété. Au début de l'Occupation il avait dû prouver qu'il n'était pas juif. Mais quand il se rallia au Front national de la musique, il fut considéré avec méfiance par certains autres membres parce qu'il avait accepté l'invitation des Allemands à Vienne et publié des critiques musicales dans *Comœdia* *, l'hebdomadaire culturel approuvé par les Allemands. En 1943, le Front décida d'exclure Honegger de ses réunions. Mais celui-ci conserva pendant toute l'Occupation le succès qu'il avait connu pendant les années 1920 et 1930. Compositeur toujours prolifique, il vit ses œuvres instrumentales régulièrement jouées par de nombreux orchestres. Son oratorio *Jeanne au bûcher*, sur un livret de Claudel, fut présenté à Lyon en 1941 puis partit en tournée à travers le pays tandis que son opéra *Antigone*, sur un livret de Cocteau, fut finalement présenté à l'Opéra de Paris en 1943, seize ans après y avoir été refusé une première fois. Il composa aussi la musique qui accompagnait la pièce épique de Claudel, *Le Soulier de satin*, qui fut montée à la Comédie-Française fin 1943.

Le succès d'Honegger venait en partie du fait que son style mêlait les traditions musicales françaises et allemandes. Il était devenu une sorte de compositeur officiel français et cette impression fut renforcée par les honneurs qu'on lui fit à l'occasion de son cinquantième anniversaire, en 1943, avec *L'Information musicale* de Vichy, lui consacrant un numéro entier pour la circonstance. Ce n'était pas un collaborateur, il aida même certains compositeurs juifs. Mais comme tous ses collègues, il voulait simplement que sa musique soit écoutée et appréciée, et il y arrivait mieux que d'autres.

Aucun membre du Groupe des Six ne portait le stigmate de musicien « dégénéré ». Et pourtant ils s'étaient tous fait un nom à l'époque où Schönberg, Berg et Anton Webern fondaient la Seconde Ecole de Vienne, mais ils n'adoptèrent pas le dodécaphonisme. Poulenc était particulièrement admiré pour ses mélodies captivantes. Il n'avait que trente-trois ans en 1922 quand il composa pour Diaghilev le ballet *Les Biches*. Il était ouvertement homosexuel et considéré comme un enfant terrible dans les années 1920 et 1930. Mais en 1936, tandis qu'il

* Bien que soumis à la censure allemande, *Comœdia* couvrait largement et de manière objective la vie artistique et comptait Sartre, Valéry, Claudel et Cocteau parmi ses collaborateurs occasionnels.

visitait le tombeau de la Vierge noire à Rocamadour dans le sud-ouest de la France, il vécut une conversion religieuse qui affecta profondément sa vie et l'amena à composer de la musique sacrée (dont son bel opéra d'après guerre, les *Dialogues des carmélites*). Pendant la guerre, il resta fermement opposé à l'Occupation, mais il composa pour être joué à la fois en public et en privé. Dans une lettre à un ami en décembre 1941, il ne semble pas malheureux : « La vie musicale à Paris est intense. Munch fait de très beaux concerts et chacun essaie de garder à notre bonne ville son atmosphère spirituelle. Picasso peint solitairement et superbement. Braque *idem*. Eluard écrit des chefs-d'œuvre. Il y aura au printemps (à l'occasion de la première audition de ma sonate pour piano et violon) un concert de musique de chambre consacré à mes œuvres par la Société nouvelle de musique de chambre de Paris[5]. »

En 1942, le ballet de Poulenc, *Les Animaux modèles*, d'après les *Fables* de La Fontaine, fut présenté à l'Opéra de Paris. Sachant qu'il y aurait de nombreux Allemands dans le public, il y glissa malicieusement quelques mesures d'un chant alsacien, « Non, non, vous n'aurez pas l'Alsace et la Lorraine », allusion à l'annexion par l'Allemagne de ces provinces de l'Est entre 1871 et 1918, puis en 1940. Il mit aussi en musique de nombreux poèmes, en particulier de Louise de Vilmorin et d'Aragon. Une de ses œuvres remarquables fut *Figure humaine*, une cantate à douze voix basée sur des poèmes de résistance d'Eluard, dont le fameux « Liberté » ; elle fut interprétée pour la première fois en 1944 chez une femme de la haute société, Marie-Laure de Noailles. Poulenc mit aussi en musique « Un soir de neige », l'hommage d'Eluard à Max Jacob, mort à Drancy en 1944.

Olivier Messiaen, qui avait neuf ans de moins que Poulenc, n'était pas moins fervent catholique que lui mais c'était un compositeur plus expérimenté. Agé seulement de trente-deux ans quand il fut capturé par la Wehrmacht en juin 1940, il passa les onze mois suivants au Stalag VIII-A à Görlitz dans l'est de l'Allemagne. C'est là qu'il composa son *Quatuor pour la fin du temps* qui fut joué pour la première fois le 15 janvier 1941 dans l'enceinte même du camp. En plein air, devant un public composé de prisonniers frigorifiés et de gardes allemands intéressés, Messiaen joua sur un vieux piano, accompagné par trois autres prisonniers, le violoncelliste Etienne Pasquier, le violoniste Jean Le Boulaire et le clarinettiste Henri Akoka. En mai 1941,

Messiaen fut libéré et nommé par Vichy professeur d'harmonie au Conservatoire de Paris, poste précédemment occupé par un musicien juif. Il retrouva aussi sa place de titulaire de l'orgue de l'église de la Trinité, poste qu'il garda jusqu'à sa mort en 1992. Paris le découvrit pour la première fois quand il donna ses *Visions de l'Amen* pour deux pianos, le 10 mai 1943, lors d'un concert de la Pléiade devant un public où figuraient Poulenc, Valéry, Cocteau, Braque et Mauriac. Messiaen fut le seul compositeur important à ne recevoir aucune commande de Vichy, mais il se révéla un professeur très influent : parmi les élèves du Conservatoire qu'il convertit à la musique sérielle se trouvait Pierre Boulez qui allait devenir lui-même après la guerre une des figures de proue de l'avant-garde musicale et un chef d'orchestre très admiré aussi bien dans le répertoire classique que contemporain.

Lorsque Boulez, venant de Lyon, arriva à Paris en septembre 1943, il n'avait que dix-huit ans et n'apprendrait les activités du Front national de la musique qu'après la Libération. Avec le recul, il trouva qu'à son avis la musique allemande n'étouffait pas la musique française. « Radio-Paris avait son propre orchestre qui fêta les quatre-vingts ans de Richard Strauss en mai 1944, rappelle-t-il. Mais les Allemands en charge de la culture essayaient de séduire plutôt que d'imposer leur volonté. Je me souviens d'avoir entendu Messiaen pour la première fois à l'Ecole normale de musique; Poulenc était aux Concerts de la Pléiade. Honegger était le grand compositeur français. Il était très populaire. » Tout en suivant l'enseignement du Conservatoire de Paris, Boulez prit des leçons de contrepoint auprès de la femme d'Honegger, Andrée Vaurabourg. En juin 1944, il finit par rencontrer Messiaen. « Je lui ai montré quelques-uns de mes travaux et lui ai demandé de suivre sa classe d'harmonie, ce que je fis au mois de septembre, après la Libération[6]. » Les deux compositeurs restèrent amis, et dans les furieux débats qui eurent lieu à Paris sur les questions de style musical, Boulez fut toujours le plus ardent défenseur de Messiaen.

L'expérience d'un autre jeune compositeur montre à quel point il était difficile pour beaucoup de musiciens de joindre les deux bouts. Henri Dutilleux avait vingt-deux ans en 1938 quand il remporta le prestigieux prix de Rome, lui permettant d'étudier à la Villa Médicis, l'académie de France à Rome, marchant sur les traces de nombreux grands compositeurs français. Mais quand il arriva à Rome en février 1939, ce fut pour y trouver le fascisme mussolinien à son apogée. Au début avril, on y fêta la victoire de Franco dans la guerre civile espagnole. « Je n'avais aucune envie de me trouver là à ce moment-là. Et je suis parti en juillet. » Il fut bientôt mobilisé comme brancardier auprès d'un régiment de l'armée de l'air basé près de Rennes. « Pendant la drôle de guerre, la musique continuait. On se croyait à l'abri de la Ligne Maginot. J'ai passé quelque temps à Paris. J'ai joué du piano dans une brasserie, j'ai pris quelques leçons et travaillé avec quelques chanteurs. »

Quand les Allemands envahirent la France, son unité partit à Bordeaux où le gouvernement français s'était réfugié. « On croyait en la possibilité de poursuivre la guerre en Afrique du Nord et on était presque déçus quand Pétain a demandé l'armistice. C'était le début de l'affrontement des Français entre eux. » Démobilisé à Toulouse, Dutilleux rentra à Paris à temps pour assister à la reprise de la fameuse production de *Pelléas et Mélisande* de Debussy à l'Opéra-Comique, dirigé par Roger Desormière, avec Jacques Jansen et Irène Joachim dans les rôles-titres « C'est l'un des moments les plus intenses que j'aie connus. » Puis il retourna à Toulouse pour quelques mois avant de se rendre à Nice où les lauréats du prix de Rome étaient priés de se remettre au travail. « Je ne voulais pas vivre dans une cage dorée. Ce n'était pas le moment. Mon frère était prisonnier de guerre. Plusieurs de mes amis avaient été tués. J'écrivis une pièce pour basson et rentrai à Paris[7]. »

Sans emploi, il dut recourir à des petits boulots « J'ai donné quelques leçons de contrepoint et d'harmonie, j'ai accompagné des danseurs et des chanteurs, j'ai joué du jazz dans des brasseries, j'ai même orchestré quelques valses de Chopin, ce qui était criminel de ma part. » Une bonne occasion se présenta au début de 1942 quand il fut invité par l'Opéra de Paris à accompagner les répétitions de la première production de l'opéra de Hans Pfitzner, *Palestrina.* « Je n'aimais pas beaucoup l'opéra mais il est bien écrit avec de forts contrepoints. Je m'attirai les réprimandes de quelques chanteurs parce que je faisais des fautes. Je ne suis pas très bon pianiste. » On ne fit plus appel à lui. Mais par l'intermédiaire d'Irène Joachim il fut invité à se joindre au Front national de la musique, en même temps que la pianiste Geneviève Joy qui devait devenir sa femme. « Nous appartenions à une chaîne de résistance. Notre but était de combattre la collaboration. Nous trouvions que c'était normal de jouer devant des Allemands mais pas pour Radio-Paris. Beaucoup de musiciens acceptaient de jouer et de chanter pour Radio-Paris, disant qu'il fallait bien vivre, mais ils n'auraient pas dû le faire. »

Pendant les derniers mois de l'Occupation, Dutilleux trouva du travail à la Radiodiffusion nationale, plus connue comme Radio-Vichy, qui était revenue s'installer à Paris. Son travail consistait à commander des musiques destinées à accompagner les pièces radiophoniques et d'autres programmes parlés. En même temps, il commença à travailler avec Pierre Schaeffer*, l'ancien directeur de Jeune France qui s'occupait à présent du Studio d'essai expérimental et préparait des programmes pour la Libération en enregistrant des musiques interdites comme celles de Schönberg, Berg et Milhaud. Deux poèmes que Dutilleux mit en musique, « La Geôle », sur un sonnet de Jean Cassou, et « Chanson de la déportée », de Jean Gandrey-Réty, furent pour la première fois joués en public après la Libération.

Un autre lieu gardait vivant l'esprit de la musique française, le Conservatoire de Paris sous la direction de Delvincourt. Vichy l'avait nommé en avril 1941 pour succéder à Henri Rabaud parce que les liens qu'il avait entretenus dans les années 1930 avec le mouvement de droite des Croix de Feu paraissaient un gage rassurant. Quand il prit son poste, deux professeurs juifs, Lazare Lévy et André Bloch, et vingt-cinq étudiants juifs avaient déjà été contraints de partir, et en septembre 1942, sous la pression de Vichy, la plupart des élèves « demi-juifs » furent également expulsés. Mais l'Occupation transforma progressivement Delvincourt. Il s'était arrangé pour donner clandestinement des cours à des élèves juifs, et le compositeur Roland-Manuel, juif lui-même, affirma plus tard que pas un seul étudiant juif placé sous sa responsabilité n'avait été déporté**.

Delvincourt apporta aussi de grands changements au Conservatoire, notamment dans les méthodes d'enseignement. En 1942, ayant alors perdu toute foi en Pétain, il prit le pseudonyme de M. Julien et rejoi-

* Après la guerre, grâce à ses recherches révolutionnaires sur la musique électroacoustique, Schaeffer fut reconnu comme le « père » de la musique concrète.

** Michel Tagrine, un violoniste juif qui avait remporté les prix de fin d'année au Conservatoire en 1941 et 1942, allait être un des rares martyrs du monde de la musique ; il n'avait que vingt-deux ans lorsqu'il mourut en combattant au cours du soulèvement de Paris le 25 août 1944.

gnit de Front national de la musique qui tenait parfois ses réunions dans son bureau du Conservatoire. En 1943, lorsque les jeunes gens furent soumis au travail obligatoire en Allemagne, il parvint à en dispenser soixante de ses élèves en créant un orchestre de jeunes, l'Orchestre des cadets du Conservatoire. L'année suivante, comme cette couverture ne les protégeait plus, il les convoqua un jour avant l'aube. Il leur distribua de fausses cartes d'identité, des tickets de rationnement et des certificats de travail fournis par un professeur d'orgue, Marie-Louise Boëllmann-Gigout, qui appartenait à la Résistance, puis il leur conseilla de disparaître. « Delvincourt fut admirable au Conservatoire où pas un seul étudiant ne dut partir pour l'Allemagne », écrivit Poulenc à Milhaud après la Libération[8].

Desormière lui aussi menait une double vie. Membre du parti communiste et chef de file du groupe des musiciens résistants, il était aussi le chef d'orchestre de l'Opéra-Comique. Cela exigeait certains compromis. Il dut travailler successivement avec deux pétainistes directeurs de l'Opéra, Max d'Ollone et le ténor Lucien Muratore. Il dirigea aussi un concert de charité à l'Opéra dont le soliste était Alfred Cortot, mais, en l'occurrence pour une bonne cause, celle des musiciens dans la misère. Mais il eut la liberté de promouvoir la musique française, organisant la première de plusieurs opéras français dont la *Ginevra* de Delannoy*, *L'Etoile* d'Emmanuel Chabrier, alors qu'il ne mit à l'affiche que deux opéras allemands pendant toute la durée de l'Occupation, *L'Enlèvement au sérail* de Mozart en 1941 et *Ariane à Naxos* de Richard Strauss en 1943.

En tant que chef d'orchestre, Desormière suscita l'admiration générale en 1941 pour le premier enregistrement intégral de l'opéra de Debussy, *Pelléas et Mélisande*, avec, de nouveau, Jansen et Joachim. En tant que résistant, alors qu'il s'amusait à attaquer d'Ollone et Muratore dans des articles non signés du *Musicien d'aujourd'hui*, il aidait les compositeurs juifs Jean Wiener et Manuel Rosenthal qui se cachaient. Wiener, fameux compositeur de musiques de films dans les années 1930, put même continuer à travailler puisque Desormière signa ses partitions pour sept nouveaux films; Wiener récupéra ensuite ses droits. Après la libération de Paris, Desormière faisait partie d'une équipe de quatre qui dirigeaient l'Opéra-Comique avant d'être nommé à la tête de l'Opéra de Paris.

* Irène Joachim, qui chantait le rôle-titre, refusa ensuite d'en donner des extraits sur Radio-Paris.

C'est aussi largement grâce à Desormière que l'Opéra-Comique ne fut pas submergé par les troupes d'opéra et les orchestres allemands. L'Institut allemand qui gérait ces tournées organisa pas moins de soixante et un concerts pour des orchestres allemands dans toute la France entre mai 1942 et juillet 1943. En fait, trois semaines seulement après le début de l'Occupation, le Philharmonique de Berlin joua à Paris et à Versailles et revint plusieurs fois à Paris et dans d'autres villes, dirigé successivement par Hans Knappertsbusch, Eugen Jochum et Clemens Krauss*. En juin 1943, il joua les neuf symphonies de Beethoven dans une série de concerts au Palais de Chaillot devant une salle de trois mille cinq cents places toujours pleine. Mais si le Philharmonique de Berlin pouvait généralement compter sur un bon accueil du public, un concert dirigé par Krauss à Lyon en mai 1942 s'acheva dans le chaos lorsque des milliers de manifestants se rassemblèrent devant la salle Rameau pour chanter *La Marseillaise*. Le plus souvent, les mélomanes français se bousculaient pour assister aux concerts des orchestres allemands. En 1941, le Berliner Kammerorchester dirigé par Hans von Benda organisa son propre festival Mozart, avec en prime un concert gratuit dans les jardins du Palais-Royal. Le Chœur d'enfants de Vienne fut aussi très apprécié dans de nombreuses villes, et le Chœur de Ratisbonne se produisit à Notre-Dame de Paris. Même l'orchestre de la Luftwaffe fit des tournées en France.

Il n'est pas surprenant que Wagner, le musicien préféré de Hitler, ait été le compositeur allemand d'opéra le plus joué dans Paris occupé, avec cinquante-quatre représentations à l'Opéra de Paris contre trente-cinq pour Mozart. En 1943, le Théâtre national de Mannheim monta une production de *La Walkyrie* pour célébrer le cinquantième anniversaire de sa première représentation à Paris, tandis que l'Opéra de Paris reprenait une production du *Vaisseau fantôme* pour trente-six représentations, et treize fois *L'Or du Rhin*. D'autres compositeurs allemands et autrichiens étaient également joués. Le Deutsche Opernhaus de Berlin, par exemple, présenta la soprano montante Elisabeth Schwarzkopf dans *La Chauve-Souris* de Johann Strauss, et sept représentations de la célèbre opérette furent réservées à la Wehrmacht. Franz Lehar vint de Vienne diriger son opérette, *Le Pays du sourire*, au théâtre de la Gaîté-Lyrique, et par la même occasion il dirigea un concert au Palais de Chaillot qui réunissait les

* Furtwängler fut le seul chef d'orchestre allemand réputé à ne pas se produire en zone occupée.

orchestres allemands de l'armée de terre, de l'air et de la marine. L'Opéra de Paris remonta quelques productions d'avant guerre d'opéras allemands, et commença en décembre 1940 par l'unique opéra de Beethoven, *Fidelio*, ce qui peut paraître un choix bizarre puisqu'il s'agit d'un hymne vibrant à la liberté*. Les saisons suivantes présentèrent *Les Noces de Figaro* et d'autres opéras de Mozart, *Le Chevalier à la rose* de Richard Strauss et *Alceste* de Haendel. En plus de la première française de *Palestrina* de Pfitzner, il y eut aussi celle du *Peer Gynt* de Werner Egk, un compositeur admiré par les nazis, lauréat d'un concours lié aux jeux Olympiques de Berlin en 1936. En tout 31 pour cent des opéras représentés étaient l'œuvre de compositeurs allemands. Pourtant, le musicien le plus joué fut Verdi, avec quatre-vingt-quatorze représentations, dont cinquante-cinq fois *Rigoletto*, et trente-deux *Aïda.* Gounod se classait au second rang avec soixante-sept représentations de *Faust*, ce qui en fit l'œuvre la plus jouée pendant l'Occupation. Ces reprises incessantes étaient aussi bien sûr la conséquence de la nécessité où se trouvait l'Opéra de Paris de faire des économies en réutilisant des mises en scène et des costumes.

Un chef d'orchestre devint immédiatement célèbre, le jeune et fringant Herbert von Karajan, membre du parti nazi depuis 1933 et nouveau directeur musical du Berlin Staatsoper et de son orchestre, la Staats-Kapelle. A plusieurs occasions il remplit le Palais de Chaillot, mais ce fut une série de représentations, patronnée par Hitler en personne, qui le poussa sous les feux de la rampe : pour la première fois, le Berlin Staatsoper devait jouer sur la scène prestigieuse de l'Opéra de Paris. Le 18 et le 20 mai, Karajan dirigea *L'Enlèvement au sérail*. Puis, pour les représentations de *Tristan et Isolde*, les 22 et 25 mai, il réunit un plateau de rêve, le fameux ténor « héroïque » allemand Max Lorenz et la grande soprano française Germaine Lubin.

Lubin, qui admirait Pétain depuis longtemps, était aussi très appréciée des nazis. Quand elle avait chanté dans *Tristan et Isolde* au festival de Bayreuth en 1938, Hitler était dans la salle. Elle lui fut présentée dans un restaurant après le spectacle. Elle confia à un journaliste : « Ma rencontre la plus marquante a été celle du premier

* Beethoven fut utilisé par les deux camps pendant la guerre; la BBC introduisait ses actualités françaises par les quatre premières notes de la *Cinquième symphonie* de Beethoven qui correspond aussi à la lettre V en morse, et le Philharmonique de Berlin jouait fréquemment sa *Neuvième symphonie* et son exaltant finale vocal, l'« hymne à la joie ».

personnage de votre Reich, si simple et si cordial. » Plus tard, le Führer lui fit envoyer un bouquet de roses rouges avec sa photo encadrée d'argent dans un étui de cuir rouge frappé de l'aigle et de la croix gammée. Une représentation de *Tristan et Isolde* fut entièrement réservée aux officiers de la Wehrmacht, et toutes les autres affichèrent complet. Lubin fut particulièrement acclamée. Cocteau s'empressa de lui écrire : « Madame, ce que vous avez fait pour Isolde est une telle merveille que je n'ai pas le courage de me taire. » Celle qui présidait cette manifestation était la bru de Wagner, Winifred Wagner, d'origine anglaise, fervente admiratrice de Hitler et qui se lia d'amitié avec Germaine Lubin à Bayreuth. Elle prétendit plus tard être personnellement intervenue auprès de Hitler pour obtenir la libération du fils de Germaine Lubin, prisonnier de guerre en Allemagne. Ce qui est sûr c'est que, quelques jours avant la représentation parisienne de *Tristan et Isolde*, Hitler intervint à nouveau, cette fois pour faire libérer le professeur de chant de Germaine Lubin qui était juif, après que la soprano eut refusé de chanter tant qu'il serait prisonnier. Winifred Wagner fut ravie à son tour que le nouvel amant de Germaine Lubin ne soit autre que son vieil ami Hans Joachim Lange, un officier de la Wehrmacht en poste à Paris[9]. Mais les jours de gloire de Germaine Lubin étaient comptés. Après la guerre, sa proximité avec les nazis, quand elle assistait aux réceptions à l'ambassade d'Allemagne ou quand elle se produisait en Allemagne, mit un terme à sa carrière.

Heinrich Strobel, le critique qui rendait compte de la vie musicale pour le journal de langue allemande *Pariser Zeitung*, fut un personnage incroyable, qui se trouva pendant sept ans tiraillé entre les forces en présence. En 1938, confronté au choix de devoir quitter sa femme juive ou de perdre son emploi en Allemagne, Heinrich Strobel partit pour la France où il collabora à la *Deutsche Allgemeine Zeitung* et reprit son travail sur la biographie de Debussy. En 1939, quand la France déclara la guerre à l'Allemagne, il fut interné comme « étranger indésirable » au camp des Milles. Après la victoire allemande il resta en France et, en 1942, commença à écrire pour le *Pariser Zeitung* et à donner des cours à l'Institut allemand. Ce qui le sauva plus tard, c'est qu'il avait critiqué la musique française avec sympathie et pertinence. Ce qui fait qu'après la guerre l'armée française le nomma à la tête de la Südwestfunk à Baden-Baden qui était la capitale de la région allemande occupée par les Français. Dans les années qui suivirent, Strobel continua fidèlement à promouvoir la musique française contemporaine, mais il créa aussi un studio expérimental pour encourager les recherches en musique électroacoustique.

Jacques Rouché, lui, eut la tâche délicate de diriger l'Opéra de Paris. Directeur de l'Opéra depuis 1913, Rouché avait soixante-sept ans en 1939 quand il fut nommé à la tête de la Réunion des théâtres lyriques nationaux qui rassemblait l'Opéra de Paris et l'Opéra-Comique. Mais depuis la visite de Hitler, le 23 juin 1940, c'était surtout l'Opéra de Paris qui intéressait les Allemands et qui était devenu le passage obligé pour tous les dignitaires nazis en visite à Paris. En 1940, Rouché fut contraint de renvoyer trente musiciens juifs de l'orchestre, décimant la section des cordes, mais il continua à les payer en secret pendant deux ans et garda même un décorateur juif hongrois, Ernest Klausz, jusqu'à fin 1943[10].

Théoriquement, Rouché dépendait de Vichy, mais le véritable casse-tête pour lui était de gérer ses relations avec les responsables allemands qui essayaient en permanence d'influencer la programmation de l'Opéra et qui, bien que disposant déjà d'un quota de places gratuites, en réclamaient toujours davantage. D'un autre côté, il n'avait aucun souci à se faire pour remplir la salle. Michel Francini, l'acteur de music-hall, se souvient que son père, qui travaillait à l'administration de l'Opéra, se plaignait beaucoup des armées de bottes allemandes qui abîmaient le marbre du grand escalier circulaire du palais Garnier[11]. Ces bottes, les amateurs français d'opéra les suivaient, comme le fit remarquer d'un ton caustique Jean Guéhenno dans son journal : « Chaque soir, à l'Opéra, me dit-on, les officiers allemands sont en très grand nombre. Aux entr'actes, selon l'habitude de leur pays, ils tournent autour du foyer, marchant par rangs de trois ou quatre, tous dans le même sens. Les Français, en dépit d'eux-mêmes, inconsciemment, entrent dans la procession et se mettent au pas. Les bottes imposent leur rythme[12]. »

En plus de ses soucis, Rouché dut faire face à partir de fin 1942 aux ingérences de plus en plus insistantes du nouveau ministre de l'Education de Vichy, Abel Bonnard, qu'il s'efforçait de calmer en lui envoyant copie des lettres de louanges qu'il recevait de l'ambassadeur Abetz. Mais il y avait aussi l'agitation sociale au sein de la troupe souvent provoquée par les clandestins du Front national de l'Opéra qui avait été mis sur pied par un décorateur, Jean Rieussec, et qui comprenait vingt membres, pour la plupart des techniciens plutôt que des musiciens. Après la guerre, quand Rouché fut accusé par ce groupe d'avoir collaboré avec les nazis. La rumeur selon laquelle sa femme aurait eu une liaison avec un officier allemand ne l'aida guère. « A Paris, la vie musicale reprend comme elle peut, très gênée par les questions d'épuration, écrit Poulenc à Milhaud en mars 1945. Il y a aussi une terrible crise à l'Opéra. Nous regrettons tous le départ du cher Rouché. Les maladresses mondaines de son épouse et le fascisme de Lucienne* ont compliqué, comme tu penses, le dossier[13]. » Mais Poulenc, Desormière et Auric volèrent au secours de Rouché qui fut acquitté. Agé à l'époque de quatre-vingt-deux ans, il fut heureux de prendre sa retraite. On le considère aujourd'hui comme un administrateur habile qui a « sauvé » l'Opéra de Paris dans l'entre-deux-guerres et qui a fait ce qu'il a pu pour le protéger durant l'Occupation.

Serge Lifar, le flamboyant maître de ballet de l'Opéra de Paris, passa la guerre dans de meilleures conditions. Toujours prêt à faire sa propre publicité de manière éhontée, il s'arrangea pour entrer très rapidement dans les bonnes grâces des Allemands, à tel point qu'après la guerre il prétendit qu'il les avait convaincus en 1940 de maintenir Rouché à son poste. Ce qui joua en sa faveur, c'est que si les Allemands se considéraient comme les maîtres de l'opéra, ils reconnaissaient le ballet comme une spécialité française. Les officiers nazis adoraient assister aux ballets, et quelques-uns trouvaient même leur maîtresse parmi les jeunes et belles ballerines qui paradaient sous les dorures du *Foyer de la danse*, derrière la grande scène.

Mais si le ballet put se maintenir pendant l'Occupation, c'est aussi en grande partie grâce à l'immense talent de Lifar. Né à Kiev, capitale de l'Ukraine qui faisait alors partie de l'Empire russe, il n'avait que dix-huit ans quand il entra dans les Ballets russes de Diaghilev à Paris en 1923, et il devint rapidement le danseur étoile de la troupe ainsi qu'un chorégraphe prometteur. En 1930, il entra dans le Ballet de l'Opéra de Paris, au début comme premier danseur puis comme maître de ballet. Vers la fin des années 1930, il avait transformé la troupe et l'avait rendue plus professionnelle que jamais. Quand la France déclara la guerre à l'Allemagne en septembre 1939, il évita à

* La pianiste Lucienne Delforges, amie proche de Céline, était une infâme sympathisante des nazis qui quitta la France en 1944 et se produisit devant les responsables de Vichy exilés en Allemagne.

ses danseurs d'être envoyés au front en organisant en toute hâte une tournée en Australie, puis, au printemps de 1940, en Espagne et au Portugal. La troupe venait juste de regagner Paris au moment de l'arrivée de l'armée allemande mais Lifar ne se laissa pas déconcerter : il reprit ses cours de danse dans la salle de répétition historique sous la coupole du palais Garnier. En août 1940, quand l'Opéra rouvrit au public, il était prêt à présenter un programme de ballets passionnant.

Lifar était le centre de tout : la gestion, la chorégraphie, le spectacle. En tant que danseur ou chorégraphe, parfois les deux, son nom figura sur le programme de 272 des 837 représentations montées à l'Opéra de Paris sous l'Occupation. Pour partenaires, il avait un choix abondant de premières ballerines, dont Lycette Darsonval, Solange Schwarz et Yvette Chauviré, mais aussi de jeunes danseuses comme Janine Charrat, Ludmilla Tchérina et Renée « Zizi » Jeanmaire. Et ce fut Lifar qui nomma Serge Peretti danseur étoile en 1941. Sa fonction de chorégraphe était aussi très importante : entre 1940 et 1944, il créa quinze nouveaux ballets, dont *Sylvia*, *Boléro*, *Istar*, *Les Mirages*, *Suite en blanc* et *L'Amour sorcier*, toujours sur des musiques de compositeurs français, à une exception près, le *Joan de Zarissa* de Egk dans lequel il interprétait le rôle-titre. Dans l'esprit de Diaghilev, Lifar impliquait aussi d'autres artistes dans ses créations. Pour les *Animaux modèles* de Poulenc, il invita le peintre Maurice Brianchon à dessiner les décors et Desormière à diriger l'orchestre, tandis qu'il dansait, sur sa propre chorégraphie, en compagnie de Peretti, Schwarz et Chauviré.

A l'époque, tout comme aujourd'hui, l'un des secrets du succès du Ballet de l'Opéra de Paris était son école de danse, qui soumettait ses élèves, surnommés *petits rats*, au dur régime indispensable à les préparer à une carrière sur scène. Certains petits rats de cette époque devaient plus tard devenir célèbres : Roland Petit en tant que chorégraphe, Juliette Gréco comme chanteuse et Jean Babilée, qui n'avait que douze ans quand il entra à l'école en 1935 et qui devint l'un des plus grands danseurs français d'après guerre, fameux surtout pour l'agilité de ses bonds. « J'adorais ce métier, confia-t-il quelques dizaines d'années plus tard, toutes ces filles autour de moi, comme des figurantes à l'opéra. C'était merveilleux[14]. » En 1940, lorsque la Wehrmacht approchait de Paris, il rejoignit une ferme familiale dans le sud de la France, accompagné de son ami Petit. Mais tandis que Petit retourna rapidement à Paris, Babilée entra dans les ballets de Cannes où, âgé à présent de dix-sept ans, il se vit confier des rôles importants dans *Les Sylphides* et *Le Spectre de la rose*. Au début de 1942, il décida de rentrer à Paris et, trop vieux désormais pour l'école de danse, il fut auditionné par Lifar et admis dans le corps de ballet.

Babilée savait bien qu'il prenait un risque : il avait pris pour nom de scène celui de sa mère, mais celui qui figurait sur ses papiers d'identité, Gutmann, était celui de son père juif. Au palais Garnier, on ne tarda pas à le lui rappeler. « Un jour, dans les loges que nous partagions tous, quelqu'un dessina une grande étoile jaune et le mot *Juif* sur mon miroir. Je fis semblant de me rien remarquer et elle resta là trois jours. Un après-midi, le costumier la vit et s'écria : “ Vous n'avez pas honte, les garçons ? ” et il l'effaça. »

Le plus dangereux, c'était les patrouilles allemandes, d'autant plus que la Kommandantur se trouvait place de l'Opéra. « Une fois on m'arrêta pour contrôler mes papiers. L'Allemand vit Gutmann et me demanda, Allemand? Je fis oui de la tête et il me laissa partir. » Il faillit bien se faire prendre lors de la rafle de Juifs connue sous le nom de rafle du Vél d'Hiv en juillet 1942. Il logeait dans un hôtel bon marché de la rue du Sentier quand il fut réveillé à 6 heures du matin par des coups frappés à la porte. « Je vis un Français costaud en pardessus de cuir. Il me demanda mes papiers, les fourra dans sa poche et me dit de prendre une couverture et un sac et de descendre. Je n'avais aucun moyen de m'échapper. Je m'habillai et commençai lentement à descendre les escaliers. J'entendis soudain des bruits de pas. Le même type revenait en courant. “ Ce sont vos papiers ? ” Je hochai la tête. “ Avec le nom que vous portez, c'est trop dangereux. Retournez vous coucher. ” »

Au début de 1943, comme des centaines de milliers d'autres jeunes gens, Babilée reçut l'ordre d'aller travailler en Allemagne. Le directeur de l'Opéra, Marcel Samuel-Rousseau, lui refusa un certificat prouvant qu'il était lié par contrat à l'Opéra. « Il m'a dit que l'Allemagne me ferait du bien. » Puis un médecin allemand rejeta sa demande d'exemption pour raisons médicales. « J'ai décidé de ne pas y aller et de laisser mes papiers chez un ami, dit Babilée. En quittant le métro je vis deux soldats allemands à la sortie. Je tournai les talons et m'enfuis en courant. J'entendais leurs cris tandis qu'ils me poursuivaient. J'ai sauté sur le quai par-dessus le portillon et je me suis précipité dans une rame qui démarrait, le manteau coincé dans la portière. » Le lendemain, il quittait Paris et passa le reste de la guerre dans le maquis en Touraine. Après la Libération, il refusa de réintégrer le ballet de l'Opéra et rejoignit le nouveau Ballet des Champs-Elysées que venait de créer Roland Petit. « J'étais dégoûté de l'Opéra », confia-t-il.

Lifar, à l'inverse, fréquentait volontiers les Allemands. Il manqua Hitler lorsque celui-ci visita l'Opéra à l'aube, mais huit jours plus tard il en offrit une visite guidée à Goebbels qui devait brûler d'envie de partager l'émotion du Führer devant ce monument. Et pour l'ouverture de la saison de ballet 1940-1941, le 28 août, la salle était pleine d'Allemands. Le 3 septembre, pour le premier anniversaire de la déclaration de guerre, Lifar accepta une invitation de l'ambassade d'Allemagne à se produire avec quelques-uns de ses danseurs lors d'une réception donnée par le commandant en chef de l'armée allemande, le *Feldmarschall* Walther von Brauchitsch. Deux ans plus tard, à Berlin, Lifar eut l'occasion de rencontrer Hitler qui, du moins d'après la version de Lifar, l'invita à participer aux cérémonies prévues pour célébrer la conquête de Moscou par les nazis. Il est certain que, en tant qu'Ukrainien, Lifar devait se réjouir de la défaite de l'Union soviétique.

En échange de telles marques d'approbation à l'égard des Allemands, la position de Lifar à l'Opéra de Paris était incontestée. Cela se traduisit par un triplement de son salaire pendant les années de guerre et par une liberté artistique totale. Et pourtant cela ne le mettait pas à l'abri de certaines attaques perfides de la part de la presse collaborationniste; ainsi l'hebdomadaire antisémite *Au pilori* l'accusa d'être un Juif dont le véritable nom serait Rilaf, l'anagramme de Lifar. Il réfuta cette accusation en utilisant des arguments qui ne lui font guère honneur. Il fit remarquer qu'il avait fait ses études au Lycée impérial de Kiev, qui n'acceptait pas les Juifs, qu'il avait fait partie d'un mouvement de jeunesse antijuif pendant la Révolution russe, que ses origines excluaient pour lui toute possibilité d'avoir du sang juif et qu'il était de pure race aryenne. Et il ajoutait : « Quant à mes idées à l'égard des Juifs, on les connaît[15]. »

Après la guerre, ce qui fut reproché à Lifar ce n'était pas que les Allemands soient venus en masse à l'Opéra pour le voir danser, c'est qu'en dehors de la scène il ne pouvait pas résister à la tentation d'être fêté et flatté par l'occupant. On pouvait le voir dîner chez Maxim's au milieu des uniformes de la Wehrmacht, trinquer avec des responsables nazis aux réceptions de l'ambassade d'Allemagne ou de l'Institut allemand. Avec d'autres personnalités de la culture, il assista au vernissage en grande pompe de l'exposition des sculptures d'Arno Breker à l'Orangerie en 1942, où Alfred Cortot joua du piano avec le virtuose allemand Wilhelm Kempf et où chanta Germaine Lubin. Lifar se rendit aussi à Vichy pour se produire avec Schwarz et dédia une de ses premières parisiennes au maréchal Pétain. D'après ses mémoires, *Ma vie*, publiés vingt ans après la guerre, il est évident que le temps n'a pas calmé sa vanité; il y affirme : « Mon autorité auprès des Allemands me permit de venir en aide à un grand nombre d'artistes. Je m'attachai notamment à ce qu'il n'arrivât rien de fâcheux à mon ami Pablo Picasso[16]. » Evoquant le service de travail obligatoire en Allemagne, il prétendit aussi en avoir protégé ses danseurs. « C'est ainsi que je sauvai Serge Peretti, Jean Babilée et bien d'autres[17]. » Ce n'est pas du tout le souvenir qu'en gardait Jean Babilée qui n'échappa au STO qu'en prenant le maquis. « Il dit absolument tout ce qui lui passe par la tête, dit Babilée de Lifar. C'était un mythomane. J'avais une grande admiration pour lui en tant qu'artiste, il était fascinant, mais pour le reste il était plutôt quelconque. Il ne m'a sauvé en aucune manière. »

Après la libération de Paris, Lifar fut condamné, pas en tant qu'artiste, mais, comme Poulenc l'expliqua dans une lettre à Milhaud, « Serge ayant été d'une enfantine imprudence par goût de la publicité[18] ». Plus tard, son anticommunisme primaire ne lui fut pas d'un grand secours face aux comités d'épuration d'obédience communiste chargés de punir les artistes qui avaient collaboré. Pourtant, il avait tellement de talent qu'il fut rapidement recruté par le Nouveau Ballet de Monte-Carlo, fondé en 1942 par des danseurs de l'Opéra de Paris qui avaient refusé de revenir à Paris*. A la fin de 1944, Lifar fut interdit à vie de travailler comme professionnel du ballet France, mais l'année suivante, la peine fut ramenée à un an de suspension. Cette mesure ne contraria guère sa carrière. En 1945, il dansait déjà à

* Ils étaient relativement en sécurité à Monte-Carlo, mais le frère de Léon Blum, René, qui avait créé le Ballet de l'Opéra de Monte-Carlo en 1931, fut arrêté à Paris, lors d'une rafle en décembre 1941. Il fut détenu dans divers camps en France avant d'être déporté à Auschwitz où il mourut en avril 1943.

Monte-Carlo. En 1946, il dansa à Londres, même s'il y fut accueilli par des sifflets. En 1947, il fut sollicité par le Ballet de l'Opéra de Paris dont il demeura le directeur jusqu'en 1958. Pour lors sa fraternisation avec les nazis n'était plus qu'une note en bas de page dans l'histoire de la troupe.

CHAPITRE 9

Une toile déchirée

En 1941, les nazis avaient fait de leur opération de pillage d'œuvres d'art une machine bien rodée, trop souvent huilée par des informateurs français qui fournissaient des renseignements sur l'emplacement de collections possédées par des Juifs. Mandaté pour faire fonctionner ce réseau criminel, l'Einsatzstab Reichsleiter Rosenberg, ou ERR, avait son quartier général à Paris dans l'ancienne bibliothèque de l'Alliance israélite universelle à Pigalle. Dès qu'une collection avait été repérée dans une belle demeure parisienne ou dans un château éloigné, le ERR s'y rendait. Ses agents, dont beaucoup étaient des historiens d'art ou de jeunes conservateurs, y passaient plusieurs jours, parfois plusieurs semaines, à prendre des photos et à établir un inventaire des objets d'art destinés à être envoyés au Jeu de Paume, le musée parisien transformé en dépôt. Les toiles et les statues d'Europe du Nord d'avant le XIXe siècle étaient de première importance, surtout les œuvres allemandes, le genre d'art « pur » que Hitler voulait pour son futur musée de Linz et Göring pour sa collection privée à Carinhall. Le choix final était généralement fait par Göring qui visita personnellement le Jeu de Paume, cette véritable caverne d'Ali Baba, vingt et une fois à l'occasion de douze différents voyages à Paris.

A chacune de ses visites, Göring sélectionnait des toiles de Rembrandt, Vermeer, Cranach le Vieux, Van Dyck et d'autres maîtres anciens qui, d'après lui, méritaient une place à Linz ou à Carinhall. Il n'aimait pas particulièrement les impressionnistes et il détestait la peinture moderne, mais il reconnaissait que ces œuvres avaient une valeur marchande, et elles étaient donc elles aussi conservées et entreposées séparément au Jeu de Paume en attendant d'être échangées contre de l'art classique. La Suisse, pays neutre qui avait déjà vendu de l'art « dégénéré » retiré des musées allemands avant la guerre, était ouverte à toute sorte de transactions. Un grand nombre d'œuvres pillées y furent vendues. De la même façon, le pays se prêtait bien à la négociation d'échanges. En juillet 1941, vingt-deux toiles impressionnistes volées à Paris furent troquées contre six œuvres de la Renaissance du nord de l'Europe par l'intermédiaire de la galerie Fischer à Lucerne. Vingt-sept transactions du même genre eurent lieu au cours des trois années suivantes.

Le gouvernement de Vichy, comme on pouvait s'y attendre, n'émit aucune objection à ce pillage. Non seulement il avait institutionnalisé l'antisémitisme par son Statut des Juifs en 1940, mais plus tôt déjà il avait déchu de leur nationalité les Juifs français qui avaient quitté la France et légalement créé la fiction selon laquelle leurs biens, en l'occurrence leurs œuvres d'art, avaient été abandonnés. La principale opposition à ce système s'exprima par la voix de Jacques Jaujard, un élégant fonctionnaire qui pouvait au moins compter sur le soutien du Kunstschutz, le comte Metternich, le responsable au sein de l'armée allemande de l'unité chargée de protéger les œuvres d'art en temps de guerre. Après une carrière de conservateur en chef au musée du Louvre, Jaujard était alors le directeur des Musées nationaux. Soutenu par le Comité consultatif des Musées nationaux, il fit tout ce qu'il put pour protéger les œuvres d'art appartenant à des Juifs et qui avaient été remises au Directorat des Musées nationaux soit sous forme de donation, soit pour qu'elles soient sauvegardées. Mais les Allemands avaient déjà décrété que tout transfert de propriété d'une œuvre d'art au profit du gouvernement français, après septembre 1939, était illégal. De plus, cette bataille n'intéressait nullement ni Pétain, ni ses adjoints Laval ou Darlan.

Ignorant les protestations de Jaujard, les Allemands prirent la liberté de s'emparer de cent trente caisses contenant des œuvres d'art provenant de la collection David-Weill qui avait été léguée au gouvernement français et étaient conservée au château de Sourches. Le même sort attendait d'autres collections appartenant à des Juifs et placées sous la garde de conservateurs français au château de Chambord et au château de Brissac, dans l'ouest de la France. Jaujard créa même le Comité de liquidation et séquestration pour acheter les œuvres d'art menacées en s'appuyant sur une loi autorisant le gouvernement à préempter dans tous les cas de vente ou d'exportation. Il obtint bien quelques succès, mais dès que Laval revint aux affaires en avril 1942, les décisions du Comité furent souvent annulées par Abel Bonnard, le ministre de l'Education, ou par Louis Darquier de Pellepoix, un antisémite qui avait pris la direction de la Commission générale aux Questions juives et qui s'intéressait pour son compte personnel au pillage d'œuvres d'art.

Une collection importante parvint à rester cachée jusqu'à ce que les Allemands envahissent la zone libre. Rassemblée au XIXe siècle par Adolphe Schloss, elle comprenait trois cent trente-trois toiles de maîtres anciens hollandais et avait été cachée par ses héritiers au château du Chambon dans le centre de la France. Les Allemands étaient à sa recherche depuis la fin de 1940, et grâce à la police française et à un ignoble informateur, Jean-François Lefranc, ils finirent par la découvrir en avril 1943 et arrêtèrent deux membres de la famille Schloss.

Peu après, la collection fut saisie à Chambon par des membres armés de la bande de la rue Lauriston, un groupe de criminels français qui travaillaient de leur propre initiative pour le compte des nazis et qui se firent connaître sous le nom de Gestapo française. Le convoi transportant les œuvres d'art fut arrêté par les gendarmes français et les toiles furent déposées dans une chambre forte de la Banque de France à Limoges. Abel Bonnard intervint alors pour exiger que la collection soit rendue aux Allemands. Il s'ensuivit des négociations compliquées au cours desquelles Jaujard insista sur son droit de préemption. Pour finir, la France fut autorisée à conserver quarante-neuf tableaux ; les deux cent quatre-vingt-quatre autres disparurent pour la plupart et n'ont, à ce jour, pas tous été retrouvés. Pour avoir permis de repérer la collection, Lefranc se vit offrir vingt-deux toiles qu'il s'empressa de vendre. Les deux cent soixante-deux restantes furent transférées au Jeu de Paume où Darquier de Pellepoix faisait partie du comité d'accueil ; deux cent trente toiles seulement furent expédiées en Allemagne, les fonctionnaires du ERR s'étant vraisemblablement approprié les trente-deux autres.

Ce genre de manigances se déroulait pratiquement en secret car le chef du ERR à Paris, le prétentieux baron Kurt von Behr*, qui aimait passer pour un haut gradé en arborant un uniforme grandiose de la

* Pour éviter d'être arrêtés et poursuivis, von Behr et sa femme se suicidèrent à la fin de la guerre.

Croix-Rouge allemande, avait interdit l'entrée du Jeu de Paume à tout fonctionnaire français, y compris Jaujard. La seule exception était Rose Valland, une vieille fille de quarante-deux ans, mal fagotée, qui avait suivi les cours de l'Ecole du Louvre et qui peignait à ses heures perdues. Depuis 1932, elle avait travaillé comme conservateur de l'art moderne étranger au Musée national des Ecoles étrangères contemporaines, qui occupait à l'époque le Jeu de Paume. Quand les nazis s'emparèrent de la galerie en 1940, Jaujard lui ordonna de rester pour administrer le bâtiment. Les Allemands acceptèrent probablement parce que Rose Valland leur paraissait inoffensive.

En réalité, aux côtés de Jaujard, Rose Valland allait devenir l'une des rares figures héroïques de l'Occupation dans le domaine de l'art. Par chance, elle connaissait la sténographie. Et elle s'en servit pour tenir un registre de toutes les œuvres d'art qui entraient dans le bâtiment ou en sortaient, notant leur provenance et leur destination probable, allant jusqu'à indiquer quels trains allaient convoyer les œuvres d'art volées vers l'Allemagne. Une note griffonnée qu'elle fit parvenir à Jaujard le 3 janvier 1943 indique : « 75 bouteilles de champagne, 21 bouteilles de cognac, seize toiles flamandes et hollandaises ont quitté le Jeu de Paume à la requête de M. Göring pour fêter son anniversaire[1]. » Pour éviter que les saboteurs fassent sauter ces convois, elle faisait passer l'information à Jaujard qui prévenait les groupes de résistants. De plus, comme elle s'était bien gardée de dire aux fonctionnaires du ERR qu'elle parlait allemand, elle pouvait épier leurs conversations et rapporter leurs projets à Jaujard. Elle prenait même le risque, lorsque les Allemands photographiaient leur butin, « d'emprunter » les négatifs pendant la nuit pour en faire des doubles qu'elle passait à Jaujard.

Quatre fois, Rose Valland reçut l'ordre de partir, mais chaque fois elle réussit en parlementant à retrouver son poste au bout de quelques jours. Pendant l'été 1943, elle fut le seul témoin français à assister à la destruction par le feu, dans le jardin du Jeu de Paume, de cinq ou six cents toiles « dégénérées » de Picasso, Miró, Léger, Ernst et les autres. « Impossible de rien sauver », note-t-elle sur un message à Jaujard le 23 juillet[2]. A l'occasion, elle savait aussi se montrer ferme. Ainsi, quand on lui ordonna de signer l'engagement écrit de ne rien révéler de ce qu'elle apprenait ou de ce qu'elle voyait, elle refusa, prétextant qu'en tant que fonctionnaire d'Etat il lui était interdit de signer tout accord avec une puissance étrangère. Un jour de février 1944, elle fut surprise à recopier une adresse, et Bruno Lohse*, l'adjoint de von Behr, l'avertit qu'elle n'avait pas intérêt à trahir des secrets. « Et me regardant dans les yeux, se souvenait-elle, il me dit que je pourrais être fusillée. Je lui réponds calmement que personne ici n'est assez stupide pour ne pas savoir les risques qu'il court[3]. »

Mais Rose Valland ne pouvait rien faire pour empêcher les œuvres d'art de quitter la France.

Les chiffres montrent qu'entre avril 1941 et août 1944 4 174 caisses contenant quelque vingt mille œuvres d'art furent expédiées du Jeu de Paume en Allemagne. Avec une précision bureaucratique, le ERR affirma en août 1944 avoir confisqué deux cent trois collections et saisi 21 903 objets d'art. Robert Scholz, fonctionnaire du ERR et critique d'art, dégoulinait de fierté dans son rapport sur les saisies d'œuvres d'art entre mars 1941 et juillet 1944 : « La valeur matérielle et artistique extraordinaire des œuvres saisies ne peut s'exprimer par des chiffres, les tableaux, les meubles de style des XVIIe et XVIIIe siècles, les tapisseries des Gobelins, les pièces antiques et les bijoux Renaissance des Rothschild sont des objets tellement uniques qu'il est impossible de les évaluer, puisque rien d'une valeur comparable n'est jamais apparu sur le marché de l'art. » Il poursuivait en évoquant des toiles « absolument authentiques et signées » de Rembrandt, Rubens, Frans Hals, Vermeer, Velasquez, Murillo, Goya et Sebastiano del Piombo, ainsi que des œuvres de maîtres français tels Bouchard, Watteau et Fragonard. « Cette collection peut se comparer avec celle des meilleurs musées d'Europe[4]. »

A la veille de la libération de Paris, au moment où les Allemands étaient bien déterminés à vider le Jeu de Paume, Rose Valland parvint tout de même à sauvegarder ce qui aurait dû être le dernier convoi d'œuvres d'art. Le 1er août 1944, elle apprit que cinq wagons du train N° 40044, devaient transporter cent quarante-huit caisses d'art moderne qui avait été jusque-là méprisé par les nazis. Elle passa l'information à la Résistance qui empêcha le train de quitter Aulnay, aux abords de Paris. Puis, après la libération de Paris, le train fut récupéré par une unité de l'armée française sous les ordres d'Alexandre Rosenberg, le fils du marchand d'art exilé Paul

* Après la guerre, Lohse reconnut qu'il avait gardé pour lui certains tableaux de la collection Schloss destinés à l'Allemagne et qu'il les avait vendus par la suite.

Rosenberg. Pour sa bravoure, Rose Valland fut faite officier de la Légion d'honneur et reçut la médaille de la Résistance en France, la croix d'officier de l'Ordre du mérite en Allemagne de l'Ouest et la médaille de la Liberté aux Etats-Unis. Elle mourut en 1980, à l'âge de quatre-vingt-deux ans.

La convoitise des nazis s'étendit bien au-delà des œuvres d'art appartenant à des Juifs. Peu après la chute de Paris, ils demandèrent ce qu'étaient devenus les 3 691 tableaux retirés du Louvre en 1939 et éparpillés à travers tout le pays. Certains d'entre eux furent déplacés plusieurs fois. Transportée de Chambord à Louvigny en 1939, la *Joconde* fut expédiée à l'abbaye de Loc-Dieu, à l'est de Bordeaux, en juin 1940, puis au musée Ingres près de Montauban en octobre 1940, et enfin, en mars 1943, au château de Montal dans le Sud-Ouest où elle passa le reste de la guerre sous la garde d'un conservateur du Louvre. D'autres eurent une existence plus calme et restèrent cachés dans le même château, pour la plupart celui de Chambord, pendant toute la durée de l'Occupation, leur emplacement étant connu des enquêteurs allemands. Quand des tableaux devaient être déplacés, la Résistance envoyait le message à Londres pour prévenir les Alliés de ne pas bombarder le convoi ; la confirmation que le message avait été bien reçu venait de la BBC sous le code suivant : « La Joconde a le sourire. »

Les autorités allemandes étaient pourtant partagées sur la manière de traiter les œuvres d'art des musées français. Le comte Metternich fit de son mieux pour remplir son mandat de Kunstschutz en sauvegardant les monuments et les œuvres d'art en temps de guerre, mais l'ambassadeur Abetz entendait bien laisser carte blanche à Hitler pour récupérer toutes les œuvres qui lui plaisaient. En même temps, Berlin ne semblait pas disposé à ignorer totalement la Convention de La Haye de 1907 qui protégeait les collections des musées français. En fin de compte, à la fois en raison de la ferme opposition des conservateurs français et du souhait inhabituel de la part des nazis d'afficher une légalité de façade, très peu d'œuvres d'art, étonnamment, furent enlevées à l'Etat français par Berlin.

L'exception la plus scandaleuse concerna un trésor originaire de Belgique, le retable de Gand, datant du début du XVIe siècle, par Hubert et Jan Van Eyck. L'extraordinaire panneau polyptique connu sous le nom de *L'Adoration de l'agneau mystique* avait été envoyé en

France peu avant l'invasion de la Belgique par l'Allemagne en mai 1940. Mais parce qu'il comprenait certains panneaux repris aux Allemands, selon les clauses du traité de Versailles après la Première Guerre mondiale, Hitler en personne tenait à avoir le retable tout entier. L'opération pour s'en emparer fut menée en secret par un envoyé du Führer qui alla le réclamer aux conservateurs qui gardaient des œuvres d'art au château de Pau dans les Pyrénées. Le conservateur en chef de Pau refusa de le donner mais il fut désavoué par Laval. Les conservateurs belges, qui n'apprirent le vol qu'après que le retable eut été installé au château de Neuschwanstein en Allemagne, se sentirent profondément trahis par la France. L'œuvre fut restituée à Gand après la guerre, mais elle avait été abîmée.

Comme bien d'autres œuvres d'art étaient convoitées par les chefs nazis, l'Allemagne imagina de contourner la Convention de La Haye en recourant à des échanges par voie diplomatique. Et dans ce domaine il y avait un précédent récent. En 1940, pour encourager Franco à maintenir la neutralité de l'Espagne, Pétain accepta de rendre *L'Immaculée conception* de Murillo, un buste du IVe siècle avant J.-C. connu comme *La Dame d'Elche*, et quelques autres objets antiques en échange de *La Reine Marie-Anne d'Autriche* de Velasquez et son atelier et du *Portrait d'Antonio de Covarrubias* du Greco. Le Louvre estima avoir gagné au change.

Du côté allemand, le premier à proposer un échange fut Ribbentrop qui voulait la *Diane au bain* de Boucher. Le tableau fut effectivement emporté en Allemagne, mais il fut rendu à Paris après le refus des administrateurs du musée de Berlin de donner *L'Enseigne de Gersaint* de Watteau en échange. Göring eut plus de succès. Il demanda dix œuvres d'art allemand ancien et en obtint neuf dont une statue de bois de Marie-Madeleine par Gregor Erhart, datant de la fin du XVe siècle et connue comme *La Belle Allemande*. La France ne reçut rien en échange.

Dans un cas prestigieux cependant, où le Kunstschutz se rangea une fois de plus du côté français, Jaujard et ses collègues obtinrent un beau succès. En menaçant de démissionner en masse, ils bloquèrent le transfert d'un bas-relief en or du XIe siècle, une pièce inestimable connue comme le *Basel Antependium*, qu'Abel Bonnard avait promis comme un cadeau personnel de Pétain à Hitler. Cela déplut à Vichy ; au début de 1944, Georges Hilaire, qui avait remplacé Louis

Hautecœur au poste de secrétaire général des Beaux-Arts, envisagea de renvoyer Jaujard. Mais il ne put y parvenir avant la Libération. Et même, grâce aux bonnes relations que Jaujard avait entretenues avec le Kunstschutz, en juillet 1944, le successeur de Metternich, le baron Bernhard von Tieschowitz, obtint la libération de Drancy de l'ancienne secrétaire de Jaujard, Suzanne Kahn, qui, en tant que Juive, allait probablement être déportée.

Très appliqués à piller l'économie française, les nazis n'en avaient pourtant pas encore assez. Ils convoitaient les livres précieux. Dès octobre 1940, les responsables du ERR saisirent la bibliothèque Tourgueniev, fondée par des exilés russes à Paris en 1875, et expédièrent quelque cent mille ouvrages à Berlin. Des dizaines de milliers de livres furent pris à la Bibliothèque ukrainienne Simon-Petlioura et à la Bibliothèque polonaise ainsi que 28 000 volumes de la collection privée des Rothschild, désormais « sans propriétaire ». Le ERR emporta aussi 40 000 livres de la bibliothèque de l'Alliance universelle israélite, dont il occupait à présent les locaux. Parmi les artistes et intellectuels juifs, les bibliothèques de Léon Blum, André Maurois, Marc Bloch et Tristan Bernard furent volées, tout comme celles des musiciens Arthur Rubinstein, Darius Milhaud et Wanda Landowska. Les pianos volés aux familles juives étaient entreposés au sous-sol du nouveau musée d'Art moderne, au Palais de Tokyo.

En décembre 1941, Alfred Rosenberg, le chef du ERR, obtint l'accord de Hitler pour lancer la Möbel-Aktion, littéralement le Plan Meuble, qui prévoyait que tous les meubles et objets divers trouvés dans des maisons juives « abandonnées » dans les pays occupés seraient saisis et envoyés en Allemagne. Au départ, ces biens étaient destinés aux autorités nazies des pays occupés à l'Est, mais les bombardements alliés en Allemagne s'étant intensifiés, ils furent aussi donnés à des Allemands sans logis. Au cours des trente mois suivants, selon le ERR, les camions de la M-Aktion emportèrent tout ce que contenaient 38 000 foyers juifs rien qu'à Paris, et 31 000 autres, un peu partout en France. Les Allemands ouvrirent plusieurs camps d'internement à l'intérieur de Paris où environ sept cents prisonniers juifs furent chargés de trier le butin et de le répartir en diverses catégories, pendant que d'autres réparaient les meubles, les montres, les chaussures et les vêtements. Des photographies prises dans les entrepôts de la M-Aktion confirment que rien n'était jugé négligeable ; entassées à côté des lits, des horloges, des penderies, des tables et des chaises, il y avait des quantités de vaisselle, de portemanteaux, de bouteilles, d'habits, de draps de lit, de manteaux de fourrure, de lampes, de bicyclettes, de jouets d'enfant et même de nourriture. Dans un rapport daté du 8 août 1944, von Behr explique avec fierté que l'efficacité de ses services a permis de « fournir aux Allemands jusqu'aux objets qui semblaient sans valeur comme des bouts de papier, des chiffons et autres objets de récupération[5] ».

Les poches pleines d'argent, dont la plus grande partie provenait des finances françaises, les Allemands étaient aussi tout disposés à acheter des œuvres d'art, parfois en privé, de temps en temps aux ventes de Drouot, mais le plus souvent à des galeries. Et comme toujours, Hitler et Göring étaient les meilleurs clients. Hans Posse, un conservateur allemand qui, jusqu'à sa mort en 1942, était chargé de remplir le musée de Linz*, était en contact avec de nombreux marchands allemands qui guettaient en permanence l'objet rare et la bonne affaire. Un des plus importants d'entre eux était Karl Haberstock qui avait fait de grosses affaires en France avant la guerre et qui ne tarda pas à y revenir après juin 1940. Une de ses premières initiatives fut de se rendre à Aix-en-Provence pour proposer un marché à Georges Wildenstein : il lui achetait de la peinture classique et en échange le marchand pouvait exporter de la peinture moderne aux Etats-Unis. Servant à la fois les intérêts de Hitler et ceux de Göring, Haberstock amassa une fortune considérable pendant l'Occupation.

Un autre trait frappant était que beaucoup de Français aisés sautaient sur l'occasion de vendre leurs trésors de famille. Certains se déplaçaient même pour inviter les marchands ou les acheteurs allemands à venir chez eux voir des toiles ou des objets de valeur. Au début de l'Occupation, la galerie Charpentier organisa une exposition d'objets du Moyen Age et de la Renaissance, provenant de collections privées ; Göring acheta tout ce qui était exposé. En 1942, un journal parisien estima qu'il y avait soixante-dix galeries en activité et qu'elles se portaient mieux que jamais depuis les années 1920. Parmi elles, il y en avait plusieurs qui avaient appartenu à des Juifs, dont certaines qui avaient habilement réussi leur aryanisation, comme

* On y découvrit à la fin de la guerre quelque huit mille tableaux stockés.

l'ancienne galerie Kahnweiler*, devenue Leiris, et les galeries Wildenstein et André-Weill. Pour ces galeries comme pour les autres, les Allemands étaient de bons clients. Et comme les marchands ne se montraient pas très exigeants sur la provenance des objets qu'ils vendaient, on ne tarda pas à trouver sur le marché des tableaux confisqués à des Juifs.

En théorie, les objets d'art ayant appartenu aux Juifs et qui n'intéressaient pas les Allemands étaient vendus au profit des veuves de guerre françaises et des orphelins, en pratique ils contribuaient à alimenter un marché de l'art en pleine expansion. En 1943, Picasso acheta un paysage du Douanier Rousseau à la galerie Martin-Fabiani. Après la guerre, il reçut la visite de Germaine Wertheimer, qui venait de rentrer de son exil à New York en compagnie de son mari Pierre, un des propriétaires de Chanel. « J'étais là quand elle est entrée et a dit, mais ce tableau est à moi », se souvenait Françoise Gilot, la jeune artiste qui devint la maîtresse de Picasso au début de 1944. « Picasso répondit immédiatement, d'accord je vous le rends et je vais réclamer mon argent à Fabiani[6]. »

Le marché de l'art était aussi très prospère en dehors des transactions concernant les objets volés. Les toiles de nombreux artistes vivants se vendaient bien, parmi eux Pierre Bonnard, Raoul Dufy, Georges Rouault, Matisse, Braque, et les fauves, Derain, Vlaminck et Van Dongen. Drouot vendit même aux enchères des toiles de Picasso, le plus « dégénéré » des artistes, mais aussi de Chagall et de Modigliani, juifs tous les deux, et de Léger, alors exilé à New York. Pourtant, les Allemands contrôlaient les galeries et censuraient les expositions. « On ne pouvait organiser une exposition de peinture sans que les Allemands viennent vérifier, racontait Françoise Gilot, pas en uniforme mais en civil. Je me suis trouvée un jour dans une galerie qui organisait de grandes expositions au moment où ils sont entrés et ont dit " Picasso, non, Matisse, non, Van Dongen, oui. " Ils décrochaient tout ce qui ne leur plaisait pas. » Ces tableaux, pourtant, étaient simplement rangés dans des tiroirs où on pouvait les voir et les acheter en privé. « J'aimais beaucoup Max Ernst, poursuit-elle, j'allais donc à la galerie Jeanne-Bucher après six heures, et là, après la fermeture, elle me montrait les toiles d'Ernst. »

Jeanne Bucher était particulièrement audacieuse. Elle avait déjà une bonne soixantaine d'années au moment de la chute de Paris et

* Kahnweiler survécut à la guerre en se cachant à Saint-Léonard-de-Noblat, près de Limoges.

Fin août 1939, quelques jours avant que l'Allemagne nazie n'envahisse la Pologne et ne déclenche la Seconde Guerre mondiale, tous les tableaux de la Grande Galerie du Louvre et d'autres salles d'exposition furent en hâte évacués et, pour la plupart, entreposés au château de Chambord, dans la vallée de la Loire.

© LAPI/Roger-Viollet

Le 10 mai 1940, après huit mois de « drôle de guerre », l'Allemagne envahit l'ouest de l'Europe et vainquit rapidement l'armée française. Dans la panique, des millions de familles s'enfuirent vers le sud en train, en voiture, à vélo, mais aussi à pied.

A l'aube du 23 juin 1940, neuf jours après la chute de Paris, Hitler effectua son unique visite dans la capitale. Affirmant qu'il tenait à être accompagné par des artistes, il posa devant la tour Eiffel avec, à ses côtés, l'architecte Albert Speer, à sa gauche, et le sculpteur Arno Breker qui restèrent ses artistes préférés pendant toute la guerre.

© LAPI/Roger-Viollet

En vertu de l'armistice de juin 1940, le sud-est de la France appartenait à la zone libre. Une grande partie du monde du spectacle se retrouva à Cannes et, pendant un certain temps, s'amusa bien. Trois actrices en vue, de gauche à droite, Michèle Morgan, Micheline Presle et Danielle Darrieux, posent à la plage en compagnie de Gregor Rabinovitch, un producteur juif qui dut rapidement quitter la France.

Après la défaite française, la vie nocturne parisienne reprit rapidement, officiers de la Wehrmacht et soldats formant bien souvent l'essentiel du public des spectacles coquins de cabarets.

Varian Fry, un journaliste américain qui fut envoyé à Marseille par le Comité de sauvetage d'urgence basé à New York, aida quelque deux mille artistes, intellectuels et autres réfugiés à quitter la France occupée. On le voit ici à son bureau auprès de la femme d'André Breton, Jacqueline Lamba, tandis que, *de droite à gauche*, se tiennent Breton, Masson et Ernst.

Le 24 octobre 1940, au retour d'une rencontre à Hendaye avec le généralissime Franco, Hitler s'arrêta à Montoire, dans la vallée de la Loire, pour rencontrer le maréchal Pétain, le « chef de l'Etat » du régime de Vichy. Quelques jours plus tard, Pétain choisit de collaborer avec l'occupant allemand.

Le chef de la propagande nazie, Joseph Goebbels, considérait la musique comme le meilleur moyen de démontrer la supériorité de la culture allemande sur la culture française. De nombreux chœurs et orchestres allemands firent des tournées à travers la France, et certains d'entre eux se produisirent à l'heure du déjeuner sur les marches de l'opéra de Paris.

Le 20 septembre 1940, le Louvre rouvrit en présence du *Feldmarschall* Gerd von Rundstedt, ici au côté d'un conservateur français, même si n'étaient exposées que les statues et les sculptures, tandis que les galeries de peinture demeuraient fermées.

Rose Valland, photographiée ici en uniforme après la guerre, passa toute l'Occupation au Jeu de Paume où elle tint en secret le registre des œuvres d'art confisquées aux juifs.

Herbert von Karajan, qui se rendit souvent dans le Paris occupé, pose au côté de la soprano française Germaine Lubin après l'avoir dirigée dans une production du Berlin Staatsoper de *Tristan et Isolde* de Wagner à l'opéra de Paris, en mai 1941.

Le maréchal d'aviation Hermann Göring, avec canne et chapeau mou, venait souvent au musée pour emporter des œuvres d'art destinées à Hitler ou à lui-même. Les tableaux que l'on voit ici étaient considérés comme « dégénérés » : ils étaient soit détruits, soit échangés contre des œuvres plus anciennes.

Une exposition intitulée « Les Juifs et la France » se tint au palais Berlitz à Paris pendant l'automne 1941. Elle comportait une section où l'on proclamait que les Juifs étaient « les maîtres du cinéma français ».

Parmi les écrivains français les plus violemment antisémites, Louis-Ferdinand Céline, *à gauche*, lors de l'ouverture de l'Institut d'études des Questions juives à Paris, et Lucien Rebatet, signant un exemplaire de ses mémoires, *Les Décombres*.

Goebbels invitait souvent en Allemagne des artistes français afin de souligner la coopération culturelle entre les deux pays. Parmi les actrices françaises quittant la gare de l'Est pour Berlin, en mars 1942, on voit *de gauche à droite* : Viviane Romance, Danielle Darrieux, Suzy Delair et Junie Astor.

En octobre 1941, une délégation d'éminents artistes français quitte la gare de l'Est pour l'Allemagne. Parmi eux, les peintres fauves Maurice de Vlaminck, Kees van Dongen et André Derain.

En novembre 1941, une délégation d'écrivains français rentre à Paris après avoir assisté au Congrès européen des écrivains à Weimar. En uniforme, *à gauche*, on voit Gerhard Heller, le responsable allemand de la censure en littérature ; auprès de lui, coiffé d'un chapeau, Pierre Drieu La Rochelle, un des écrivains collaborateurs les plus en vue ; *à côté*, en imperméable blanc, Robert Brasillach, directeur de l'hebdomadaire pronazi *Je suis partout*. Et *tout à droite,* portant des lunettes, Karl-Heinz Bremer, directeur adjoint de l'Institut allemand de Paris.

De nombreux chanteurs populaires français, dont Maurice Chevalier, *à gauche*, et Edith Piaf, *à droite*, se rendirent en Allemagne pour se produire dans des camps où étaient détenus 1,6 million de prisonniers de guerre.

© LAPI/Roger-Viollet

gauche © Ulstein Bild/Roger-Viollet, *droite* © André Zucca/BHVP/Roger-Viollet

En haut : Le vernissage de l'exposition de sculptures d'Arno Breker à l'Orangerie en mai 1942 rassembla de hauts responsables de Vichy et de nombreux artistes et intellectuels français qui seront, par la suite, accusés de collaboration. Parmi eux, l'artiste et poète Jean Cocteau, *à gauche*, et le danseur Serge Lifar, *à droite*, en costume de scène pour *Joan de Zarissa* du compositeur allemand Werner Egk.

Jean Paulhan, critique littéraire et éditeur, *à gauche*, en compagnie de Georges Braque, et qui fut une figure centrale de la Résistance et le cofondateur des *Lettres françaises*, journal clandestin publié par des écrivains.

Le poète communiste Louis Aragon fut un personnage important de la Résistance dans le sud de la France.

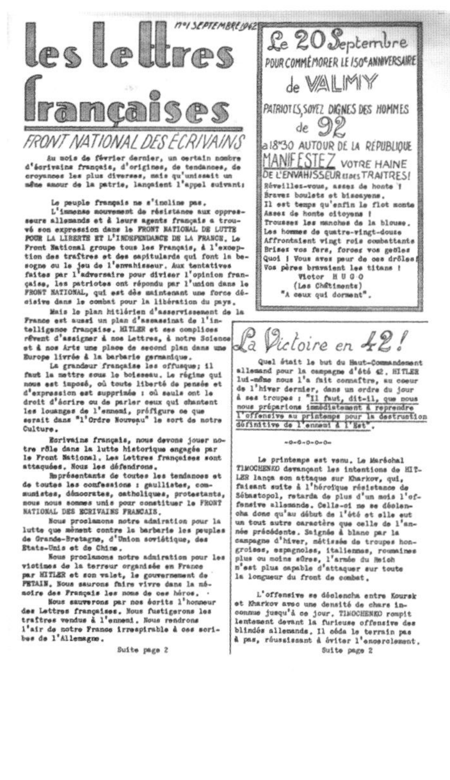

N°1 SEPTEMBRE 1942

les lettres françaises

FRONT NATIONAL DES ÉCRIVAINS

Au mois de février dernier, un certain nombre d'écrivains français, d'origines, de tendances, de croyances les plus diverses, mais qu'unissait un même amour de la patrie, lançaient l'appel suivant:

Le peuple français ne s'incline pas.

L'immense mouvement de résistance aux oppresseurs allemands et à leurs agents français a trouvé son expression dans le FRONT NATIONAL DE LUTTE POUR LA LIBERTE ET L'INDEPENDANCE DE LA FRANCE. Le Front National groupe tous les Français, à l'exception des traîtres et des capitulards qui font la besogne ou le jeu de l'envahisseur. Aux tentatives faites par l'adversaire pour diviser l'opinion française, les patriotes ont répondu par l'union dans le FRONT NATIONAL, qui est dès maintenant une force décisive dans le combat pour la libération du pays.

Mais le plan hitlérien d'asservissement de la France est aussi un plan d'assassinat de l'intelligence française. HITLER et ses complices rêvent d'assigner à nos Lettres, à notre Science et à nos Arts une place de second plan dans une Europe livrée à la barbarie germanique.

La grandeur française les offusque; il faut la mettre sous le boisseau. Le régime qui nous est imposé, où toute liberté de pensée et d'expression est supprimée : où seuls ont le droit d'écrire ou de parler ceux qui chantent les louanges de l'ennemi, préfigure ce que serait dans "l'Ordre Nouveau" le sort de notre Culture.

Ecrivains français, nous devons jouer notre rôle dans la lutte historique engagée par le Front National. Les Lettres françaises sont attaquées. Nous les défendrons.

Représentants de toutes les tendances et de toutes les confessions : gaullistes, communistes, démocrates, catholiques, protestants, nous nous sommes unis pour constituer le FRONT NATIONAL DES ECRIVAINS FRANCAIS.

Nous proclamons notre admiration pour la lutte que mènent contre la barbarie les peuples de Grande-Bretagne, d'Union soviétique, des Etats-Unis et de Chine.

Nous proclamons notre admiration pour les victimes de la terreur organisée en France par HITLER et son valet, le gouvernement de PETAIN. Nous saurons faire vivre dans la mémoire des Français les noms de ces héros.

Nous sauverons par nos écrits l'honneur des Lettres françaises. Nous fustigerons les traîtres vendus à l'ennemi. Nous rendrons l'air de notre France irrespirable à ces scribes de l'Allemagne.

Suite page 2

Le 20 Septembre
POUR COMMÉMORER LE 150e ANNIVERSAIRE
de VALMY
PATRIOTES, SOYEZ DIGNES DES HOMMES
de 92
à 18h30 AUTOUR DE LA RÉPUBLIQUE
MANIFESTEZ VOTRE HAINE
DE L'ENVAHISSEUR ET DES TRAITRES!

Réveillez-vous, assez de honte !
Braves boulets et biscayens.
Il est temps qu'enfin le flot monte
Assez de honte citoyens !
Troussez les manches de la blouse.
Les hommes de quatre-vingt-douze
Affrontaient vingt rois combattants
Brisez vos fers, forcez vos geôles
Quoi ! Vous avez peur de ces drôles!
Vos pères bravaient les titans !

Victor HUGO
(Les Châtiments)
"A ceux qui dorment".

La Victoire en 42!

Quel était le but du Haut-Commandement allemand pour la campagne d'été 42. HITLER lui-même nous l'a fait connaître, au coeur de l'hiver dernier, dans un ordre du jour à ses troupes : "Il faut, dit-il, que nous nous préparions immédiatement à reprendre l'offensive au printemps pour la destruction définitive de l'ennemi à l'Est".

-o-o-o-o-o-

Le printemps est venu. Le Maréchal TIMOCHENKO devançant les intentions de HITLER lança son attaque sur Kharkov, qui, faisant suite à l'héroïque résistance de Sébastopol, retarda de plus d'un mois l'offensive allemande. Celle-ci ne se déclencha donc qu'au début de l'été et elle eut un tout autre caractère que celle de l'année précédente. Saignée à blanc par la campagne d'hiver, métissée de troupes hongroises, espagnoles, italiennes, roumaines plus ou moins sûres, l'armée du Reich n'est plus capable d'attaquer sur toute la longueur du front de combat.

L'offensive se déclencha entre Koursk et Kharkov avec une densité de chars inconnue jusqu'à ce jour. TIMOCHENKO rompit lentement devant la furieuse offensive des blindés allemands. Il céda le terrain pas à pas, réussissant à éviter l'encerclement.

Suite page 2

© Fondation Florence Gould

La milliardaire américaine Florence Gould, photographiée ici, *en haut*, à la fin des années 1930, tenait un salon littéraire hebdomadaire à Paris sous l'Occupation. Il était fréquenté par des écrivains collaborateurs et résistants mais aussi par des Allemands, parmi lesquels le célèbre romancier Ernst Jünger, qui était basé à Paris avec la Wehrmacht et que l'on voit, *à droite*, à cheval lors d'un défilé.

© Marbach/Rue des Archives

Vers la fin de l'Occupation, le jeune écrivain Marguerite Duras rejoignit la Résistance en même temps que son mari Robert Antelme, *à droite*, et son amant Dionys Mascolo. Antelme fut arrêté et déporté en Allemagne mais survécut à la guerre.

La romancière juive Irène Némirovsky, née à Kiev, passa ses dernières vacances d'été en 1939 en compagnie de ses filles Denise et Elisabeth et de son mari, Michel Epstein. A partir de mai 1940, la famille s'installa en Bourgogne à Issy-l'Evêque où elle écrivit le célèbre roman *Suite française*, qui ne fut publié qu'en 2004. En juillet 1942, elle fut arrêtée par des gendarmes français et déportée à Auschwitz où elle mourut un mois plus tard.

Le célèbre écrivain Colette passa la plus grande partie de l'Occupation dans son appartement du Palais-Royal où son mari juif, Maurice Goudeket, dut se cacher tous les soirs dans une chambre de bonne sous les toits.

Pablo Picasso, qui passa l'Occupation à Paris, écrivit une pièce surréaliste, *Le Désir attrapé par la queue*, qui fut jouée en privé chez Michel Leiris, le 19 mars 1944. A cette occasion, Brassaï prit cette photo sur laquelle on voit, entre autres, Simone de Beauvoir tenant un livre à la main, à gauche de Picasso, Albert Camus accroupi, jouant avec le chien et, près de lui, Jean-Paul Sartre, une pipe à la bouche. On voit en arrière-plan des toiles de Picasso.

Deux des comédiens français les plus populaires, Arletty et Jean-Louis Barrault, furent les vedettes du film de Carné *Les Enfants du paradis*, tourné en grande partie sous l'Occupation mais qui ne sortit qu'après la Libération. A l'époque, Arletty était en disgrâce pour avoir eu un amant allemand.

L'écrivain Albert Camus, *à gauche*, qui rejoignit la Résistance fin 1943 et dirigea le journal clandestin *Combat*, est ici, après la libération de Paris, en compagnie du chef de la Résistance, Jacques Baumel, et de l'écrivain André Malraux, revêtu d'un uniforme de l'armée française.

Une semaine avant la libération de Paris, le 25 août 1944, le parti communiste français appela à l'insurrection, et des milliers de jeunes Parisiens prirent les armes, édifièrent des barricades et harcelèrent les troupes allemandes qui se replièrent.

Le général Charles de Gaulle, qui avait pendant plus de quatre ans mené le combat contre l'Allemagne, depuis Londres d'abord, puis depuis Alger, rentra à Paris le jour de la libération de la capitale, le 25 août 1944. Le lendemain matin, il descendit les Champs-Elysées sous les acclamations des Parisiens.

Après la Libération, écrivains et artistes firent partie des dizaines de milliers d'hommes et de femmes jugés pour collaboration avec l'ennemi. L'écrivain Robert Brasillach, *à gauche*, fut condamné à mort et fusillé le 6 février 1945. Sacha Guitry, *à droite*, fut emprisonné pendant soixante jours, mais les poursuites contre lui continuèrent jusqu'en août 1947, date à laquelle son affaire fut classée.

elle était connue comme la grande prêtresse de l'art d'avant-garde depuis qu'elle avait ouvert sa première galerie en 1926. En avril 1941, elle rouvrit une galerie au 9 ter, boulevard du Montparnasse et, pendant l'Occupation, organisa pas moins de vingt expositions. Même si elle préférait dénicher de nouveaux talents comme Nicolas de Staël, Jean Bazaine, Edouard Pignon et Charles Lapicque, elle n'en admirait pas moins les artistes reconnus. Le 21 juillet 1942, elle exposa même des peintures et des gouaches de Wassily Kandinsky, le pionnier russe de l'art abstrait, professeur au Bauhaus, qui avait quitté Berlin en 1933 pour venir à Paris et vivait alors tranquillement à Neuilly. Mais l'exposition fut fermée dès le lendemain par les Allemands. Une exposition collective, en 1943, présentait des œuvres de Braque, Gris, Léger et Picasso. Une autre en 1944 montrait des dessins et des gravures de Bonnard, Braque, Dalí, Dufy, Picasso et d'autres. N'étant pas du genre à se laisser intimider, Jeanne Bucher organisa le 6 janvier 1944 une exposition collective d'œuvres de Kandinsky, César Domela et de De Staël. Parmi les artistes qui vinrent en foule au vernissage il y avait Braque, Picasso, Dora Maar, Pignon et Bazaine. Puis en juin 1944, pour mettre en valeur l'œuvre de femmes artistes, elle exposa des toiles de Dora Maar et de Vera Pagava.

Les officiers allemands aussi venaient visiter la galerie de Jeanne Bucher, souvent pour acheter, parfois pour se moquer de l'art moderne. On raconte qu'un jour, indignée, elle demanda à des Allemands pourquoi ils venaient voir une peinture qu'ils trouvaient « mauvaise ». Furieuse, elle attrapa une photographie d'une sculpture d'Arno Breker, la jeta à terre et la piétina en criant : « Ça, c'est de l'art allemand. Eh bien! Voilà ce que j'en fais. » L'un des Allemands lui demanda s'il pouvait récupérer la photo. « Non, répondit-elle, ça me servira pour la prochaine fois[7]. » Elle encourageait aussi des indépendants comme Maurice Panier et Noëlle Lecoutour qui possédaient la petite galerie l'Esquisse et menaient une vie parallèle dans la Résistance. Après que Jeanne Bucher eut exposé Kandinsky en janvier 1944, elle offrit son exposition à l'Esquisse en y ajoutant des œuvres d'Alberto Magnelli. Et, à la surprise générale, après que Panier et Lecoutour eurent envoyé les cartons d'invitation, l'exposition, Peintres abstraits, s'ouvrit sans anicroche le 15 février. Mais le lendemain, des officiers allemands débarquèrent, regardèrent autour d'eux et annoncèrent d'un ton menaçant qu'ils allaient revenir bientôt. Inquiets, les propriétaires de la galerie annulèrent l'exposition. Ils demandèrent à de Staël de venir récupérer ses toiles, tandis que Domela décrochait les Kandinsky et partait pour un long trajet à bicyclette, jusqu'à Neuilly, pour les rendre à l'artiste.

Beaucoup d'autres expositions purent se tenir sans être perturbées par la Propaganda Staffel dont le responsable des arts visuels, un certain Dr Lange, était considéré comme un francophile et s'assurait, dit-on, que les artistes ne manquent pas de charbon en hiver. Même Braque, qui évitait soigneusement les Allemands, exposa trente-six tableaux et neuf sculptures au Salon d'automne en 1943. Louis Carré vendit des Matisse et de nombreux fauves tandis que René Drouin mettait en lumière les pionniers de l'art brut, Jean Dubuffet et Jean Fautrier, dont, plus tard, la série *Otages* ferait partie des rares œuvres du temps de guerre à évoquer la situation politique.

Comme ils étaient inconnus des Allemands, beaucoup de jeunes peintres étaient libres d'exposer. Certains d'entre eux furent présentés dans « Vingt jeunes peintres de tradition française », à la galerie Braun en 1941. Organisée par Bazaine dans le cadre d'une initiative du mouvement de Vichy, Jeune France, l'exposition réunissait vingt peintres qui étaient tout sauf traditionnels et allaient illustrer l'art abstrait français après la guerre. Parmi eux il y avait Lapicque, Jean le Moal, François Desnoyer et Alfred Manessier. Certains d'entre eux et quelques autres exposèrent leurs travaux les plus récents dans « Etapes du nouvel art contemporain » à la galerie Berri-Raspail en 1942 et dans « Douze peintres d'aujourd'hui » à la galerie de France en 1943. Et en dépit du manque de produits de première nécessité, ils parvenaient, avec un peu d'ingéniosité, à se procurer des fournitures de peinture. « J'allai au marché aux puces, raconte Françoise Gilot, et j'achetai un tableau sans valeur, juste pour le prix de la toile. Je le retournais et peignais sur l'envers. On trouvait encore du bon papier. Les couleurs étaient plus difficiles à se procurer. Mais si on avait une adresse on en trouvait, et des pinceaux aussi. »

Gaston Diehl fut un promoteur important des jeunes artistes. Ce critique d'art fonda en octobre 1943 le Salon de mai dans un café du Palais-Royal. A l'époque, c'était plus un club qu'un événement, mais il permit aux artistes de partager leur haine des Allemands et leur enthousiasme pour l'art « dégénéré » et l'art moderne en général. Finalement, le premier Salon de mai eut lieu en mai 1945, initiant une tradition qui dure encore aujourd'hui. D'autres artistes allèrent plus loin. André Fougeron, ancien anarchiste qui avait rejoint le parti communiste en 1939, était un peintre du réalisme socialiste et, en tant que tel, naturellement porté vers la politique. En 1941, peu après s'être évadé d'un camp de prisonniers en Allemagne, il monta dans son atelier une imprimerie clandestine pour publier *L'Art français*, le principal journal clandestin du monde des arts et pour illustrer d'autres publications clandestines comme *L'Université libre* et, plus tard, *Les Lettres françaises*. Fougeron joua aussi un rôle déterminant dans la fondation du Front national des peintres et des sculpteurs qui, vers la fin de l'Occupation, devint le Front national des arts.

Pignon, à son tour, fournissait une adresse sûre pour les réunions de résistants qui servit aussi de cachette à Aragon lors de ses visites secrètes à Paris. Le peintre américain Harry Bernard Goetz aida à fonder la revue surréaliste semi-clandestine *La Main à plume*, qui publiait de la poésie et de l'art et était tolérée par la Propaganda Staffel*. Mais en tant que résistant, non seulement Goetz avait un don pour fabriquer de faux papiers d'identité mais il publiait aussi des affiches de résistance qu'avec sa femme hollandaise, Christine, ils allaient coller sur les murs. Le peintre et illustrateur Jean Lurçat, qui était engagé dans la Résistance dans le Lot dès le début de l'Occupation, devint célèbre pour les dessins qu'il réalisa de tapisseries d'Aubusson sur des thèmes de la Résistance, l'une d'elles utilisant même le poème d'Eluard, « Liberté ». Paul Goyard, un artiste âgé d'une cinquantaine d'années, fut arrêté en 1944 pour avoir monté une imprimerie clandestine, et, déporté à Buchenwald, il survécut. Boris Taslitzky, un artiste communiste, survécut lui aussi à la déportation et en rapporta un témoignage bouleversant sous la forme de cent onze dessins qu'il fit à Buchenwald. Comme couverture à ses activités de résistant, le représentant de De Gaulle, Jean Moulin, ouvrit à Nice, en février 1943, la galerie Romain qu'il remplit d'œuvres d'art empruntées, entre autres, à Matisse, Bonnard et Rouault.

Si la plupart des artistes étaient libres de travailler, du moins dans l'intimité de leur atelier, la ligne de partage entre ce qui était acceptable en art et ce qui ne l'était pas demeurait claire. On le vit bien lorsque le musée d'Art moderne, projeté depuis longtemps, finit par

* *La Main à plume* entretenait aussi la grande tradition surréaliste du combat interne, illustrée par ses attaques contre Eluard, dont une lettre qui s'adressait à lui en le traitant de vieille canaille.

ouvrir en 1942. Il présentait six cent cinquante œuvres, et parmi les artistes exposés, on trouvait Matisse, Bonnard, Rouault, Picabia, Vuillard, Braque, Maillol, et même Léger et Tanguy, pourtant en exil à New York. Mais Picasso, Modigliani, Miró, Ernst, Klee, Duchamp et Chagall étaient exclus. Et Jean Cassou, qui était destiné initialement à devenir le directeur de ce musée, était absent lui aussi ; il était emprisonné à Toulouse pour ses activités de résistant.

Pour les Allemands, le camp ennemi comprenait aussi bien sûr les artistes juifs étrangers dont une poignée n'avait pas réussi à trouver un pays qui veuille bien les accueillir et vivait dans la peur constante d'être arrêtés. Parmi eux, Victor Brauner, Jacques Hérold et Wols passèrent l'Occupation cachés dans le sud de la France, tandis que le Lituanien Chaïm Soutine mourut de mort naturelle dans un hôpital parisien en août 1943. Mais d'autres périrent entre les mains des nazis. Cinq artistes juifs installés en France depuis longtemps, l'Ukrainien Vladimir Baranov-Rossiné, le Polonais Henri Epstein, le Biélorusse Jacques Gotko et les Allemands Adolphe Feder et Otto Freundlich furent déportés et moururent dans des camps nazis.

Freundlich, qui était venu en France en 1925, bien avant que Hitler n'arrive au pouvoir, représentait néanmoins tout ce que les nazis détestaient : une de ses sculptures figurait même en couverture du programme de l'exposition l'Art dégénéré, à Munich, en 1937. En 1939, il fut arrêté comme « étranger indésirable », et après la défaite française il parvint à se cacher en sécurité à Saint-Paul-de-Fenouillet, un village de montagne près de Perpignan. Mais le 23 février 1943, probablement à la suite d'une dénonciation, la police française vint l'arrêter et le livra aux Allemands. Il fut immédiatement déporté au camp de Lublin-Majdanek en Pologne où il fut tué le 9 mars.

A l'autre extrême, il y avait des artistes qui se rapprochèrent bien volontiers des Allemands, en particulier en acceptant une invitation de Goebbels à visiter le IIIe Reich à l'automne 1941. Après coup, certains des onze artistes qui firent le voyage dirent qu'ils avaient accepté en échange de la libération de quelques prisonniers français, mais un tel geste n'eut jamais lieu. D'autres affirmèrent qu'ils avaient été poussés par Vichy. Mais, à l'exemple de Braque, ils auraient très bien pu refuser. Au lieu de cela, deux jours avant le départ, ils assistèrent à une retentissante réception donnée par la Propaganda Staffel dans ses bureaux des Champs-Elysées. Puis le soir du 30 octobre, après avoir été photographiés gare de l'Est aux côtés d'officiers allemands en uniforme, ils prirent un train de nuit pour l'Allemagne.

Bien que les Allemands aient condamné le fauvisme comme forme d'art dégénéré, ils étaient évidemment très impressionnés par le haut niveau de la délégation française qui comprenait les chefs de file des fauves, Derain, Vlaminck, Van Dongen et Othon Friesz, le dessinateur André Dunoyer de Segonzac et les sculpteurs Charles Despiau, Henri Bouchard, Paul Belmondo (père de l'acteur Jean-Paul Belmondo) et Paul Landowski, directeur de l'Ecole nationale des beaux-arts. Le voyage d'agrément de deux semaines les conduisit à Munich, Vienne, Dresde, Düsseldorf, Nuremberg et Berlin, où ils visitèrent des musées, rencontrèrent des artistes allemands et prirent part à des dîners officiels. A Berlin, on leur montra les projets et les plans du nouveau Berlin d'Albert Speer, Germania, ainsi que la ville devait s'appeler, et ils visitèrent l'atelier du sculpteur favori de Hitler, Arno Breker. Et conformément à une habitude nouvelle, à leur retour ils furent accueillis à Paris par la presse collaborationniste. Galtier-Boissière nota : « Vlaminck, Van Dongen et Despiau, retour de Berlin, se répandent en interviews enthousiastes. Derain et Segonzac cherchent à se faire oublier[8]. » Dans ses mémoires, Derain dit qu'il regrettait profondément d'avoir fait ce voyage, mais Dunoyer de Segonzac et Bouchard déclarèrent aux journalistes qu'ils avaient été impressionnés par le soutien que les nazis apportaient aux artistes tandis que Despiau confiait à un ami que ce voyage lui avait fait du bien.

La présence de Breker au programme de la visite berlinoise n'était pas due au hasard. Non seulement il était le plus prestigieux des artistes allemands contemporains mais il avait vécu à Paris entre 1927 et 1934 et connaissait déjà plusieurs artistes de la délégation française. L'artiste français auquel Breker était le plus étroitement lié était toutefois le sculpteur Aristide Maillol. Breker avait vingt-sept ans et Maillol soixante-six quand ils se rencontrèrent pour la première fois à Banyuls-sur-Mer, chez Maillol en 1927, et ils devinrent immédiatement très amis. Les deux artistes pratiquaient un art figuratif, mais tandis que Maillol préférait les formes féminines, rondes et sensuelles, Breker aimait mieux les grandes statues d'hommes de style néoclassique. Heureux de l'enseignement qu'il avait reçu de Maillol, Breker entreprit immédiatement de faire connaître en Allemagne les œuvres de son nouvel ami.

Au milieu des années 1930, la réputation de Breker grandissait en Allemagne, et même s'il combattait la répression de l'art moderne, le monumentalisme néofasciste de son travail attira l'attention de Goebbels et de Hitler. On lui commanda bientôt des statues et des sculptures pour les nouveaux ministères nazis et, en 1939, il était pratiquement devenu un artiste officiel. En juin 1940, lorsque Hitler visita Paris qui venait d'être conquis, il pria Breker et Speer de l'accompagner. Pour cette visite historique, raconta plus tard Breker, le Führer avait dit : « Je veux être entouré d'artistes[9]. »

En 1942, Breker connut une autre sorte de consécration à l'occasion de l'énorme rétrospective de son œuvre qui se tint à l'Orangerie de Paris. Organisée par son vieil ami Jacques Benoist-Méchin, un journaliste pronazi qui avait rejoint le régime de Vichy, l'exposition fut patronnée par un comité d'honneur qui comprenait de haut gradés de Vichy et les écrivains fascistes Brasillach et Drieu la Rochelle. Tandis qu'il préparait les réjouissances, l'ambassadeur Abetz s'arrangea pour loger Breker dans l'appartement aryanisé d'Helena Rubinstein sur l'île Saint-Louis, et Laval l'invita à déjeuner à l'hôtel Matignon, résidence officielle du Président du Conseil. Il fut bientôt évident que cela allait être l'événement culturel de l'année : l'assistance lors de son vernissage, le 15 mai 1942, comprenait le tout-Paris désireux de s'associer à tout ce qui était allemand. La plupart des artistes qui avaient fait le voyage en Allemagne étaient là ainsi que des personnalités comme Arletty, Guitry, Lifar, Cocteau et Drieu la Rochelle. Les statues de Breker étaient tellement immenses que Guitry glissa malicieusement à Cocteau : « Si ces statues entraient en érection, on ne pourrait plus circuler[10]. » Les discours d'ouverture par Abel Bonnard et Benoist-Méchin furent suivis d'un concert donné par Alfred Cortot, Wilhelm Kempff et Germaine Lubin. Breker reçut aussi de Pétain un mot manuscrit de félicitations. Pourtant, pour Breker, l'invité d'honneur était Maillol. Le vieil homme n'avait pas voulu entreprendre le voyage, mais Gerhard Heller, l'officier allemand responsable de la littérature à la Propaganda Staffel, alla jusqu'à Banyuls-sur-Mer, avec voiture et chauffeur, pour le chercher.

Le spectacle Breker n'était pourtant pas fini. Quelques jours plus tard, une réception en son honneur, au musée Rodin cette fois, attira encore plus de gloires culturelles, dont les écrivains collaborationnistes Paul Morand et Céline, le dramaturge Giraudoux et d'autres, comme Guitry, qui avaient déjà été à l'Orangerie. Dans l'hebdomadaire culturel *Comœdia*, Cocteau publia un « Salut à Breker » qui commençait par « Je vous salue Breker » et qui avançait sept raisons pour justifier son admiration dont celle-ci : « Parce que la grande main du *David* de Michel-Ange vous a montré votre route. » On fit rapidement comprendre à Cocteau qu'il était allé trop loin. Dans une lettre exprimant « sa pénible surprise », Eluard lui rappela que « Freud, Kafka, Chaplin sont interdits par les mêmes qui honorent Breker ». Mais si Cocteau était aussi démonstratif, c'était aussi par gratitude envers Breker. Un an auparavant, Jean Marais, son amant, avait cassé la figure au critique d'art pronazi Alain Laubreaux pour une critique qu'il avait faite de Cocteau. Craignant des représailles de la Gestapo, Cocteau s'était adressé à Breker pour demander de l'aide. Dans son journal, le 6 mai 1942, quelques jours avant l'ouverture de l'exposition à l'Orangerie, Cocteau rappelait la loyauté de l'Allemand : « Au moment où toute la presse germanophile m'insultait, Arno Breker, le sculpteur de Hitler, m'a donné le moyen de lui téléphoner par ligne spéciale à Berlin au cas où il arriverait quelque chose de grave à moi ou à Picasso[11]. »

Breker affirma aussi plus tard avoir obtenu la libération de la prison de Fresnes d'Eugène Rudier dont la fonderie avait coulé les bronzes de Rodin et qui, ensuite, se rendit à Berlin pour couler ceux de Breker. Ainsi que celle du poète Patrice de la Tour du Pin qui était prisonnier de guerre en Allemagne. Ce qui semble certain, c'est que, en 1943, il aida bien à faire libérer Dina Vierny, le modèle de Maillol. A la fin de l'année 1940, Maillol était parvenu à la faire sortir de la prison où elle avait été mise pour avoir emmené par des chemins secrets des Juifs et d'autres réfugiés jusqu'en Espagne. A présent, elle avait été de nouveau arrêtée, dans un hôtel à Paris cette fois, avec le risque d'être démasquée en tant que Juive étrangère antifasciste. Comme Vierny le raconta plus tard, après qu'elle eut passé six mois en prison à Fresnes, Maillol fit appel à Breker pour lui venir en aide en disant : « Breker, sauvez mon modèle. Vous savez très bien que si je ne peux pas finir ma statue, je ne pourrai pas vivre. » Ce à quoi Breker aurait répondu qu'il allait faire tout son possible pour sauver le modèle mais qu'en échange il voulait que Maillol pose pour lui. Breker consulta Belmondo qui lui assura que Vierny était innocente, accusée à tort de trafic d'or et d'aide aux réfugiés. Quelques jours plus tard, un officier allemand amena Dina dans un restaurant de Montparnasse où Breker et Maillol l'attendaient[12]. Cette même année, Breker se rendit à Banyuls-sur-Mer pour réaliser un buste en bronze de Maillol.

Dufy, Rouault, Bonnard, Matisse et Picasso se tenaient remarquablement à l'écart de tout ce qui ressemblait au monde de l'art officiel. Ils s'étaient tous fait un nom dans les premières années du siècle et, dans le cas de Bonnard, Matisse et Rouault, avaient dépassé les soixante-dix ans. Ils avaient tous le sentiment d'avoir encore quelque chose à apporter dans le domaine artistique mais ne se voyaient pas jouer un rôle dans le drame politique. A l'exception de Picasso, ils avaient tous choisi de vivre dans le sud de la France. Dufy, dont les toiles pleines de couleurs devaient beaucoup à l'influence précoce des fauves, vécut d'abord à Nice, puis à Perpignan, et enfin dans le petit village de Montsaunès, à l'ouest de Carcassonne. Il continua à peindre et à dessiner des tapisseries. Il commença aussi à travailler avec le marchand parisien Louis Carré, tandis que des expositions consacrées à son œuvre se tinrent pendant la guerre à Lyon, Bruxelles et New York ainsi qu'à Paris. Rouault, un fauve converti à l'expressionnisme, se rendit sur la Riviera où il passa toute l'Occupation dans la petite station balnéaire de Golfe-Juan, à l'est de Cannes. Il était de plus en plus attiré par le christianisme, une attitude que partageaient curieusement beaucoup d'artistes de l'époque de la guerre, et son travail, tout comme celui de Bonnard, Matisse et Dufy, ne semble prêter aucune attention aux *années noires* vécues par la plupart des Français.

Pierre Bonnard qui, dans sa jeunesse, avait été une figure centrale des nabis avait opté depuis longtemps pour une vie calme centrée sur l'introspection. Quand la guerre fut déclarée en 1939, il se retira avec sa femme Marthe à la villa Le Bosquet au Cannet sur la Côte d'Azur où il continua à peindre des paysages bucoliques et surtout des nus. Bien qu'il ait été mobilisé comme peintre de guerre en 1917, à présent, âgé de plus de soixante-dix ans, il paraissait à peine affecté par le nouveau conflit. Son seul intérêt était de peindre, et il continua de faire le portrait de Marthe âgée, nue ou dans son bain, comme si elle était encore une jeune beauté. En 1941, Maillol envoya Vierny poser pour Bonnard, essentiellement pour la mettre à l'abri. Bonnard commença immédiatement à travailler sur *Nu sombre*, un nu de Dina à la manière de Gauguin qui ne fut achevé qu'en 1946. Une des raisons de ce retard fut que la mort de Marthe en janvier 1942 le plongea dans un deuil éprouvant. Bonnard se retrouva à court d'argent, seul et coupé du monde la plupart du temps, lorsqu'un jeune éditeur, Aimé Maeght, vint à son secours. Il lui apporta de la nourriture, des fournitures de peintre et commença à vendre quelques-unes de ses toiles. En même temps, Maeght, qui allait devenir un marchand d'art renommé après la guerre, fabriquait de faux papiers pour les résistants. A la fin de la guerre, Bonnard vécut juste assez longtemps, jusqu'à janvier 1947, pour jouir de sa nouvelle célébrité internationale.

Matisse aussi aimait mieux peindre la joie que la douleur. Mais durant l'Occupation, cela impliquait de surmonter sa santé déclinante, les turbulences au sein de sa famille et l'inconfort engendré par la guerre. Au début de 1939, après des années d'un mariage houleux, sa femme Amélie demanda le divorce ; le résultat fut que les œuvres de Matisse encore à vendre et ses autres biens furent stockés à la Banque de France à Paris en attendant leur répartition à parts égales. La décision d'Amélie fut provoquée par l'arrivée dans leur vie d'une jeune Russe déterminée, Lydia Delectorskaya, dont les soins et l'attention furent bientôt indispensables à Matisse. Après une dernière entrevue à la gare Saint-Lazare en juillet 1939, Matisse ne revit jamais Amélie, tandis que Lydia devint sa secrétaire, sa protectrice et sa compagne (mais pas sa maîtresse), un arrangement qui dura jusqu'à sa mort en 1954. Pendant la drôle de guerre, Matisse quitta son atelier parisien pour se rendre à Nice où il occupa tout un étage de l'Hôtel Regina, près de Cimiez. Au printemps 1940, il envisagea de partir quelques semaines en prenant un bateau pour le Brésil. Mais quand l'Allemagne envahit la France, il se trouvait à Paris, et il leur fallut six semaines, à Lydia et à lui, pour regagner Nice, *via* Bordeaux, Carcassonne et Marseille.

Pendant tout le voyage et les mois qui suivirent, Matisse souffrit de terribles maux d'estomac. A la fin de 1940, il refusa à Varian Fry un visa pour les Etats-Unis, expliquant dans une lettre à son fils Pierre, à New York, « Que si tous les éléments de valeur partaient, qu'allait-il rester en France ? ». Mais son état de santé continua à se détériorer, et en janvier 1941 il fut transporté d'urgence à Lyon pour subir une opération du côlon. Craignant de ne pas y survivre, il écrivit une lettre qu'il demanda à Pierre de remettre à Amélie s'il mourait. Dans une autre lettre qui l'accompagnait, il se plaignait qu'Amélie « remette en cause tout ce qui [le] concerne, [son] honnêteté, [son] affection pour ma famille et tout le reste », et il ajoutait : « Je ne veux pas discuter de tout cela. Je lui dirai simplement que j'ai continué à l'aimer. » Il survécut à l'opération, la lettre ne fut jamais remise et cinq mois plus tard il regagna Cimiez en compagnie de Lydia. Trop faible pour peindre, il se concentra sur le dessin.

Pour lui remonter le moral, Maillol lui envoya aussi Vierny avec un billet disant : « Je vous prête la vision de mon travail, vous la réduirez à un trait[13]. » En effet, Matisse dessina quelques nus exquis d'après le modèle de Maillol. A un moment donné, Vierny expliqua qu'elle devait aller retrouver Bonnard qui travaillait toujours à son *Nu sombre*. Elle rapporta plus tard la réponse de Matisse : « Pas question de retourner chez Bonnard ! Vous allez interrompre mon élan. Tenez, Bonnard, je le dessine, le voilà, je le colle dans le dessin, il est derrière vous, n'en parlons plus et continuons[14]. »

Matisse avait aussi commencé à réaliser des découpages de papier qu'il allait publier en 1947 sous le titre *Jazz* et qui allaient occuper les dernières années de sa vie. Mais bien qu'absorbé par son travail, il n'était pas coupé du monde. En recevant la visite de marchands d'art et de collectionneurs, il savait que sa peinture était montrée et achetée à Paris. Rouault vint le voir et il se rendit au Cannet pour rendre visite à Bonnard. Il entama aussi une improbable amitié avec le poète de la Résistance Aragon qui préfaça le recueil de dessins de Matisse, *Thèmes et Variations*. De plus, il était au courant de la situation désespérée de ses amis peintres juifs et n'arrêtait pas de se faire du souci, craignant que la police française ne vienne arrêter Lydia comme ennemie étrangère. Quand l'Allemagne envahit la zone libre et que les troupes italiennes défilèrent dans Nice, redoutant que la guerre n'atteigne rapidement la Côte d'Azur, Matisse, Lydia et leur cuisinière allèrent s'installer dans une petite demeure, appelée de manière pompeuse Villa Le Rêve, à la sortie de Vence, à trente kilomètres plus à l'ouest. Ils n'avaient pas de téléphone et pas de voiture ; Lydia devait tous les jours aller à bicyclette chercher des provisions pour la maisonnée.

La famille de Matisse était dispersée. Pierre était à New York où il organisa en 1942 l'exposition « Artistes en exil », consacrée à Mondrian, Chagall, Ernst, Léger et d'autres peintres qui avaient quitté la France. L'autre fils de Matisse, Jean, n'était pas très loin, à Antibes, mais il était très impliqué dans le maquis où il formait de jeunes résistants à l'art du sabotage. Matisse savait qu'Amélie et leur fille à l'esprit bien trempé, Marguerite, vivaient dans la maison familiale d'Issy-les-Moulineaux, près de Paris. Il ignorait qu'elles avaient toutes les deux rejoint un groupe de résistants communistes, les Francs-tireurs et Partisans. Marguerite faisait fonction de courrier et Amélie tapait des rapports secrets destinés à Londres. Mais le 13 avril 1944, les deux femmes furent arrêtées par la Gestapo, Marguerite à Rennes et Amélie à Paris. Apprenant une semaine plus tard leur arrestation, Matisse demanda l'aide du marchand Fabiani et de Guitry qui étaient tous deux en bons termes avec les Allemands, mais sans résultat. Amélie passa le reste de l'Occupation emprisonnée à Fresnes et ne fut relâchée qu'à la libération de Paris. Marguerite en réchappa encore plus de justesse. Après avoir été torturée pendant des semaines, elle fut déportée, avec des centaines d'autres prisonnières, au moment même où les Alliés progressaient en Bretagne. Par chance, leur train qui se rendait au camp de concentration de Ravensbrück fut bloqué le 4 août à la frontière allemande par des bombardements alliés. Dans la confusion, elle parvint à s'échapper et à se mettre à l'abri.

A la fin de la guerre, Matisse lui-même était en danger. Tandis que les forces alliées débarquaient sur la côte sud de la France à la mi-août, trois bombes explosèrent près de la Villa Le Rêve. Pourtant, ce ne fut probablement qu'en janvier 1945, lorsque Marguerite vint voir son père et lui raconta ses expériences, que la véritable horreur de la guerre lui apparut de près.

Picasso lui aussi aurait pu rechercher le calme de la Côte d'Azur ou même s'exiler aux Etats-Unis ou au Mexique, mais après être rentré de Royan à Paris, le 23 août 1940, avec deux voitures chargées de tableaux, il ne quitta la capitale qu'une seule fois pendant l'Occupation. Il savait bien qu'en tant qu'Espagnol qui avait soutenu la République espagnole vaincue et s'était vu refuser la nationalité française, il était dans une situation précaire. De plus, même si l'Espagne était demeurée neutre, Franco avait de bonnes relations avec Hitler et avec Pétain, et était en mesure de demander l'arrestation de Picasso et son extradition vers l'Espagne. La seule possibilité qu'avait l'artiste était de garder profil bas et d'organiser au mieux sa vie matérielle et celle de ses compagnes. Quand il rentra à Paris, sa maîtresse, Marie-

Thérèse Walter, resta à Royan avec leur fille, Maya, jusqu'à la fin de l'année, mais Dora Maar, sa partenaire plus officielle, le suivit par le train, le même jour. A l'époque, il avait deux domiciles parisiens, mais le manque de combustible pendant le premier hiver de l'Occupation l'incita à fermer son appartement de la Rive Droite, rue La Boétie, pour s'installer dans le duplex de la Rive Gauche au 7, rue des Grands-Augustins, à un jet de pierre de la Seine. Là, il était tout près de l'appartement de Dora Maar, rue de Savoie, et à une distance raisonnable de ses repaires favoris, le Café de Flore et la Brasserie Lipp à Saint-Germain. Marie-Thérèse et Maya s'installèrent bientôt dans un appartement du boulevard Henri-IV, à un quart d'heure à pied. Picasso allait les voir le jeudi et le dimanche. Son Paris avait rétréci à la taille d'un village.

Mais il ne risquait pas d'oublier la présence allemande. A l'automne 1940, les Allemands ayant entrepris de fouiller la France, ils décidèrent d'inspecter tous les coffres de banque, y compris ceux de la Banque nationale pour le commerce et l'industrie, boulevard Haussmann, où Braque et Picasso avaient loué des coffres. Picasso était à la banque lorsque ses deux coffres furent ouverts à la demande des officiers allemands. Le responsable allemand sembla si déconcerté par ce qu'il vit que Picasso lui montra le coffre de Braque, à côté, en lui disant qu'il contenait encore beaucoup d'autres de ses toiles invendues. Là-dessus, l'officier mit fin à l'inspection[15].

Des officiers allemands venaient aussi voir Picasso dans son atelier de la rue des Grands-Augustins. Et c'est là qu'eut lieu la fameuse conversation, peut-être apocryphe, au sujet de *Guernica*, le tableau de 1937 protestant contre le bombardement par la Luftwaffe de la ville basque du même nom. Comme le racontait souvent Picasso, il avait offert à un Allemand une carte postale représentant *Guernica* ; celui-ci aurait demandé : « C'est vous qui avez fait cela ? » A quoi Picasso aurait répondu : « Non, c'est vous. »

D'autres Allemands venaient aussi frapper à sa porte, curieux de rencontrer l'homme que l'on considérait déjà comme le plus grand artiste vivant au monde. Gerhard Heller fut présenté à Picasso en juin 1942 par Jean Paulhan, éditeur chez Gallimard, et secrètement résistant. Dans ses mémoires, Heller évoque son émotion : « Nous sonnons. Picasso lui-même vient nous ouvrir. Je reconnais sa silhouette familière : petit, trapu, enveloppé dans une sorte de manteau serré à la taille par une ceinture de cuir, un bonnet à pompon sur son crâne dégarni et ses yeux de braise qui nous fixaient. Très gentil, très simple, il nous fait entrer dans l'appartement, puis dans les vastes greniers aux poutres de chêne. Partout, des tableaux entassés, accrochés, superposés, retournés ; il nous les montre un à un, sans beaucoup parler, attendant nos réactions. J'étais comme ivre[16]. » Un mois plus tard, Picasso reçut la visite d'Ernst Jünger, lui aussi basé à Paris avec la Wehrmacht. Dans son journal, le 22 juillet 1942, tout aussi ému que Heller, il décrit en détail l'appartement. Puis, après une longue discussion sur l'art, Jünger cite Picasso : « A nous deux, tels que nous voilà assis ici, nous négocierions la paix cet après-midi même. Ce soir les hommes pourraient illuminer[17]. » C'est une remarque que Jünger se plaisait à citer souvent.

La seule fois où Picasso quitta Paris, ce fut au début de 1943 pour rendre visite à l'un de ses plus vieux amis, le poète Max Jacob avec qui il avait partagé une chambre des dizaines d'années plus tôt. Juif de naissance, Jacob s'était converti au catholicisme en 1909 et vivait au monastère de Fleury à Saint-Benoît-sur-Loire, même s'il savait que sa conversion ne le protégerait pas des persécutions nazies. Le peintre et le poète passèrent la plus grande partie de la journée ensemble, visitant la basilique, marchant le long de la Loire. On ne sait pas si Picasso sentit le pessimisme de son ami mais Jacob, qui, par défi, portait l'étoile jaune quand il servait la messe, était de plus en plus résigné à l'idée d'être arrêté. Son frère, Gaston, avait déjà été déporté, sa sœur et son beau-frère avaient aussi été envoyés à la mort à Auschwitz.

Le 24 février 1944, Max Jacob fut arrêté par la Gestapo. Il parvint à envoyer en secret une lettre à Cocteau demandant l'aide de Guitry*. Cocteau fit aussi appel à Heller. Dans ses mémoires, celui-ci affirme qu'il est intervenu auprès de l'ambassadeur Abetz et des services secrets allemands et qu'il a fini par obtenir un ordre de libération pour Max Jacob. Mais le poète mourut d'une pneumonie le 6 mars à Drancy avant qu'on ait pu le secourir. Picasso eut alors une attitude difficile à expliquer. Pierre Colle, un marchand d'art parisien qui était l'exécuteur testamentaire de Max Jacob, affirma que Picasso avait refusé d'ajouter sa voix à toutes celles qui réclamaient la libération de Max Jacob. D'autre part, Georges Prade, un infâme pétainiste,

* Jacob écrivit : « Cher Jean. Je t'écris dans un wagon par la complaisance des gendarmes qui nous encadrent. Nous serons à Drancy tout à l'heure. C'est tout ce que j'ai à dire. Sacha, quand on lui a parlé de ma sœur, a dit : " Si c'était lui, je pourrais quelque chose ! " Eh bien c'est moi. Je t'embrasse. Max. »

aurait, selon lui, dit à Picasso que sa signature sur une lettre aux Allemands serait plutôt contre-productive. Pourtant, le 18 mars, aux côtés de Derain et d'une poignée d'amis de Max Jacob, Picasso assista à une messe à sa mémoire à l'église Saint-Roch, à Paris. Et, le 21 mars, Picasso se joignit à un groupe plus important d'environ cinquante personnes qui assistèrent à une autre messe dans la même église, parmi eux Braque, Eluard, Mauriac, Dora Maar, Coco Chanel et Paulhan.

Picasso était certainement au courant du sort de plus en plus pénible des Juifs, de l'internement de dizaines de milliers de républicains espagnols mais aussi de la montée en puissance de la Résistance. André Dubois, qui se servait de son poste haut placé au ministère de l'Intérieur pour protéger beaucoup d'intellectuels et de réfugiés, venait le voir régulièrement. D'autres aussi tenaient Picasso au courant, Sartre, Cocteau, les poètes Jacques Prévert et Robert Desnos, le photographe Brassaï et, même après qu'il eut rejoint la Résistance en 1944, André Malraux. Anne Ubersfeld, une jeune résistante qui devint par la suite une enseignante de théâtre respectée, affirme que dès 1942 Picasso donnait de l'argent à la Résistance et cacha parfois des fugitifs dans son appartement. « On n'imagine pas les risques qu'il prenait », raconta-t-elle plusieurs dizaines d'années plus tard[18].

Mais Picasso devait aussi prendre des précautions. Françoise Gilot, qui fut présentée à son futur amant par Alain Cuny au Catalan, en mai 1943, raconta qu'elle savait que Picasso donnait de l'argent aux exilés espagnols et pouvait aussi avoir aidé les résistants, mais elle ajoutait : « Peu importe ce que faisaient les gens, on n'en parlait jamais, parce que plus il y a de monde au courant, plus on prend de risques. » Après qu'elle eut pris l'habitude de venir voir Picasso tous les jours à son atelier, elle remarqua que les Allemands venaient, au moins une fois par mois, frapper à sa porte. « Ils n'étaient jamais en uniformes et arrivaient par groupes de cinq ou six. Pablo me demandait de les suivre pour s'assurer qu'ils ne cachaient pas de documents compromettants qu'ils viendraient " découvrir " par la suite. Cela le préoccupait beaucoup. Il y avait aussi un excellent photographe, un Allemand homosexuel, qui n'était pas nazi, Herbert List, qui venait très souvent. A chaque fois, Pablo me demandait de le surveiller pour voir ce qu'il faisait. »

Lorsque Picasso rencontra Françoise Gilot qui, à vingt-deux ans, avait quarante ans de moins que lui, il était encore engagé avec Dora Maar et Marie-Thérèse Walter. Mais comme Françoise Gilot ne devint sa maîtresse que neuf mois plus tard et qu'ils ne vécurent ensemble qu'après la guerre, elle devint une observatrice attentive de sa vie quotidienne : « Il ne se levait pas très tôt. Ensuite il avait la visite de gens comme moi entre onze heures trente et treize heures trente. Il prenait ensuite un déjeuner léger et travaillait tout l'après-midi et toute la soirée. Ensuite il prenait un dîner léger. Ce n'était pas un gros mangeur. »

Néanmoins, Picasso prenait généralement ses repas au restaurant, toujours en compagnie de son secrétaire espagnol, Jaime Sabartés, et, jusqu'à sa mort en mars 1942, du peintre espagnol Julio González. Grâce au marché noir, même des petits bistros comme le Catalan ou d'autres qu'il fréquentait rue Dauphine ne manquaient jamais de provisions. (Une fois, le Catalan fut fermé pendant une semaine pour avoir servi de la viande un jour sans viande.) Mais sauf quand il se rendait aux vernissages de la galerie Jeanne-Bucher, boulevard du Montparnasse, Picasso s'aventurait rarement hors de son quartier. « Il possédait une voiture mais je ne l'ai jamais vu s'en servir. Il fallait obtenir l'essence auprès des Allemands et c'était déjà considéré comme un acte de collaboration. S'il devait se déplacer, aller à la galerie Leiris par exemple, il prenait le métro parce que c'était le moyen le plus discret. Dans le bus, on risquait d'être remarqué. » L'écrivain de droite Paul Léautaud tomba nez à nez avec Picasso, rue Jacob, un matin d'avril 1944. Léautaud note dans son journal : « Il a traversé pour venir à moi. Il a laissé pousser ses cheveux jusque sur son col. Des cheveux tout blancs. Il n'a pas du tout le visage d'un vieillard. De dos, on doit le prendre pour tel. Curieuse idée. Je ne m'étais pas encore aperçu à quel point il est petit. Il est charmant de visage et plein de moquerie[19]. »

Pendant toute l'Occupation, Picasso continua à travailler. En 1941, il eut même l'inspiration pour écrire une petite pièce en six tableaux, *Le Désir attrapé par la queue*, écrite selon la technique surréaliste de l'écriture automatique et donc proche de l'inintelligible. Pourtant, pour sa première lecture, le 19 mars 1944, chez ses voisins et amis Michel et Louise Leiris, rue des Grands-Augustins, la distribution était impressionnante comprenant Sartre, Raymond Queneau, Maar et

Beauvoir avec Albert Camus dans le rôle du chœur qui présentait les personnages et décrivait le décor imaginaire. L'événement fut immortalisé par Brassaï.

Les toiles et les dessins de Picasso étaient vendus discrètement à la galerie Leiris et parfois à Drouot. Son art était-il aussi détaché de la guerre que celui de Bonnard et de Matisse ? Heller, bien qu'il ne fût pas un expert, écrivit ceci à propos des toiles qu'il avait pu voir : « A travers toutes les œuvres, dans la décomposition cruelle des formes, dans la violence tragique des couleurs, l'horreur de la guerre (jamais directement exprimée pourtant) était présente d'une manière difficilement soutenable[20]. » Si la violence de *Guernica* ne réapparut pas dans sa peinture avant la Libération, il y a évidemment beaucoup d'angoisse et même de tragédie dans *L'Aubade* de 1942 et dans de nombreuses natures mortes, certaines où l'on voit des crânes rouges, gris et noirs montrer les dents, d'autres où des crânes et des poireaux suggèrent des crânes et des ossements. Picasso réalisa aussi une centaine de dessins pour sa sculpture la plus connue de l'époque, *L'Homme au mouton*. En 1941, il expliqua : « Je n'ai pas peint la guerre, parce que je ne suis pas ce genre de peintre qui va, comme un photographe, à la quête d'un sujet. Mais il n'y a pas de doute que la guerre existe dans les tableaux que j'ai faits alors. Plus tard peut-être, un historien démontrera que ma peinture a changé sous l'influence de la guerre[21]. »

Même si Picasso se tenait à l'écart du monde artistique parisien, évitant la visibilité disons d'un Braque, son ombre continuait de planer sur ces fauves qui avaient reproché au cubisme d'avoir coulé leur mouvement. Vlaminck en particulier ne semblait pas se remettre d'avoir été plus célébré en 1900 qu'en 1940. A présent, peut-être conscient de la vulnérabilité de Picasso en tant à la fois qu'étranger et artiste « dégénéré », et confiant dans ses bonnes relations avec les Allemands, il vit l'occasion de prendre sa revanche. Utilisant les colonnes de *Comœdia*, l'hebdomadaire culturel dans lequel Cocteau avait publié son ode à Breker, Vlaminck s'attaqua à Picasso, le 6 juin 1942. Parmi une série d'insultes gratuites où il décrivait Picasso avec « une figure de moine aux yeux d'inquisiteur », Vlaminck le déclarait « coupable d'avoir entraîné la peinture française dans la plus mortelle impasse, dans une indescriptible confusion ». Bazaine répliqua rapidement dans la *Nouvelle Revue française*, et André Lhote en fit autant dans *Comœdia*. Comme on pouvait s'y attendre, la diatribe fit moins de mal à Picasso qu'à Vlaminck qui fit partie des artistes interdits d'exposition après la Libération.

Une fois que Paris fut libéré, le cas de Picasso pendant l'Occupation fut pourtant examiné. Comme il avait rejoint le Parti communiste français à l'automne 1944, il se trouvait du même bord que ceux qui étaient chargés de mener les purges contre les collaborateurs. De toute façon, il n'avait pas de souci à se faire. Il n'avait jamais prétendu appartenir à la Résistance mais il n'avait rien fait non plus pour encourager l'ennemi. Contrairement à Cocteau, Lifar ou Guitry, il n'avait jamais fraternisé avec les Allemands. Contrairement à Vlaminck, Derain et Van Dongen, il ne s'était pas rendu en Allemagne invité par les nazis. Françoise Gilot, qui fut peut-être la seule des compagnes de Picasso à jamais avoir osé le critiquer et, en 1953, la seule à l'avoir jamais quitté, en était arrivée à respecter son attitude : « Qu'est-ce qui aurait changé si Picasso, qui n'était certainement pas doué pour le maniement des armes, avait lancé une grenade ? Rien. Non, sa position était d'être contre les Allemands et de rester à Paris. Pour les gens de ma génération c'était un symbole très important. Rien que le fait d'être là, et de garder sa dignité, cela permettait de faire certaines choses. Quelqu'un comme Derain, pourquoi est-il allé en Allemagne ? C'était de la pure stupidité. »

CHAPITRE 10

Distraction à l'écran

On se souvient de l'occupation allemande comme d'un âge d'or du cinéma français ; la vérité est plus nuancée : sur les deux cent vingt films tournés en France entre juin 1940 et août 1944, seuls quelques-uns sont mémorables, et le plus populaire de tous, *Les Enfants du paradis*, le chef-d'œuvre de Marcel Carné, ne sortit sur les écrans qu'après la Libération. L'industrie cinématographique avait cependant de bonnes raisons de se sentir le vent en poupe. Elle disposait d'un public captif, très désireux d'échapper à l'ennui de la vie quotidienne par les larmes et le rire qu'offrait le cinéma (et en hiver, de se retrouver dans la chaleur d'une salle bondée). En 1943, la fréquentation des cinémas était en hausse de 40 pour cent par rapport à celle de 1938. Une autre explication importante est que les films anglais d'abord, puis américains, étaient interdits comme « ennemis », de sorte qu'à l'exception des films allemands, que peu de cinéphiles français étaient prêts à aller voir, il n'y avait pratiquement plus de concurrence étrangère. De nombreux cinéastes talentueux étaient partis pour les Etats-Unis. Et, peut-être sans le vouloir, les Allemands avaient-ils fait de la place dans la profession en expulsant producteurs, réalisateurs et acteurs juifs, et en interdisant les films français tournés avant 1937. Henri-Georges Clouzot, Robert Bresson, Jacques Becker, Jean Delannoy furent parmi les cinéastes qui se firent un nom pendant l'Occupation.

La variable d'ajustement était la manière dont les nazis définissaient leurs intérêts. Ils n'autorisaient sur les écrans français ni les attaques contre l'Allemagne ni les excès de nationalisme, mais même Goebbels considérait le cinéma comme un bon moyen de maintenir les Français en état de distraction. Lui-même passionné de cinéma, il avait un faible pour les vedettes françaises. Une célèbre photographie, prise en juillet 1939, à peine un mois avant le début de la guerre, le montre, posant avec Fernandel et Elvire Popesco, sur le tournage de *L'Héritier des Mondésir*, d'Albert Valentin, à Berlin. Plus curieusement, alors que des douzaines de films français avaient été tournés en Allemagne dans les années 1930, Goebbels voulait à présent que l'Allemagne assure le succès commercial des films français en France même. L'homme qu'il envoya à Paris mettre en œuvre ce projet était Alfred Greven, un ancien combattant de la Première Guerre mondiale, âgé de quarante-deux ans et membre du parti nazi. Il avait longtemps été producteur à l'UFA, les studios de l'Universum Film AG, basés à Berlin. C'était un homme cultivé qui parlait couramment français et admirait le cinéma français. Il connaissait aussi beaucoup de producteurs français, de metteurs en scène ou d'acteurs qui avaient travaillé pour l'UFA à Berlin. Arrivé à Paris, il créa une société allemande, Continental Films, et assuma le contrôle à la fois d'une filiale chargée de la distribution et d'une société gérant les salles de cinéma ayant appartenu à des Juifs. Il s'imagina que, sous sa direction, le cinéma français, ou du moins ses films, allait occuper en Europe la position dominante qui était celle de Hollywood avant la guerre.

L'industrie dans son ensemble tomba sous la coupe d'une section de la Propaganda Staffel, appelée le Referat Film, dirigé par un officier allemand taciturne que les Français ne connaissaient que comme le Dr Diedrich. Ce service était chargé d'autoriser les scénarios, les programmes de production, la distribution, les équipes de tournage et les acteurs. Il publia aussi une liste de deux cents films interdits de projection, certains parce qu'ils étaient hostiles aux Allemands, d'autres parce qu'ils avaient des acteurs ou des réalisateurs juifs, et une douzaine d'entre eux tellement pronazis qu'ils risquaient de provoquer la fureur des Français. Une des cibles principales de la censure fut l'ensemble des films de Max Ophuls, un réalisateur juif allemand qui avait fui en France en 1933 et qui venait de trouver refuge en Suisse. La liste des films interdits fut bientôt rallongée pour inclure les films des réalisateurs partis aux Etats-Unis, comme Jean Renoir, Julien Duvivier et René Clair. Quelques films déjà en chantier avant la défaite française furent abandonnés. Les prises du *Macao* de

Delannoy durent être recommencées parce que le principal acteur masculin était l'Autrichien Eric von Stroheim, antinazi notoire et qui d'ailleurs était déjà parti aux Etats-Unis. Deux ans plus tard, le film sortit sous le titre, *L'Enfer du jeu*, avec les scènes de von Stroheim désormais jouées par Pierre Renoir, un fils du peintre et le frère aîné de Jean Renoir.

Durant l'automne 1940, les seuls tournages eurent lieu en zone libre : à Marseille où Marcel Pagnol, qui était aussi romancier et dramaturge, acheva *La Fille du puisatier*, et à Nice, dans les studios de la Victorine, où Abel Gance, plus connu pour son film muet, *Napoléon*, commençait le tournage de *Vénus aveugle*, qu'il dédia à Pétain. Mais les deux hommes perdirent vite leurs illusions : Pagnol décida de détruire son seul autre film tourné sous l'Occupation, *La Prière aux étoiles*, tandis que Gance, qui avait des racines juives par la famille de son père, partit en Espagne après avoir tourné *Le Capitaine Fracasse*, en 1943.

Le monde du cinéma français mit du temps à s'adapter aux nouveaux régimes, celui de l'occupant et celui de Vichy qui exerçait aussi sa censure sur les scénarios et les films. Ayant fui Paris en juin 1940, beaucoup de producteurs, de réalisateurs et d'acteurs choisirent de rester sur cette étendue de côte méditerranéenne accueillante entre Marseille et Nice. En octobre, le Statut des Juifs décrété par Vichy confirma ce que beaucoup redoutaient : les Juifs ne pouvaient plus travailler dans le cinéma, un secteur que les Français fascistes les accusaient depuis longtemps de dominer. Lucien Rebatet, le critique antisémite de *Je suis partout*, affirma que 82 des 110 nouveaux films français de l'année 1938 étaient produits par des Juifs. En 1941, il revint sur le sujet dans un livre intitulé, *Les Tribus du cinéma et du théâtre*, les « *tribus* » désignant les Juifs.

Selon une étude, les Juifs ne représentaient que 15 pour cent de l'ensemble des travailleurs de l'industrie du film, soit neuf mille personnes sur soixante mille, mais il y avait parmi eux les propriétaires de plus de quarante salles et un nombre important de producteurs, dont certains avaient déjà fait des affaires en Allemagne avant la guerre. Les salles de cinéma furent rapidement confisquées ou aryanisées, mais les producteurs juifs étrangers, particulièrement expérimentés comme Gregor Rabinovitch, Arnold Pressburger, Joseph Bercholz, Serge Sandberg et Simon Schiffrin, ne pouvaient pas être remplacés facilement*. On raconte que le poète et scénariste Jacques Prévert assura Greven que sa cause était perdue : « Parce que vous n'avez pas de Juifs chez vous. Voyez Hollywood : on ne fait pas de cinéma sans eux. » Par la suite, Greven demanda au scénariste Jean Aurenche s'il connaissait des auteurs juifs qui accepteraient d'écrire pour lui. La conversation fut la suivante, d'après les souvenirs d'Aurenche, Greven lui expliqua : « Je lis très peu de scénarios intéressants. Et vous savez pourquoi ? Parce qu'il n'y a plus de Juifs en France ni en Allemagne. Et les meilleurs scénaristes et réalisateurs étaient juifs[1]. » Greven tint compte de cet avis, au moins une fois, dans un cas remarquable. Sachant très bien que Jean-Paul Le Chanois était juif, et s'appelait en réalité Dreyfus, il lui commanda le scénario de quatre films pour la Continental : *Picpus, La Main du diable, Vingt-cinq ans de bonheur* et *Cécile est morte !* Deux autres Juifs, Henri Calef et Jacques Cohen, travaillèrent aussi comme scénaristes en zone libre.

Au début de 1941, Boulogne-Billancourt et un certain nombre d'autres studios parisiens avaient rouvert, et, avec Pathé-Cinéma, Gaumont et d'autres entreprises françaises plus modestes, Continental Films se mettait enfin à tourner. Rien qu'en 1941, la firme de Greven produisit onze films, en commençant par deux thrillers tournés par des réalisateurs confirmés, *L'Assassinat du Père Noël* de Christian-Jaque et *Le Dernier des six*, de Georges Lacombe. Sa troisième production fut *Premier rendez-vous*, dirigé par Henri Decoin, qui avait fait plusieurs films pour l'UFA avant la guerre à Berlin et dont l'atout principal était qu'il était marié à la plus grande vedette française, Danielle Darrieux. « Nous étions ensemble à Cannes, puis il partit à Paris et me demanda de le rejoindre, se souvient-elle.

« Cela ne me semblait pas étrange de tourner pour Continental parce que j'avais déjà fait tant de films en Allemagne avant la guerre. Ils faisaient des versions allemande et française du même film. C'était amusant parce que s'ils tournaient la version allemande en premier, on épiait pour voir comment ils procédaient. Mon tout premier film, *Le Bal*, réalisé par un Allemand, Wilhelm Thiele, fut tourné de cette façon. Tout le monde disait “ Ah la petite fille ! ”. J'avais quatorze ans, et après cela, j'ai fait beaucoup de films en Allemagne. Plus tard

* Tous parvinrent à fuir la France et à survivre à la guerre, mais Bernard Natan, l'ancien directeur de Pathé, qui était en prison pour fraude au moment de la prise de Paris par les Allemands, mourut à Auschwitz.

j'ai entendu des choses, qu'ils arrêtaient les homosexuels, que Hitler était méchant, mais j'étais vraiment très naïve[2]. »

Après *Premier rendez-vous*, où elle avait pour partenaire l'idole montante de l'écran, Louis Jourdan, Darrieux fit encore deux films pour Continental Films : *Caprices*, dirigé par Léo Joannon, et *La Fausse Maîtresse*, d'André Cayatte. Depuis son confortable nouveau bureau au 104 de l'avenue des Champs-Elysées, Greven entreprit de recruter ce qu'il y avait de mieux en matière de réalisateurs et d'acteurs. Maurice Tourneur, doté d'une expérience immense, allait être le plus actif des réalisateurs de la Continental avec six films, tandis que Richard Potier en tournait cinq, Cayatte quatre, Decoin trois et Christian-Jaque et Clouzot deux chacun. Parmi les acteurs, en plus de Danielle Darrieux, Greven employa à la fois des valeurs sûres et des jeunes talents dont Fernandel, Robert Le Vigan, Pierre Fresnay, Edwige Feuillère, Jean-Louis Barrault, Harry Baur, Albert Préjean, Raimu, Suzy Delair, Michel Simon, Ginette Leclerc et Martine Carol. De tous ceux-ci, Le Vigan était le seul à manifester ouvertement sa sympathie pour les nazis, les autres n'avaient probablement même pas imaginé que le fait d'exercer leur métier dans ces conditions pouvait nuire à leur réputation. A cet égard, Carné eut de la chance qu'aucun film de la Continental ne porte son nom. « Après ma démobilisation, raconta-t-il plus tard, Greven me convoqua et me demanda de tourner pour la Continental. Je demandai en échange que le scénario soit choisi d'un commun accord et que le film soit tourné en France. Je fus convoqué à Matignon* et on me dit que je ne serais pas autorisé à tourner. Puis la Continental accepta les deux clauses et je signai mais je ne fis aucun film pour Greven. Au lieu de cela je signai avec un producteur indépendant pour trois films[3]. »

Ceux qui travaillaient pour la Continental bénéficiaient de nombreux avantages, dont la stabilité de l'emploi n'était pas le moindre; les réalisateurs se voyaient attribuer des contrats pour trois films et pouvaient être sûrs que le financement suivrait, tandis que les techniciens étaient embauchés pour un an. Les scénarios de la Continental n'étaient pas soumis à la censure allemande, et Greven s'assurait personnellement que la production disposait de pellicule, de costumes et même d'électricité pour les prises de vues. Les

* L'hôtel Matignon, résidence et siège des Présidents du Conseil, fut utilisé par Laval et autres gradés de Vichy pendant l'Occupation.

producteurs français, par contre, devaient négocier leurs scénarios avec le Referat Film qui supervisait aussi les tournages et décidait de diffuser ou non la version finale. Le Dr Diedrich débarquait souvent à l'improviste dans les studios et n'était pas avare de ses opinions : « Les films français d'autrefois portaient en eux un signe négatif et furent réalisés par des producteurs juifs qui n'ont pris aucune responsabilité morale et qui en effet n'étaient que de vils spéculateurs, déclara-t-il dans un discours à la profession en septembre 1941. Le peuple français s'attend maintenant à voir des films sains, dignes du patrimoine artistique de la nation et qui portent l'empreinte de l'ordre nouveau[4]. »

Il arrivait aussi de temps en temps que les Allemands interdisent ou censurent partiellement des films tournés à Marseille ou à Nice et qui avaient déjà reçu l'approbation de Vichy. Vichy, à son tour, interdisait parfois des films tournés en zone occupée, qu'il jugeait mauvais pour le moral des Français. La formation fin 1940 d'un nouvel organisme professionnel, le Comité d'organisation de l'industrie cinématographique, ou COIC*, servait à la fois les intérêts français et allemands. Dirigé par Raoul Ploquin, un producteur qui avait travaillé avec Greven à Berlin, il se proposait de donner une structure à l'industrie cinématographique française passablement désorganisée. En 1944, par exemple, il fonda la première école de cinéma du pays, l'Institut des hautes études cinématographiques, ou IDHEC. Pourtant, la première action du COIC fut de rappeler que le Statut des Juifs avait exclu les Juifs de tous les métiers du cinéma. En pratique, à partir du moment où les Juifs ne pouvaient pas obtenir la nouvelle carte professionnelle du COIC, ils ne pouvaient pas travailler dans ce secteur.

Jusqu'en novembre 1942, le secrétariat à l'Information de Vichy avait la charge de surveiller la production de films dans le Sud. Ce que Vichy voulait, c'était un cinéma français qui fasse l'apologie de la famille et des valeurs rurales et catholiques de la Révolution nationale. Ou, comme Ploquin l'expliqua en août 1941, le but était d'élever le niveau artistique et moral du cinéma français « en ne permettant pas que des films morbides et déprimants viennent empoisonner l'âme du public français[5] ». Cela dit, Vichy tout comme la Propaganda Staffel approuvèrent joyeusement trois films de propagande particu-

* D'autres comités d'organisation du même genre furent créés, pour la plupart des industries, des activités commerciales et artistiques.

lièrement venimeux : *Les Corrupteurs*, un documentaire antisémite de vingt-neuf minutes de Pierre Ramelot projeté en 1942 en première partie du très populaire *Les Inconnus dans la maison*, de Decoin (où l'on trouvait d'ailleurs quelques remarques antisémites), *Forces occultes*, une diatribe contre les Juifs et les francs-maçons sous forme d'un long métrage tourné en 1943 par Jean Mamy* sous le nom de Paul Riche, et un documentaire anticommuniste, *Français, vous avez la mémoire courte*. Pour toucher un vaste public, Vichy claironnait aussi son message par l'intermédiaire de *France actualités* de Gaumont, quinze minutes d'informations filmées qui précédaient chaque film et servaient uniquement à glorifier Pétain et la Révolution nationale. Il ne fallut pas bien longtemps pour que le public prenne l'habitude de réagir par des sifflets et des insultes. Des ordres furent alors donnés pour que les lumières du cinéma restent allumées pendant les actualités, beaucoup de cinéphiles mirent alors un point d'honneur à arriver juste à temps au moment du générique du long métrage.

Naturellement, les Allemands espéraient que les Français adopteraient les films allemands. En 1941, environ 20 pour cent des films projetés dans les salles parisiennes étaient allemands. Mais peu d'entre eux attiraient le public français. Parmi les exceptions, il y eut la fantaisie légère de Josef von Baky, *Les Aventures du baron de Münchhausen*, un des premiers films en couleurs, dont le héros est un baron qui se voit accorder l'immortalité, un film que Goebbels avait commandé pour célébrer le vingt-cinquième anniversaire de l'UFA. Un autre film eut un succès plus dérangeant auprès de certains Français, *Le Juif Süss*, une adaptation grotesquement antisémite d'un roman de l'auteur juif-allemand Lion Feuchtwanger. Il fut réalisé par Veit Harlan, avec le vieil acteur allemand Heinrich George. Le succès fut tel que lorsque George vint à Paris jouer à la Comédie-Française, des gloires du cinéma français se réunirent pour lui organiser une fête chez Maxim's.

Pour le reste, à part un court documentaire de fabrication allemande, *Le Péril juif*, distribué en France en 1941, en lien avec l'exposition « Le Juif et la France** », les nazis confièrent leur propagande à leurs *Actualités mondiales*. Ces bulletins hebdomadaires étaient faits

* En mars 1949, Mamy fut la dernière personne exécutée pour faits de collaboration.

** L'exposition de 1941 à Paris avait une section consacrée au cinéma qui montrait des photos de producteurs juifs sous un bandeau : LES JUIFS MAÎTRES DU CINÉMA FRANÇAIS.

en Allemagne puis distribués dans la langue de chaque pays occupé; ils apportaient des nouvelles sociales et culturelles du IIIe Reich, se moquaient des pays ennemis de l'Allemagne et « dominés par les Juifs », et montraient des images triomphantes de la machine de guerre de la Wehrmacht. En regardant ce genre de bandes d'actualités peu après son arrivée à Paris, Ernst Jünger fut frappé par la violence des images : « On montrait nos offensives en Afrique, en Serbie et en Grèce. Le seul spectacle des moyens de destruction provoquait des cris de frayeur. » Il ajoutait même une note pour se rappeler d'étudier « les voies par lesquelles la propagande rejoint la terreur[6] ». Jusqu'en novembre 1942, les *Actualités mondiales* ne furent projetées que dans la zone occupée, après cette date une nouvelle version de *France actualités*, combinant la propagande allemande et celle de Vichy, fut montrée dans tout le pays.

Greven lui-même ne se donnait pas beaucoup de mal pour propager le message nazi, même s'il organisa une splendide réception chez Ledoyen, le 20 mai 1941, pour accueillir Zarah Leander, une actrice d'origine suédoise qui était à l'époque la coqueluche en Allemagne. Même le Referat Film et le Dr Diedrich faisaient souvent preuve d'une tolérance surprenante en autorisant des films qui donnaient au public une bonne image de la France. Par exemple cette réplique dans le drame historique de Delannoy, *Pontcarral, colonel d'empire*, provoquait souvent les applaudissements de la salle : « Sous un tel régime, Monsieur, c'est un honneur que d'être condamné ! » Un tel laxisme ne plaisait pas à Goebbels. Dans son journal intime, il se plaint amèrement d'un autre film, *La Symphonie fantastique*. Cette biographie romantique du compositeur Hector Berlioz, réalisée par Christian-Jaque, avec Jean-Louis Barrault dans le rôle principal, fut même tournée par Continental Films. « Je suis furieux, écrivait-il le 15 mai 1942, que nos bureaux de Paris montrent aux Français comment représenter le nationalisme dans leurs films. J'ai donné des directives très claires pour que les Français ne produisent que des films légers, vides, et si possible stupides. Je pense qu'ils s'en contenteront. Il n'est pas besoin de développer leur nationalisme[7]. » Il n'avait pas tellement de souci à se faire. La plupart des films français de cette époque étaient en effet des comédies légères, des drames en costumes, des films fantastiques, des histoires d'amour ou des thrillers. Un tiers d'entre eux étaient des adaptations de romans ou de pièces de théâtre, sept furent empruntés à Balzac et pas moins de neuf à l'auteur d'origine belge Georges Simenon, qui passa la guerre en Vendée. Beaucoup d'entre eux se situaient dans le passé, comme *Le Destin fabuleux de Désirée Clary*, de Guitry, *Les Lettres d'amour*, d'Autant-Lara, ou *Le Colonel Chabert*, de René Le Hénaff.

Cela dit, un des films les plus populaires de la période de l'Occupation fut *Les Visiteurs du soir*, de Carné, qui se termine sur une scène que l'on pourrait aisément interpréter comme un geste nationaliste. Même avant sa sortie, une rumeur enfiévrée circulait selon laquelle le réalisateur français le plus connu après Renoir s'apprêtait à tourner son premier film depuis trois ans. Après avoir rompu avec Continental Films, Carné avait signé pour trois films avec André Paulvé, mais le premier, *Juliette ou la clef des songes*, basé sur la pièce surréaliste de Georges Neveux, fut un échec après que Greven se fut juré de le tenir à l'écart des salles. Paulvé pressa alors Carné de contacter Prévert qui avait écrit le scénario de quatre de ses succès d'avant guerre et qui vivait sur la Côte d'Azur. Prévert fit équipe avec Pierre Laroche pour écrire *Les Visiteurs*. Voyant là l'occasion de reconstituer l'équipe d'avant guerre à Nice, Carné recruta alors le décorateur Alexandre Trauner, un Juif hongrois qui se cachait à Tourette-sur-Loup, près de Vence, en zone libre. Pour rendre la chose possible, un décorateur qui n'était pas juif, Georges Wakhevitch, accepta de « signer » le travail de Trauner. Joseph Kosma, un autre Juif hongrois qui vivait discrètement près de Cannes, fut invité à composer la musique, même si finalement la plus grande partie en fut écrite, et la totalité signée, par Maurice Thiriet. Enfin, pour les rôles principaux, Carné choisit la toujours populaire Arletty qui avait tourné dans *Hôtel du Nord* et *Le jour se lève*, ainsi que Marie Déa, Jules Berry et Alain Cuny. (Simone Signoret et Alain Resnais, deux futurs piliers du cinéma français, figuraient parmi les seconds rôles.)

Tourné près de Nice, le film est un divertissement médiéval où le bien l'emporte de peu dans sa lutte contre le mal. Tandis qu'Anne et son fiancé, le chevalier Renaud, président à un banquet avant leur mariage*, ils voient arriver deux ménestrels, Gilles et Dominique, qui sont en fait des envoyés du diable. Gilles entreprend de séduire Anne tandis que Renaud et le baron Hugues, le père d'Anne, font la cour à

* La scène du banquet demanda de recourir à des astuces de tournage. Carné demanda que les plateaux de fruits soient piqués à l'acide phénique pour empêcher les figurants affamés de les manger entre chaque scène.

Dominique. Apprenant que Gilles est fâcheusement tombé amoureux d'Anne, le diable intervient pour éviter un heureux dénouement en privant Gilles de la mémoire. Mais lorsque Gilles revoit Anne, il retrouve la mémoire, alors le diable, furieux, les change en statues de pierre. La scène finale du film allait devenir la plus célèbre : bien que les amants semblent à présent inanimés, on continue à entendre battre leur cœur. Il ne fallut pas beaucoup d'imagination pour comprendre que le diable était Hitler et que, bien sûr, le cœur de la France battait toujours. « Je ne jurerais pas que Jacques et moi y avions pensé, concéda Carné dans son autobiographie, *La Vie à belles dents*. En tout cas nous avons accepté cette interprétation qui correspondait, de plus, à un besoin réel chez une partie du public, fin 1942, quand le film est sorti[8]. »

Le Corbeau, que Clouzot tourna pour Continental en 1943, tenait davantage du film politique. Son premier film pour ces studios, *L'assassin habite au 21*, avait été bien accueilli, et Greven attendait impatiemment un nouveau film noir. Clouzot choisit un scénario de Louis Chavance, datant de 1937, intitulé *L'Œil du serpent*, inspiré par l'histoire d'une femme qui, pendant cinq ans, répandit des lettres pleines de fiel dans toute la ville de Tulle. Dans le film, des lettres anonymes signées Le Corbeau sont adressées à un médecin de campagne et à des notables locaux, accusant le médecin d'entretenir une liaison avec l'épouse du psychiatre de l'hôpital, et de pratiquer illégalement des avortements. D'autres personnes sont également visées par les lettres, ce qui crée un climat de plus en plus envahissant de méfiance, de jalousie et de paranoïa. Avant que le coupable n'ait été identifié, une lettre provoque un suicide, et une autre pousse le médecin à quitter le village. Mais ce qui aurait été, en temps ordinaires, un simple thriller était porteur, en 1943, d'un message bien plus sombre. Encouragés à la fois par les Allemands et par Vichy, un certain nombre de citoyens français s'étaient mis à envoyer des lettres anonymes aux autorités pour dénoncer des membres de la Résistance, des Juifs, des adeptes du marché noir ou tout simplement des voisins qu'ils n'aimaient pas. Mais au lieu d'applaudir l'analyse de la turpitude morale des délateurs, *L'Ecran français*, le journal clandestin du petit groupe de résistance du cinéma, l'interpréta différemment, lui reprochant d'alimenter la vision des nazis selon laquelle « les habitants de nos villes ne sont que des dégénérés, mûrs pour l'esclavage » et de suggérer aux Français d'adopter « les règles morales du nazi vertueux[9] ». Clouzot eut du mal à se faire pardonner. Après la Libération, *Le Corbeau* lui valut deux ans d'interdiction de tournage.

De la même façon que Clouzot s'était mis à tourner de nombreux films très réputés, dont le fameux *Salaire de la peur*, d'autres réalisateurs qui marquèrent le cinéma français d'après la guerre avaient aussi fait des débuts impressionnants pendant l'Occupation. Le plus doué était Robert Bresson qui allait diriger *Pickpocket* et *Le Journal d'un curé de campagne*. Après avoir passé un an en captivité, il fut immédiatement remarqué en 1943 grâce à son premier film, *Les Anges du péché*. Sur un scénario de Bresson et de Jean Giraudoux, le film raconte l'histoire d'un ordre de religieuses cloîtrées qui se consacrent à la réhabilitation de femmes sortant de prison. (Avant cela, Giraudoux avait écrit son premier scénario pour *La Duchesse de Langeais*, un film de Jacques de Baroncelli.)

Des cinéastes qui n'étaient pas des débutants firent aussi des films remarqués pour leur originalité, parmi lesquels *Dernier atout*, *Falbalas* et *Goupi Mains Rouges*, de Jacques Becker, et *Douce*, d'Autant-Lara. *Le ciel est à vous* de Jean Grémillon, parvint à réchauffer les cœurs à la fois de Vichy et de la Résistance en racontant la véritable histoire d'Andrée Dupeyron, une aviatrice française qui avait participé en 1938 à la course aérienne Paris-Bagdad à bord d'un appareil construit dans le garage de son mari mécanicien*. Dans le même numéro qui dénonçait *Le Corbeau*, *L'Ecran français* écrivait que le film présentait « des personnages pleins de vigueur française, de véritable courage, de rigueur morale où nous puisons une vérité nationale qui ne souhaite pas et ne peut pas mourir[10] ».

Un autre film qui mérita bien son immense popularité fut *L'Eternel Retour*, une version moderne passionnante de la légendaire histoire d'amour de Tristan et Iseult qui réunit les talents de Delannoy comme réalisateur, Jean Cocteau comme scénariste et Georges Auric comme musicien. Même les ennemis de Cocteau reconnurent les nombreuses qualités du film quand il fut présenté lors d'une séance de gala à Vichy, en présence de Pétain. Après la guerre, cependant, il y eut des gens pour voir le triomphe de l'aryanisme dans la présence des deux acteurs à la blondeur éclatante, Jean Marais et Madeleine Sologne, dans les rôles principaux de Patrice et de Nathalie.

A l'époque, tout comme aujourd'hui, bien sûr, beaucoup d'amateurs de cinéma s'intéressaient moins aux réalisateurs qu'aux acteurs

* Au moment du tournage, les Dupeyron cachaient un aviateur américain dont l'avion avait été abattu.

célèbres. Et pour rester au fait de la vie et des amours des gloires de l'écran, il y avait des magazines spécialisés comme *Vedettes, La Semaine, Ciné-Mondial* et *Toute la vie*. Dans la vie nocturne parisienne aussi, les stars étaient plus importantes que leurs films. Personne ne faisait davantage sensation quand elle entrait chez Maxim's que Danielle Darrieux, la plus grande vedette incontestée de l'époque. Après avoir divorcé de Decoin à la fin de 1940, elle était tombée amoureuse d'un fringant diplomate latino-américain, Porfirio Rubirosa, qui avait été nommé chargé d'affaires à l'ambassade de la République dominicaine en France après qu'il eut divorcé de la fille du dictateur dominicain Rafael Leonidas Trujillo. Théoriquement, Rubirosa était en poste à Vichy, mais il passait l'essentiel de son temps à Paris. En fait, Danielle Darrieux et lui se rencontrèrent parce qu'ils habitaient le même immeuble à Neuilly. « Il était divin, il était bon comme un dieu, se souvenait-elle bien plus tard. On sortait tous les soirs. Il me disait mets ta robe de soirée, et nous allions danser chez Jimmy. L'orchestre de Django Reinhardt jouait. Henri Salvador chantait. Shéhérazade était un autre de nos endroits préférés. Puis nous allions dîner chez Maxim's ou au Ritz. Il aimait beaucoup le bar du Ritz avant le déjeuner. Est-ce qu'il y avait des Allemands en uniforme ? Je ne sais pas et je n'y prêtais pas attention. C'était une époque tellement folle. »

La vie insouciante de Danielle Darrieux fut brutalement interrompue. Après que Pearl Harbor eut provoqué l'entrée en guerre des Etats-Unis, Trujillo lui aussi déclara la guerre à Hitler et fit arrêter les diplomates allemands en poste à Saint-Domingue. Au bout de quelques jours, des officiers allemands vinrent arrêter Rubirosa et il fut déporté dans un camp de concentration réservé aux diplomates étrangers à Bad Nauheim, au nord de Francfort. Danielle Darrieux en eut le cœur brisé, mais quelques mois plus tard, Greven lui donna l'occasion de revoir son amant. Le premier film de la Continental dans lequel avait joué Danielle Darrieux, *Premier rendez-vous*, était une comédie romantique sur l'histoire d'une jolie jeune fille qui s'évadait de son orphelinat pour rencontrer un homme qui avait mis une annonce dans le journal*. La première allemande du film devait avoir lieu à Berlin, et Greven tenait à la présence pleine de charme de

* La chose étrange dans ce film c'est que, même si on y voit à un moment un calendrier à la date de mai 1941, rien n'indique que l'histoire se déroule sous l'Occupation.

Danielle Darrieux pour attirer l'attention sur le film et sur la collaboration culturelle franco-allemande. « Je lui ai répondu : pas question, dit-elle. Mais il m'a dit : Vous devriez penser à votre famille. » Ma mère avait un grand-père polonais et il sous-entendait qu'il y avait des Juifs dans ma famille. C'était du chantage. Je lui ai dit, j'accepte à une condition. Je resterai une seule journée à Berlin et ensuite j'irai voir Rubi. Il accepta et c'est ce qui arriva. » Pour l'accompagner, Greven avait organisé une délégation de vedettes dont Viviane Romance, Suzy Delair, Junie Astor et Albert Préjean. Des photos parues dans des journaux et magazines aussi bien français qu'allemands montraient les actrices coquettes et désinvoltes en chapeau et tenues élégantes au moment de quitter la gare de l'Est, le 18 mars 1942, à bord du train de nuit pour Berlin. Les journaux de cinéma firent remarquer que seule Danielle Darrieux n'eut pas à partager son compartiment.

Après la projection de *Premier rendez-vous*, Goebbels donna un dîner officiel en l'honneur de ses hôtes français auquel participèrent aussi quelques acteurs de premier rang. Le lendemain, tandis que les autres acteurs entreprenaient une tournée de différentes villes allemandes, Danielle Darrieux fut emmenée en voiture à la rencontre de Rubirosa. « Quand j'ai vu mon Rubi arriver, si élégant dans son pardessus en cachemire, c'était merveilleux. On nous laissa seuls mais nous avions peu de temps. Avons-nous fait l'amour ? Je le suppose, sinon pourquoi être venue ? » Quelques mois plus tard, Rubirosa fut libéré et il retrouva Danielle Darrieux à Perpignan où elle tournait *La Fausse Maîtresse*, son troisième film pour la Continental. Le 18 septembre 1942, ils se marièrent à la mairie de Vichy. « Greven a envoyé Cayatte et Clouzot me voir pour me dire qu'il fallait que je retourne à Paris puisque j'étais engagée par contrat à faire un film par an pour la Continental, racontait Danielle Darrieux, je leur ai dit que c'était fini, que je ne tournerais plus. J'allais rester en zone libre. Ils m'ont dit que j'allais m'attirer des ennuis mais je leur ai répondu que je m'en fichais, je restais avec Rubi. » Ils furent envoyés à Megève dans une sorte d'exil intérieur, en résidence surveillée, mais Danielle Darrieux se souvenait que ce ne fut pas tellement désagréable dans la mesure où la région était sous occupation italienne. « Nous avions un chalet, nous donnions des soirées, nous buvions, nous mangions, nous jouions au bridge, nous étions complètement détendus. »

A la fin de 1943, alors que les Allemands contrôlaient à présent la France entière, le couple décida de quitter Megève. « Nous avons appris qu'il y avait un type qui fabriquait de faux papiers et nous lui en avons demandé sous les noms de Denise et Pierre Robira pour ne pas avoir à changer nos initiales qui étaient gravées sur nos élégants bagages. » Avec un champion automobile au volant, ils firent route vers le nord et s'installèrent sous leur nouvelle identité dans la maison familiale de Danielle Darrieux à Septeuil, à l'ouest de Paris. « On trouvait toujours de la nourriture à la campagne. C'étaient les Parisiens qui souffraient. Je trouvais même des œufs à acheter rien que pour me laver les cheveux. » Mais à présent, ils étaient aussi beaucoup plus près de la guerre. A un moment donné, Danielle Darrieux et Rubirosa furent contraints de loger un officier allemand, mais celui-ci disparut brusquement au lendemain du débarquement en juin 1944. Une fois, un avion canadien s'écrasa près de leur jardin et ils aidèrent à enterrer les six victimes. « Deux jours plus tard, la fille du maire nous conseilla d'aller nous cacher parce que les Allemands voulaient fusiller quarante otages, on est partis se cacher dans les bois avec notre chien et on est restés là, avec une famille française, huit ou dix jours. » Peu après, les troupes américaines arrivèrent à Septeuil.

Des stars du cinéma français vécurent cette période plus calmement. On pouvait voir certaines actrices dans les boîtes de nuit parisiennes au bras d'officiers allemands. Parmi elles, Arletty était la plus connue. Elle fut la maîtresse d'un officier de la Luftwaffe, Hans Jürgen Soehring, pendant toute l'Occupation Elle tourna sept films pendant cette période, et on la voyait souvent aux réceptions de l'ambassade ou de l'Institut allemand. Elle n'était guère plus prudente dans le choix de ses amis parmi lesquels on trouvait les écrivains collaborateurs Drieu la Rochelle et Céline, et le pianiste Alfred Cortot[11].

Mireille Balin, qui fit en 1941 la couverture de *Vedettes* avec son amant, le populaire Tino Rossi, tomba amoureuse d'un officier de la Wehrmacht, Birl Desbok, avec qui elle passa le reste de la guerre. Corinne Luchaire, une vedette des années 1930, dont le père éditeur de presse, Jean Luchaire, était un ami intime d'Abetz, eut un enfant de son amant autrichien, un capitaine de la Luftwaffe, Wolrad Gerlach. Mais la ligne de partage de la collaboration était souvent floue. Suzy Delair, qui avait participé avec Danielle Darrieux au voyage à

Berlin, protégea deux acteurs juifs ; et Michèle Alfa, qui avait pour amant un officier de la Propaganda Staffel, obtint la libération d'un camp d'internement du vieil acteur Charles de Rochefort, et elle cacha des chefs de la Résistance. En réalité, la plupart des acteurs et des réalisateurs étaient simplement heureux d'avoir du travail, et avec soixante films tournés en 1941, soixante-sept en 1942 et encore soixante en 1943, c'était généralement possible.

Micheline Presle n'avait que dix-sept ans au moment de la chute de Paris. Elle partit durant l'exode à Saint-Jean-de-Luz, puis rejoignit son fiancé, Louis Jourdan, à Cannes. Elle passa tranquillement les deux premières années de l'Occupation dans le Sud, tournant trois films à Nice dont deux avec Louis Jourdan, *Parade en sept nuits* et *Félicie Nanteuil*, tous deux réalisés par Marc Allégret. Fin 1942, elle rentra à Paris où elle tourna trois films, mais pas pour la société de Greven. Pourtant, elle ne prit jamais part à la vie nocturne parisienne. « Je détestais les Allemands et je me suis toujours arrangée pour les éviter. Ce n'était pas de l'héroïsme, je n'étais pas résistante, c'était une attitude. Je jouais aux cartes chez des amis où je retrouvais des jeunes gens de mon âge dans les cafés. On discutait mais il fallait être très prudent. Un ami très proche, Joël Le Tac, faisait partie de la Résistance, mais je ne le savais pas. Il lui arrivait de disparaître quelque temps, j'ai appris seulement plus tard qu'il se rendait souvent à Londres, et puis il revenait. On ne posait pas de questions. Ce n'est que quand il a été arrêté que j'ai compris. J'ai réussi à lui faire passer de la nourriture à la prison de la Santé et puis il a été déporté à Dachau. Mais il a survécu. »

Au début de 1944, les restrictions d'énergie étaient telles que c'est seulement tard le soir qu'on avait de l'électricité pour tourner. « Je jouais dans *Falbalas* avec Jacques Becker et on prenait le premier métro pour rentrer le matin. Il y avait souvent des membres de la milice dans le métro et l'un d'entre eux m'avait particulièrement frappée. Après la guerre je me trouvai dans une file d'attente pour je ne sais plus quoi et je l'ai reconnu juste devant moi. Je lui ai dit : Je me souviens très bien de vous. Il ne m'a pas répondu[12]. »

Elina Labourdette, une autre jeune actrice, qui avait vingt et un ans en 1940, se tint elle aussi à l'écart des mondanités. « Je n'ai pas connu un seul Allemand pendant toute la guerre », raconta-t-elle beaucoup plus tard. Au début elle resta dans le Sud – ses parents avaient une maison à Opio au nord de Cannes –, et elle joua dans une pièce, *Les Jours heureux*, qui tourna dans la zone libre. Même après son retour à Paris, elle n'eut aucune difficulté à obtenir un sauf-conduit qui lui permettait de franchir la ligne de démarcation pour aller en zone libre. Les deux films où elle joua pendant l'Occupation, *Le pavillon brûle*, en 1941, et *Des jeunes filles dans la nuit*, en 1943, furent tournés à Paris, mais pour des producteurs français, pas pour la Continental. Dans *Le pavillon brûle*, elle se souvient qu'elle jouait le rôle de la fiancée d'un mineur incarné par Jean Marais, le petit ami de Cocteau. « Je connaissais déjà Cocteau par l'intermédiaire de mes parents et il m'invita à dîner. Il m'expliqua que Jean était très nerveux au sujet de la scène d'amour que nous devions tourner le lendemain. En fait, j'étais nerveuse moi aussi. Je ne sais plus combien de fois il a fallu refaire la scène. Le réalisateur disait que nous nous comportions comme des premiers communiants. A la fin, c'est à peine si on s'est embrassés. »

Un de ses amis était Bresson qui confia à Elina un rôle dans *Les Dames du bois de Boulogne*, en 1944. « Un soir je dînais à la maison avec Bresson, j'habitais l'île de la Cité avec la vue sur Notre-Dame, et une amie de mes parents, une Juive autrichienne, a téléphoné, paniquée. Elle avait entendu dire qu'il y aurait une rafle le lendemain. Robert et moi avions un Ausweis qui nous permettait de sortir après le couvre-feu. Nous sommes allés la chercher avec ses bagages et elle a passé les deux années suivantes dans notre chambre de bonne. Plus tard, nous l'avons fait sortir de Paris et elle a passé le reste de la guerre cachée dans le Sud[13]. »

Harry Baur, en revanche, ne survécut pas à la guerre. Né en 1880, c'était un géant du théâtre et du cinéma français dans l'entre-deux-guerres où il joua plus de soixante-dix rôles au cinéma, dont des interprétations mémorables dans *Les Misérables*, de Raymond Bernard, et *Volpone*, de Tourneur. Pendant l'Occupation, *Je suis partout* et d'autres hebdomadaires collaborationnistes l'accusèrent d'être franc-maçon et juif, attaques qui l'amenèrent, pour se protéger, à accepter un rôle dans deux films de Greven, *L'Assassinat du Père Noël* et *Péchés de jeunesse*.

En 1942, Baur accepta aussi de retourner en Allemagne où il avait tourné de nombreux films dans les années 1920 et 1930, et il interpréta même en allemand le rôle principal de *Symphonie eines Leben*

(*Symphonie d'une vie*), une comédie musicale de Hans Bertram. Pendant qu'il était à Berlin, il fut aussi invité au dîner donné par Goebbels en l'honneur de Danielle Darrieux et des autres vedettes françaises. Pourtant, presque au même moment, la femme de Baur, qui était juive, fut arrêtée en France, accusée d'être un agent anglais. Quand il protesta vigoureusement, il fut arrêté à son tour et torturé par la Gestapo. Finalement, après quatre mois passés à la prison du Cherche-Midi à Paris, il fut relâché, mal en point et ayant perdu la moitié de son poids. Le 8 avril 1943, il mourut à son domicile, mais la cause de sa mort ne fut jamais établie. Quand on apprit la nouvelle de son décès, tout le monde s'accorda à dire qu'il avait été assassiné. Seuls sa famille et quelques proches osèrent suivre son enterrement au cimetière Saint-Vincent de Montmartre.

Le cas de Harry Baur fut néanmoins une sorte d'exception dans la mesure où l'industrie cinématographique et le monde du spectacle en général n'étaient pas des cibles de la répression nazie. Dans ce contexte, le cas de Robert Hugues-Lambert paraît encore plus étrange. Il fut choisi pour le rôle-titre du film de Louis Cuny, *Mermoz*, simplement à cause de sa ressemblance avec le fameux aviateur français. Alors que le film était presque achevé, en 1943, il fut arrêté dans un bar homosexuel, le Sans Soucis, et envoyé à Drancy où on dit qu'il aurait enregistré les dernières répliques du film à travers la clôture en barbelés du camp. Il fut ensuite déporté au camp de Gross-Rosen en Allemagne où il mourut d'épuisement en mars 1945. Ce qui paraît surprenant dans son cas, c'est que, même si l'homosexualité était officiellement interdite, il y avait beaucoup d'homosexuels dans le monde littéraire et artistique, pas seulement Cocteau et Marais mais aussi d'infâmes collaborateurs comme Brasillach et Abel Bonnard*. D'ailleurs, de nombreux bars homosexuels dans le Paris occupé étaient très appréciés des soldats allemands. En fait, une explication possible à l'arrestation de Hugues-Lambert est qu'il aurait été victime de la jalousie d'un amant allemand.

En règle générale, la relative liberté dont jouissait le cinéma français tenait aussi au fait que ses principaux représentants n'avaient pas très envie de rallier la Résistance. Et s'ils voulaient y jouer un rôle actif, que pouvaient-ils faire exactement ? Cette question, Carné se l'était posée. « Je n'avais jamais tenu une arme de ma vie. D'autre

* Que Galtier-Boissière surnommait Gestapette.

part je suis très sensible à la douleur physique et je pensais que si je me faisais prendre et torturer, je dirais tout ce que je savais. J'ai donc trouvé une façon d'agir[14]. »

Néanmoins, en 1943, lorsque la perspective d'une défaite allemande faisait naître de nouveaux groupes de résistance dans toute la France, une poignée de réalisateurs, d'acteurs et de scénaristes formèrent le Comité de libération du cinéma français. Parmi eux figuraient les réalisateurs Jacques Becker, Louis Daquin et Jean Painlevé, l'assistant réalisateur Jean Devaivre, les scénaristes Charles Spaak, Bernard Zimmer et Jean-Paul Le Chanois, le critique Georges Sadoul et l'acteur Pierre Blanchar. Pour l'essentiel, ils se voyaient préparer le cinéma pour l'après-guerre Ils désignèrent aussi ceux qu'ils considéraient comme des collaborateurs et les critiquèrent dans *L'Ecran français* qu'ils commencèrent à imprimer en ronéo en décembre 1943 et qui, à partir de mars 1944, fut inséré dans *Les Lettres françaises*.

Dans le cas de Le Chanois et de Spaak, leur véritable couverture était leur activité de scénaristes pour la Continental. En fait, Spaak adapta pour Greven le roman de Simenon, *Les Caves du Majestic*, alors qu'il était en prison. Devaivre, qui travaillait aussi pour la Continental, fut l'un des rares, dans le milieu du cinéma, à participer activement à la résistance armée et, à la fin de la guerre, il rejoignit le maquis en Bourgogne. Le Chanois, qui était Juif et communiste, laissa le plus important témoignage sur le cinéma de la Résistance lorsqu'il passa plusieurs semaines au début de 1944 à filmer le maquis du Vercors dans le sud-est de la France, et son farouche combat contre les forces allemandes réalisant le documentaire *Au cœur de l'orage*, qui fut diffusé après la Libération. L'unité de Le Chanois, appelée le Réseau de résistance du cinéma français, filma alors l'insurrection de Paris dans les jours qui précédèrent l'entrée des troupes alliées dans la ville. Le documentaire *La Libération de Paris* fut projeté dans les cinémas parisiens tout juste une semaine plus tard.

C'est plutôt par accident que *Les Enfants du paradis* ne sortit que plusieurs mois après la Libération. L'idée du film était née pourtant au début de 1943 lors d'une visite que Carné fit à Nice pour discuter de son prochain film avec Prévert. Tandis qu'il marchait sur l'élégante promenade des Anglais, Carné tomba nez à nez avec Jean-Louis Barrault. Quand Prévert les rejoignit à la terrasse d'un café, Barrault se mit à leur raconter des histoires de théâtre. L'une d'elles concernait le grand mime français du XIXe siècle, Baptiste Debureau, qui tua accidentellement un ivrogne d'un coup de canne, incitant le tout-Paris à courir à son procès pour, une fois au moins, l'entendre parler.

Carné vit immédiatement là l'idée d'un film, mais il était ennuyé par le fait que si Barrault jouait le rôle de Debureau, le public ne serait pas surpris d'entendre sa voix si familière. Carné décida tout de même de suivre son idée malgré le manque d'enthousiasme de Prévert. De retour à Paris, il se rendit au musée Carnavalet pour se documenter sur le Théâtre des Funambules de Debureau et le boulevard du Temple tout proche, ou, comme on l'appelait justement, le boulevard du Crime. Avec ces éléments, Prévert se mit finalement à écrire, et de nouveau Trauner fut sollicité pour dessiner les décors (cette fois ce fut Léon Barsacq qui accepta de « signer » le travail); Thiriet et Kosma composèrent la musique. A un moment donné, la présence de Barrault sembla remise en cause parce qu'il était à la fois metteur en scène et acteur dans *Le Soulier de satin* de Claudel, programmé à la Comédie-Française, en décembre 1943. Carné envisagea même de le remplacer par le mime Jacques Tati qui n'était pas encore célèbre. Finalement, Barrault put se rendre disponible, le boulevard du Crime fut construit dans les studios de la Victorine à Nice et, en août 1943, commença le tournage de ce qui était à l'époque le film le plus cher du cinéma français.

Le rôle central de Garance fut confié par Carné à sa vedette préférée Arletty qui, âgée d'une quarantaine d'années, restait aussi séduisante que jamais. Dans l'histoire, quatre hommes se disputent son amour : Baptiste Debureau, joué par Barrault, Frédérick Lemaître, un acteur débutant, joué par Pierre Brasseur, Pierre François Lacenaire, un sombre escroc interprété par Marcel Herrand, et Edouard de Montray, un aristocrate joué par Louis Salou. Dans le rôle de Nathalie, qui se languit pour Debureau, Carné choisit l'actrice d'origine espagnole Maria Casarès qui avait tout juste vingt et un an à l'époque. Le film qui dure trois heures un quart est divisé en deux épisodes, *Boulevard du Crime* et *L'Homme blanc* dont l'action se déroule six ans après. Debureau et Lemaître y sont devenus les vedettes de leurs théâtres respectifs, l'un de mime, l'autre traditionnel. L'intrigue place Garance dans toutes les situations possibles de relations amoureuses et de trahison, tandis que ses divers soupirants se battent pour gagner ses faveurs. Le film est aussi un hommage au théâtre qui célèbre l'émotion et le drame de la vie sur scène comme de la vie ordinaire, tout en faisant une place particulière à la magie du mime. D'ailleurs, *Le Paradis* désigne ici les places de balcon les moins chères où l'on trouve les moins riches et les plus fervents amoureux du théâtre. Finalement, ce fut la force du scénario de Prévert combinée à l'habileté de la réalisation de Carné qui fit des *Enfants du paradis* un film tant aimé.

Sans la détermination de Carné, le film aurait bien pu ne jamais être achevé. Au moment où les caméras commençaient à tourner à Nice pendant l'été 1943, les Alliés débarquèrent dans le sud de l'Italie et le 8 septembre reçurent la reddition du pays *. Cela entraîna l'arrivée des Allemands qui occupèrent cette région sud-est jusque-là contrôlée par les Italiens mais menaça également le financement des *Enfants du paradis* qui devait être une coproduction franco-italienne. Carné, son équipe et ses acteurs furent sommés de rentrer à Paris où les Allemands écartèrent Paulvé de la production du film, et après trois mois d'attente, la confièrent à Pathé. Une partie du tournage se fit donc à Paris, mais lorsque Carné put reprendre son travail à Nice au début de 1944, des tempêtes avaient gravement endommagé tous les décors extérieurs.

Il y eut encore d'autres difficultés. Dans le compte à rebours avant l'arrivée tant attendue des Alliés en France, les tensions politiques se durcissaient. Le Vigan, sympathisant des nazis, qui jouait un rôle dans *Les Enfants du paradis*, quitta la France pour l'Allemagne, obligeant Carné à le remplacer par Pierre Renoir. Le pire, c'est que la Gestapo et les milices de Vichy redoublaient d'ardeur pour pourchasser les Juifs et les résistants. Un matin, deux policiers en civil arrivèrent sur le lieu du tournage, cherchant un figurant dont la femme, dirent-ils, avait eu un accident et devait être amputée d'une jambe. Carné hésita, sachant très bien que l'histoire pouvait être vraie mais qu'il pouvait aussi s'agir d'un piège. Finalement, se disant que si le figurant était en fuite, il n'aurait pas de mal à se cacher dans la foule, Carné prit un mégaphone et appela l'homme par son nom. « Peut-être était-il dans la Résistance, peut-être était-il juif, mais je n'ai plus jamais entendu parler de lui, se rappelait le cinéaste des années plus tard. Il a probablement été fusillé, peut-être torturé. Les

* La guerre en Italie continuerait en fait, contre les troupes allemandes, jusqu'au 29 avril 1945.

policiers devaient agir pour le compte de la Gestapo. Pourquoi est-ce qu'il s'est montré ? Quand je l'ai appelé par son nom, il aurait dû se douter, il aurait dû… Je ne me le suis jamais pardonné. Je revivrai cette scène jusqu'à mon dernier jour[15]. »

Le tournage fut achevé après la Libération, et, le 9 mars 1945, presque deux ans après la naissance du projet, *Les Enfants du paradis* sortit au Palais de Chaillot à Paris et obtint un immense succès. De tous les films réalisés pendant l'Occupation, c'est le seul qui allait garder une place importante dans l'histoire du cinéma. Le paradoxe, c'est que c'était là exactement le genre de film que les Allemands voulaient inciter les Français à réaliser : un divertissement de qualité sans connotation politique ou nationaliste. En le présentant après la Libération, Carné assurait qu'on s'en souviendrait comme d'un film purement français, nullement entaché par l'Occupation. Pourtant, il n'avait pu le tourner que parce que les Allemands avaient bien voulu le laisser faire.

CHAPITRE 11

Au miroir du passé

Les Parisiens furent rassurés de voir que, comme les salles de concert et les cinémas, leurs théâtres ne tardèrent pas à rouvrir. Ils en conçurent l'espoir que leur vie n'avait pas été totalement transformée, qu'une parcelle du mode de vie à la française au moins avait survécu, qu'ils pouvaient, de temps en temps, oublier la réalité de la défaite dans le monde illusoire de la scène. Lorsque les rideaux se relevèrent, que metteurs en scène et acteurs furent rappelés au travail, les professionnels du théâtre retrouvèrent une bouffée d'optimisme, particulièrement ceux qui avaient pris part aux combats et n'avaient pas touché un salaire correct depuis des mois. Et dans ce cas, comme dans celui des autres formes d'art, les nouveaux pouvoirs s'en trouvaient satisfaits. Vichy souhaitait que les principales scènes de la capitale, à savoir la Comédie-Française, le Théâtre de l'Odéon et le Théâtre national populaire au Palais de Chaillot, se remettent à fonctionner le plus vite possible, à la fois comme un gage de continuité et aussi pour empêcher la Wehrmacht de les occuper. Quant aux Allemands, qui n'en revenaient toujours pas d'avoir pris la ville sans pratiquement tirer un coup de feu, ils voulaient faire croire aux Parisiens que la vie quotidienne continuait comme avant.

Ainsi, pratiquement tout le monde accueillit avec joie la nouvelle saison théâtrale de 1940-1941 avec ses promesses de reprises populaires et de nouvelles créations.

Il n'y eut personne pour laisser entendre que passer une soirée au théâtre était une forme de collaboration, même s'il y avait des Allemands dans le public. Au contraire, aller au théâtre était considéré comme un excellent antidote contre la dépression.

Le plus surprenant c'est que, comme dans le cas du cinéma, l'Occupation devait rester une sorte d'âge d'or du théâtre. Même s'il fallait se dépêcher de rentrer chez soi par le dernier métro avant le couvre-feu, la popularité du théâtre comme une sorte de dérivatif était immense, les recettes progressèrent de 163 pour cent entre 1941 et 1943. La plupart des productions étaient de simples divertissements, des drames historiques, des comédies romantiques ou des histoires de cocuage du genre de celles qui avait longtemps caractérisé le *théâtre de boulevard*.

« On ne peut pas être nazi au théâtre, dit Anne Ubersfeld, une amoureuse du théâtre et jeune résistante à l'époque. Vous ne pouvez pas vous montrer dominant au théâtre, vous ne pouvez pas avoir une approche nazie virulente. Au théâtre ça ne marche pas. De toute façon, la plupart des pièces c'était du *théâtre de boulevard* où la question est de savoir si l'héroïne va coucher ou rester vierge[1]. »

Comme avant la guerre, ce répertoire léger était accompagné par des productions de Corneille, Molière, Racine et Shakespeare* et aussi des dramaturges irlandais, Richard Brensley Sheridan, George Bernard Shaw et John Millington Synge. Mais ce qui marqua l'époque ce furent de nouvelles pièces écrites par des auteurs aujourd'hui considérés comme des piliers du théâtre français du XXe siècle : Paul Claudel, Jean Giraudoux, Henry de Montherlant, Jean Anouilh, Jean Cocteau, Jean-Paul Sartre et le toujours prolifique Sacha Guitry. Même Albert Camus, d'abord et avant tout romancier et essayiste, aurait une pièce montée en 1944.

Pour le public en général, les acteurs célèbres étaient bien sûr une attraction importante. Certains d'entre eux comme Raimu, Robert Le Vigan, Harry Baur, Marie Bell, Elvire Popesco et Cécile Sorel étaient des vétérans de la scène parisienne ; d'autres qui attiraient le public, comme Jean-Louis Barrault et Edwige Feuillère, étaient déjà célèbres pour leurs rôles au cinéma. En même temps, l'Occupation vit naître une nouvelle génération d'acteurs vedettes, âgés d'une vingtaine d'années, Jean Marais, Louis Jourdan et Gérard Philipe, qui se partageaient entre la scène et l'écran. Et si les contrats au cinéma étaient plus lucratifs et assuraient une plus grande gloire, le théâtre procurait un prestige particulier, celui de jouer dans un répertoire sérieux. Avec

* Il est intéressant de noter que les Allemands traitaient Shakespeare comme un auteur universel plutôt que comme un écrivain anglais. D'ailleurs, Hitler possédait les œuvres complètes de Shakespeare dans sa bibliothèque.

en tout cinquante-quatre salles ouvertes à Paris, la profession théâtrale était en pleine activité.

Les nazis intervenaient peu dans le théâtre français à partir du moment où ils s'étaient assurés qu'il était « nettoyé » de toute présence juive. Une vingtaine de théâtres dont on disait qu'ils étaient dirigés par des Juifs furent rapidement aryanisés (et le Théâtre Sarah-Bernhardt fut rebaptisé Théâtre de la Cité), tandis que la Comédie-Française et l'Odéon étaient priés de renvoyer onze acteurs juifs. Le metteur en scène Jacques Copeau, qui était alors l'administrateur général provisoire de la Comédie-Française, note dans son journal, le 26 juillet 1940, que les nazis lui ont déjà demandé le nom de ses acteurs juifs. Et il ajoute : « Les Allemands ont déclaré, me dit-on, que tant qu'ils seront à Paris, pas un auteur ou compositeur israélite n'y sera joué, pas un acteur juif ne paraîtra sur la scène[2]. » Louis Hautecœur, le secrétaire général des Beaux-Arts de Vichy, lui conseilla de jouer la montre et de ne pas programmer d'acteurs juifs dans les premières productions de l'Occupation. Mais Copeau subit une pression plus forte de la part des Allemands, et, dans la crainte de représailles contre son théâtre, il demanda à ses acteurs juifs de partir. Cependant, grâce aux théâtres privés, il y avait encore des Juifs sur scène, et davantage encore dans le public. Puis les choses changèrent de manière radicale. Au début de 1942, on instaura un couvre-feu pour les Juifs à partir de 20 heures. Et il devint dangereux pour eux d'aller au spectacle. En mai, ils furent contraints de porter l'étoile jaune. En juillet, il leur fut interdit d'aller au théâtre. Et à l'automne de 1942, on leur interdit formellement de se produire sur scène. Les auteurs juifs avaient été mis sur une liste noire dès le début de l'Occupation, ce qui n'empêchait pas chaque nouvelle production, texte, distribution et décor compris, d'être soumise à la censure qui recherchait l'expression du moindre sentiment hostile à l'Allemagne ou d'un nationalisme excessif.

Mais les Allemands tenaient à ce que le spectacle continue. Depuis la réouverture du Théâtre de l'Œuvre le 11 juillet 1940, la Propaganda Staffel était particulièrement enthousiaste pour les qualités distrayantes du théâtre de boulevard, lieu de sempiternelles reprises très appréciées du grand public. Il lui arriva aussi d'approuver parfois des pièces ou des passages controversés que Vichy avait, dans un premier temps, rejetés. Et même, en général, elle tolérait la plupart des pièces nouvelles, même l'*Antigone* d'Anouilh ou *Les Mouches* et *Huis clos* de Sartre dont les auteurs affirmèrent plus tard qu'elles véhiculaient des messages de résistance à peine déguisés.

La vie théâtrale était couverte très en détail par la presse collaborationniste, en particulier par l'hebdomadaire culturel relativement indépendant *Comœdia*, mais aussi par des journaux politiques et littéraires comme *La Gerbe*, *Gringoire* et l'organe ouvertement fasciste *Je suis partout*, qui se targuait d'avoir Alain Laubreaux et Lucien Rebatet pour critiques très redoutés. Pour ces deux journalistes, dont les critiques paraissaient aussi dans d'autres titres collaborationnistes comme *Le Petit Parisien* et *Le Cri du Peuple*, la qualité de la pièce comptait souvent moins que l'identité de l'auteur. Ils avaient leurs favoris, comme Anouilh et Montherlant, tandis que les auteurs de gauche qui s'étaient engagés dans les batailles esthétiques et idéologiques des années 1930 n'avaient aucune clémence à attendre de leur part. Il arrivait de fait que les journaux approuvés par les Allemands éreintent des auteurs dramatiques qui, aux yeux des Forces françaises libres à Londres, étaient pratiquement des collaborateurs. Après que la presse eut attaqué Guitry, prétendant qu'il était juif, les Allemands lui demandèrent de prouver qu'il ne l'était pas. Aux certificats de famille prouvant qu'il n'était pas juif il ajouta malicieusement un document émanant du grand rabbin de Paris, regrettant de ne pouvoir compter Guitry au nombre de la communauté juive.

Malgré tout le pouvoir et l'arrogance de Laubreaux, une de ses manœuvres fit long feu. *Les Pirates de Paris*, une pièce d'un certain Michel Daxiat, inspirée de l'odieuse affaire Stavisky dans les années 1930, fut créée au Théâtre de l'Ambigu-Comique en mars 1942. Dans *Je suis partout,* Laubreaux en fit une critique très élogieuse, écrivant : « Le public verra, s'amusera et réfléchira », ajoutant que, « Pour la première fois on lui offre une pièce où l'on appelle un Juif un Juif, où le Juif apparaît en clair sur le fond d'un régime d'ordure et de décadence[3] ». Ce que Laubreaux, naturellement, oubliait de préciser, c'est qu'il était lui-même l'auteur de la pièce sous un pseudonyme. Et la pièce que les autres critiques jugèrent, à juste titre, médiocre quitta l'affiche au bout d'un mois.

Pourtant, contrairement à ce qui se passa pour le cinéma dont beaucoup de réalisateurs et d'acteurs importants partirent pour Hollywood, presque toutes les figures importantes du théâtre restèrent en France. Il y eut une exception, Henri Bernstein, l'auteur juif de comédies de boulevard très populaires qui partit sagement pour New York. Un autre exemple fut celui de Louis Jouvet, metteur en scène et acteur de premier plan qui pendant l'entre-deux-guerres avait attiré la faveur du public sur les pièces de Giraudoux. Il reprit son travail à Paris à l'automne 1940 avec une nouvelle production de *L'Ecole des femmes* de Molière au Théâtre de l'Athénée. Grâce à son prestige, il était assuré d'un soutien bienveillant de la part de l'ambassade d'Allemagne. Mais Jouvet envisageait déjà de quitter la France et il fit un premier pas en ce sens en acceptant d'apparaître dans une version filmée de *L'Ecole des femmes* réalisée par son vieil ami Max Ophuls, alors en exil en Suisse. Mais alors que le projet était déjà en train, Ophuls eut une liaison secrète avec la compagne de Jouvet, l'actrice belge Madeleine Ozeray, qui jouait également dans le film. Lorsque Jouvet découvrit la chose, le scandale fit capoter le film. Sommée de choisir entre ses deux amants, Madeleine Ozeray décida de rester auprès de Jouvet, et peu après elle le rejoignit, lui et sa troupe, dans une tournée en Amérique du Sud qui devait durer très longtemps. Ils jouèrent pour l'essentiel le répertoire français classique, mais à Rio de Janeiro ils créèrent tout de même la pièce en un acte de Giraudoux, *L'Apollon de Bellac*. Madeleine Ozeray finit par quitter Jouvet à Buenos-Aires mais, en proie souvent à d'énormes difficultés financières, la troupe continua à porter les couleurs de la France à travers le continent jusqu'à la Libération. Fin 1944, Jouvet avait repris la direction du Théâtre de l'Athénée.

S'il était resté à Paris, Jouvet aurait bien pu succéder à Copeau à la Comédie-Française. Copeau y avait été nommé en mai 1940 après qu'Edouard Bourdet, l'administrateur général du théâtre, eut été blessé dans un accident. A la fin de l'année, après que Copeau eut rouvert le théâtre, Bourdet était prêt à revenir, mais les Allemands ne voulaient ni de l'un ni de l'autre. Au lieu de quoi Copeau fut remplacé par Jean-Louis Vaudoyer, un poète et romancier qui conserva le poste jusqu'en mai 1944. Bien que dépendant des subsides de Vichy, Vaudoyer s'avéra un administrateur habile, et la tâche n'était pas facile compte tenu de la tradition des luttes de pouvoir internes et d'une disposition qui autorisait les membres permanents de la troupe (les *sociétaires*) à choisir les acteurs sous contrat (les *pensionnaires*) autorisés à se joindre à leur cercle très fermé. Plusieurs sociétaires étaient ouvertement pétainistes et acceptaient des invitations à réciter des vers lors de rassemblements politiques, mais il y en avait aussi quelques-uns qui se servaient de leur statut de sociétaires pour dissimuler leur engagement dans la Résistance.

Un sociétaire juif d'origine roumaine, Jean Yonnel, unanimement reconnu comme le plus grand tragédien de la troupe, fut dans un premier temps contraint de démissionner avant que la Propaganda Staffel n'arrive à la conclusion qu'il était indispensable. En octobre 1941, il joua dans *Bérénice* de Racine et, six mois plus tard, dans *Iphigénie en Tauride* de Goethe, dont il assura aussi la mise en scène. Il joua ensuite des rôles importants dans deux des productions prestigieuses de l'époque, *La Reine morte* et *Le Soulier de satin.* « Les Allemands le déclarèrent Aryen honoraire – rappelait Michel Francini qui à l'époque travaillait au music-hall. Le nom de Yonnel figurait sur les affiches. Quand les Juifs furent contraints de porter l'étoile jaune, il entra en scène en l'arborant et reçut une ovation[4]. »

Même si les censeurs étaient prêts à couper des mots ou des répliques entières jusque dans le répertoire classique, les Allemands considéraient la Comédie-Française avec révérence. Les places gratuites réservées aux officiers de la Wehrmacht à chaque représentation étaient toujours occupées, et l'Institut allemand avait très envie de voir des pièces allemandes jouées dans la Maison de Molière. En principe, les troupes étrangères n'étaient pas autorisées à jouer sur la scène du théâtre, mais la règle fut transgressée à deux reprises. En février 1941, provoquant dans la presse officielle un concert de louanges pour ce premier exemple de collaboration théâtrale, Heinrich George amena à Paris le Théâtre Schiller de Berlin pour deux représentations en langue allemande de la pièce de Schiller, *Kabale und Liebe* (*Cabale et amour*). George, vedette de la scène allemande qu'on avait pu voir récemment en France dans le film antisémite *Le Juif Süss*, sut se monter diplomate, il adressa le salut nazi au buste de Molière et répondit à l'accueil chaleureux que reçut la pièce en faisant remarquer que, en l'occurrence, c'était « le génie de l'art » le seul conquérant. Mais tout le monde n'était pas ravi. Béatrice Bretty, une sociétaire juive qui avait dû démissionner, raconta plus tard combien elle avait été choquée « lorsqu'elle avait appris que les acteurs allemands avaient été reçus avec des fleurs, du champagne, des toasts, des discours[5] ».

Ce fut ensuite le tour du Théâtre national de Munich. En avril 1942, il présenta *Iphigenie auf Tauris* de Goethe qui fut couplée, les soirs suivants, avec la production de la Comédie-Française de la même pièce, *Iphigénie en Tauride*, mise en scène par Yonnel. Le *Pariser Zeitung*, journal en langue allemande, écrivit que ces deux versions symbolisaient « une coexistence exemplaire des deux peuples ». Laubreaux pour sa part écrivit que la médiocrité de la production française justifiait amplement le renvoi de Vaudoyer. Derrière cette attaque se cachait non seulement l'ambition personnelle de Laubreaux de diriger la Comédie-Française mais aussi le sentiment que le théâtre parvenait trop bien à garder son indépendance. De fait, l'année suivante, Vaudoyer fit tout son possible pour ne pas céder à la pression des Allemands qui voulaient l'obliger à célébrer le quatre-vingtième anniversaire de Gerhart Hauptmann, un dramaturge allemand prix Nobel de littérature en 1912. Mais après que le Palais de Chaillot avait présenté *Rosa Bernd* de Hauptmann, puis, l'Odéon, *Le Voiturier Henschel*, la Comédie-Française n'avait guère le choix. En mai 1943, elle monta *Iphigénie à Delphes* de Hauptmann dans une nouvelle traduction française, en présentant toutefois la pièce comme élément d'une série faisant suite aux versions de Goethe et d'Euripide. Ce fut la dernière pièce allemande jouée par la troupe pendant l'Occupation.

Dans les *Cahiers franco-allemands* de l'Institut allemand, en 1943, Laubreaux déplorait le fait que, contrairement à ce qui s'était passé pour la musique classique, l'opéra et le cinéma, il y avait eu très peu d'échanges franco-allemands dans le domaine du théâtre. Et, de fait, aucune délégation d'acteurs français ne se rendit jamais en Allemagne à l'invitation du Reich. Ce qui était pour une bonne part à mettre au crédit de Vaudoyer. Après la guerre, il fit remarquer que rien qu'en ayant autorisé deux troupes allemandes à se produire sur la scène de la vénérable salle Richelieu, il avait obtenu la libération de quinze employés qui étaient prisonniers de guerre et protégé plusieurs autres du travail obligatoire en Allemagne.

De l'avis général, en consacrant l'essentiel de sa programmation au répertoire français classique, Vaudoyer resta fidèle à la mission de la Comédie-Française en tant que théâtre national. En décembre 1940, encore sous la direction de Copeau, Barrault, récemment engagé, se produisit dans le rôle-titre du *Cid* de Corneille. Les pièces de Molière, *Le Bourgeois gentilhomme*, *Le Misanthrope*, *Tartuffe* et *Le Malade imaginaire*, étaient toujours aussi populaires, tout comme *Horace* de Corneille ou *Phèdre* et *Bérénice* de Racine. En voyant la France défendue par ses plus grands auteurs dramatiques, Galtier-Boissière trouva ce nouveau trait d'esprit : « Comment sera gagnée la guerre ? Par l'or américain, la ténacité anglaise... et la Comédie-Française[6]. » Des productions d'avant guerre comme *Hamlet* et *Le Songe d'une nuit d'été* de Shakespeare furent aussi remontées, mais il fallut attendre fin 1942 pour que la troupe joue sa première pièce nouvelle : *La Reine morte* de Montherlant.

Secrètement homosexuel avec un penchant pour les jeunes garçons, Montherlant était un personnage solitaire d'une petite quarantaine d'années, plus connu comme romancier et essayiste. Dans *L'Equinoxe de septembre*, il avait pris courageusement position contre les accords de Munich en 1938 par lesquels la France et l'Angleterre avaient accepté l'annexion des Sudètes par Hitler. Mais après la défaite de la France, lui aussi avait rendu les armes. Dans *Le Solstice de juin*, un recueil d'essais publié au début de 1941, il avait rendu la IIIe République responsable de l'humiliation de la France et se réjouissait de l'arrivée des conquérants allemands comme s'ils étaient de virils chevaliers du Moyen Age. Il se trouve que parmi ces Allemands séduisants il y avait Karl-Heinz Bremer, traducteur de Montherlant, devenu l'adjoint d'Epting à l'Institut allemand. Dans un essai choquant intitulé « Les Chenilles », Montherlant décrit le fait d'uriner sur des chenilles : beaucoup d'entre elles meurent, quelques-unes en réchappent, telle était sa métaphore pour évoquer la victoire allemande sur les infortunés Français. A la fin de *Solstice de juin*, Montherlant énonce sa philosophie : « Faire tout ce qu'il faut pour anéantir l'adversaire. Mais, une fois qu'il a montré que c'était lui qui tenait le bon bout, s'allier du même cœur avec lui[7]. » En d'autres termes, il croyait en la collaboration. Après avoir passé quelques mois en zone libre, il revint à Paris en mai 1941 et collabora régulièrement à la *Nouvelle Revue française* de Drieu la Rochelle, ainsi qu'à *La Gerbe*, *Comœdia* et au quotidien *Le Matin*.

Les premières pièces de Montherlant avaient toutes été des échecs, et Vaudoyer prenait donc un certain risque en lui commandant un drame historique pour la Comédie-Française. Montherlant s'inspira de Luis Vélez de Guevara, un dramaturge espagnol du XVIe siècle, et situa son intrigue au Portugal où le roi Ferrante veut marier son fils

Pedro à l'infante de Navarre. Quand le roi découvre que Pedro a épousé en secret Ines de Castro qui attend un enfant de lui, sa volonté de laver l'affront fait à son autorité l'amène à condamner Ines à mort, une sentence qui provoque aussi sa propre mort. Yonnel jouait le rôle de Ferrante, Barrault celui de Pedro et Madeleine Renaud celui d'Ines, cette distribution de rêve assura à la pièce une première éclatante le 8 décembre 1942.

Sans voir le moindre parallèle entre l'intrigue et la situation de l'époque, la presse collaborationniste loua la pièce pour sa peinture de la passion et de la tragédie à la cour du roi Ferrante. Pourtant, et cela montrait à quel point les textes étaient scrutés à la recherche de significations cachées, le journal clandestin *Les Lettres françaises* déplora que la pièce célébrât le triomphe de la « raison d'Etat » sur les sentiments humains : « Et voilà le secret de l'appui officiel donné à *La Reine morte.* » Pour Montherlant, cependant, il s'agissait avant tout d'un drame familial. Et c'était également le cas de sa pièce suivante, *Fils de personne*, donnée au Théâtre Saint-Georges en juin 1943, dans laquelle un père recherche son fils de douze ans qu'il a abandonné à sa naissance. Malgré la désapprobation des intellectuels de la Résistance, la réputation de Montherlant ne fit que croître. D'après une liste établie en l'an 2000, parmi les cent trente-trois pièces les plus jouées à la Comédie-Française depuis 1680, *La Reine morte* de Montherlant et *Port-Royal*, monté en 1954, sont les seules à avoir été écrites au XXe siècle.

En choisissant un thème historique pour *La Reine morte*, Montherlant se conformait à la pratique habituelle en ce temps de guerre qui consistait à situer les pièces de théâtre – et les films – dans le passé. Cela permettait de monter les pièces sans que la censure s'en mêle mais encourageait aussi le public à y voir des allégories. C'était presque trop facile dans le cas de Jeanne d'Arc. Puisqu'elle avait combattu les envahisseurs anglais, la sainte du XVe siècle devenait une héroïne qui se prêtait à toutes les interprétations. Pour les antinazis, elle était l'incarnation de l'honneur et du courage des Français, un exemple à suivre de résistance contre l'humiliation et l'Occupation. Pour les Allemands et pour Vichy, elle permettait de rappeler aux Français que l'Angleterre était l'ennemi héréditaire, un pays qui, pas plus tard qu'en 1940, avait encore trahi la France. « Martyre de l'Unité nationale, Jeanne d'Arc est le symbole de la

France », proclamait une affiche de Vichy. Il y avait déjà bon nombre de spectacles et d'oratorios montés à travers la France par l'organisation Jeune France de Vichy, et Paris à son tour connut une véritable passion pour Jeanne d'Arc.

Curieusement, la période de l'Occupation ne produisit pratiquement aucune nouvelle pièce sur Jeanne la Pucelle, mais les troupes théâtrales n'avaient que l'embarras du choix. La première pièce qui fut représentée à Paris en décembre 1940 fut *Sainte Jeanne*, de Bernard Shaw. Puis *Jeanne d'Arc* et *Le Mystère de la charité de Jeanne d'Arc*, deux pièces écrites des années auparavant par l'écrivain nationaliste Charles Péguy, furent adaptées par son fils Marcel en 1941. L'oratorio d'Honegger, *Jeanne au bûcher*, composé dans les années 1930, fut interprété dans tout le pays par Jeune France après une première en 1942. Cette œuvre était apolitique ; d'autres épousaient le point de vue de Vichy, comme *Scènes de la vie de Jeanne d'Arc*, de Jean Jacoby, et la *Jeanne d'Arc* de Marcelle Vioux. Une pièce plut à tout le monde, *Jeanne avec nous* de Claude Vermorel, qu'il écrivit en 1938 et qui resta à l'affiche à Paris pendant huit mois en 1942. Elle fut applaudie par la presse collaborationniste où Rebatet salua la *Jeanne* de Vermorel comme « la patronne du fascisme français ». En même temps, pour sa mise en scène et son texte, elle fut considérée comme la première pièce résistante de l'Occupation, non seulement les soldats anglais y tournaient les talons mais l'Inquisition qui condamna Jeanne se comportait exactement comme Vichy[8]. Dans ses mémoires, Simone de Beauvoir dit qu'en applaudissant la « fière révolte » de Jeanne contre les Anglais, « On manifestait sans équivoque contre les Allemands et contre Vichy[9] ».

Guitry voyait lui aussi dans le drame historique un excellent moyen de glorifier la France, un objectif qu'il poursuivait tout en fraternisant avec les officiers et les diplomates allemands. Déjà à l'automne de 1940, après avoir fait la réouverture du Théâtre de la Madeleine avec *Pasteur* et son hommage à d'éminents artistes français, il enchaîna avec *Florence* puis *Le Roi Louis XI*, deux pièces qui donnaient au public une image réconfortante de la France. Puis, avant la fin de l'année, il joua dans *Le Bien-Aimé*, une nouvelle comédie dans laquelle l'absolutisme de Louis XV pouvait être interprété comme une allégorie de celui des nazis. On raconte qu'un général allemand vint voir Guitry dans sa loge après le spectacle : « Eh bien ! Monsieur, depuis deux heures, vous n'êtes pas vaincu ! – Mon général, c'est exactement l'impression que j'ai espéré donner[10]. »

Ensuite vint *Le Soir d'Austerlitz* qu'il dut rebaptiser *Vive l'Empereur* après des objections de la Propaganda Staffel. Dans cette comédie qui se passe la veille de la victoire de Napoléon à Austerlitz en 1805, Guitry, qui fut marié cinq fois, fait l'éloge de l'adultère. Dans *N'écoutez pas mesdames*, on trouve une allusion voilée aux Juifs dont les biens ont été aryanisés lorsqu'un personnage déclare : « En vérité, non, je ne suis pas antiquaire. Je rends service à quelqu'un qui est, en ce moment, dans le malheur[11]. » Deux des pièces de Guitry furent interdites par la Propaganda Staffel. *Mon auguste grand-père*, sa réplique personnelle aux accusations d'être juif, se moquait des lois antisémites de Vichy. Et *Le Dernier Troubadour*, qui aurait dû être interprété par Charles Trenet et la jeune soprano Géori Boué, était une comédie musicale dont les premier et troisième actes se déroulaient pendant l'occupation allemande tandis que le deuxième remontait quatre siècles en arrière à l'époque de Jeanne d'Arc et de l'occupation anglaise. Dans ce cas, au moins, les censeurs allemands donnèrent une explication : « Impossible ! Cela ferait trop plaisir aux gaullistes[12]. »

En dépit de ces revers, Guitry demeurait une incorrigible bête de scène. Au moment même où il était insulté par Rebatet et Laubreaux, il était l'âme des dîners allemands et des réceptions. Tandis qu'il était condamné à mort par les Forces françaises libres, il publiait une ode à Pétain sous la forme d'un luxueux ouvrage d'art, auquel collaboraient aussi Cocteau, Colette, Cortot et Giraudoux, puis enchaînait avec un documentaire, *De 1429 à 1942 (de Jeanne d'Arc à Pétain)*, qui fut présenté à l'Opéra de Paris en mai 1944, à une époque où même les plus fidèles des pétainistes avaient renoncé à Vichy.

Pourtant, Guitry ne pouvait pas ignorer le fait qu'il perdait des amis. En avril 1944, *La Scène française*, l'organe clandestin de l'organisation résistante le Front national du théâtre, le prit dans son collimateur dans un article titré « Dans la fange de la collaboration », écrivant : « Sacha Guitry ne voit que lui. Et comme il est très satisfait de lui-même, c'est un homme heureux. Les événements extérieurs ne le touchent pas[13]. » Pourtant, quand on l'appelait à l'aide, Guitry répondait. En mai 1941, il organisa un gala de charité à la Comédie-Française intitulé *Le Triomphe d'Antoine*, pour venir en aide à André

Antoine, directeur de théâtre respecté qui allait sur ses quatre-vingts ans et se retrouvait malade et dans la misère. En octobre 1943, Arletty et lui s'étaient aussi servis de leur amitié avec Abetz pour obtenir que le vieil auteur dramatique juif Tristan Bernard* et sa femme soient libérés de Drancy.

Si Guitry se dépensait sans compter, c'est aussi en partie parce qu'il était plus riche que la moyenne. Son élégant hôtel particulier de la rue Elisée-Reclus, qu'il avait hérité de son père, l'acteur Lucien Guitry, ressemblait à un petit musée. On y voyait exposés des tableaux de Monet, des sculptures de Rodin, de l'art décoratif baroque, des livres par milliers et de précieux manuscrits. Il collectionnait aussi les souvenirs de théâtre, comme le diadème que portait Sarah Bernhardt ou les grandes chaussures d'un clown célèbre. C'est dans ce cadre qu'il donnait des déjeuners et des dîners somptueux à des invités du monde de l'art et de la politique. Ernst Jünger, le romancier, n'était pas le seul à être impressionné. Quand il arriva à déjeuner le 15 octobre 1941, Guitry lui fit cadeau de lettres manuscrites d'Octave Mirbeau, de Léon Bloy et de Claude Debussy pour sa collection d'autographes. La salade fut servie dans un saladier d'argent et la glace dans un service d'or massif qui avait appartenu à Sarah Bernhardt. Jünger évoque ainsi dans son journal ses impressions sur Guitry : « De nouveau, j'ai été étonné par cette individualité débordante, qui s'épanouissait surtout dans le récit d'anecdotes où ses rencontres avec des rois jouaient un rôle insigne. Les diverses personnes dont il était question se trouvaient aussi dépeintes par la mimique qui soulignait les paroles. Excellente également, au point de vue théâtral, la façon dont il maniait ses épaisses lunettes d'écaille au cours de la conversation[14]. »

Si Guitry ne pouvait pas résister à la tentation de faire partie du tout-Paris, Giraudoux, lui, s'était retiré de la vie publique après sa malheureuse expérience en tant que ministre de l'Information pendant la drôle de guerre. Il était néanmoins le chef de file du théâtre de l'entre-deux-guerres et jouissait d'un immense prestige. Sa position politique, comme celle de beaucoup d'intellectuels, évolua dans les années qui suivirent la défaite française. Dès juillet 1940, son fils Jean-Pierre rejoignit de Gaulle à Londres, mais il lui fallut encore un

* Célèbre pour son humour, Bernard, lors de son arrestation, fit à sa femme cette réflexion qui devint fameuse et que Galtier-Boissière rapporte dans son journal : « Ma chère amie, notre situation s'améliore. Jusqu'à présent nous vivions dans l'angoisse, désormais nous vivrons dans l'espoir. »

an avant qu'il ne perde lui-même confiance en Pétain. En 1943, on dit qu'il envoyait à Londres des rapports secrets sur la vie intellectuelle à Paris. Ses premières œuvres pendant l'Occupation furent des scénarios, pour *La Duchesse de Langeais*, d'après Balzac, et pour *Les Anges du péché*. En octobre 1943, il revint au théâtre avec *Sodome et Gomorrhe*, une pièce nouvelle présentée au Théâtre Hébertot, avec Edwige Feuillère et Gérard Philipe dans les rôles principaux.

Située une fois de plus dans le passé, le passé biblique cette fois, l'intrigue a pour cadre la destruction par Dieu de Sodome et Gomorrhe mais se concentre sur les disputes entre un homme et sa femme dont l'incapacité à s'aimer provoque la débâcle. Giraudoux était connu pour son style un peu bavard, pourtant ici le langage analyse avec précision l'impossibilité de l'amour entre un homme et une femme, un thème qui était peut-être l'écho de son drame personnel. Dans *Je suis partout*, Robert Brasillach railla la pièce, la traitant de vaudeville sur la mer Morte, et Cocteau en compara la solennité à celle d'une messe, mais les admirateurs de Giraudoux lui restèrent fidèles. *Sodome et Gomorrhe* fit le plein du Théâtre Hébertot pendant huit mois. Il écrivit une autre pièce durant l'Occupation, *La Folle de Chaillot*, mais ne put assister à la première en décembre 1945; il mourut le 31 janvier 1944 à soixante et un an. La cause officielle de sa mort fut une intoxication alimentaire, mais il avait une telle stature qu'une rumeur populaire, et improbable, prétendit qu'il avait été empoisonné par la Gestapo.

A l'époque, le Théâtre Hébertot était un des plus actifs des théâtres privés. Plus tôt sous l'Occupation, Edwige Feuillère y avait remporté un triomphe dans le rôle de la courtisane Marguerite Gautier dans *La Dame aux camélias* d'Alexandre Dumas fils. Vint ensuite, en 1941, *La Machine à écrire* de Cocteau, une comédie policière sur les lettres anonymes dans laquelle son amant Jean Marais jouait le double rôle de deux frères jumeaux. Le représentant de Vichy à Paris, Fernand de Brinon, interdit immédiatement la pièce comme immorale, mais il fut désavoué au nom de « la liberté artistique » par la Propaganda Staffel.

Le scandale pourtant n'en resta pas là. Rebatet, dans *Je suis partout*, commença par dénoncer le théâtre de Cocteau comme « inverti » ou homosexuel. Puis Laubreaux enchaîna par une campagne d'insultes à la fois contre Cocteau et Marais. Quelques semaines plus tard, Marais fut présenté à Laubreaux dans un restaurant, il lui cracha au visage, et lorsque le critique tenta de se défendre à l'aide de sa canne, l'acteur le frappa. Marais le poursuivit jusque dans la rue, lui arracha sa canne et la jeta pendant que Laubreaux appelait à l'aide.

Cocteau était une cible favorite des fascistes, et cela apparut encore plus nettement lorsqu'il remonta *Les Parents terribles*, une comédie noire avec une fois de plus Jean Marais dans le rôle principal. La pièce entendait dénoncer la décadence de la famille, mais elle fut elle-même traitée de décadente. Lors de la première au Théâtre du Gymnase fin 1941, les provocateurs fascistes organisèrent une manifestation et lancèrent des boules puantes, ce qui amena la police de Paris à interdire la pièce en toute hâte. Une production de Marais lui-même d'*Andromaque* de Racine au théâtre Edouard-VII en 1944 fut interrompue à son tour après que la milice paramilitaire de Vichy eut menacé d'attaquer le théâtre.

Compte tenu de la réputation de la vie dissolue de Cocteau, Vaudoyer, à la Comédie-Française, fit preuve encore une fois d'audace en 1943 quand il présenta la nouvelle pièce de Cocteau, *Renaud et Armide*, mise en scène par l'auteur lui-même. Mais au lieu d'un sujet scandaleux, Cocteau y présentait une tragique histoire d'amour en alexandrins, inspirée par les opéras de Wagner et de Gluck et proche de l'intrigue de la *Rusalka* de Dvořák : Renaud, le roi de France, aime la fée Armide; elle lui apparaît mais il ne peut pas la toucher, elle finit par le supplier de devenir humaine tout en sachant qu'elle mourra au premier baiser de Renaud, et elle meurt en effet. C'était l'histoire parfaite pour un public d'Allemands romantiques.

Pour Jean Anouilh, l'Occupation fut une période de succès sans nuages. Agé de trente ans seulement au moment de la chute de Paris, il évita prudemment d'afficher toute opinion politique, ce qui lui fut bien utile jusqu'à la Libération. A l'automne de 1940, il présenta deux pièces, *Le Bal des voleurs* et *Léocadia*, qui firent dire à Laubreaux et à Rebatet qu'il était le meilleur des jeunes auteurs dramatiques du moment. Et il n'y eut jamais, par la suite, plus de controverses. *Le Rendez-Vous de Senlis* était une satire des mœurs bourgeoises, et *Eurydice* une version moderne de la légende d'Orphée et Eurydice qui tint l'affiche au Théâtre de l'Atelier pendant trois mois. Mais lorsque Anouilh revint dans le même théâtre en février 1944, il osa pour la première fois traiter d'affaires d'Etat. Ce qui l'y incita fut un incident très politique. Le 27 août 1941, au cours d'une cérémonie qui célébrait le départ de fascistes français qui allaient combattre sur le front russe aux côtés des Allemands, un jeune homme, Paul Collette, tira sur Laval et le blessa. Même si Laval n'était plus aux affaires, il restait très apprécié des nazis. Collette, qui blessa aussi le journaliste collaborateur Marcel Déat, eut la chance de s'en tirer. Arrêté, battu et condamné à mort, il fut gracié par Pétain, déporté en Allemagne et, étonnamment, survécut à la guerre. Ce qui intéressa Anouilh en tant qu'homme de théâtre, ce n'était pas la lutte contre le mal en tant que telle mais plutôt la conviction, comme dans l'histoire d'Antigone, que le geste individuel de Collette, héroïque et futile, représentait l'essence même de la tragédie.

Fidèle à l'intrigue de l'œuvre de Sophocle, la pièce d'Anouilh s'ouvre sur une scène où Antigone se trouve à la cour de son oncle, le roi Créon, qui est monté sur le trône après que les deux frères d'Antigone, Etéocle et Polynice, se furent entretués dans leur lutte pour le pouvoir. Défiant l'ordre de Créon qui a interdit d'ensevelir Polynice, Antigone est arrêtée en train d'enterrer son frère. Elle revendique son geste, et, même face à la mort, refuse de se repentir. Créon condamne Antigone à être enterrée vivante et découvre alors que son propre fils, Hémon, a décidé de mourir auprès de la femme qu'il aime. Ce qui rendait la pièce pertinente, au regard de la situation en 1940, ce n'était pas seulement les costumes modernes et le langage contemporain (il était même question de cigarettes et de boîtes de nuit), c'était surtout la lutte entre la liberté et l'ordre incarnés par Antigone et Créon. Curieusement, du moins à l'époque, la pièce ne suscita aucun débat pour savoir si *Antigone* était une œuvre de résistance ou de collaboration, bien que l'un et l'autre camp ait pu y trouver des arguments. Pour ceux qui s'opposaient à l'Allemagne et à Vichy, Antigone défiait le pouvoir abusif de l'Etat ; pour les collaborateurs, Créon démontrait qu'un pouvoir ferme devait être obéi. Il faut dire que le public vit la pièce dans des circonstances très différentes puisqu'elle eut six cent quarante-cinq représentations, qu'elle fut d'abord jouée sous l'Occupation et se prolongea bien après la Libération.

Si on la relit aujourd'hui, la pièce fournit toujours des arguments aux deux camps. Introduisant le drame, la description que donne le Chœur des gardes pourrait très bien s'appliquer à un policier français travaillant pour les nazis : « Ce sont les auxiliaires toujours innocents et toujours satisfaits d'eux-mêmes, de la justice. Pour le moment, jusqu'à ce qu'un nouveau chef de Thèbes, dûment mandaté, leur ordonne de l'arrêter à son tour, ce sont les auxiliaires de la justice de Créon. » Antigone, à son tour, s'exprime comme quelqu'un qui est prêt à mourir pour ses idées : « Moi, je peux dire non encore à tout ce que je n'aime pas et je suis le seul juge. » Et en réponse à la proposition d'un arrangement que lui fait Créon, elle déclare : « Je ne veux pas être modeste, moi, et me contenter d'un petit morceau si j'ai été bien sage. » Créon, pour sa part, fait écho à l'idée de Pétain qui estime s'être sacrifié pour la France après le désastre de la IIIe République : « Il faut pourtant qu'il y en ait qui disent oui. Il faut pourtant qu'il y en ait qui mènent la barque. Cela prend l'eau de toutes parts, c'est plein de crimes, de bêtise, de misère. » Puis il poursuit, employant encore le langage que Pétain aurait pu employer pour justifier la création du régime de Vichy : « Crois-tu alors qu'on a le temps de faire le raffiné, de savoir s'il faut dire oui ou non, de se demander s'il ne faudra pas payer trop cher un jour et si on pourra encore être un homme après ? » Même après la mort d'Antigone et de Hémon, Créon continue à défendre son sens du devoir : « Ils ne savent pas, les autres ; on est là, devant l'ouvrage, on ne peut pourtant pas se croiser les bras. Ils disent que c'est une sale besogne, mais si on ne la fait pas, qui la fera ? »

Quelque temps auparavant, à l'exemple de Giraudoux et de Cocteau, Sartre s'était aussi servi de la mythologie grecque pour sa première pièce, *Les Mouches*. Il y reprend l'histoire d'Oreste en restant très proche des thèmes grecs éternels de la liberté, de l'humanité et de la vengeance. Ayant quitté sa ville natale quand il était encore enfant, quinze ans auparavant, Oreste revient à Argos pour trouver une ville pestilentielle envahie par les mouches, symbole du remords après le meurtre du roi Agamemnon par son épouse Clytemnestre et son amant Egisthe. C'est seulement après avoir rencontré sa sœur Elektra qui est servante du couple royal qu'Oreste comprend le meurtre qu'a commis sa mère. Tandis qu'Elektra le pousse à venger la mort de leur père, Jupiter lui conseille de renoncer puisque le peuple d'Argos a depuis longtemps accepté Egisthe pour roi. Mais une fois qu'Oreste a décidé de tuer Egisthe et Clytemnestre, même Jupiter ne peut l'en empêcher : « Quand une fois la liberté a explosé dans une âme humaine, les dieux ne peuvent plus rien contre cet homme-là », se lamente Jupiter. Après la mort de Clytemnestre, Oreste est abandonné par Elektra qui n'avait qu'une seule raison de vivre, la haine qu'elle éprouvait à l'égard de sa mère. A la demande de Jupiter, elle se repent du rôle qu'elle a joué dans le double meurtre, mais Oreste reste ferme, déclarant au dieu : « Il ne fallait pas me créer libre. » Puis il ajoute : « Mais tout à coup la liberté a fondu sur moi et m'a transi. » Le peuple d'Argos, pourtant, ne l'approuve pas. En choisissant l'exil, il assume leurs péchés, leurs peurs et leurs remords, et les libère de la torture des mouches, en disant : « Adieu mes hommes. Tentez de vivre : tout est neuf ici, tout est à commencer. »

Les Mouches étaient-elles une pièce résistante ? Comme toutes les autres pièces de l'époque, le texte et la distribution furent soumis à l'approbation de la Propaganda Staffel qui exigea aussi l'engagement qu'il n'y avait aucun Juif impliqué dans la production. La première eut lieu le 3 juin 1943 au Théâtre de la Cité, de Charles Dullin, autrefois Théâtre Sarah-Bernhardt, en présence d'officiers allemands dans le public, et à la réception donnée par Dullin et Sartre après la représentation. Dans *Je suis partout*, Laubreaux fut évasif et ne fit pas la moindre allusion à un quelconque message politique, se contentant d'écrire : « Sartre est frappé d'une absolue et totale absence de sens dramatique. »

Les amis de Sartre et ses admirateurs n'étaient pas du tout de cet avis. Beauvoir se souvenait de sa réaction lors de la générale. « Que j'étais émue lorsque le rideau se leva ! Impossible de se méprendre sur le sens de la pièce ; tombant de la bouche d'Oreste, le mot Liberté explosait avec un éclat fulgurant[15]. » L'écrivain Jorge Semprun qui, à dix-neuf ans, était déjà dans la Résistance réagit de la même façon : « *Les Mouches* sont un hymne à la liberté, déclara-t-il bien des années plus tard. J'étais allé voir la pièce avec un groupe d'amis parce qu'on avait entendu dire qu'elle était anti-Nazie. Beaucoup d'entre nous connaissions à peine Sartre. Il n'était un auteur important que pour une minorité[16]. »

Défendant sa pièce, presque trente ans après, Sartre dit que les critiques français n'avaient pas compris qu'Oreste représentait la Résistance et que sa mère et son amant usurpateur symbolisaient les Allemands. « Je l'ai écrit pour convaincre les Français que, certes, tuer un Allemand, c'était se rendre coupable de meurtre, mais que moralement c'est ce qu'il faut faire, même si celui qui commet un tel meurtre ne peut espérer aucune justification morale[17]. » A l'évidence, ayant soumis *Les Mouches* à la censure, Sartre tenait à démontrer qu'il avait dupé les censeurs. Mais il n'est pas difficile d'imaginer que dans le public du Théâtre de la Cité il y en eut quelques-uns qui furent touchés par le spectacle d'Oreste découvrant son humanité, et par son éloge de la liberté. Pourtant, il était aussi évident que le geste d'Oreste, tuant sa mère et son amant, était désapprouvé par le peuple d'Argos qui préférait l'ordre existant. Le véritable problème était que peu de spectateurs virent la pièce qui s'arrêta au bout de cinquante représentations.

La deuxième pièce de Sartre sous l'Occupation, *Huis clos*, qui traite de façon plus générale du désespoir de la condition humaine, reçut aussi l'approbation de la Propaganda Staffel. Et cette fois encore, il y avait beaucoup d'Allemands dans le public lors de la première au Théâtre du Vieux-Colombier le 27 mai 1944, moins de deux semaines avant le Débarquement. Sartre avait demandé à Camus de réaliser la mise en scène et de jouer le rôle principal, mais Camus avait refusé, disant que des acteurs professionnels seraient plus appropriés. Entre-temps, les deux actrices prévues, Olga Barbezat et Wanda Kosakiewicz, furent arrêtées. Elles ne furent pas déportées et eurent la vie sauve, mais il fallut trouver à la dernière minute des remplaçantes. Plus tard, Sartre expliqua que, une fois de plus, il avait voulu démontrer que « l'honneur et l'intégrité imposaient de résister aux Allemands qu'elles qu'en soient les conséquences[18] ».

Pourtant si, dans *Les Mouches*, Oreste se voyait comme un libérateur, le message de *Huis clos* prônait la résignation, pas la révolte. La pièce que Sartre avait au départ située dans un abri antiaérien s'ouvre dans un salon Second Empire situé en enfer. Trois personnages qui viennent de mourir s'y trouvent rassemblés, condamnés à ne jamais dormir et à devoir se supporter mutuellement : Garcin, un ancien journaliste et déserteur qui a été fusillé, Estelle, qui a tué l'enfant qu'elle a eu avec son amant, et Inès, une lesbienne sadique qui est morte asphyxiée lorsque son amante a ouvert le gaz pour les tuer toutes les deux. Tandis qu'ils voient défiler leur vie devant eux, ils mentent, se confient, se jugent les uns les autres. Inès tente de séduire Estelle, qui essaie elle-même de séduire Garcin, mais il n'y a plus la moindre trace d'amour en eux. Dans cette danse de haine, Garcin conclut : « L'enfer, c'est les autres ! » La réaction de la critique fut mitigée. Les conservateurs dénoncèrent le caractère immoral de la pièce tandis que Claude Jamet, dans *Germinal*, affirmait que Sartre et Anouilh étaient les meilleurs auteurs dramatiques du moment. Il est intéressant de noter que *Huis clos*, qui poursuivit sa carrière bien au-delà de la guerre, ne fut jamais considérée comme une pièce de la Résistance. Dans le contexte de l'œuvre sartrienne, c'était surtout une façon de mettre en scène sa philosophie existentialiste.

Camus, qui était engagé dans sa propre aventure existentialiste, eut aussi une pièce jouée pour la première fois sous l'Occupation (la première pièce qu'il écrivit, *Caligula*, ne fut jouée qu'en 1945). Bien qu'il ne soit revenu à Paris que fin 1943 et qu'il se soit immédiatement rallié à la Résistance, Camus avait acquis une certaine célébrité grâce à son premier roman, *L'Etranger*. Son incursion dans le monde du théâtre avec *Le Malentendu* suscita donc de l'intérêt.

Présentée au Théâtre des Mathurins au début de juin 1944, la pièce raconte l'histoire de Jan qui rentre chez lui avec la femme qu'il vient d'épouser, après plusieurs années d'absence. Sa mère et sa sœur Martha tiennent une auberge où, dans le but d'économiser assez d'argent pour pouvoir quitter la région, elles droguent, volent et tuent les clients de passage. Le malheur de Jan c'est qu'elles ne le reconnaissent pas avant de le tuer. En découvrant son identité, sa mère meurt à son tour, tandis que Martha, désespérée d'avoir perdu sa mère, se pend. Sans surprise, la pièce fut condamnée comme un concentré de pessimisme à un moment particulièrement mal choisi pour la France de l'époque. Mais comme dans le cas de *Huis clos*, il s'agissait d'une analyse de la condition humaine plus que d'un commentaire sur l'époque. Camus ne la revendiqua jamais comme un geste de résistance mais plutôt comme un élément qui trouvait sa place dans son cycle de l'absurde. La pièce procura tout de même à l'auteur une récompense inattendue, une liaison passionnée avec Maria Casarès, la remarquable actrice d'origine espagnole qui jouait le rôle de Martha.

La plupart des Parisiens amateurs de théâtre préféraient un régime plus léger, à la Guitry, et n'avaient que l'embarras du choix. Dès juillet 1940, le Théâtre des Ambassadeurs promettait « trois heures de fou rire » dans *Nous ne sommes pas mariés*, une comédie décrivant les hésitations d'un homme qui se demande s'il doit tromper sa maîtresse. L'hebdomadaire collaborationniste *La Gerbe* se lamentait : « C'est donc cette comédie qui doit montrer aux Allemands ce que vaut le théâtre à Paris. » Mais il y en aurait des douzaines du même genre. Un peu plus tard, *Histoire de rire*, d'Armand Salacrou, souleva l'enthousiasme d'un nombreux public qui applaudissait Alice Cocéa et Pierre Renoir dans une autre histoire de querelle conjugale. Marcel Achard et l'ancien directeur de la Comédie-Française, Edouard Bourdet, ne prenaient pas non plus beaucoup de risques en écrivant des comédies romantiques. *Père*, de Bourdet, connut quatre cent neuf représentations au Théâtre de la Michodière sous l'Occupation. Brasillach surnomma ces pièces des « comédies sans tickets », parce qu'elles ignoraient soigneusement les difficultés de la vie quotidienne. Dans tous les cas, elles recevaient rapidement l'approbation de la Propaganda Staffel.

En revanche, Vichy intervenait parfois. Dans le cas de *La Parisienne*, une comédie populaire jouée pour la première fois en 1895, Vichy fit opposition parce que l'héroïne avait deux amants. Mais dans la mesure où les enjeux étaient importants (c'était une production très coûteuse, avec Cocéa dans le rôle-titre et des costumes de Balenciaga), un arrangement fut trouvé : la pièce fut rebaptisée *Clotilde du Mesnil*. Une autre comédie, *Echec à Don Juan*, de Claude-André Puget, faillit aussi être interdite, cette fois parce que les Allemands pensaient, à tort, que l'auteur était juif. Le problème fut résolu lorsque Cocéa, qui jouait aussi dans cette pièce, demanda de l'aide à son amie Suzanne Abetz, la femme de l'ambassadeur d'Allemagne.

Tout comme en temps de paix, les directeurs de théâtre cherchaient avant tout à vendre des billets et pour cela recouvraient les murs de Paris d'affiches vantant leurs productions et leurs vedettes. Mais les conflits avec la Propaganda Staffel risquaient toujours de coûter de l'argent ; ils faisaient donc aussi très attention à ce qu'ils présentaient. A côté des comédies modernes les plus légères, ils recherchaient des comédies françaises classiques de Molière et de Beaumarchais ou des traductions d'auteurs « sans danger » comme Ibsen, Lope de Vega et Schiller. Il y eut aussi de nouvelles traductions de l'anglais de plusieurs pièces irlandaises, *L'Ecole du scandale*, de Sheridan, et *Le Baladin du monde occidental*, de Synge, ou *La Sainte Jeanne*, de Shaw. Les comédies et les tragédies de Shakespeare, du moins *Hamlet*, étaient aussi jouées dans les théâtres privés ; ses pièces historiques qui évoquaient souvent des combats contre les Français étaient jugées inappropriées.

D'autre part, les nouvelles pièces impliquaient des risques à la fois financiers et politiques. Et ce fut le cas lorsque Vaudoyer programma à la Comédie-Française l'immense épopée religieuse de Claudel, *Le Soulier de satin.* En l'occurrence, le risque principal n'était pas politique : la Propaganda Staffel avait donné son accord à la production en décembre 1942. Le problème bien plus délicat, c'était Claudel lui-même. Agé de plus de soixante-dix ans, retraité après une brillante carrière de diplomate, c'était un auteur dramatique dont le style était profondément marqué par son catholicisme fervent. Son langage poétique était influencé par Rimbaud et les symbolistes, et ses pièces qui se déroulaient souvent dans des pays éloignés à des époques lointaines étaient des explorations constantes des problèmes de la foi. Politiquement, c'était un conservateur, ce qui l'avait amené à s'opposer au Front populaire au milieu des années 1930 et à écrire, contre, dit-on, une pension, une « ode au Maréchal Pétain » en décembre 1940. Mais il avait toujours détesté le fascisme et fut horrifié par le *Mein Kampf* de Hitler lorsqu'il parut en France en 1934; il fut d'ailleurs rapidement déçu par Vichy, et, en décembre 1941, il écrivit une lettre au grand rabbin de France pour exprimer son dégoût devant les persécutions de « nos compatriotes israélites ». Retiré dans le village de Brangues, près de Lyon, il regardait la vie culturelle parisienne avec une distance dédaigneuse. En fait, la Comédie-Française faisait partie de ses cibles, il l'avait décrite en octobre 1940 comme un cimetière de pièces oubliées, une opinion sans doute influencée par la réticence du théâtre à monter *Le Soulier de satin*, écrit presque vingt ans auparavant.

Mais une fois que Vaudoyer eut pris la décision de monter la pièce, les problèmes financiers se présentèrent. Telle qu'elle était écrite, la pièce durait près de onze heures, en deux soirées, et son auteur grincheux ne voulait pas entendre parler de l'abréger. A un moment donné, Brasillach accusa même Claudel de tenter de retarder la production jusqu'à la libération de Paris. Puis Jean-Louis Barrault intervint dans l'affaire. Il souhaitait à la fois assurer la mise en scène et jouer dans la pièce, et, après plusieurs visites à Brangues, il parvint à arracher à l'auteur une version de cinq heures. Honegger accepta de composer la musique d'accompagnement, mais des divergences apparurent sur le choix du décorateur. Claudel refusait Rouault tandis que Barrault rejetait l'artiste choisi par Claudel, le peintre espagnol José

Maria Sert. On dit même que Picasso fut approché et répliqua aussitôt : « Moi, travailler pour Claudel ? plutôt crever[19] ! » Derain et Braque refusèrent aussi la proposition avant que le choix ne tombe finalement sur Lucien Coutaud, un des artistes de l'exposition de la galerie Braun sur les Jeunes peintres français, en 1941. Quand les répétitions commencèrent, la Comédie-Française dut trouver ou fabriquer des costumes et des perruques pour trente-sept personnages différents, sans parler des figurants qui apparaissaient dans pas moins de trente-trois scènes. La production pouvait au moins se vanter d'avoir des acteurs prestigieux : aux côtés de Jean-Louis Barrault et Marie Bell, les rôles importants étaient confiés à Jean Yonnel, Pierre Bertin et Madeleine Renaud.

Quand le rideau se leva enfin en cet après-midi du 26 novembre 1943, tout ce que Paris et au-delà comptait de personnalités, et pas moins de quatre cents officiels allemands, une armée d'officiers, des hommes politiques de Vichy, des poètes et des intellectuels, et même de riches hommes d'affaires, avaient pris place dans le théâtre. On ne sait pas ce que la plupart d'entre eux pensèrent de la pièce, mais on peut leur pardonner d'avoir perdu le fil parmi les innombrables détours et rebondissements de l'intrigue. Situé dans l'Espagne du XVIe siècle, *Le Soulier de satin* tire son nom du soulier que Dona Prouhèze, une femme mariée, place devant une statue de la Vierge, lui demandant de la rendre infirme si elle cède au péché. Le problème c'est qu'elle est amoureuse du séduisant Don Rodrigue. L'intrigue ressemble à un cours de géographie qui va de la péninsule Ibérique au Nouveau Monde, en Afrique du Nord et même jusqu'au Japon. Et elle est remplie de tous les malheurs de l'amour. Prouhèze et Rodrigue sont séparés lorsque celui-ci est nommé vice-roi des Amériques. Entre-temps, le mari de Prouhèze meurt, mais celle-ci est contrainte d'épouser un rebelle espagnol au Maroc. Rodrigue revient et c'est l'occasion de retrouvailles brèves et passionnées avec Prouhèze qui est tuée peu après lorsque la flotte espagnole écrase la rébellion marocaine. Rodrigue se retrouve prisonnier au Japon et voue sa vie à Dieu. Comme la pièce ne semblait pas contenir la moindre allusion à la situation de l'époque, elle n'inquiéta ni les nazis ni Vichy. Quant aux Parisiens, ils semblèrent ravis de cette ébouriffante aventure de cape et d'épée relevée d'une touche de morale.

Dominique Delouche n'oublia jamais cette première, lui qui devint plus tard réalisateur mais qui n'avait à l'époque que douze ans. « J'y suis allé avec ma mère, nous avons fait la queue pendant trois heures pour avoir des places au poulailler. Je voulais être acteur et je vivais dans un monde de fiction. Je ne me suis pas ennuyé une seconde. J'étais fasciné. Il y avait beaucoup d'Allemands dans le public mais pas autant qu'au ballet de l'Opéra. Claudel était présent. A l'entracte j'allai voir Marie Bell dans sa loge. Je ne me souviens pas comment je suis arrivé jusque-là. Il y avait des fleurs, des photographes. Je me suis faufilé. Bell embrassa Claudel et fit l'éloge de son texte. " C'est rare d'avoir un texte pareil. " Claudel paraissait content[20]. » Delouche ne se souvient pas d'avoir vu Claudel monter sur scène à la fin, mais d'après d'autres récits, le vieil auteur salua sur scène pendant quatorze rappels, et au dernier il ne restait plus dans la salle que des officiers allemands. La pièce reçut des critiques contrastées, négatives de la part de Laubreaux, élogieuses de la part de Brasillach, mais cela n'avait guère d'importance, elle connut cinquante-sept représentations à guichets fermés avant que la production soit interrompue par la pénurie d'électricité en juin 1944. Elle fut ensuite remontée pour vingt représentations supplémentaires en novembre 1944, et trente et une autres en avril 1949. Le succès de la pièce sous l'Occupation ne fut pas retenu contre Claudel à la Libération. Quand il mourut, onze ans plus tard, il savait que *Le Soulier de satin* était entré dans l'histoire du théâtre comme l'événement le plus important des années de guerre.

Pour Vaudoyer, ce serait le triomphe final. Depuis qu'il avait pris la direction de la Comédie-Française, il avait été sans cesse en butte aux attaques de Laubreaux et des autres critiques de la presse collaborationniste. Depuis peu, Abel Bonnard, le ministre de l'Education de Vichy, s'était mis lui aussi à l'attaquer. Le 23 mars 1944, Vaudoyer finit par démissionner. Une bataille de succession se déclencha immédiatement. Guitry, Bourdet et même Cocteau furent cités comme des candidats possibles, tandis que Laubreaux, qui convoitait le poste depuis longtemps, fut éliminé lorsque des acteurs de premier plan menacèrent de démissionner s'il était nommé. Finalement, le 28 juillet, Vichy désigna le dramaturge Jean Sarment qui avait dirigé la section théâtre du Groupe Collaboration. Pour lors, la Comédie-Française avait fermé ses portes. Dans Paris, quelques théâtres seulement fonctionnaient encore. « Nous n'avions plus d'électricité, se rappelait Héléna Bossis, dont la mère, l'actrice Simone Berriau, dirigeait le Théâtre Antoine, mais nous pouvions ouvrir le toit. C'était étrange parce que le public était éclairé et la scène était dans le noir. Le théâtre était presque vide mais nous avons joué jusqu'à la mi-août. Nous avons fermé parce que des gens voulaient confisquer le théâtre sous prétexte que nous avions continué à jouer pendant l'Occupation. C'était abominable[21]. » Le 25 août, Paris était libéré. Quelques semaines plus tard, comme ils l'avaient fait à l'été 1940, les théâtres reprirent vie progressivement.

CHAPITRE 12

Ecrire pour l'ennemi

De tous les artistes français contraints de vivre sous la férule allemande, ce furent évidemment les écrivains qui durent prendre les positions les plus claires et assumer les plus grands risques. Peintres, musiciens, cinéastes pouvaient poursuivre leur activité sans pour autant applaudir ou déplorer l'humiliation de la France ; au pire ils seraient jugés plus tard sur leurs fréquentations. Mais les écrivains français s'étaient depuis longtemps arrogé le droit de donner leur opinion en matière de politique, et, surtout depuis les années 1930, le public s'était habitué à les entendre disserter. Durant l'Occupation, seuls les écrivains d'extrême droite pouvaient bien sûr le faire librement, et ils s'y employèrent avec leur emphase coutumière, s'adaptant aux diverses circonstances, tantôt en louant Pétain, en alimentant l'antisémitisme, en justifiant l'Occupation ou même en défendant Hitler. Ce faisant, ils écrivaient leur propre condamnation. Après la Libération, il ne pourrait y avoir aucun doute quant à leur prosélytisme : tout était imprimé. Paradoxalement, c'était également vrai pour les écrivains du camp opposé. Même si leur journal clandestin, *Les Lettres françaises*, et leurs livres parus sous le manteau avaient eu relativement peu de lecteurs, la magie de la parole imprimée, dans ce cas leur dénonciation des nazis et de Vichy, leur donnait le pouvoir de juger leurs pairs à présent ostracisés. La roue de la chance avait vite fait de tourner, en juste un peu plus de quatre ans, les deux camps avaient goûté les privilèges et les dangers d'être écrivain dans un pays où les mots peuvent peser plus lourd que les actes.

Pourtant, malgré leurs violents affrontements verbaux, il n'était pas toujours facile de tracer une ligne de séparation entre les traîtres et les héros. Au moment de la Libération, ceux qui se retrouvèrent du côté des perdants comprenaient les fascistes affirmés, les partisans de Vichy, les nationalistes antisémites et les opportunistes cyniques. Flottant au centre, on trouvait des conservateurs de la vieille école, d'ardents catholiques et des anticommunistes. Et parmi les vainqueurs, il y avait beaucoup de communistes et un certain nombre d'hommes et de femmes qui avaient agi plus en fonction de principes que d'une idéologie. Au cours de l'Occupation, les positions aussi évoluèrent ; on vit surtout beaucoup de pétainistes de la première heure s'éloigner de Vichy, certains pour se ranger ouvertement du côté des nazis, d'autres pour rejoindre la Résistance. En même temps, les liens personnels prenaient souvent le pas sur les divergences politiques.

Depuis le début, Pierre Drieu la Rochelle et André Malraux étaient des adversaires politiques, mais ils restèrent amis ; en 1943, Drieu la Rochelle devint le parrain d'un des enfants de Malraux. De la même façon, le résistant Jean Paulhan ne rompit jamais avec l'écrivain collaborationniste Marcel Jouhandeau, même après que la femme de Jouhandeau l'eut dénoncé à la *Feldgendarmerie*, la police militaire de la Wehrmacht. Et puis il y eut cette entente tacite entre l'écrivain collaborateur Ramon Fernandez et Marguerite Duras. Fernandez habitait au-dessus de chez Duras, rue Saint-Benoît à Saint-Germain-des-Prés, et ne dénonça jamais les réunions de résistants qui se tenaient chez elle, de même qu'elle s'efforçait d'ignorer les bruyants rassemblements de fascistes chez Fernandez, le dimanche soir. Ils allaient jusqu'à partager la même femme de ménage. De leur côté, Guitry et Cocteau se servirent toujours volontiers de leurs relations avec les Allemands pour aider des écrivains en difficulté. Il arriva quelquefois pourtant qu'une amitié s'envenime : la haine que manifesta Drieu la Rochelle pendant la guerre envers Aragon ne peut s'expliquer que par l'intensité de leurs liens d'avant guerre.

En réalité, politique mise à part, les écrivains célèbres dans Paris occupé avaient beaucoup de choses en commun. Certains étaient indépendants et fortunés, d'autres travaillaient dans des maisons d'édition, d'autres gagnaient un bon revenu en écrivant pour un grand nombre de journaux et quelques-uns enseignaient à l'université : peu d'entre eux connurent les rigueurs de l'hiver et les incessantes restrictions alimentaires que connurent les autres Parisiens. Beaucoup étaient d'origine bourgeoise et avaient fréquenté les mêmes écoles et universités, en particulier ce lieu de l'excellence intellectuelle, l'Ecole normale supérieure. On pouvait les voir déjeuner ou dîner à la Brasserie Lipp, assister aux concerts de la Pléiade ou fréquenter les réceptions de riches hôtesses tenant salon. Ils se lisaient et se critiquaient mutuellement, discutaient furieusement, ils formaient des clans, ils insultaient leurs ennemis en privé et leur serraient la main en public. Beaucoup de ceux qui rejoignirent la résistance littéraire conservaient des relations cordiales avec une poignée de « bons » Allemands, « bons » simplement parce que, bien qu'ouvertement antisémites et peut-être membres du parti nazi, ils étaient francophiles. Pouvait-on compter l'ambassadeur Abetz dans leurs rangs ? La question restait en suspens, mais il parlait français, avait une femme française, et contribua probablement à la libération de certains écrivains. Tous les lettrés de Paris en vinrent certainement un jour à connaître Gerhard Heller, l'affable Sonderfürher de trente et quelques années qui dirigea la censure littéraire, d'abord pour la Propaganda Staffel, puis, à partir de la mi-1942, à l'ambassade. Karl Epting, le directeur de l'Institut allemand, et son assistant, Karl-Heinz Bremer, parlant tous les deux couramment français, étaient aussi considérés comme des amis de la culture française.

Errant à l'aventure dans le monde des lettres parisien, il y avait un Allemand encore plus inclassable, Ernst Jünger, qui avait été affecté à Paris en tant que capitaine de la Wehrmacht en avril 1941. Agé d'une quarantaine d'années, Jünger s'était fait un nom grâce à son roman semi-autobiographique, *Orages d'acier*, inspiré de son expérience de la Première Guerre mondiale, au cours de laquelle il avait reçu les plus hautes distinctions allemandes pour sa bravoure. Après avoir été démobilisé, il suivit des études d'entomologie, mais l'immense succès d'*Orages d'acier* lui avait valu un grand prestige et lui donnait l'autorité suffisante pour s'exprimer sur des affaires publiques. Il n'était guère libéral. Il critiqua la république de Weimar, écrivit un essai intitulé « Du nationalisme et de la question juive », laissant entendre que les Juifs menaçaient l'unité allemande, et il adopta le culte nazi du courage et de la mort. Mais il n'adhéra jamais au parti nazi et déclina une invitation à diriger l'Académie allemande de littérature. Aussitôt après, son bref roman, *Sur les falaises de marbre*, peut se lire comme une allégorie de la tyrannie du

IIIe Reich. Il est certain qu'à l'époque où Jünger arriva à Paris il trouvait l'antisémitisme haïssable et détestait positivement Hitler à qui, dans son journal, il donnait le nom bizarre de Kniebolo. Et même s'il ne confiait ses idées politiques qu'à son journal privé, il était lui aussi considéré comme un « bon » Allemand par nombre d'écrivains importants à Paris.

Travaillant au quartier général de la Wehrmacht à l'Hôtel Majestic et logé tout à côté à l'Hôtel Raphaël, Jünger semblait disposer de beaucoup de temps ; il allait au théâtre ou au cabaret quand il n'était pas invité au restaurant ou chez des particuliers. Il lui arriva parfois d'être affecté à des tâches militaires : dans son journal à la date du 29 mai 1941, il raconte en détail comment il supervise l'exécution d'un déserteur de l'armée allemande[1]. Sa réputation de romancier reconnu lui servant de carte de visite, il devint une sorte d'attraction des événements mondains. Invité à dîner par Fernand de Brinon, Jünger rencontra Arletty et Guitry qui, à son tour, l'invita dans son hôtel particulier. Chez Paul Morand, il rencontra l'éditeur Gaston Gallimard et Jean Cocteau qui devint un ami proche. Il rendit visite à Arno Breker avant la grande exposition du sculpteur à l'Orangerie et fut reçu par Picasso. Il se retrouva souvent engagé dans des discussions littéraires avec des écrivains qu'il soupçonnait d'appartenir à la Résistance.

Pourtant, pour qui lisait la presse après la chute de Paris, il ne risquait pas d'y trouver de telles nuances : les collaborationnistes y régnaient sans partage, avec certains auteurs de droite et des journalistes qui ressassaient l'argument ultime, je-vous-l'avais-bien-dit. N'avaient-ils pas mis en garde contre le fait que la IIIe République était pourrie jusqu'à l'os ? N'avaient-ils pas prévenu que Juifs, communistes et francs-maçons menaient la France à une guerre inutile ? N'avaient-ils pas prévu que la Grande-Bretagne ne serait pas un allié fiable ? A présent, la France en payait les conséquences. Et l'on ne pouvait commencer à construire une nouvelle société saine que si on avait reconnu ses erreurs et éliminé ses ennemis de l'intérieur.

Convaincus par la promesse de Vichy d'une Révolution nationale, au moins jusqu'au retour au pouvoir de Laval en avril 1942, même certains écrivains modérés placèrent leur espoir en Pétain. Jean Zay, le ministre de l'Education du Front populaire, fut frappé de voir le nombre d'écrivains qui s'étaient reniés. Dans ses mémoires, *Souvenirs et solitude*, il écrit : « Hélas ! que d'agenouillements et de reniements, d'ingratitudes et de parjures, dans le monde des Lettres françaises en 1941 ! Certains le disputent en platitude aux préfets et aux journalistes… Si quelques grands écrivains sauvent l'honneur par la dignité de leur silence, combien d'autres, et qui ne sont pas toujours les moindres, s'empressent à servir les nouveaux dieux, dans un étrange oubli de leur passé et de leur œuvre[2]. »

Les intellectuels fascistes d'avant guerre au moins étaient conséquents quand ils célébraient la victoire nazie. Pour eux, le discours pieux et catholique de Vichy leur paraissait déplacé, et son vieux chef et son gouvernement médiocre étaient manifestement incapables de sauver le pays. Ils estimaient plutôt que la défaite ouvrait la voie à un avenir différent où la France trouverait sa place dans la nouvelle Europe de Hitler. Alors, une fois les Juifs dépouillés de leur pouvoir, le communisme international écrasé et le monde anglo-américain neutralisé, une France fasciste, dotée de son empire colonial intact, pourrait en fin de compte retrouver sa stature et sa dignité. En d'autres termes, les nazis n'avaient pas besoin de les convertir, ils étaient déjà convaincus. A de rares exceptions près, les fascistes des années 1930 demeurèrent fascistes pendant toute l'Occupation.

Beaucoup de leurs idées, sur la puissance nazie, la perfidie anglaise, le complot juif international, la traîtrise des communistes, étaient claironnées par des quotidiens à la diffusion massive comme *Paris-Soir*, *Le Matin* et *Le Petit Parisien*, qui étaient directement contrôlés par les Allemands. Ces messages étaient repris par Radio-Paris, la radio officielle des nazis en langue française, et chaque jour contredits par l'autre radio de propagande, la BBC à Londres. Mais une forme plus subtile de collaboration fut adoptée par une demi-douzaine d'hebdomadaires qui, tout en étant soumis à la censure allemande, s'adressaient à des lecteurs éduqués. Se définissant comme « politiques et littéraires », une étiquette qui aurait pu aussi bien s'appliquer à beaucoup d'intellectuels français, ces publications suivaient une ligne éditoriale qui était, selon le cas, favorable à Vichy, favorable aux Allemands et antisémite, mais qui laissait aussi de la place à l'expression littéraire.

Un de ces hebdomadaires était *La Gerbe*, fondé en 1940 par Alphonse de Chateaubriant, écrivain qui dirigeait le Groupe Collaboration. Cocteau, Guitry, Fernandez, Drieu la Rochelle,

Anouilh et même Colette faisaient partie de ses collaborateurs. Financé par l'ambassade d'Allemagne, *La Gerbe* payait bien, ce qui dut probablement séduire certains écrivains qui sinon auraient été rebutés par son hostilité inébranlable envers les Juifs, les communistes, les francs-maçons et la Grande-Bretagne. Il y eut un exemple absurde où l'on vit l'intérêt commercial prendre le pas sur l'idéologie : les éditions Denoël, qui avaient accepté des investissements allemands, publièrent dans *La Gerbe* un encart publicitaire pour un recueil de nouvelles de la femme d'Aragon, Elsa Triolet, une Juive d'origine russe qui se cachait dans le sud de la France. Deux hebdomadaires de droite d'avant guerre choisirent de s'installer en zone libre, *Candide* à Clermont-Ferrand et *Gringoire* à Marseille, ce qui ne tempéra pas pour autant leurs positions. Pourtant, même dans ces conditions, en 1941 et au début de 1942, le directeur de *Gringoire*, Horace de Carbuccia, publia sous pseudonyme plusieurs nouvelles d'Irène Némirovsky malgré le fait que Juive elle était interdite de publication. Carbuccia a-t-il agi par compassion ? Il est plus probable qu'il avait simplement besoin de bons textes.

Le plus influent de tous ces hebdomadaires était *Je suis partout*, ouvertement pronazi, dirigé par Robert Brasillach. Ancien élève de l'Ecole normale supérieure qui s'était rapidement fait un nom comme romancier, poète, journaliste et polémiste, Brasillach adopta le fascisme après l'insurrection ratée de la droite le 6 février 1934. Ecrivant d'abord dans *L'Action française*, l'organe du mouvement ultranationaliste de Maurras, Brasillach en vint à considérer le national-socialisme de Hitler comme une alternative revigorante à la décadence de la IIIe République. En 1937, à seulement trente-huit ans, il devint le rédacteur en chef de *Je suis partout* qui à l'époque partageait déjà ses positions proallemandes et antisémites. La même année, il assista au congrès du parti nazi à Nuremberg et en revint fasciné par les rituels de masse du fascisme et aussi, semble-t-il, par les jeunes et robustes guerriers aryens aux ordres du Führer. Manifestement influencé par cette expérience, le roman de Brasillach, *Les Sept Couleurs*, offre une vision romantique du fascisme à travers le prisme de l'érotisme et du mysticisme.

Quand la guerre fut déclarée, Brasillach rejoignit l'armée française, mais il fut capturé et passa les dix mois suivants comme prisonnier de guerre*. Les Allemands, sachant que c'était un ami, autorisèrent la publication de ses souvenirs de 1939, *Notre avant-guerre*, où il situe, à tort, la naissance de l'antisémitisme français au moment où un Juif, Léon Blum, devient Président du Conseil en 1936**. Selon lui : « Le cinéma fermait pratiquement ses portes aux Aryens. La radio avait l'accent yiddish. Les plus paisibles commençaient à regarder de travers les cheveux crépus, les nez courbes, qui abondaient singulièrement. Tout cela n'est pas de la polémique, c'est de l'histoire[3]. » Il fournit aussi une définition fantaisiste du fascisme : « Mais le fascisme, c'est un esprit. C'est un esprit anticonformiste d'abord, antibourgeois et l'irrespect y avait sa part. C'est un esprit opposé aux préjugés, à ceux de la classe comme à tout autre. C'est l'esprit même de l'amitié dont nous aurions aimé qu'il s'élevât jusqu'à l'amitié nationale. » En avril 1941, à la demande d'Abetz, Brasillach fut libéré et retrouva son poste de rédacteur en chef de *Je suis partout*[4].

Interdit par le gouvernement français en mai 1940 pour s'être opposé à la guerre contre l'Allemagne, l'hebdomadaire avait déjà recommencé à paraître à la fin de février 1941. Deux mois plus tard, il était évident que l'enthousiasme de Brasillach pour le IIIe Reich n'avait pas faibli. Rédigeant lui-même la plupart des éditoriaux de son journal, il y réclamait que Léon Blum, Paul Reynaud, Edouard Daladier et d'autres hommes politiques de la IIIe République soient condamnés à mort, il y désignait des Juifs qui, selon lui, devraient être arrêtés, il applaudit lorsque l'Allemagne envahit la zone libre en novembre 1942 et demandait l'exécution sommaire de tous les résistants. Après la rafle du Vél d'Hiv en juillet 1942, il écrivit : « Il faut se séparer des Juifs en bloc et ne pas garder les petits. » Invité régulier des réceptions de l'ambassade d'Allemagne, il était particulièrement proche de Bremer, le séduisant numéro deux de l'Institut allemand qu'il comparait au « jeune Siegfried » du *Ring* de Wagner et qui pourrait bien aussi avoir été son amant***. En août 1943, après une dispute avec le propriétaire de *Je suis partout*, Brasillach quitta le journal mais trouva immédiatement un nouveau lieu pour cracher son venin, *Révolution nationale*. Un rapport de la Propagnada Abteilung

* Il passa l'essentiel de sa captivité dans des camps réservés aux officiers français pas trop inconfortables, c'est là qu'il écrivit sa pièce *Bérénice*.

** Le catalyseur de l'antisémitisme français au XXe siècle fut évidemment l'affaire Dreyfus.

*** Bremer fut plus tard envoyé sur le front russe où il mourut en 1942. Dans un article nécrologique paru dans *Je suis partout*, Brasillach, le cœur brisé, s'adresse ainsi à Bremer : « Nous voulions, la paix venue, nous promener, camper, chercher les paysages jumeaux, les villes fraternelles de nos pays. »

nota à l'époque avec satisfaction : « Encouragé par son entourage, il a repris son précieux travail politique[5]. »

Le journal, qui tirait à plus de trois cent mille exemplaires en 1944, prit pour nouveau directeur Pierre-Antoine Cousteau, frère aîné de l'explorateur Jacques-Yves Cousteau et anglophobe obsessionnel. Sous la direction de Cousteau, le ton politique de *Je suis partout* devint plus strident et se mit au diapason de la violence de la nouvelle milice ; il continua toutefois à rendre compte des arts de la scène à Paris. Lucien Rebatet, son talentueux critique musical et cinématographique, était aussi connu pour les formules assassines qu'il employait contre les écrivains antinazis. Pour dépeindre Paulhan comme un ami des Juifs, Rebatet le traita d'« Aryen qui a honte de son prépuce et de son baptême ». Comme Brasillach, Rebatet était passé par l'Action française dans son cheminement vers le fascisme et un antisémitisme compulsif. Mais contrairement à Brasillach, ce fils d'un notaire de province nourrissait une haine de la bourgeoisie parisienne.

En juin 1940, le premier instinct de Rebatet, qui n'avait que trente-sept ans, fut d'applaudir l'armistice de Pétain qui mettait fin aux combats. Il écrivit alors : « J'étais ému aux larmes d'enthousiasme et d'attendrissement pour le vieux chef qui venait de réussir ce “ décrochage ”. Par sa grande voix de grand-père, la France, pour la première fois depuis tant d'années, faisait acte de souveraineté nationale[6]. »

Mais n'ayant pas trouvé un bon travail à Vichy, il se retourna contre Pétain. De retour à Paris, en plus de sa chronique dans *Je suis partout*, il écrivait dans *Le Cri du Peuple*, publié par le parti extrémiste de Jacques Doriot, le Parti populaire français, et dans *Le Petit Parisien*. Dans sa quête permanente de boucs émissaires responsables des problèmes de la France, il accusa l'Eglise catholique de céder à la juiverie internationale lorsque certains évêques protestèrent contre les déportations de Juifs. On put mesurer l'audience de Rebatet à ses mémoires au vitriol, *Les Décombres*, publiés en juillet 1942, et qui se vendirent à soixante-cinq mille exemplaires rien qu'en zone occupée. Il s'y vantait de son fascisme : « Je n'ai jamais eu une goutte de sang démocratique dans mes veines », disait-il, rappelant que vingt-deux ans auparavant il écrivait déjà : « J'aspire à une dictature, un régime sévère et aristocratique[7]. » En plus de son antisémitisme permanent, il se moquait de son premier mentor, Maurras, qu'il qualifiait de « faux fasciste » parce qu'il n'avait pas soutenu l'Allemagne. Et il exprimait son fervent espoir en une victoire radicale de l'Allemagne dans la guerre européenne. Rien d'étonnant à ce que Radio-Paris déclare que *Les Décombres* étaient le livre de l'année 1942.

Comœdia était un journal plus modéré qui se décrivait lui-même comme « l'hebdomadaire des loisirs, de la littérature et des arts » et évitait en général les sujets polémiques. Lancé en juin 1941 par un journaliste expérimenté, René Delange, il n'avait aucun lien avec un hebdomadaire portant le même titre qui avait paru entre 1907 et 1937, mais il bénéficia de la bonne image du premier *Comœdia*. Delange se montra très habile ; tout en proclamant l'indépendance totale du journal, il déclarait que « son but principal était d'œuvrer à une collaboration franco-allemande totale dans le domaine de la culture ». Il fit une autre concession à l'occupant en consacrant chaque semaine une page « européenne » aux nouvelles culturelles allemandes. Pourtant, même si chaque numéro de *Comœdia* avait besoin de l'approbation des Allemands, Delange offrait un compte rendu objectif des événements culturels du Paris occupé. La Propaganda Abteilung censurait bien parfois certains articles ou toute référence à des artistes juifs, mais elle n'exigea jamais que *Comœdia* publie de la véritable propagande ni même des articles élogieux sur les artistes collaborationnistes. C'était ce qui pouvait ressembler de plus près à la liberté de la presse en période d'occupation.

Ainsi, avec le respecté Marcel Arland comme responsable des pages littéraires, de nombreux artistes et intellectuels trouvaient pratique d'y écrire, y compris ceux qui, dans d'autres conditions, se sont conformés au diktat des résistants, interdisant d'écrire pour les journaux de la zone occupée. Il y en eut sûrement très peu qui refusèrent une demande d'entretien de la part de *Comœdia* ou un article quand ils avaient une pièce, un film ou un livre qui sortait à Paris. Cela expliquait la présence dans ses pages de Montherlant, Claudel et Anouilh, de Jean-Louis Barrault, du musicien Honegger et des cinéastes Carné et Pagnol. Les écrivains collaborationnistes comme Marcel Jouhandeau et Jacques Chardonne y étaient fréquemment publiés, mais aussi les poètes résistants Eluard et Desnos et le critique littéraire Jean Paulhan. Colette, la seule femme à écrire pour *Comœdia*, y publiait des nouvelles, tandis qu'Arland fut le premier critique à voir dans *L'Etranger* de Camus un chef-d'œuvre. Sartre aussi collaborait à l'hebdomadaire que sa compagne, Simone de Beauvoir, qualifiait de « vrai journal » après que Marcel Arland y eut publié un compte rendu élogieux de son premier roman, *L'Invitée*[8].

Dans le premier numéro, Sartre publia une critique d'une nouvelle traduction de *Moby Dick.* Il y fut interviewé avant la première de sa première pièce, *Les Mouches*, en 1943. Au début de 1944, il y écrivit sur Jean Giraudoux qui venait de mourir. En fin de compte, même si Delange fut amené à comparaître à la Libération devant un comité d'épuration, il avait servi aussi bien les lecteurs que les écrivains, sans compromission exagérée.

La *Nouvelle Revue française* ne parvint pas à garder une telle mesure. Plus connue sous le simple sigle de *NRF*, elle était la revue intellectuelle française la plus importante depuis sa fondation en 1909. Avec Paulhan à sa tête depuis 1925, elle avait depuis longtemps ouvert ses colonnes à tous les courants politiques, mais sa parution fut suspendue en juin 1940 alors que les Allemands approchaient de Paris. L'ambassadeur Abetz, qui voyait en elle un symbole crucial de « normalité », voulait qu'elle reparaisse et proposa son ami d'avant guerre, Drieu la Rochelle, pour nouveau directeur.

Le choix de Drieu la Rochelle ne devait rien au hasard. Né en 1893, il s'était fait reconnaître comme un jeune écrivain important dans les années 1920, et même s'il avait surtout publié au début de la fiction et de la poésie, il s'était fait remarquer par ses essais politiques dans les années 1930. Comme beaucoup de gens de sa génération, il fut d'abord de gauche puis rejoignit le fascisme après les émeutes de droite de février 1934. Cette année-là, au cours d'une visite à Berlin, il rencontra Abetz, qui courtisait les intellectuels français, grâce à son Comité France-Allemagne. En 1935, à l'invitation d'Abetz, Drieu la Rochelle assista au congrès du parti nazi à Nuremberg et visita le camp de travail « modèle » de Dachau. Déjà déçu de la démocratie française, il adhéra au Parti populaire français fasciste de Doriot et continua à publier des livres chez Gallimard et de temps en temps des articles dans la *NRF.* A la veille de la guerre, il publia son roman le plus connu, *Gilles*, un portrait de la décadence française au cours de l'entre-deux-guerres vu par son alter ego, Gilles Gambier, qui, tout comme son créateur, finit fasciste. Pendant toute cette période, il resta en contact avec Abetz. Le 10 août 1940, les deux hommes se rencontrèrent à Paris et l'ambassadeur commença par suggérer à Drieu la Rochelle de fonder une nouvelle revue politico-littéraire qui, promit-il, ne serait pas soumise à la censure. Une semaine plus tard, ils décidèrent d'un commun accord que la *NRF* devait reparaître sous la direction de Drieu la Rochelle, qui, pourtant, trois mois auparavant, s'était juré de ne plus jamais remettre les pieds dans ce qu'il décrivait comme un nid de Juifs, de communistes, de surréalistes et de compagnons de route.

Le propriétaire de la revue, l'éditeur Gaston Gallimard, n'avait d'autre choix que d'accepter. Ses bureaux, 5, rue Sébastien-Bottin, sur la rive gauche, furent fermés le 9 novembre après que des agents allemands y avaient découvert des stocks de livres antiallemands. De plus, Gallimard avait refusé des capitaux allemands dans sa maison, et il avait en plus la réputation de publier des auteurs de gauche. Avant la guerre, il avait même été attaqué par l'extrême droite; à présent il était devenu une cible facile. Le 10 octobre 1940, Paul Riche* écrit dans *Au pilori*, à propos de Gallimard et de la *NRF* : « Une bande de malfaiteurs a fonctionné dans la littérature française de 1909 à 1939 sous les ordres d'un chef bandit : Gallimard. Trente ans d'abjecte et sournoise propagande en faveur de l'anarchie, des révolutionnaires de tout poil, des " anti " : antifasciste, antinationale, anti-n'importe quoi. Trente ans de nihilisme littéraire, spirituel, humain! Gallimard et sa bande ont préparé les cadres d'une voyoucratie distinguée[9]. »

En confiant la *NRF* à un allié des nazis, Gallimard obtenait en échange de reprendre ses activités. Dans une lettre de fin octobre 1940, Paulhan note : « Gaston G. y voit une sorte de protection pour toute sa maison[10]. » Heller souhaitait vivement profiter de son poste dans la Propaganda Staffel pour hâter les choses. Il avait étudié la littérature française à Toulouse avant la guerre et admirait de nombreux écrivains français. A présent il était bien placé pour les rencontrer. Il était d'ailleurs parfaitement conscient de l'importance de Gallimard et de la *NRF*. Dans ses mémoires, *Un Allemand à Paris*, publiés en français en 1981**, il raconte qu'il a obtenu l'autorisation

* Paul Riche était le pseudonyme de Jean Mamy qui réalisa en 1943 *Forces occultes*, un film qui attaquait les francs-maçons et les Juifs. Il fut exécuté en 1949.

** Certains historiens français considèrent ces mémoires que Heller écrivit en collaboration avec un auteur français, Jean Grand, trente-six ans après son départ de Paris, comme orientés et très incomplets. Néanmoins, de réouverture des éditions Gallimard et qu'il s'y rendit, accompagné d'un officier de la police militaire allemande, pour enlever les scellés sur la porte : « Je suis monté au premier dans le bureau qui avait été, je l'ai su après, celui de Paulhan, et devait devenir celui de son successeur. J'ai pris le téléphone et appelé celui-ci : " Monsieur Drieu, je suis rue Sébastien-Bottin ; la maison est ouverte, tout est en ordre[11]. " »

Conscient du fait que les écrivains les plus fameux de la *NRF* n'apprécieraient pas sa nomination, Drieu la Rochelle invita Paulhan à rester comme coéditeur. Paulhan refusa mais accepta tout de même de coopérer au « sauvetage » de la *NRF*. L'arrangement était bizarre. Ils occupaient tous les deux des bureaux voisins chez Gallimard, et Drieu savait très bien que Paulhan était antinazi. Heller se souvient pourtant d'avoir entendu Drieu la Rochelle lui dire au début de 1941 : « Veillez à ce qu'il n'arrive jamais rien à Malraux, Paulhan, Gaston Gallimard et Aragon, quelles que soient les allégations dont ils feraient l'objet[12]. »

En mai de la même année, Drieu la Rochelle se servit de ses relations avec les nazis pour faire libérer Paulhan après que la Gestapo eut découvert ses liens avec le groupe de résistance du musée de l'Homme ; Paulhan, de son côté, tint parole, en invitant de nombreux auteurs respectables à écrire pour la « nouvelle » *NRF*. Les trois premiers numéros contenaient des extraits du journal d'André Gide, des poèmes de Paul Valéry et d'Eluard, et un article du compositeur Georges Auric qui, tout comme Eluard, rejoindrait bientôt la Résistance. Même Mauriac pensa au début que la renaissance de la revue allait démontrer « une permanence de l'esprit français », mais il changea rapidement d'avis au vu du premier numéro.

Mais si la *NRF* de Drieu la Rochelle ne fut jamais ouvertement antisémite, les modérés s'en détournèrent rapidement à cause de son ton collaborationniste. Dans son *Journal des années noires*, Jean Guéhenno juge ainsi le premier numéro de décembre 1940 : « Il est lamentable, à le considérer même du seul point de vue littéraire », et il ajoute : « Il semble que la plupart de ces messieurs aient perdu presque tout leur talent[13]. » Le numéro comprend aussi un texte de Chardonne intitulé « L'été à la Maurie », qui décrit des soldats allemands accueillis dans un village français où un viticulteur offre un

après la guerre, Heller se consacra à la traduction de la littérature française et reçut en 1980 le grand prix du Rayonnement de la langue française, décerné par l'Académie française.

cognac à un colonel de la Wehrmacht très courtois : « Je n'ai qu'à me louer de vos soldats, dit-il au colonel, et je crois que tous les habitants sont dans le même cas. D'ailleurs, les soldats n'ont pas l'air de se plaindre de l'accueil qui leur a été fait. » Paulhan trouva le texte « abject » et Gide le jugea choquant.

Dans un autre article, intitulé « Lettre à un Américain », Alfred Fabre-Luce * célébrait le fait que les « nouveaux horizons » européens donnaient naissance à une « race différente » de Français. Bientôt, ces écrivains et d'autres collaborationnistes comme Morand, Jouhandeau, Chardonne, Montherlant, Giono, Fernandez, le philosophe Alain, Châteaubriant et Abel Bonnard remplissaient les pages de la *NRF*. Le tirage de la revue ne dépassa jamais dix mille exemplaires, mais pour Abetz, c'était le modèle de la collaboration intellectuelle.

Drieu la Rochelle cependant n'était pas satisfait de la revue, ni de sa vie. Des admirateurs comme Abetz et Heller étaient impressionnés par sa carrure et ses opinions dogmatiques, pourtant son journal 1939-1945, publié en 1992, quarante-sept ans après sa mort, révèle un homme consumé par la haine de soi et la haine du monde. « Décidément, mon mépris pour moi-même est intolérable, il me jette dans des aventures sordides[14]. » Mais d'autres ne valaient guère mieux à ses yeux, comme le Président du Conseil de Vichy : « Cet ignoble Laval, ce métisse de Juif et de Tzigane, ce débris fait derrière une roulotte[15]. »

Ce qui est plus surprenant, c'est que, tout en défendant publiquement l'Allemagne nazie, Drieu la Rochelle arriva très tôt à la conclusion que Hitler allait être vaincu. Le 22 décembre 1941, il écrit : « Je suis sûr que la situation est très grave en Russie et pour une fois je crois à la radio anglaise », et il ajoute : « Hitler aurait donc non seulement le génie, mais la sottise de Napoléon[16]. » Et le 7 novembre 1942 : « Je commence à croire fort difficile la victoire allemande[17] », et il s'interroge : « Si les Allemands sont battus, que m'arrivera-t-il ? Pourrais-je subsister jusqu'au moment où le nouveau drame communisme-démocratie sera engagé ? Ou bien devrais-je me suicider avant[18] ? » A cette époque, boycottée par les meilleurs écrivains français, la *NRF* perdait des abonnés. Déjà, dans le numéro

* Malgré sa forte propension à la collaboration, Fabre-Luce se retrouva en difficulté avec les Allemands. Après avoir publié les deux premiers volumes de son *Journal de la France*, en zone libre, il décida de publier le troisième volume, à titre personnel. L'annonce d'une défaite allemande et la remarque selon laquelle « Le juif est devenu un symbole de la souffrance humaine » lui valurent quatre mois de prison.

d'octobre 1942, Drieu la Rochelle écrivait sur un ton d'autoapitoiement : « Presque toute l'intelligence française, tout le lyrisme français est contre nous. » Il était prêt à se retirer. Il note dans son journal : « Dieu merci, on m'a donné assez de prétextes. J'en ai assez de faire des sourires à Paulhan et à Arland qui me détestent. Au fond Paulhan est aussi communiste que gaulliste, quant à Arland il est surtout contre moi[19]. »

Gaston Gallimard s'inquiéta. Craignant que les nazis ne s'en prennent à sa maison d'édition si Drieu la Rochelle venait à partir, il pressa Paulhan de constituer un comité éditorial acceptable pour les Allemands de façon à alléger la charge de travail du directeur. Il s'ensuivit de longues négociations, mais Paulhan était convaincu que la *NRF* ne pouvait être sauvée que si elle devenait une revue purement littéraire soutenue par des grands noms comme Gide, Mauriac, Valéry et Claudel. Mais Gide vivait en Tunisie, Mauriac appartenait au groupe d'écrivains de la Résistance, et Valéry et Claudel refusèrent leur aide. Comme aucun accord ne se dessinait, Drieu la Rochelle eut de plus en plus l'impression de perdre son temps, un temps qu'il pourrait plus utilement consacrer à son œuvre personnelle. Le 15 mars 1943, il note dans son journal : « J'annonce de nouveau que je vais lâcher la Revue, et cette fois-ci doit être la bonne : j'ai épuisé ma fureur et je n'ai plus rien à prouver[20]. » Le dernier numéro sortit le 1er juillet. Douze jours plus tard, Drieu la Rochelle écrivait : « Enfin. La *NRF* est vraiment morte. Pauvre vieux Paulhan serrant sur son cœur les débris de la littérature française (surréalistes, Juifs, professeurs qui se croient aussi libres que Baudelaire ou Rimbaud)[21]. »

Les Editions Gallimard n'eurent pas à souffrir pourtant de mesures de rétorsion. Les règles du jeu de l'édition avaient été définies à la fin de l'été 1940 lorsque René Philippon, le président du syndicat des éditeurs, et la Propaganda Staffel s'étaient mis d'accord sur un système d'autocensure qui empêcherait la publication de nouveaux livres d'auteurs juifs ou antiallemands. L'accord ajoutait que si un éditeur français n'était pas certain du bien-fondé d'un nouvel ouvrage, il pouvait envoyer le manuscrit à la Propaganda Staffel qui l'accepterait ou le rejetterait. Les nazis avaient depuis longtemps « nettoyé » les catalogues des éditeurs. A l'été 1940, après que la « Liste Bernhard » eut déclaré cent quarante-trois titres interdits, dont des livres d'auteurs allemands exilés comme Thomas Mann, Erich Maria Remarque et

Stefan Zweig, quelque vingt mille ouvrages furent saisis. Fin septembre, la nouvelle « Liste Otto », probablement ainsi nommée en référence à Otto Abetz*, visa mille soixante titres dont ceux de beaucoup d'auteurs français parmi lesquels Gide, Mauriac, Julien Benda, Georges Duhamel, Aragon et même absurdement Flaubert (dont *Madame Bovary* retrouvait brusquement sa réputation d'immoralité du XIXe siècle). Bizarrement, *Mein Kampf* faisait partie des livres interdits mais apparemment uniquement parce que la traduction française, publiée en 1934, s'était faite sans l'autorisation de l'éditeur de Hitler.

Après la Liste Otto, le coup de balai fut bien plus important. La police militaire allemande perquisitionna soixante-dix maisons d'édition, en ferma onze et confisqua plus de sept cent mille livres. Pourtant, les nazis n'étaient toujours pas satisfaits. En juillet 1942, la Propaganda Staffel publia une Liste Otto mise à jour de mille soixante-dix titres ; certains titres de la première liste avaient disparu, considérés comme des erreurs, d'autres avaient été ajoutés. Enfin, en mai 1943, une troisième liste fut publiée avec les noms de mille cinq cent cinquante-quatre auteurs, dont sept cent trente-neuf « écrivains juifs de langue française ».

Dans ses mémoires, Heller rapporte que deux mille deux cent quarante-deux tonnes de livres au total furent brûlées. Il écrit : « J'ai pu voir l'endroit où les livres étaient stockés avant d'être détruits. C'était un vaste garage sur l'avenue de la Grande-Armée. Dans la triste lumière qui tombait des fenêtres poussiéreuses, j'ai vu des piles de livres sales et déchirés qui pour moi étaient les objets d'un véritable culte. Une montagne d'horreur, un spectacle effrayant qui me rappela les autodafés devant l'université de Berlin en mai 1933[22]. » Heller raconte qu'il ne put s'empêcher de prendre quelques-uns des livres interdits et de les cacher à la Propaganda Staffel, disant en plaisantant que son bureau était devenu une annexe de la Bibliothèque nationale de France. Il ne cite pas les livres qu'il a subtilisés, mais dans cette bibliothèque emprisonnée, il pourrait avoir trouvé les œuvres de Heinrich Heine, Mann, Zweig, Freud, Jung, Marx et Trotski et parmi les auteurs juifs français, celles de Max Jacob, Benda et Blum.

* Il est prouvé que la Liste Otto fut établie grâce à la participation de certains éditeurs français désireux de plaire aux Allemands.

En pratique, beaucoup de libraires et de bouquinistes des bords de Seine cachaient des livres interdits et les vendaient sous le manteau à leurs clients de confiance. Mais les Allemands faisaient souvent des descentes dans les librairies à la recherche de titres interdits. Jusqu'en décembre 1941, Shakespeare & Company, rue de l'Odéon, était tenue par Sylvia Beach, de nationalité américaine, mais les choses changèrent après l'entrée en guerre des Etats-Unis. Peu après Noël, un officier allemand se présenta à la librairie et essaya, ce n'était pas la première fois, de convaincre Beach de lui vendre son unique exemplaire de *Finnegan's Wake* de Joyce. Quand elle refusa, il lui dit que tous ses livres seraient confisqués l'après-midi même. Dans les heures qui suivirent, aidée de ses amis, elle cacha tout son stock dans un appartement vide, quatre étages au-dessus de la boutique. Elle raconta même qu'elle camoufla à la peinture le nom de la librairie à l'extérieur et démonta tous les rayonnages pour que les Allemands ne trouvent rien s'ils revenaient.

Mais Sylvia Beach n'était pas au bout de ses ennuis. Fin septembre 1942, elle fut arrêtée comme « ennemie étrangère », et, avec quelque trois cents autres Américaines, elle fut internée à Vittel, une ville d'eaux des Vosges où étaient également détenus beaucoup de Britanniques. Curieusement, au bout de six mois elle fut libérée, d'une manière un peu embarrassante, grâce à l'intervention d'un vieil ami écrivain devenu collaborateur, Jacques Benoist-Méchin. Elle regagna Paris et pendant le reste de l'Occupation tâcha de se faire oublier. Elle évita une nouvelle arrestation mais dut renoncer à une aventure qui durait depuis vingt ans, celle de Shakespeare & Company*.

Les éditeurs français qui n'avaient pas intérêt à mettre la tolérance des Allemands à l'épreuve apprirent vite à fonctionner en tenant compte de la nouvelle camisole de règles. Et c'était tout aussi vrai pour les maisons juives aryanisées comme Calmann-Lévy, devenue les éditions Balzac, ou Ferenczi, qui redémarra en 1942 sous l'appellation Le Livre moderne**. Il y eut une exception, les éditions du Seuil, à l'époque petite maison d'édition catholique qui suspendit ses activités parce qu'un de ses directeurs, Jean Bardet, était prisonnier de

* Avant sa mort en 1962, Beach autorisa une nouvelle librairie anglaise de la Rive Gauche à reprendre le nom de Shakespeare & Company.

** Après que les propriétaires juifs de Calmann-Lévy eurent rapidement été écartés, il y eut une lutte de pouvoir pour contrôler la maison ; Bernard Grasset proposa que les éditeurs français s'associent pour la racheter, avant qu'elle ne soit finalement absorbée par l'empire médiatique de l'homme d'affaires allemand Gerhard Hibbelen.

guerre et que l'autre, Paul Flamand, avait rejoint le mouvement culturel de Vichy, Jeune France.

Beaucoup d'autres éditeurs s'efforçaient toutefois de se concilier les bonnes grâces des Allemands, en particulier Bernard Grasset, l'éditeur français le plus puissant de l'époque qui se voyait comme l'interlocuteur idéal entre les nazis et le monde de l'édition. Dans une lettre à un ami, le 3 août 1940, il se vantait ainsi, parlant de sa famille : « Si haut que l'on remonte dans les deux branches, on ne peut trouver un Juif ou une Juive. » Dans une autre lettre, le lendemain, il affirmait : « Les occupants sont essentiellement racistes. J'ai une très nette tendance à l'être. En somme, sur de nombreux points que j'appellerai de doctrine, opposant doctrine et politique, je partage beaucoup de leurs sentiments[23]. » Plus tard, cette même année, Grasset résuma la situation de la France dans un recueil d'essais qu'il publia et préfaça : « Les Français se retrouvent entièrement entre les mains d'une nation qui est parvenue au sommet de l'unité et de la force, et ce par la volonté d'un seul homme[24]. » Robert Denoël, dont la maison fut d'abord fermée par les Allemands, alla plus loin en leur vendant des parts de son affaire. Hachette, pour sa part, fut presque immédiatement réquisitionnée par les nazis à cause de son vaste réseau de distribution.

Les questions importantes étaient gérées par le Comité d'organisation du livre, un des nombreux comités créés par Vichy pour faire face aux problèmes de l'édition. Mais les éditeurs avaient aussi des relations directes avec les Allemands, en particulier quand ils soumettaient au verdict de Heller des manuscrits éventuellement problématiques. Dans ses mémoires, Heller raconte qu'il avait été impressionné par *L'Etranger* de Camus et qu'il avait proposé d'obtenir plus de papier pour sa publication. Ainsi, quand cela leur convenait, les Allemands bafouaient les institutions françaises qu'ils avaient eux-mêmes approuvées, comme la commission du contrôle du papier d'édition créée par les éditeurs français en 1942 pour faire face au manque permanent de papier*. De nombreux éditeurs, dont Stock, Flammarion, Payot et Plon réclamaient auprès de l'Institut allemand des livres allemands à traduire. L'inimitable Grasset ne put résister au plaisir de faire pression pour obtenir le droit de publier en français les mémoires de Goebbels, *Vom Kaiserhof zur Reichskanzlei*, Du

* La secrétaire de cette commission n'était autre que la jeune Marguerite Duras.

Kaiserhof à la Chancellerie. « Il est de votre intérêt comme du nôtre que nous assurions à l'œuvre du Dr Goebbels tout le rayonnement qu'elle mérite », écrivit-il à Eher Verlag, l'éditeur de Goebbels[25]. L'Institut accéda à ces demandes en créant un Comité franco-allemand de traduction qui fit la liste d'un millier de livres allemands qui méritaient d'être traduits. De nombreux contrats furent signés, mais moins de la moitié des livres de cette liste furent publiés. De nombreux éditeurs se concentrèrent sur le marché français qui progressa rapidement dans les premières années de la guerre. En vérité, même si le manque de papier imposait des tirages plus réduits, le nombre de titres nouveaux augmenta chaque année à partir de 1943. Dans ses mémoires, Abetz prétend même qu'en 1943 la France publiait plus de livres que les Etats-Unis ou la Grande-Bretagne, preuve selon lui que l'ordre de Goebbels de démanteler la culture française n'avait pas été appliqué.

Les livres divertissants étaient les plus populaires. Simenon publia dix romans entre 1940 et 1944, tandis que Marcel Aymé publiait son histoire fantastique célèbre, *Le Passe-Muraille*. Colette fit paraître trois courts romans pendant la guerre, *Le Képi*, *Chambre d'hôtel* et *Julie de Carneilhan*, qui furent des succès, tout comme beaucoup de romans historiques, de récits d'aventures et de voyages, et même de livres de cuisine qui expliquaient comment tirer le meilleur parti du rationnement. Comme au théâtre, la nostalgie de jours meilleurs entretenait une demande de biographies des grands personnages français du passé, non seulement les inévitables Jeanne d'Arc et Napoléon, mais aussi Louis XIV, Richelieu, Molière, Voltaire, Fragonard et Diderot.

Il était aussi question de la situation de l'époque. De nombreux ouvrages proposaient des analyses ou des visions personnelles de la défaite française, comme *Les murs sont bons*, de Henry Bordeaux, *Après la défaite*, de Bertrand de Jouvenel, et *Chronique privée de l'an 1940*, de Chardonne. Dans ce cas également, les Allemands intervenaient parfois : ils autorisèrent *Le Solstice de juin*, de Montherlant, que Vichy avait interdit, et soutinrent *Quand le temps travaillait pour nous*, de Paul Mousset, qui remporta le prix Renaudot en 1941. Des auteurs oubliés depuis longtemps publiaient aussi quantité de pamphlets antisémites dont un guide pratique, *Comment reconnaître le*

Juif? Une moisson encore plus vaste comprenait les éloges de Pétain dont *Le Maréchal Pétain* de Georges Suarez, l'hyperbolique *Notre chef Pétain* de José Germain, *De Charlemagne au maréchal Pétain* de René Viard, et l'édition spéciale de *De 1429 à 1942* de Guitry, rendant hommage aux héros français, depuis Jeanne d'Arc jusqu'à Pétain.

Plus surprenant, beaucoup de livres d'auteurs qui étaient soit *attentistes* soit liés à la Résistance parurent sous l'Occupation. Les nouvelles pièces d'Anouilh, de Montherlant et de Sartre étaient régulièrement publiées avant leur première. Sartre publia son long traité existentialiste, *L'Etre et le Néant*, tandis que Beauvoir publiait *L'Invitée*, une histoire d'amour orageuse à la veille de la Seconde Guerre mondiale. Censurée dans un premier temps, *La Pharisienne* de Mauriac put paraître grâce à Epting de l'Institut allemand, et personne ne s'opposa à la parution de la méditation de Paulhan sur le langage, *Les Fleurs de Tarbes*. Au cours des deux premières années de l'Occupation, Aragon publia un recueil de poèmes, *Le Crève-Cœur*, et deux romans, *Les Voyageurs de l'impériale* et *Aurélien*. De façon encore plus étrange, le roman d'Elsa Triolet, *Le Cheval blanc*, parut en 1943 et *Le premier accroc coûte deux cents francs* en 1944. *Pilote de guerre* de Saint-Exupéry (publié aux Etats-Unis sous le titre *Flight to Arras*), qu'il envoya à Paris depuis son exil aux Etats-Unis, fut publié par une petite maison d'édition de la zone libre mais rapidement interdit par les Allemands. Son livre le plus célèbre, *Le Petit Prince*, également écrit aux Etats-Unis, fut publié à New York en 1943 et ne parut en France qu'en 1945. Desnos aussi publia plusieurs recueils de poèmes dont *Etat de veille*, avant d'être arrêté par la Gestapo au début de 1944. En plus de *L'Etranger*, Camus publia un essai philosophique, *Le Mythe de Sisyphe* *, et deux pièces, *Le Malentendu* et *Caligula*.

Pourtant, si l'édition fut amenée à collaborer pour survivre, d'autres institutions liées au monde des lettres connurent elles aussi des difficultés. Parmi elles, la Bibliothèque nationale de la rue de Richelieu eut peut-être le sort le plus pénible. Durant l'été 1939, grâce à la prévoyance de Julien Cain, l'administrateur général de l'époque, la bibliothèque mit à l'abri ses livres et ses documents les plus précieux.

* Dans *Le Mythe de Sisyphe*, Gallimard demanda à Camus, qui accepta, de supprimer toute référence à Kafka qui, en tant que Juif, ne pouvait être mentionné favorablement dans un livre.

Mais dès les premières semaines de l'Occupation, Cain* fut renvoyé par Vichy parce qu'il était juif et remplacé par Bernard Faÿ, monarchiste, catholique, historien de la civilisation américaine, et qui avait traduit Gertrude Stein en français. Quand il prit ses fonctions, Faÿ se présenta à son équipe par ces mots : « J'ai été nommé parce que j'ai la confiance du Maréchal et la confiance des Allemands[26]. » Il renvoya rapidement tout le personnel juif, interdit aux Juifs d'accéder à la bibliothèque et accepta les livres saisis dans des collections appartenant à des Juifs.

La seule initiative positive de Faÿ fut de créer un nouveau département de musique, mais sa principale obsession était sa haine des francs-maçons. Il organisa des conférences sur « La franc-maçonnerie dévoilée » – exposition qui se tint au Petit Palais, fin 1940. Il dénonça les francs-maçons dans *La Gerbe*, et, en 1941, il commença à publier une chronique à leur encontre, *Les Documents maçonniques*. Après la libération de Paris, Faÿ fut arrêté et condamné aux travaux forcés à perpétuité bien qu'il affirmât avoir protégé Gertrude Stein et Alice B. Toklas. Stein n'a évidemment jamais nié leur amitié étroite et, après sa mort en 1947, Toklas continua de militer pour la libération de Faÿ. En 1951, alors qu'il était soigné à l'hôpital de la prison, il s'échappa déguisé en prêtre et s'enfuit en Suisse où il vécut jusqu'à son amnistie en 1959.

L'Académie française, en revanche, garda son autonomie traditionnelle qui la protégea de l'ingérence de Vichy. Fondée en 1635 par le cardinal de Richelieu pour être la gardienne de la langue française, elle s'était fait connaître plus récemment en élisant ses nouveaux membres pour leurs mérites politiques, militaires ou ecclésiastiques plutôt que pour leur talent littéraire. Ainsi, en juin 1940, on comptait parmi ses quarante *immortels*, non seulement Pétain mais aussi le cardinal Alfred Baudrillart, recteur de l'Institut catholique de Paris, ainsi que d'autres généraux et prélats.

Il y en eut bien d'autres, prompts à soutenir Pétain et à collaborer avec l'occupant, qui n'étaient pas des écrivains très connus, parmi eux Abel Bonnard, plus tard ministre de l'Education de Vichy, Charles Maurras, qui dirigea toute sa vie l'Action française et décida de s'installer en zone libre, et André Bellessort, le secrétaire perpé-

* En février 1941, après avoir été dénoncé par *Le Matin*, Cain fut arrêté. Il fut détenu dans diverses prisons françaises avant d'être déporté à Buchenwald en janvier 1944. Libéré par les troupes américaines en avril 1945, il regagna son poste à la Bibliothèque nationale où il demeura jusqu'en 1964.

tuel de l'Académie qui jusqu'à sa mort, en janvier 1942, tint une chronique dans *Je suis partout*. Il y en eut même qui souillèrent le prestige de l'Académie : Bonnard, Abel Hermant, Pierre Benoit, Mgr Baudrillart, et d'autres personnalités de droite rejoignirent un comité d'honneur du Groupe Collaboration; Bonnard, Hermant et Baudrillart donnèrent même leur bénédiction, au sens propre dans le cas du cardinal, à la Légion des Volontaires français, créée pour combattre sur le front russe aux côtés de l'armée allemande.

Deux académiciens juifs eurent la chance d'échapper à une telle compagnie. Emile Salomon Wilhelm Herzog, plus connu sous son nom de plume d'André Maurois, se trouvait à Londres au moment de la défaite française, et il partit pour les Etats-Unis avant de rejoindre les Forces françaises libres en Algérie en 1943. L'autre académicien juif, le philosophe vénéré Henri Bergson*, prix Nobel de littérature en 1927, décéda de mort naturelle à Paris en janvier 1941.

Un petit groupe de ses membres se battit pour sauver l'honneur de l'Académie. Parmi eux, Mauriac et Valéry s'employèrent à dissuader l'Académie d'applaudir Pétain pour avoir adopté la collaboration après sa rencontre avec Hitler en octobre 1940. L'éloge funèbre de Bergson prononcé par Valéry, où celui-ci supposait que le vieux philosophe avait été terrassé par le « désastre total » qui avait englouti la France, fut aussi salué comme un acte de courage. Mais si Vichy se méfiait du vieux poète qu'il renvoya de son poste d'administrateur du Centre universitaire méditerranéen, un centre culturel de Nice, Valéry était apolitique par nature et ne mit jamais son poids intellectuel au service de la Résistance. En fait, Mauriac fut le seul académicien à faire partie de la résistance active, mais l'Académie comptait suffisamment d'*attentistes* silencieux pour l'empêcher de devenir un repaire de collaborateurs.

A partir de 1942, après la mort de Bellessort, l'élection de Georges Duhamel au poste de secrétaire perpétuel provisoire renforça l'indépendance de l'Académie. Grâce à Duhamel dont les propres livres figuraient sur la Liste Otto, le prix de littérature de l'Académie en 1942 fut décerné à Jean Schlumberger, un des fondateurs de la *NRF*, et dans le domaine de la fiction à *Orage du matin*, de Jean Blanzat qui écrivait aussi dans *Les Lettres françaises*. En 1943, le prix de littérature alla à Jean Prévost, un poète qui rejoignit plus tard le maquis

* Bergson avait été sur le point de se convertir au catholicisme dans les années 1930, mais en été 1940 il insista pour être enregistré comme Juif auprès de la police française, par solidarité.

dans le sud de la France. Un autre élément important fut que Duhamel, Mauriac, Valéry et quelques autres résistèrent aux pressions de conservateurs qui voulaient procéder à des élections pour remplacer les douze académiciens morts pendant l'Occupation.

L'Académie Goncourt n'avait pas une telle réputation à défendre. A vrai dire, même cette prétention à s'appeler académie peut paraître exagérée dans la mesure où elle ne dispose même pas de son propre bâtiment ; ses dix membres se réunissent simplement à déjeuner le premier mardi de chaque mois dans un salon privé du restaurant Drouant à Paris. Pourtant, depuis sa fondation en 1900, le prix Goncourt décerné chaque année à un roman est devenu le plus convoité des nombreux prix littéraires français. Cela provoque chez les éditeurs des manœuvres acharnées pour que leurs amis fassent partie du jury et que leurs auteurs soient récompensés. Et il se passe peu d'années sans que la presse se fasse l'écho de quelque scandale à ce propos. Tandis que les jurys du Femina et de l'Interallié suspendirent leurs activités pendant l'Occupation, le jury du Goncourt continua à fonctionner. Comme ses membres étaient éparpillés dans toute la France, l'académie ne put se réunir avant décembre 1941. Elle attribua alors rétroactivement le prix 1940 à un auteur détenu dans un camp en Allemagne, son nom devait être choisi plus tard. En se réunissant sous l'Occupation, l'académie voyait ses traditionnelles querelles internes entre personnes et entre générations s'enrichir de différends idéologiques.

Aucun membre des Goncourt ne participa à la Résistance ; certains évitèrent de prendre position et plusieurs d'entre eux eurent à répondre plus tard de faits de collaboration. La figure dominante était Guitry qui profita de ses relations avec les Allemands pour accroître son emprise sur le jury. Il avait pour allié le romancier René Benjamin, admirateur de la première heure de Mussolini et qui consacra un livre et de nombreuses odes au maréchal Pétain. Grâce à leurs efforts, le prix Goncourt 1941 fut décerné à *Vent de mars* d'Henri Pourrat, un fidèle pétainiste. Un autre juré de droite était l'écrivain Jean Ajalbert, fier d'appartenir au Parti populaire français de Doriot et qui s'efforça en vain de faire obtenir le prix Goncourt 1942 à Rebatet pour *Les Décombres*. Ils unirent leurs forces pour empêcher l'entrée au jury d'André Billy, le critique littéraire très respecté du

*Figaro**. En l'occurrence du moins, le différend n'était pas d'ordre politique. Billy avait par le passé osé critiquer des livres de certains jurés Goncourt, mais cela ne contribua pas à améliorer la réputation du prix. Dans le numéro de décembre 1943 des *Lettres françaises*, un auteur anonyme prononce ce verdict à propos du jury Goncourt : « Il n'est pas admissible qu'après la victoire des hommes, qui devant l'occupation ennemie vécurent dans l'esprit de trahison, puissent disposer encore de la moindre influence sur le public français[27]. »

Dans le cas des écrivains cependant, comme dans celui des autres artistes, ce furent souvent les voyages en Allemagne à l'invitation du IIIe Reich qui attirèrent l'attention du public sur leur collaboration. En présence de photographes qui immortalisaient leurs moindres déplacements, ils étaient accueillis avant leur départ à une réception à l'Institut allemand ou à la Propaganda Staffel, puis, à Berlin, ils étaient fêtés et reçus par Goebbels avant d'être interviewés à leur retour à Paris.

Parmi les écrivains qui participèrent à deux voyages différents en Allemagne, il n'y en avait aucun qu'on ait eu besoin de convaincre des vertus de l'Occupation. Heller se chargeait des invitations et de l'organisation, et accompagnait les délégations. Le premier voyage fut décidé par Goebbels qui voulait que des écrivains de tous les « pays amis » assistent au Premier congrès européen à Weimar, fin octobre 1941. Pour ce voyage, la délégation française comprenait *la crème de la collaboration* : Drieu la Rochelle, Brasillach, Bonnard, Fernandez, Jouhandeau, Chardonne et André Fraigneau. En revanche, Montherlant, Arland, Giono, Benoit et Morand, bien loin d'être des résistants, trouvèrent des excuses pour ne pas y participer.

Jouhandeau, pourtant, avait dû hésiter. Il note dans son *Journal sous l'Occupation* qu'il avait demandé l'avis de son ami le plus proche, Paulhan, qui lui avait répondu : « Vous êtes la seule personne qui peut faire ce voyage sans que je lui en tienne rigueur. » Peu après avoir quitté Paris, Jouhandeau tentait toujours de se justifier : « Si quelqu'un pense que ce voyage en Allemagne est la suite logique de mes réflexions sur la question juive, il se trompe », écrivait-il en faisant référence au *Péril juif*, son pamphlet antisémite de la fin des années 1930. « Je tente seulement de prouver par là qu'un Français

* *Le Figaro* s'installa à Lyon en juin 1940 et cessa de paraître après que les Allemands eurent occupé la zone libre en novembre 1942.

n'est pas nécessairement germanophobe, même dans les circonstances présentes. Bien plus, je souhaiterais faire de mon corps un pont fraternel entre l'Allemagne et nous[28]. » Sur ce point au moins, Jouhandeau semble parler par métaphore mais, en tant qu'homosexuel bien connu*, il se pourrait aussi qu'il ait voulu faire connaître ses espoirs.

En l'occurrence, il passa l'essentiel du voyage en compagnie d'un séduisant jeune poète allemand, Hans Baumann, même si on finit par savoir qu'il était en fait entiché de Heller. Dans un livre publié plus tard, *Le Voyage secret*, que Paulhan qualifia « d'idiotie pitoyable », Jouhandeau écrit de Heller : « Sans lui je ne suis que ténèbres et désert, sans l'espoir d'aucune aurore, d'aucune végétation[29]. » Et le désignant sous le nom de X, il ajoutait : « Sans X, je ne serais pas venu, mais quand j'ai décidé de le suivre, je ne savais pas ce que je faisais. Je ne me le suis confié que beaucoup plus tard. Si j'avais prévu, je ne serais pas parti. Je suis parti, sa main sur mes yeux[30]. »

Même si la conférence de Weimar était le but officiel du voyage, celui-ci était aussi destiné à faire admirer les gloires du IIIe Reich. Pour finir, Drieu la Rochelle, Brasillach, Bonnard et Fraigneau se rendirent directement à Weimar à la fin d'octobre. Mais Chardonne, Jouhandeau et Fernandez quittèrent la gare de l'Est le 4 octobre 1941 pour un long périple à travers l'Allemagne et l'Autriche. Chardonne devint le porte-parole du trio, Jouhandeau était le touriste culturel et Fernandez le bon vivant qui impressionnait les Allemands par sa consommation d'alcool. Ils évitèrent Strasbourg, la ville française désormais annexée à l'Allemagne, mais visitèrent Aix-la-Chapelle, Cologne, Bonn, Francfort, Mayence, Heidelberg, Lindau, Munich, Salzbourg, Vienne et Berlin. Dans la capitale allemande, ils furent reçus par Goebbels qui les avertit qu'une victoire russe entraînerait l'invasion de l'Europe entière par le communisme. Jouhandeau parut rassuré lorsque Goebbels ajouta qu'après la victoire allemande « chaque peuple de la communauté européenne conserverait sa propre physionomie et son individualité[31] ». Le groupe français retrouva alors ses collègues et d'autres écrivains européens à Weimar où Goebbels les invita personnellement à une cérémonie de dépôt de gerbes sur les

* Jean Guéhenno ne fut pas le seul écrivain d'opposition à citer Jouhandeau, Brasillach, Montherlant, Bonnard, Lifar et Cocteau, pour preuve que les homosexuels avaient un penchant pour la collaboration. Cette théorie se mêlait souvent de l'idée que, à l'instar d'une femme, la France avait cédé à la force virile de l'Allemagne. En même temps, même dans les milieux artistiques, l'homophobie était largement répandue, et le terme de *pédéraste* était souvent employé en guise d'insulte.

tombes de Goethe et de Schiller. Puis, conformément aux plans de Goebbels, ils fondèrent l'Union européenne des écrivains.

Le 4 novembre, la Propaganda Staffel les accueillit à leur retour à Paris en donnant une réception pour qu'ils puissent partager leur expérience avec les journalistes. Beaucoup d'entre eux allaient aussi le faire dans la presse. Jouhandeau, par exemple, dans le numéro de décembre 1941 de la *NRF* : « J'ai vu un grand peuple à l'œuvre, tellement calme dans son labeur qu'on ignorerait qu'il était en guerre. » Heller avait de quoi être fier quand il nota dans un rapport à la fin de l'année : « La participation des écrivains français au voyage en Allemagne et aux rencontres poétiques de Weimar ont [*sic*] trouvé un grand écho dans la presse quotidienne parisienne et dans les périodiques. L'exploitation du voyage va être poursuivie[32]. »

Le voyage avait en effet été très remarqué, y compris par les intellectuels de la Résistance. Le 16 décembre 1941, l'hebdomadaire communiste clandestin *L'Université libre*, dont les chefs allaient être fusillés par la Gestapo quelques mois plus tard, adressa une longue lettre ouverte à « Bonnard, Fernandez, Chardonne, Brasillach, etc. ; anciens écrivains français », et signée « Les écrivains français ». Comme anticipant sur les accusations auxquelles ces écrivains devraient faire face trois ans plus tard, elle disait : « Tandis qu'à Paris la Gestapo emprisonnait cinq membres de l'Institut de France, vous alliez " invités " par l'Institut allemand, prendre à Weimar et à Berlin les consignes de M. Goebbels. Serait-ce là votre conception du patriotisme ? » Et la lettre se concluait par : « Vous avez choisi l'abdication ; la trahison, le suicide. Nous, écrivains français libres, nous avons choisi la dignité, la fidélité, la lutte pour l'existence et la gloire de nos lettres françaises[33]. »

Un incident se produisit pendant le voyage en train que firent Chardonne, Jouhandeau et Fernandez. Il aurait pu les amener à s'interroger sur le bien-fondé de leur voyage, même si la seule mention que l'on trouve de cette « rencontre émouvante et significative » soit dans les mémoires de Heller. Il raconte que lorsque leur train fit un arrêt imprévu en pleine campagne allemande, les trois écrivains entendirent parler français. Se penchant aux fenêtres de leur compartiment, ils virent une douzaine de Français, la tête rasée et vêtus de manteaux en lambeaux portant l'inscription KG pour Kriegsgefangenen, ou prisonniers de guerre, formant un contraste saisissant avec eux, les écrivains élégants et bien nourris. « Ceux-ci sont quelque peu honteux de leur situation privilégiée en face du malheur de leurs compatriotes, écrit Heller. Ils essayent d'engager une conversation, mais ne savent que répondre lorsque les autres leur demandent ce qu'ils font dans ce train. Quelques mots seulement sont échangés avant que nous ne repartions : ils suffisent pour remuer profondément les Français de notre groupe[34]. »

L'année suivante, Heller emmena une autre délégation d'écrivains français à Weimar à l'occasion du Deuxième congrès européen des écrivains, mais seuls Drieu la Rochelle, Chardonne et Fraigneau faisaient à nouveau partie du voyage. Deux écrivains moins connus, Georges Blond et André Thérive, avaient été ajoutés pour combler les vides après que Brasillach et Jouhandeau eurent refusé une nouvelle invitation. Heller fit aussi une autre tentative pour convaincre Montherlant de se joindre au groupe, en allant le voir chez lui, dans son appartement du quai Voltaire donnant sur la Seine. Montherlant refusa lui aussi, justifiant son refus par son état nerveux plutôt que par son manque d'envie de collaborer : « J'ai donné assez de preuves publiques et privées de mon espoir et de ma foi dans une amélioration des relations franco-allemandes, aurait-il dit, selon Heller. Je l'ai fait avant et depuis cette guerre en collaborant à votre revue *Deutschland-Frankreich**[35]. »

Ce second voyage d'écrivains rapprocha Heller de Chardonne et cette amitié allait prendre une importance cruciale pour l'écrivain quelques mois plus tard, lorsque son fils Gérard fut arrêté pour actes de résistance en Tunisie et envoyé au camp de Sachsenhausen, près de Berlin. Dans ses mémoires, Heller raconte que pour obtenir la libération de son fils, il insista sur le fait que Chardonne avait participé au deuxième voyage à Weimar « alors que tant d'autres se sont désistés ». Après la libération de son fils, Chardonne remercia Heller dans une lettre où il disait : « Je vous en serai reconnaissant toute ma vie[36]. »

Un auteur extrêmement original et d'une personnalité décidément peu orthodoxe, qui apparut durant l'Occupation, fut Jean Genet. Il allait se faire un nom comme romancier, essayiste et auteur dramatique seulement après la guerre, mais ce fut une rencontre avec Cocteau en février 1943 qui marqua le début de sa métamorphose de petit délinquant en écrivain admiré. A l'époque, à l'âge de trente-

* *Deutschland-Frankreich* était publié par l'Institut allemand de Paris.

deux ans, Genet avait déjà été condamné neuf fois à des peines de prison, la plupart du temps pour des vols de livres et de manuscrits, mais en même temps il écrivait des poèmes, des pièces et des romans semi-autobiographiques qui racontaient en détail ses relations homosexuelles. Ce fut l'un de ses romans inédits, *Notre-Dame des Fleurs*, qui impressionna tellement Cocteau que celui-ci persuada Robert Denoël de le publier, sans demander la permission des Allemands et sous le manteau. Et même ainsi, trente exemplaires seulement furent imprimés sans nom d'auteur sur la couverture. Genet, qui se définissait allègrement comme « un voyou et un poète[37] », se retrouva en prison en mai 1943 pour avoir volé des livres, et en septembre, un mois juste après sa libération, il retournait en prison. Cocteau lui vint en aide, se servant de ses relations pour améliorer ses conditions de détention. Quand Genet fut libéré en mars 1944, sa vie carcérale se termina enfin; rien que pendant l'Occupation, il avait passé vingt et un mois derrière les barreaux. Mais, à partir de là, ses ennuis avec la justice vinrent de ce qu'il écrivait de la « pornographie », selon une accusation ultérieure, et non plus de ce qu'il faisait.

Par contre, un anticonformiste plus dangereux, un médecin connu sous le nom de Louis-Ferdinand Céline, se porta très bien pendant l'Occupation. Sa haine des Juifs dépassait certainement celle de tous les autres écrivains fascistes, mais son attitude à l'égard des Allemands balançait entre l'admiration et le dédain. Ce qui donnait un certain poids à ses opinions c'est que, depuis le *Voyage au bout de la nuit* en 1932, il était considéré comme l'écrivain français le plus novateur de sa génération. Il était aussi farouchement indépendant. Bien qu'invité à Weimar, par exemple, il n'aurait jamais accepté de se retrouver dans un troupeau de collaborateurs convoyé par des maîtres allemands. De la même façon, quand beaucoup d'écrivains recevaient des aides financières de l'Institut allemand, Céline n'accepta jamais d'argent des nazis. Il refusa aussi de vendre des articles aux journaux, préférant exprimer son point de vue dans des lettres enragées. En bref, en tant que franc-tireur aussi bien dans le domaine politique que littéraire, il se sentait libre de dire et d'écrire ce qu'il voulait. Ainsi, même s'il partageait en grande partie leurs vues, il détestait les journalistes de *Je suis partout* qu'il traitait de « club enfiévré d'ambitieux petits pédérastes ». Il prenait aussi grand plaisir à donner spontanément des conseils aux Allemands.

Dans son journal, Jünger évoque une conversation typique avec Céline. « Il dit combien il est surpris, stupéfait, que nous, soldats, nous ne fusillions pas, ne pendions pas, n'exterminions pas les Juifs ; il est stupéfait que quelqu'un disposant d'une baïonnette n'en fasse pas un usage illimité[38]. » Une autre fois, Céline alla rendre visite à Heller et écrivit sur sa porte *NRF* : « Voyons, tout le monde sait que tu es un agent de Gallimard et le secrétaire particulier de Paulhan », dit-il à l'officier allemand avant de lui offrir deux paires de lunettes de protection à utiliser, dit-il, « quand les villes allemandes s'en iront en fumée[39] ».

Cependant, même si son langage était souvent trop vulgaire pour pouvoir être utilisé par la propagande nazie, Céline était respecté par certains officiels allemands, en particulier par Epting qui l'admirait autant pour son talent littéraire que pour son antisémitisme exemplaire*. Quand Céline se prétendit menacé par les gaullistes, les Allemands l'autorisèrent à porter une arme sur lui. Quand il assista à l'ouverture de l'Institut d'études des Questions juives à Paris en mai 1941, ils se sentirent honorés. Quand il critiquait les nazis, ils n'appréciaient guère mais tenaient leur langue. Au cours d'un fameux dîner à l'ambassade d'Allemagne en février 1944, sur lequel les récits divergent, Céline aurait choqué Abetz et même Drieu la Rochelle et les autres invités en affirmant que les Allemands couraient à la défaite et que Hitler avait été remplacé par un Juif. Abetz fit sortir en hâte le personnel de la pièce, tandis que les invités accusaient Céline d'être antiallemand. Il le nia et, pour le prouver, demanda à son ami, l'artiste Gen Paul, d'exécuter un de ses tours favoris : une imitation de Hitler. Cela ne fit pas du tout rire les nazis.

Céline avait en fait une bonne raison d'en vouloir aux nazis. Au début des années 1930, il commença à envoyer aux Pays-Bas et au Danemark les droits d'auteur qu'il avait reçus pour *Le Voyage*, sous forme de pièces et de lingots d'or. Mais quand les Allemands saisirent sa cache à Amsterdam où se trouvaient cent quatre-vingt-quatre pièces d'or de dix florins, il fut furieux. En octobre 1941, il écrivit à Brinon : « Qu'ils agissent ainsi avec les gaullistes ou les Juifs, tant mieux, mais pas avec leurs rares amis, ceux qui ont été condamnés,

* Il y avait un Allemand qui n'appréciait pas les écrits de Céline, c'était Bernard Payr, un responsable de la littérature dans le bureau d'endoctrinement nazi d'Alfred Rosenberg. Si Payr applaudissait à l'antisémitisme de Céline, il était choqué par ses obscénités qui « réduisaient à néant les intentions de l'auteur qui sont certainement excellentes » (Loiseaux, *La Littérature de la défaite et de la collaboration*, Fayard, Paris, 1995, p. 181).

traqués, persécutés, diffamés, pour leur cause et non aujourd'hui, mais de 36 à 39... C'est un comble[40]. »

Il eut encore un autre sujet de mécontentement, même s'il le partageait avec tous les auteurs dont les livres n'étaient plus disponibles. En octobre 1941, après avoir visité l'exposition, « Le Juif et la France », au Palais Berlitz, Céline se fâcha en découvrant que la librairie de l'exposition n'avait aucun de ses best-sellers antisémites d'avant guerre, *Bagatelles pour un massacre* et *L'Ecole des cadavres*. Pourtant, les deux titres avaient été réimprimés sous l'Occupation, *Bagatelles* en 1941 et 1943, et *L'Ecole* en 1941 et 1942. Céline compléta sa trilogie antisémite en 1941 par *Les Beaux Draps* qu'il dédia à « la corde des pendus » destinée aux Juifs et aux autres responsables de l'humiliation de la France. Dans ce livre, il n'est fait aucune allusion au fait que les Juifs sont déjà persécutés en France et dans toute l'Europe; au contraire, il les dépeint tout-puissants, utilisant toujours toutes leurs ruses pour tout obtenir : « Il veut tout, il veut davantage, il veut la Lune, il veut nos os, il veut nos tripes en bigoudis pour installer au Sabbat, pour pavoiser au Carnaval[41]. » Il réserve aussi une pique à l'Eglise catholique « fondée par douze Juifs ». Il décoche même une attaque implicite contre les chefs de Vichy, notant qu'ils n'avaient pas eux non plus très envie de mourir : « Combien qui se sont trouvés pâlots sur le moment de payer la note? Comptez un peu sur vos petits doigts. Et sans doute que c'est pas fini. Le spectacle est permanent[42]. » *Les Beaux Draps*, republiés par Denoël, se vendirent à quarante mille exemplaires, bien qu'interdits en zone libre, non pas pour leur antisémitisme mais pour leur grossièreté à l'égard de Vichy.

En décembre 1941, Céline fut parmi les personnes interrogées par le quotidien *L'Appel* sur la question de savoir s'il fallait exterminer les Juifs. « J'en ai assez de rabâcher sur la question juive. Trois livres catégoriques suffisent, je pense... Mais les autres? Tous les autres écrivains? Il y a des années que je voudrais savoir ce que pensent Duhamel, de Monzie, Bergery, Montherlant, Colette, Chateaubriant, Mauriac, Bordeaux, Guitry, Déat, Luchaire, Morand. Quel silence! » Son éditeur était d'accord avec Céline pour reconnaître qu'il avait dit dans ces trois livres tout ce qu'il avait à dire. Dans *Cahier jaune*, un nouveau journal antisémite, Denoël écrit : « Ses trois livres contiennent l'enseignement capital. Si on veut redresser la France, on trouvera là de sages conseils, d'utiles réflexions, la bonne méthode. Tout y est. Vous n'avez qu'à prendre[43]. »

Qu'est-ce qui déclencha l'antisémitisme de Céline et le maintint aussi virulent ? Ses biographes proposent plusieurs explications : il était né au moment de l'affaire Dreyfus et son père détestait les Juifs, il se brouilla avec son patron juif quand il travaillait pour la Ligue des nations, il fut profondément blessé lorsque Elizabeth Craig, une danseuse irlandaise dont il était amoureux, le quitta, selon ses termes, pour « un gangster juif ». Il se rendit à Hollywood, espérant la retrouver et par la même occasion vendre les droits du *Voyage*, mais il fut repoussé à la fois par Craig et par « les barons juifs de la finance[44] ». En 1936, lorsque *Mort à crédit* reçut des critiques mitigées, il avait une réponse toute prête, les journalistes étaient juifs. Puis l'année suivante, avec la publication de *Bagatelles,* Céline, alors âgé de quarante-deux ans, présentait l'antisémitisme comme sa nouvelle mission dans la vie. A l'époque, en constatant les persécutions croissantes de Hitler contre les Juifs, il était également persuadé que les Juifs, français, anglais, américains et même russes, étaient déterminés à pousser à la guerre contre le Reich. Après son expérience de la Première Guerre mondiale, c'était un cauchemar qu'il ne voulait pas revivre.

L'antisémitisme de Céline était à la fois paranoïaque et hystérique. Quand Desnos critiqua *Les Beaux Draps* en mars 1941 dans l'hebdomadaire *Aujourd'hui*, Céline rétorqua par les excès dont il était coutumier : « Pourquoi M. Desnos ne hurle-t-il pas plutôt Mort à Céline et vivent les Juifs ! M. Desnos mène, il me semble, campagne philoyoutre (et votre journal) inlassablement depuis juin[45]. » Et il suggérait que « *Aujourd'hui* ferait mieux de publier la photo de Desnos face et profil ».

En même temps, pendant toute l'Occupation, Céline travailla comme médecin des pauvres dans des dispensaires municipaux de la banlieue parisienne à Sartrouville et à Bezons, où il se rendait la plupart du temps en motocyclette depuis son petit appartement de Montmartre où il vivait avec sa femme, la danseuse Lucette Almanzor, et leur chat Bébert. Malgré son attitude bravache aussi bien dans ses propos que dans ses écrits, il fut terrifié lorsque les Alliés bombardèrent les alentours de Paris en avril 1944, et il insista auprès de l'ambassade d'Allemagne pour obtenir un visa qui lui permette de quitter le pays. Le 17 juin 1944, une semaine et demie après le Débarquement, Céline, Lucette et Bébert quittèrent Paris pour Baden-Baden, à l'ouest de l'Allemagne, avant de partir en exil au Danemark et en quête, selon ses espoirs, de son or perdu. Dans son journal, Jünger évoque le départ de Céline avec dégoût : « Curieux de voir comme des êtres capables d'exiger de sang-froid la tête de millions d'hommes s'inquiètent de leur sale petite vie. Les deux faits doivent être liés[46]. » Céline ne rentrerait en France qu'au bout de neuf ans.

CHAPITRE 13

Chez Florence

Les élites parisiennes s'efforçaient de jouir du mieux possible de leurs relations sociales et culturelles et, de ce fait, l'institution typiquement française du salon redevint à la mode. Apparu au XVIIe siècle, quand des dames de l'aristocratie ouvraient leur porte aux hommes politiques et aux hommes de lettres, le salon servait de terrain neutre où les sujets politiques et artistiques pouvaient être abordés en bonne compagnie par des gens qui, en d'autres circonstances, se seraient soigneusement évités. Une telle formule était évidemment tout à fait adaptée à la période de l'Occupation. L'art d'attirer des invités intéressants dépendait de l'hôtesse, souvent une femme cultivée et séduisante qui vivait seule, parfois une veuve, qui conservait son rang dans la société en tenant salon. Au début des années 1940, plusieurs Parisiennes excellèrent dans cet art. Marie-Laure de Noailles, la muse des surréalistes entre les deux guerres, organisait de somptueuses réceptions et des concerts dans sa vaste demeure de la place des Etats-Unis, tout en trouvant le temps d'avoir une liaison avec un officier de la Wehrmacht. La princesse Marie-Blanche de Polignac, héritière de la maison de couture Jeanne Lanvin et femme du monde de premier plan, était une mécène importante des musiciens et des artistes. Marie-Louise Bousquet, directrice de l'édition française du *Harper's Bazaar,* qui depuis longtemps tenait salon dans son somptueux appartement donnant sur la place du Palais-Bourbon, organisait des soirées musicales.

Pour les invités allemands, ce genre de soirées offrait une bonne occasion de nouer des relations avec les personnalités culturelles les plus en vue. De fait, ce fut à l'occasion d'un concert donné par le violoncelliste Pierre Fournier au début de 1941 que Gerhard Heller devait rencontrer Marcel Jouhandeau qui allait devenir son compagnon de voyage lors de la visite des écrivains en Allemagne. Heller à son tour fit venir Ernst Jünger au salon de Mme Boudot-Lamotte*, rue de Verneuil, où, un soir de février 1942, le tout-Paris intellectuel entendit Cocteau lire sa nouvelle pièce, *Renaud et Armide*.

Le salon le plus remarquable de ces années de guerre fut incontestablement celui d'une belle Américaine, Florence Gould, née à San Francisco en 1895 de parents français. Son père, Victorien Maximilien Lacaze, avait débarqué aux Etats-Unis seize ans plus tôt, en émigrant sans le sou, et avait fait fortune comme éditeur d'un journal en langue française en Californie. Après le tremblement de terre de San Francisco en 1906, Lacaze envoya ses filles Florence et Isabelle en pension à Paris. A la fin de son adolescence, Florence rentra aux Etats-Unis où elle se maria une première fois. Elle avait déjà divorcé quand elle revint à Paris en 1917, espérant que sa voix prometteuse de soprano allait lui ouvrir une carrière de cantatrice. Mais en 1923 elle rencontra Frank Jay Gould, le fils de Jay Gould, requin de la finance et magnat américain des chemins de fer, et devint sa troisième épouse.

Frank avait deux résidences, un appartement à Paris pour les relations et une grande villa à Maisons-Laffitte au nord-ouest de la capitale, mais Florence l'entraîna bientôt à Cannes. Jusqu'au milieu des années 1920, les riches Parisiens qui passaient l'hiver sur la Côte d'Azur la fuyaient pendant la chaleur estivale. Mais les Gould, avec quelques aristocrates anglais, des exilés russes et des millionnaires américains s'employèrent à faire de Cannes la capitale des plaisirs de la Riviera tout au long de l'année. Ils achetèrent deux villas, Le Patio à Cannes et La Vigie à Juan-les-Pins, qu'ils remplirent d'œuvres d'art. Frank accrut encore sa fortune en investissant dans les nouveaux hôtels et les casinos sur toute la Côte d'Azur. Mais ancien alcoolique, de dix-huit ans plus âgé que sa nouvelle épouse, Frank n'était pas à la hauteur de l'énergie que déployait Florence en société. Jeune, impressionnante et athlétique, elle lança la mode du ski nautique à Cannes et prit des leçons de tennis auprès de la championne légendaire Suzanne Lenglen. Elle était aussi au cœur de la vie mondaine

* La fille de Mme Boudot-Lamotte, Madeleine, était la secrétaire de Gaston Gallimard et connaissait donc de nombreux écrivains.

de la Riviera que Frank avait plutôt tendance à éviter. Souvent couché dès 11 heures, il laissait Florence s'amuser au milieu de ses nombreux admirateurs. Sa seule exigence, d'après un bruit qui circulait, était qu'elle vînt tous les matins prendre son petit déjeuner avec lui.

Florence aimait aussi beaucoup la vie nocturne à Paris où Frank lui avait acheté un appartement au 2, boulevard Suchet, près du bois de Boulogne. Quand la guerre fut déclarée, elle envoya des colis de nourriture aux soldats français et servit comme infirmière volontaire dans un hôpital parisien (où elle arrivait au volant de son coupé Bugatti bleu décapotable). Mais elle était de retour à Juan-les-Pins lorsque les Allemands entrèrent dans Paris. Bien que les Gould aient des billets de bateau pour retourner aux Etats-Unis, elle refusa de partir. Frank passa la guerre à Juan-les-Pins. Au début de 1941, Florence avait regagné Paris. Et comme l'appartement du boulevard Suchet et la villa de Maisons-Laffitte avaient été réquisitionnés par la Wehrmacht, elle s'installa au luxueux Hôtel Bristol, rue du Faubourg-Saint-Honoré.

Agée à présent de quarante-cinq ans mais paraissant beaucoup plus jeune, elle se mit à inviter bientôt des amis et des connaissances à des déjeuners, des thés et des dîners à l'hôtel, qui ne semblait pas touché par les restrictions alimentaires à Paris. Tout le monde trouvait normal que le Bristol se fournisse au marché noir. Un jour, Colette accepta une invitation à prendre le thé, à une condition : « Je viendrai si tu remplaces les petits fours par du camembert et le thé par du champagne[1]. » Les soirées de Florence comprenaient aussi des dîners chez Maxim's, le cabaret Chez Carrère ou une apparition au salon de Marie-Louise Bousquet. C'est là qu'elle rencontra Jouhandeau, dont elle devint immédiatement l'amie. C'est aussi chez Marie-Louise qu'elle fit la connaissance de Heller.

Le 28 mars 1942, non sans fierté, Heller amena Jünger faire la connaissance de Florence et de Jouhandeau au Bristol. C'était la veille du quarante-septième anniversaire du romancier, et ils eurent une discussion animée sur la littérature autour d'un succulent dîner. Jünger nota dans son journal* : « Alerte aérienne. Assis autour de la lampe, nous buvions du champagne de 1911 tandis que les avions bourdonnaient et que le fracas des canons ébranlait la ville. Petits comme des fourmis. Nous parlions de la mort[2]. »

* Dans la première édition de son journal, il ne nomme pas Florence mais parle d'elle en l'appelant Lady Orpington ou Armance.

Ce fut vers cette époque que Marie-Louise Bousquet suggéra à Florence d'ouvrir son propre salon, consacré à la littérature. Florence n'était pas une grande lectrice mais elle aimait bien l'idée de présider à une assemblée d'écrivains intelligents et subtils. Comme elle le dit un jour : « Je ne connais pas grand-chose à la littérature, mais je connais bien les littérateurs[3]. » En avril 1942, elle loua un grand appartement au deuxième étage du 129, avenue Malakoff, près de l'avenue Foch dans le 16e arrondissement. Sa décoration prouvait que l'on pouvait encore tout se procurer, à condition d'y mettre le prix. Elle choisit des meubles tendus de soie et des tapis persans pour le salon et plusieurs tables de laque noire pour la salle à manger. Naturellement, elle avait aussi un cuisinier et un maître d'hôtel. Son nouvel ami Jouhandeau, qui vivait pas très loin, rue du Commandant-Marchand, devint son partenaire. Le salon choisit même pour jour le jeudi parce que c'était le seul moment où Jouhandeau n'enseignait pas dans une grande école parisienne. Et il fut organisé à l'heure du déjeuner pour que le repas et un après-déjeuner prolongé ne soient pas interrompus par le couvre-feu. Florence elle-même en était bien sûr la principale attraction, avec ses yeux verts souvent dissimulés derrière des lunettes noires, ses colliers de perles, sa grosse bague d'émeraude, et ses pékinois jappant qui complétaient le tableau de la richesse et de l'élégance. A ses hôtes elle offrait non seulement son élégante beauté, sa personnalité brillante et sa confortable demeure mais aussi une excellente table, alimentée évidemment par le marché noir. Et personne ne s'inquiéta jamais à l'idée que les provisions de vin et de cognac puissent venir un jour à manquer.

Aux amis proches de Florence comme Bousquet, Cocteau et l'académicien Pierre Benoit qui tomba amoureux d'elle lors de leur première rencontre fin 1935, Jouhandeau ajoutait les siens, dont son plus proche ami (et résistant en secret) Jean Paulhan, le rédacteur en chef de *Comœdia,* René Delange, et son éditeur Marcel Arland, ainsi que le peintre Marie Laurencin. Jouhandeau, qui éprouvait une vive affection pour Heller, invitait aussi le jeune Allemand aux yeux bleus à l'appartement de l'avenue Malakoff. Parmi les autres invités, il y avait Montherlant, Guitry, Giraudoux et le décorateur Christian Bérard. Chacun à son tour amenait parfois des amis pour ce qui ressemblait à des auditions. Dans certains cas, Florence eut jusqu'à cinquante invités. Il y avait parmi eux des collaborateurs modérés, des attentistes, au moins un résistant et quelques Allemands, mais il n'y eut jamais aucun de ces écrivains fascistes virulents comme Brasillach, Drieu la Rochelle, Rebatet ou Céline.

Un feuilleton qui alimentait les conversations de couloir au cours de ces déjeuners reposait sur les incessantes lamentations de Jouhandeau au sujet de son dragon d'épouse, sauf bien sûr quand elle était là. Heller, qui disait d'elle « cette espèce de tyran avide, orgueilleux et cruel », n'était pas le seul à avoir pitié de l'écrivain[4]. Agée d'une cinquantaine d'années, Elise Jouhandeau avait connu une brillante carrière de danseuse sous le nom de Caryathis, avant d'épouser Marcel Jouhandeau en 1929. Depuis lors, ayant failli à la mission à laquelle elle s'était vouée de le détourner de son homosexualité, elle n'eut de cesse qu'elle ne le pousse toujours plus à droite, l'incitant à écrire ce célèbre pamphlet antisémite, *Le Péril juif*, à la fin des années 1930. En avril 1942, peut-être mue par la jalousie envers le « meilleur ami » de son mari, elle dénonça même Paulhan à la police militaire allemande, acte impardonnable dans la mesure où Paulhan avait déjà été arrêté une fois par les Allemands. Par chance, la plainte ne parvint pas jusqu'à la Gestapo et l'affaire fut classée.

Ernst Jünger, qui ajoutait un élément intéressant à ce groupe, y fut amené par Heller, le 4 mars 1943. Dans son uniforme de capitaine de la Wehrmacht, il fut charmé de revoir Florence et, comme il le nota dans son journal, ils reprirent leur conversation de l'année précédente sur la mort. Après un autre déjeuner, une semaine plus tard, il cite cette remarque de Florence, se moquant de la femme de Jouhandeau : « C'est un fait, je suis à l'aise dans l'état matrimonial, car je me suis mariée deux fois et j'ai été très heureuse. Je ne ferais d'exception que pour Jouhandeau parce qu'il aime les femmes terribles[5]. »

Florence fit-elle, elle aussi, une exception pour Jünger ? Le romancier était en effet un amateur de femmes, et sans apporter aucune preuve solide, certains historiens ont affirmé catégoriquement qu'ils étaient devenus amants[6] ; ce qui est certain c'est que Jünger, dont la femme Gretha était restée à Hanovre, eut une liaison avec Sophie Ravoux, née Koch, une Allemande qui exerçait la médecine, dont la mère était juive et dont le mari était prisonnier à Dachau. Dans son journal où Jünger appelle Sophie tantôt La Doctoresse ou Dorothée ou Charmille, il décrit les longues heures passées avec elle. Mais il se rendait aussi fréquemment chez Florence où il fêta son quarante-huitième et son quarante-neuvième anniversaire en sa compagnie (comme il avait déjà fêté le quarante-septième à l'Hôtel Bristol). Une fois elle lui offrit une lettre de Thornton Wilder pour sa collection d'autographes. Une autre fois, elle lui dit qu'elle avait offert à son mari un exemplaire de son roman, *Sur les falaises de marbre*, qui venait d'être traduit en français. Frank avait répondu : « Voilà quelqu'un qui va des rêves à la réalité » ; et Jünger observa : « [...] ce qui, pour un milliardaire américain, n'est pas un mauvais jugement[7]. »

Parmi les amants supposés de Florence, il y en avait un qui lui était particulièrement cher : Ludwig Vogel, de quinze ans plus jeune qu'elle, un ingénieur qui travaillait pour une puissante société de construction aéronautique allemande, Focke-Wulf, et qui évoluait dans les cercles de la Luftwaffe à Paris. On ne sait pas où et quand ils s'étaient rencontrés, mais sous un faux nom elle l'accompagna lors de deux voyages en Allemagne pour aller visiter la principale usine de la société à Friedrichshafen[8]. Vogel venait généralement voir Florence en dehors des heures habituelles de son salon du jeudi ; une fois, pourtant, il croisa Jünger chez elle et ils discutèrent des perspectives de la guerre. Dans son journal, en août 1943, Jünger note qu'un ingénieur aéronautique allemand nommé Vogel lui a dit que la Luftwaffe disposait de bombes au phosphore mais que Hitler avait décidé de ne pas s'en servir. Se servant du surnom qu'il attribuait à Hitler, il fait ce commentaire : « Ce serait méritoire, mais, vu le caractère de Kniebolo, assez surprenant[9]. »

Jünger ne fit aucune allusion au fait que Vogel était peut-être l'amant de Florence, mais ce n'était un secret pour personne qu'elle entretenait des relations amicales avec des Allemands haut placés. Un nazi, à la réputation particulièrement sinistre, venait la voir de temps en temps, le SS Standartenführer Helmut Knochen. Il était le commandant à Paris de la Police de sécurité qui dépendait elle-même des Services de sécurité, et à ce titre il joua un rôle central dans la déportation des Juifs vers les camps de la mort. Knochen, en tous les cas, savait tout sur Vogel. Quand il fut interrogé par la police française après la guerre, il cita l'ingénieur allemand comme un des amants de Florence.

Dans le salon de Florence, la conversation passait aisément de la littérature au bavardage, on parlait politique, on évoquait les nouvelles de la guerre. Le 4 août 1943, Jünger note qu'au cours du déjeuner il a appris de Florence la démission de Mussolini, en fait elle avait eu lieu le 25 juillet et son portrait avait déjà brûlé dans les rues. Ce jour-là, les invités parlèrent aussi du bombardement allié de Hambourg qui dura une semaine et aurait fait près de deux cent mille victimes; « ce qui est probablement fort exagéré », ajoute Jünger[10]. Un soir, quelques semaines plus tard, il trouve Jouhandeau complètement bouleversé parce qu'il a été désigné par la radio de la France libre à Londres. Jünger écrit : « Il avait passé une nuit blanche, car son nom, paraît-il, se trouve sur une liste de gens à exécuter. Il avait, en racontant ses soucis, l'allure d'un petit garçon dont un policier aurait inscrit le nom sur son carnet[11]. » Parfois, les divergences politiques prenaient le dessus. Giraudoux, un invité régulier dont le fils avait rejoint de Gaulle à Londres, mit en garde Paulhan contre Heller : « Méfiez-vous. Ne voyez-vous pas qu'il sert d'appât[12] ? » Un autre invité, Paul Morand, était ouvertement pétainiste à une époque où Vichy semblait pour la plupart une cause perdue. Il était rentré de son poste de diplomate à Londres après la chute de Paris, et à partir de 1942 il assura la présidence de la commission de censure cinématographique. Il faut dire en sa faveur qu'il était un merveilleux conteur et qu'il venait souvent accompagné de son élégante épouse, la princesse roumaine Hélène Soutzo, qui, des années auparavant, avait fait partie du cercle des intimes de Proust. Morand devint plus tard ambassadeur de Vichy en Roumanie, et, peu avant la Libération, ambassadeur en Suisse.

Une fois, à l'occasion d'un passage à Paris d'Horace de Carbuccia, le directeur de *Gringoire,* Florence compta même parmi ses invités Colette qui écrivait toujours des nouvelles pour *Gringoire*. Elle était accompagnée cette fois par son mari juif, Maurice Goudeket, qui normalement ne se montrait pas. Il y avait aussi un Allemand*. Dans une lettre à un ami, Colette raconte : « Atmosphère électrique. Maurice tout à coup se montre imprudemment magnifique et la conversation s'arrête entre l'Allemand et lui[13]. »

Le plus souvent, l'ambiance après le déjeuner et la pause cigarettes et cognac était détendue, comme si la culture comptait plus que la politique. Un jour, Claude Mauriac qui, comme son père François, était résistant rencontra dans un café voisin Jouhandeau qui l'emmena

* Il s'agissait peut-être de Heller. Si cela avait été Jünger, Colette aurait jugé bon de le noter.

avec lui à l'improviste chez Florence. Là, comme il le raconta dans ses mémoires *Le Temps immobile*, il fut choqué de voir Heller dans son uniforme de la Wehrmacht et le dramaturge allemand Curt Langenbeck en uniforme de la marine allemande. Mais il se laissa progressivement charmer par Heller* : « J'avais en face de moi un garçon à peine plus âgé que moi, buvant ferme, riant et souriant, plein d'esprit et de gentillesse, sans rien qui pût rappeler sa qualité d'Allemand, ni surtout d'Allemand vainqueur et haut placé. » Et Mauriac ajoute qu'il fut même tenté d'idéaliser ce moment : « Une Américaine, deux Allemands, trois Français. Au-dessus des massacres, des mensonges, du sang, il y avait ce petit îlot d'honnêtes hommes[14]. »

Le plus excentrique des invités de Florence était l'écrivain conservateur Paul Léautaud. Agé de soixante-dix et quelques années, il avait depuis longtemps choisi la compagnie de ses myriades de chiens et de chats dans la banlieue parisienne de Fontenay-aux-Roses plutôt que celle de ses confrères écrivains dans les cafés de la Rive Gauche. Mais il avait des amis dans le milieu littéraire parisien, dont Jean Paulhan qui fut à l'origine de sa première invitation à déjeuner avenue Malakoff, le 22 novembre 1943. Ce soir-là, Léautaud traça un portrait vivant de Florence en lui donnant toutefois treize ans de moins que son âge. « Jolie, se collant à vous pour vous parler, vers 35 ans, cheveux châtains, grande, mince, souple, élancée, dans une jupe longue à l'ancienne mode, autrement élégante que la mode actuelle, les yeux singuliers, à un moment au café, assise à côté de moi, comme je parlais des chats comme des animaux que je préfère, son visage tout près du mien : “ J'ai des yeux de chat, moi, regardez. ” Singuliers yeux, je le répète, dans lesquels, s'il y a du chat, de la chatte plutôt, c'est une sorte de langueur et de chaleur amoureuse[15]. » Après son deuxième déjeuner chez Florence le 2 mars 1944, il donna de lui-même cette caricature : « Vraiment, je le note tout de suite, je n'ai aucun goût pour ces réunions. Ces éclats de voix, cette nécessité de parler, ce sentiment d'être là comme un objet rare. Je suis habitué à être seul, à manger seul, le nez dans mon assiette, en lisant un journal si j'en ai un, ou alors avec quelqu'un avec qui j'ai à peine besoin de parler[16]. »

* Quarante ans plus tard, au cours d'une émission « Apostrophes » à la télévision, Heller rappela à Claude Mauriac qu'ils s'étaient rencontrés chez Florence, mais celui-ci dit qu'il ne s'en souvenait pas.

Néanmoins, il refusa rarement une invitation. Certains hôtes des déjeuners de Florence le soupçonnaient de tolérer leur compagnie uniquement pour pouvoir remporter de la nourriture à ses animaux. Il est certain que, contrairement à Paulhan ou à Jouhandeau par exemple, Léautaud était pauvre. Il travaillait pour un maigre salaire dans une maison d'édition collaborationniste, le Mercure de France, et écrivait de temps en temps dans des hebdomadaires collaborationnistes pour améliorer ses droits d'auteur dérisoires. Il y avait quarante ans que son roman le plus connu, *Le Petit Ami*, avait été publié, son livre le plus récent, *Passe-temps*, datait d'il y a quinze ans. Mais il prenait aussi un certain plaisir à exhiber sa pauvreté, arrivant parfois pas rasé, souvent habillé de vieux vêtements minables, une fois même en chaussons. Et il s'amusait d'avoir un public pour ses saillies qui épargnaient peu de monde, ni les Juifs bien sûr ni non plus les convives qui se trouvaient autour de la table. Dans son *Journal littéraire*, il qualifie Marie-Louise Bousquet d'« odieuse ». Il décrit le Dr Vernes, un scientifique qui était parfois invité, comme « un sot et prétentieux » et trouve Cocteau « compliqué, cherché, fabriqué ». Léautaud, qui notait souvent dans son journal le fait d'avoir décliné l'invitation à prendre l'apéritif au champagne, fit remarquer plus tard qu'il trouvait à ces discussions tapageuses, enfiévrées par l'alcool, un « genre un peu bordel ou partouzes[17] ».

Heller, en tous les cas, fut intrigué par Léautaud, et il écrivit : « Malgré ses méchancetés, ses mots féroces, son apparente insensibilité aux humains, Jünger et moi nous avions de la sympathie pour ce vieux bonhomme dont toute la vie semblait s'exprimer dans deux amours : celui de la littérature et celui des animaux[18]. » Pourtant, Heller ne comprenait pas pourquoi, alors que la défaite allemande devenait probable, Léautaud se raccrochait toujours à sa conviction selon laquelle « l'intérêt politique de la France résidait dans une victoire de l'Allemagne et une *entente* avec les Allemands*[19] ». Jünger évoqua devant Abel Bonnard les difficultés matérielles de Léautaud tout en notant dans son journal : « Sans doute, Léautaud est un cynique satisfait dans son fauteuil et de la société de ses chats, et par qui on risque de se faire éconduire grossièrement[20]. » Quelques jours plus tard, il décrit Léautaud arrivant à un déjeuner chez Florence, vêtu d'un

* Dans son journal, Léautaud note pourtant qu'il attend avec impatience la fin des privations promise par une victoire alliée et trouve même, avec un optimisme exagéré, qu'il n'a pas besoin de faire des provisions de charbon pour l'hiver à venir.

costume dans le style de 1910 et portant une fine cravate nouée comme un lacet, mais il parle aussi de lui avec chaleur : « Il dit beaucoup moins de choses inutiles que tous ceux de ses confrères que j'ai observés jusqu'à présent[21]. » Léautaud le lui rendait bien quand il écrivait : « Il n'y a pas de frontières pour moi dans le domaine des choses de l'esprit, et ces deux Allemands ont de plus témoigné de sentiments de sympathie pour la France et les Français. » Jünger appréciait particulièrement l'humour acide de Léautaud. Ainsi, lorsque Jünger lui dit que Victor Hugo faisait partie des auteurs qu'il avait négligés, Léautaud répondit : « Vous pouvez continuer[22]. »

Apparemment, au vu de ses activités mondaines, Florence semblait mener une vie qui n'était pas affectée par le fait que les Etats-Unis étaient en guerre avec l'Allemagne. Grâce à ses relations avec les Allemands, elle détenait un laissez-passer très rare qui l'autorisait à circuler de nuit en voiture dans Paris malgré le couvre-feu, à une époque où beaucoup de Parisiens n'avaient même pas le droit de conduire du tout. Elle avait aussi une autorisation qui lui permettait de franchir la ligne de démarcation dans les deux sens pour aller voir son mari à Juan-les-Pins. Une fois, elle transporta même des œuvres d'art, dont un Goya et un Jordaens, de sa villa de la Côte d'Azur à son appartement de l'avenue Malakoff.

Après la guerre, on découvrit pourtant que sa vie avait été bien plus compliquée. Peu après juin 1941, elle se trouva la cible des manœuvres de Göring pour s'approprier des œuvres d'art. Selon un rapport établi par le commandement de l'armée allemande en 1942, la cave de la villa des Gould à Maisons-Laffitte fut fouillée pour voir si on n'y cachait pas des armes[23]. On ne trouva rien de compromettant, en revanche on y découvrit « un triptyque de grande valeur et deux objets antiques en ivoire sculpté », qui furent saisis par un agent du Einsatzstab Reichsleiter Rosenberg, ou ERR, c'est-à-dire la police nazie en matière d'art. Le rapport indiquait : « Mrs Gould déclara immédiatement qu'elle offrait la totalité des bouteilles de vin aux soldats du front de l'Est, et tout le cuivre et le laiton qui remplissait une cave entière à l'industrie de guerre allemande. » D'après le rapport, un accord avait été conclu avec le ERR selon lequel le triptyque serait remis à Göring, qui, à son tour, en ferait don au musée de Cluny à Paris auquel les Gould avaient l'intention de l'offrir. En remerciement de son geste, Florence Gould offrait personnellement à Göring les deux pièces d'ivoire. Mais cela ne suffisait pas, d'après le représentant du ERR à Paris, Kurt von Behr. Le rapport notait : « Il a finalement été possible de présenter les trois pièces au Reichsmarshall, von Behr l'a informé de la proposition qui avait été faite. Mais le Reichsmarshall aimait les trois pièces et ordonna qu'elles soient toutes les trois envoyées en Allemagne. Lors de discussions ultérieures avec Florence Gould et son avocat, ils me suppliaient d'éviter toute nouvelle initiative de ce genre pour éviter à Mrs Gould des ennuis, comme la possibilité d'être envoyée dans un camp de concentration. » L'auteur ajoute qu'il poursuivit ses recherches et note que Göring n'était peut-être pas au courant qu'il s'agissait de biens privés. « Partout je me heurte à des haussements d'épaules désolés *. »

Florence Gould avait de quoi s'inquiéter. En septembre 1941, la Commission générale de Vichy aux Questions juives arriva à la conclusion que le nom de Gould était juif et elle nomma donc des administrateurs pour gérer les sociétés aryanisées de Frank, tant en zone libre qu'en zone occupée. « J'en étais d'autant plus effrayée que la fortune de mon mari suscitait des convoitises, déclara Florence à des enquêteurs français après la guerre[24]. S'il avait été déclaré juif, ses biens auraient été confisqués, il aurait été certainement arrêté et ultérieurement déporté. » Il fallut dix-huit mois à Gould pour prouver, certificat de baptême et autres documents à l'appui, en provenance des Etats-Unis, *via* la Suisse, qu'il était d'une famille de presbytériens irlandais. En mars 1943, Vichy leva donc la décision d'aryanisation des biens des Gould, mais aussitôt les Allemands prirent le contrôle de ces mêmes biens, y compris des hôtels et des casinos sur la Riviera, sous prétexte que Gould était désormais un « ennemi étranger ». Trois administrateurs allemands successifs gérèrent ces sociétés jusqu'à la Libération.

Florence Gould ne laissait voir pourtant aucun signe d'inquiétude, et Jünger dans son journal et Heller dans ses mémoires n'indiquent jamais qu'elle leur aurait fait part de ses soucis. A Paris, en plus des activités de son salon, elle avait un emploi du temps très chargé. On pouvait la voir aux Concerts de la Pléiade, Galerie Charpentier. Grâce à Paulhan, elle fut introduite dans le milieu de l'art moderne; ensemble, ils visitèrent les galeries et les ateliers de Picasso, Braque,

* Le ton critique du rapport reflète bien la désapprobation bien connue du commandement militaire allemand envers le pillage d'œuvres d'art pratiqué par le ERR.

Jean Fautrier et Jean Dubuffet. (Elle invita plus tard Dubuffet à certains de ses déjeuners et lui commanda des portraits de plusieurs de ses hôtes.) Plus d'une fois, en compagnie de l'actrice Marie Bell, elle traversa Paris pour aller à Montmartre rendre visite à Céline. Un jour, au milieu du mois de mars 1943, alors qu'elle sortait de chez Céline, elle glissa et se cassa la jambe. Après la guerre, dans une lettre à un ami, Céline évoque, non sans quelques inexactitudes, les visites qu'elle lui rendait et son accident.

« Madame Frank J. Gould la femme (la 5e ! J'ai aussi très bien connu la 2e) du vieux milliardaire des chemins de fer américains, c'est une ancienne manucure, française de naissance (Lacaze) fantasque et pas bête, snob, et qui me voulait tout le bien du monde, elle forçait notre modeste logis, avec Marie Bell (de la Comédie-Française) elles apportaient leur dîner ! moi qui ne reçois jamais personne j'étais bien forcé de la recevoir. Elle voulait à toutes forces m'acheter mes manuscrits. Je m'y refusais ne voulant rien devoir au milliardaire américain. Mais elle n'était ni désagréable ni sotte – Dans sa précipitation, la nuit et ivre, elle s'est même cassé la jambe au bas de mon escalier rue Girardon. – J'ai refusé d'aller la voir dans son lit comme elle m'y conviait, à la soigner ! par télégramme[25]. »

Dans cette lettre, expédiée depuis sa prison au Danemark où il avait fui en 1945, Céline admet qu'il a une bonne raison de repenser à elle : « Que pourrait-elle pour moi en ce moment ? »

Mais après cet accident, certains lui rendirent visite. Jünger vint à son chevet et l'entendit exprimer cette opinion sur Céline : « Elle disait que la raison pour laquelle cet auteur est toujours à court d'argent, malgré l'importance de ses gains, c'est qu'il les donne en entier aux filles des rues qui viennent le consulter[26]. » Heller, qui accompagnait Jünger, rapporte, lui, des détails différents : « On sonne à la porte, écrit-il dans ses mémoires, et entre un homme en civil que Florence accueille comme le “ colonel Patrick ”. » Pensant que Florence cache un aviateur anglais ou américain, Heller et Jünger gardent le silence. Mais quand la conversation reprend, l'homme se tourne vers eux et leur dit : « Messieurs, nous pouvons parler allemand[27]. » Il se présenta comme le chef de la branche lyonnaise de l'Abwehr, les services secrets de la Wehrmacht. Heller n'explique absolument pas pourquoi cet officier venait voir Florence.

Florence Gould, pour sa part, n'a pas laissé de souvenirs écrits de ses années de guerre, mais, même si elle recevait des nazis et des antisémites, on n'a jamais entendu dire qu'elle ait exprimé des opinions proallemandes ou antijuives. Les habitués de son salon n'en gardèrent manifestement que de bons souvenirs. Heller regrettait de ne pas avoir pu lui faire ses adieux mais Jünger déjeuna avec elle le 10 août 1944 et nota : « Le dernier jeudi, peut-être[28]. » Le 13 août, il fit encore une promenade sur le bord de la Seine avec sa maîtresse Sophie. Le lendemain, il quittait Paris. Deux semaines plus tard, les troupes alliées entraient dans la ville, et pourtant le salon du Jeudi survécut. Florence eut de la chance. Bien des Françaises furent tondues et publiquement humiliées pour avoir fréquenté des Allemands. Pendant les jours de l'insurrection de Paris, elle réussit apparemment à détourner l'attention de son cercle éclectique d'amis en faisant un don aux Forces françaises de l'intérieur, ou FFI, le mouvement uni de la Résistance[29]. En revanche, certains de ses hôtes français avaient provisoirement disparu : Benoit fut emprisonné pendant six mois, Jouhandeau partit se cacher pendant plusieurs mois avant d'accepter d'être interrogé. Pour d'autres, les déjeuners reprirent leur cours, avec parfois des invités américains, comme si la guerre n'avait été qu'une tempête passagère. Fin 1945, Heller reçut une lettre disant : « Venez vite, les jeudis vous attendent[30]. » Elle était signée Florence, Paulhan, Léautaud, Jouhandeau et Arland.

Toutefois, avant de pouvoir tourner la page, Florence Gould eut la tâche délicate d'expliquer pourquoi elle avait investi dans une banque de Monaco financée par les nazis quelques semaines avant le débarquement des Alliés dans le sud de la France, le 15 août 1944. Interrogée en mars 1945 sur la question par un magistrat instructeur, elle déclara sous serment qu'elle avait été contrainte par un chantage de prendre des parts dans la toute nouvelle Banque Charles[31]. Si elle avait refusé, d'après elle, les sociétés de son mari auraient dû verser une somme bien plus importante à l'Aerobank, une banque contrôlée par la Luftwaffe qui était derrière la Banque Charles. Comme on s'attendait à l'arrivée prochaine des Alliés sur la Riviera, elle craignait pour la sécurité de son mari, « âgé de soixante-sept ans et de santé délicate », à Juan-les-Pins. Il était convenu dans l'accord que son mari et sa sœur pourraient se réfugier à Monaco, principauté théoriquement neutre. Elle ajouta qu'elle n'avait versé les cinq millions de francs, sa participation au capital de la banque évalué à quatre-vingts millions *, qu'après avoir eu la confirmation que Frank et Isabelle étaient bien arrivés à Monaco. Elle précisait : « Si j'avais agi librement, et dans un intérêt pécuniaire, aurais-je commis la folie de m'intéresser à une banque allemande, à une époque où personne ne croyait plus en Europe, ni en Amérique, à la victoire allemande ? J'ai versé des fonds contrainte et forcée, j'ai payé en quelque sorte une rançon à l'ennemi, et je suis certaine, ce faisant, d'avoir fait mon devoir vis-à-vis de mon mari ; j'avais alors et j'ai encore aujourd'hui la conviction de n'avoir commis aucun acte contraire aux intérêts des Alliés. » Et, sur ce, l'enquête fut close.

Mais trois ans plus tard, avec la découverte de nouveaux documents révélant une opération bien plus complexe, le dossier fut rouvert. Un nouveau rapport émanant du ministère public du département de la Seine, daté du 20 septembre 1948, établit que Johannès Charles, un banquier suisse, avait obtenu en 1943 du souverain de la principauté, le prince Louis II, l'autorisation d'ouvrir une banque à Monaco[32]. Depuis le début, Karl Schaeffer, le représentant à Paris de la Reichsbank, était impliqué dans la création d'une banque allemande contrôlée par l'Aerobank et camouflée en banque internationale opérant en territoire neutre. Le rapport indiquait que le but de la banque n'était pas de soutenir l'effort de guerre allemand, mais plutôt d'acheminer les avoirs allemands à l'étranger en prévision d'une défaite des nazis. En plus de Florence Gould, les investisseurs étaient un banquier allemand nommé Gaussebeck et un fasciste français, Guillaume Lecesne, même si ces deux derniers n'étaient que des hommes de paille cachant d'autres intérêts. Des documents prouvèrent aussi que le prince Louis avait donné son accord pour prendre des parts de cette banque et que Schaeffer et Charles avaient rencontré Frank Gould à Nice, le 11 août, quatre jours avant le débarquement allié. Sur ce point, le rapport confirmait que seuls Charles et Florence avaient effectivement souscrit à leur part du capital. Le débarquement allié fit capoter le projet. Au terme de cette nouvelle enquête, le ministère public décida d'abandonner les charges sans être convaincu pour autant que Florence avait agi sous la contrainte. Sa conclusion était sévère : « Mais cette Franco-Américaine semble avoir joui pendant l'Occupation de singulières protections, et s'il n'est

* En 1944, 80 millions de francs équivalaient environ à 1,6 million de dollars, soit environ 20 millions de dollars au cours de 2010.

pas sûr qu'elle ait commis le crime d'intelligence avec l'ennemi, il est certain que nous n'avions pas à la féliciter de son attitude. »

Florence pour sa part affirma toujours fermement qu'elle avait agi pour protéger son mari. Quoi qu'il en soit, vers la fin des années 1940, elle était redevenue la grande prêtresse de la vie littéraire parisienne. Même si elle passait de plus en plus de temps sur la Côte d'Azur, ses déjeuners littéraires se poursuivirent dans son appartement du 16e arrondissement. Après la mort de son mari, en 1956, elle s'installa dans une suite de l'Hôtel Meurice donnant sur le jardin des Tuileries où elle tenait salon tous les jeudis. Comme avant, elle resta fidèle à ses vieux amis, comme Jouhandeau et Léautaud, finançant leurs publications et usant de son influence pour promouvoir leur candidature à l'Académie française. En 1963, lorsque vint le tour de Paulhan de devenir un *immortel*, il griffonna sur la première page de son discours de récipiendaire : « Ce petit discours pour Florence qui fait de moi ce qu'elle veut, et même un académicien[33]. » Quelques années plus tard, lorsque Jünger traduisit *In memoriam*, les souvenirs de guerre de Léautaud, il dédia le livre à Florence. De jeunes écrivains aussi lui étaient redevables, comme Alain Robbe-Grillet et Françoise Sagan. Elle créa de nombreux prix littéraires dont le prix de poésie Max-Jacob, du nom du poète juif mort à Drancy en 1944. Les Etats-Unis la nommèrent commandeur des anciens combattants des guerres étrangères en 1954 et elle fut faite chevalier de la Légion d'honneur en 1961. Depuis sa mort en 1983, grâce aux fonds qu'elle avait légués, la Fondation Florence-Gould a continué de jouer un rôle central dans les relations culturelles franco-américaines. Avec le temps, le salon de Florence pendant la guerre et le choix discutable de ses amis ont été tranquillement oubliés.

CHAPITRE 14

« Du côté de la vie »

En fin de compte, même si les écrivains n'acceptaient pas l'Occupation, que pouvaient-ils faire ? Il était évident que ce n'était pas le pouvoir des mots qui allait chasser les nazis ; de nombreux écrivains antifascistes estimèrent donc que le mieux à faire était de fournir tout simplement aux Français une littérature divertissante et de qualité. Cependant, étant donné le prestige dont ils jouissaient, certains d'entre eux du moins se sentaient moralement tenus de résister, mais comment ? Jusqu'à l'invasion de l'Union soviétique par les Allemands en juin 1941, les communistes avaient les mains liées par le pacte Molotov-Ribbentrop. D'autre part, les écrivains français les plus prestigieux avaient déjà un certain âge – Gide avait soixante et un ans, Valéry soixante-neuf – et une condition physique qui ne leur permettait guère de s'engager dans la lutte armée. Le simple fait de publier un journal clandestin était dangereux et pouvait même coûter la vie, comme l'apprirent en 1942 les chefs du Réseau du musée de l'Homme et les cofondateurs de *L'Université libre* et de *La Pensée libre*. Au début donc, la résistance des écrivains fut le résultat d'un lent processus plutôt que d'une décision soudaine.

Pourtant, petit à petit, ils furent de plus en plus nombreux à choisir d'être « du côté de la vie », selon la formule qu'avait employée Jean Paulhan en réponse à ceux qui déploraient que les résistants mouraient en vain. « Tu peux serrer dans ta main une abeille jusqu'à ce qu'elle étouffe, écrit-il en février 1944. Elle n'étouffera pas sans t'avoir piqué. C'est peu de chose, dis-tu, mais si elle ne te piquait pas, il y a longtemps qu'il n'y aurait plus d'abeilles. » De nombreux écrivains décidèrent de piquer par leurs écrits, d'autres le firent par la résistance armée, quelques-uns donnèrent leur vie pour leurs idées. Quand vint la Libération, le monde des lettres avait ses héros mais aussi ses martyrs.

Il y a une chose cependant que peu d'entre eux étaient prêts à accepter, c'était d'arrêter d'écrire. La plupart des écrivains voulaient aussi continuer à publier par nécessité économique ou bien par vanité ou encore parce qu'ils étaient convaincus, ce faisant, de maintenir vivante la flamme de la littérature française. Rien que parmi les écrivains qui n'étaient pas fascistes et qui donnèrent des manuscrits à des éditeurs autorisés par les Allemands, on trouve un éventail qui va des poètes Aragon et Eluard jusqu'aux romanciers comme Colette et Camus. Certains établissaient une distinction entre le fait de publier des livres, ce qui était considéré comme acceptable, et celui d'écrire pour les journaux collaborationnistes où leur signature risquait de côtoyer des articles proallemands ou antisémites. Il y en eut néanmoins quelques-uns qui collaborèrent à des hebdomadaires comme *Comœdia* et *Gringoire* parce qu'ils avaient besoin d'argent. Certains écrivains étaient salariés : Paulhan et, plus tard, Camus travaillaient aux éditions Gallimard ; Guéhenno, Sartre et Beauvoir enseignaient dans des lycées ; Desnos, lui, travaillait pour le quotidien collaborationniste *Aujourd'hui*, et eux aussi continuaient à publier des livres. Même les plus fameux représentants de l'establishment littéraire répugnaient à perdre leur position. Gide et Valéry donnèrent des textes aux premiers numéros de la *Nouvelle Revue française* de Drieu la Rochelle, et Mauriac publia *La Pharisienne* en 1941. Pourtant, vers la fin de la guerre, la plupart de ces auteurs, à l'exception de Claudel, Colette et Beauvoir, s'étaient rangés du côté de la Résistance.

Il y eut cependant un écrivain qui resta fidèle à la décision qu'il avait prise dès le début de ne jamais publier dans une officine officielle, ce fut Guéhenno, un essayiste qui enseignait au lycée Henri-IV. Il n'écrivit que pour le journal clandestin *Les Lettres françaises* et ne publia qu'aux Editions de Minuit également clandestines. Dans son *Journal des années noires*, publié en 1946, il désapprouve violemment ceux qui continuèrent à publier sous leur propre nom. « Pourquoi écrire encore ? Il n'est plus guère possible de douter du ridicule qu'il y a à exercer un métier si personnel. Ces temps nous rappellent à la modestie[1]. » Et il poursuivait : « Voici le temps venu d'écrire pour rien, pour le plaisir. Nous voici réduits au silence, à la solitude, mais aussi peut-être à la gravité. Que notre cellule soit pleine de clarté ne dépend après tout que de nous[2]. » Il regrettait aussi que cette idée de maintenir en vie la littérature française fît le jeu des Allemands. « Que penser d'écrivains français qui, pour être sûrs de ne pas déplaire à l'autorité occupante, décident d'écrire de tout sauf de la seule chose à quoi tous les Français pensent, bien mieux, qui, par leur lâcheté, favorisent le plan de cette autorité selon lequel tout doit paraître en France continuer comme auparavant ? » Curieusement il ne perdait pas espoir : « Mais la pensée française continuera en effet. Contre eux, malgré eux. Mais la république des lettres se tient, somme toute, assez bien. " Les collaborateurs " sont rares, quelques vieux baladins inassouvis, toujours en mal de gloire ou d'argent[3]. »

En réalité, les collaborateurs n'étaient pas si rares, mais les meilleurs écrivains français n'en faisaient pas partie. De plus, à quelques exceptions près, les meilleurs étaient restés en France. Georges Bernanos, écrivain conservateur, avait déjà émigré en Amérique du Sud en 1938 ; il passa les années de guerre au Brésil où il publia un journal favorable à la France libre. Benjamin Péret, le poète surréaliste, avait quitté la France grâce à Varian Fry et resta au Mexique jusqu'en 1948. Jules Romains, poète et romancier élu à l'Académie française en 1946, était d'abord parti aux Etats-Unis avant de s'établir lui aussi au Mexique.

L'écrivain exilé qui entretint les relations les plus compliquées avec la France fut incontestablement Saint-Exupéry. Consterné par l'humiliation de la France mais peu désireux de rejoindre de Gaulle à Londres, il se rendit aux Etats-Unis où il écrivit *Pilote de guerre* et *Le Petit Prince*. Mais c'est un court texte intitulé « Lettre à un otage », adressé à un ami juif – probablement l'écrivain et journaliste Léon Werth à qui il dédia *Le Petit Prince* – qu'il pensait pris au piège en France, qui reflète le plus ses angoisses ; c'est un livre de petit format, de seulement soixante-deux pages et qui fut publié en français par Brentano en 1943 avec un premier tirage de cent exemplaires. Saint-Exupéry y évoque son départ par bateau de Lisbonne et compare la France occupée à un paquebot silencieux, tous feux éteints, livré aux dangers de la mer. « Celui qui, cette nuit-là, hante ma mémoire est âgé de cinquante ans. Il est malade. Et il est juif. Comment survivra-t-il à la terreur allemande[4] ? » Plus loin, Saint-Exupéry s'adresse directement à son ami : « Si je combats encore je combattrai un peu pour toi. J'ai besoin de toi pour mieux croire en l'avènement de ce sourire. J'ai besoin de t'aider à vivre. » Et il ajoutait : « Toi, si français, je te sens deux fois en péril de mort, parce que français, et parce que juif[5]. » Lorsque l'aviateur écrivain finit par présenter toute la population française comme « quarante millions d'otages », il semble annoncer sa décision de rentrer en Europe combattre les Allemands.

Gide, lui aussi, quitta la France. Il regretta d'avoir donné un extrait de son journal à la *NRF* collaborationniste, mais il n'était pas fait pour être un chef de la Résistance. En mai 1942, il partit en Tunisie qui, bien que placée sous l'administration de Vichy, offrait un certain éloignement de la guerre. Six mois plus tard, les Alliés occupèrent l'Algérie et le Maroc, et les Allemands et les Italiens occupèrent la Tunisie. Gide découvrit alors ce qu'était une occupation ennemie. En mai 1943, finalement, les Alliés libérèrent la Tunisie, et il fut libre à son tour de se rendre en Algérie où il finança une nouvelle revue littéraire, *L'Arche*. Le 26 juin, il y dîna avec le général de Gaulle : « Je ne ferai pas de difficulté pour raccrocher à lui mes espoirs », nota-t-il le soir même[6].

Roger Martin du Gard, un ami proche de Gide et qui avait obtenu le prix Nobel de littérature en 1937, opta pour un silence encore plus complet. En 1940, après avoir finalement publié l'épilogue de son œuvre la plus connue, l'épopée familiale en huit volumes des *Thibault*, il s'installa à Nice puis à Cap-d'Antibes. Il s'y consacra à l'écriture d'un nouveau roman, *Le Lieutenant-Colonel de Maumort,* mais ne publia rien avant la Libération. De son côté, Mauriac, qui cessa après 1941 d'écrire pour toute publication approuvée par les Allemands, était dès 1942 engagé dans la résistance intellectuelle.

André Malraux, lui aussi, décida de se retirer de la vie publique. Après avoir combattu le fascisme avant la guerre, et avoir soutenu les républicains dans la guerre civile espagnole, il en était venu à personnifier l'*intellectuel engagé*. Mais, en 1941 et 1942, il repoussa plusieurs demandes de rejoindre la Résistance, affirmant que seules les armées alliées pourraient libérer la France. Il passa donc la plus grande partie de la guerre dans un coin tranquille de la Côte d'Azur, publia un seul livre, *La Lutte avec l'ange* *, en Suisse, et ne rejoignit son demi-frère Roland dans la résistance armée qu'au début de 1944.

* Ce fut le dernier roman de Malraux, republié en 1948 sous le titre *Les Noyers de l'Altenburg*.

Opérant avec des agents britanniques en Dordogne, il prit le nom de « colonel Berger » et se rendit plusieurs fois en secret à Paris. Le 22 juillet, alors qu'il circulait en voiture en compagnie d'un officier britannique, le major George Hiller, Malraux fut arrêté et emprisonné à Toulouse, mais il fut libéré un mois plus tard par des résistants au moment où les Allemands quittaient la ville. Après la libération de Paris, il compensa son ralliement tardif à la Résistance en rejoignant l'armée française.

Pourtant, une poignée d'écrivains étaient déterminés à agir, en aidant des soldats britanniques à sortir de France, en recueillant des renseignements pour le compte de Londres. En tant que groupe actif, ils avaient toutefois besoin d'un chef. Deux hommes se distinguèrent dans ce domaine : Paulhan, le critique littéraire qui pour avoir longtemps dirigé la *NRF* avant la guerre connaissait la plupart des écrivains français, et Aragon, le poète communiste qui élargit le mouvement en étendant son influence au-delà des rangs communistes. D'autres personnages se firent connaître, parfois en tant qu'activistes, parfois en tant que symboles, mais ces deux hommes jouèrent un rôle crucial, en recrutant de nouveaux membres, en servant de pivot de communication et en sachant garder la tête froide dans les moments difficiles.

On pourrait difficilement imaginer deux vies plus différentes. Aragon, qui au début se donna du mal pour renouer le contact avec ses camarades communistes de la zone occupée, resta à Nice jusqu'à ce que les Allemands envahissent le Sud ; il se cacha alors à Lyon pendant un an, et, forcé de fuir de nouveau, il passa les derniers mois de l'Occupation avec sa femme juive d'origine russe, Elsa Triolet, cachés sous les fausses identités d'Elisabeth et Louis-Lucien Andrieux, à Saint-Donat-sur-l'Herbasse, à environ quatre-vingts kilomètres au sud de Lyon. Pendant tout ce temps, il ne cessa d'écrire et, à partir de la mi-1941, resta en contact avec ses camarades de la Résistance aussi bien à Paris que dans le sud de la France. Paulhan, au contraire, menait une double vie. Intellectuel raffiné d'une cinquantaine d'années, il se retrouva en prison en mai 1941 après que la Gestapo eut découvert son implication dans le Réseau du musée de l'Homme, mais il fut libéré grâce à Drieu la Rochelle et reprit rapidement ses activités de résistant. En même temps, il maintenait une apparence de respectabilité : il vivait avec sa femme rue des Arènes dans le 5e arrondissement, se rendait tous les jours à son travail chez Gallimard et était un invité régulier des déjeuners du Jeudi chez Florence Gould. « J'admire dans Jean Paulhan ce don qu'il a d'alléger la vie autour de lui, écrit Guéhenno dans son journal, parfaitement au courant de ses activités de résistant. Quel camarade délicieux et comme il m'aura aidé à vivre dans cette prison[7]. » Même Gerhard Heller, qui s'était lié d'amitié avec beaucoup d'écrivains français, appelait Paulhan « mon maître » dans ses mémoires.

Mais si Paulhan et Aragon devinrent les piliers de la résistance intellectuelle, l'idée même d'une organisation des écrivains était apparue encore plus tôt chez Jacques Decour, un professeur de lycée qui, en compagnie de Georges Politzer et de Jacques Solomon, fonda *L'Université libre* et *La Pensée libre*, soutenus tous les deux par le parti communiste. Ces journaux s'adressaient tout particulièrement aux élites intellectuelles et universitaires. En 1941, avec ses quatre-vingt-dix pages qui lui donnaient l'aspect d'une revue littéraire traditionnelle, *La Pensée libre* les appelait à « reprendre les traditions authentiques de notre culture nationale pour mener, avec les écrivains, les penseurs, les savants et les artistes de tous les pays opprimés, la grande lutte des Lumières contre l'obscurantisme, climat intellectuel de la Nouvelle Europe ». Pour mener ce combat, le parti communiste créa le Front national des écrivains. Mais en dépit de son nom grandiose, il n'avait pratiquement aucun membre et beaucoup d'écrivains non communistes refusaient d'écrire, même de façon anonyme, pour *La Pensée libre*. A l'inverse, le parti communiste n'appréciait guère la décision d'Aragon de continuer à publier de la poésie sous son propre nom, estimant qu'il ferait mieux de canaliser son énergie dans des œuvres de combat. Néanmoins, la première initiative importante d'Aragon, après l'entrée en guerre de l'Union soviétique, fut de convaincre Jacques Decour de recruter au-delà des rangs du parti communiste. Et c'est dans cette perspective que lors d'un voyage secret à Paris, fin juin 1941, il mit en relation Decour et Paulhan.

La rencontre porta ses fruits quelques mois plus tard lorsque Decour, Paulhan, Mauriac et quelques autres fondèrent ensemble le Comité national des écrivains, ou CNE, pour représenter tous les écrivains antifascistes. Aragon accepta de mettre en place une branche sud en zone libre, et Decour à Paris prit la responsabilité de publier un nouveau journal des écrivains, *Les Lettres françaises*, et entreprit de rédiger seul le premier numéro. Mais le 19 février 1942, après la parution du second et dernier numéro de *La Pensée libre*, Decour fut arrêté par la police française et remis aux Allemands. Il fut fusillé le 30 mai, une semaine après Solomon et Politzer. Le parti communiste confia la tâche de publier *Les Lettres françaises* à un homme connu sous le nom de Claude Morgan, pseudonyme du fils de Georges Lecomte, membre de l'Académie française. Morgan dut tout reprendre de zéro puisque la sœur de Decour avait détruit tous les textes que son frère avait préparés. De plus, sans contact avec Paulhan ni avec le CNE, encore novice, Morgan rédigea à lui tout seul les six pages du premier numéro des *Lettres françaises*. Imprimé sur une ronéo en septembre 1942, il s'ouvrait sur le manifeste du Front national des écrivains et comportait un hommage à son prédécesseur, « Adieu à Jacques Decour ».

De l'aide vint rapidement d'Edith Thomas, écrivain antifasciste qui venait de rentrer de zone libre à Paris. Dans le numéro d'octobre 1942 des *Lettres françaises*, lui aussi reproduit avec les moyens du bord sur une ronéo, Edith Thomas écrivit l'éditorial « Criez la vérité ». Elle y interpellait la communauté des écrivains en décrivant un train de déportés, bondé de Juifs, y compris d'enfants*. « Des bras maigres d'enfants se cramponnaient aux barreaux. Une main au-dehors s'agitait comme une feuille dans la tempête. Quand le train a ralenti, des voix ont crié : " Maman. " Et rien n'a répondu que le grincement des essieux. Tu peux dire ensuite que l'artiste doit savoir s'isoler dans sa tour d'ivoire, faire son métier, rien que son métier. Notre métier ? Pour en être digne, il faut dire la vérité. La vérité est totale ou n'est pas. » Garder le silence, dit-elle à ses collègues écrivains, revenait à se rendre complice des crimes nazis[8].

Edith Thomas prit une initiative décisive en présentant Morgan à Paulhan et aux autres membres du CNE, et le numéro de novembre publia une déclaration signée du Comité national des écrivains. Dès le début de 1943, Morgan était en mesure de publier des poèmes d'Eluard et d'Aragon, des articles de Paulhan, Sartre, Michel Leiris et Jacques Debû-Bridel, un nationaliste conservateur autrefois proche de l'Action française. Finalement, en octobre 1943, après avoir imprimé neuf numéros sur des ronéos avec la mention : Fondateur

* Les premiers enfants juifs déportés le furent après la rafle du Vél d'Hiv en juillet 1942.

Jacques Decour, fusillé par les Allemands, écrite à la main sous le titre *Les Lettres françaises*, Morgan trouva un imprimeur clandestin prêt à l'aider. Les quatre numéros suivants comptaient seulement quatre pages. En mars 1944, le journal monta à huit pages et incorpora *L'Ecran français, La Scène française* et *Le Musicien d'aujourd'hui*, représentant les groupes de résistants du cinéma du théâtre et de la musique. Certains articles étaient même mis en page par des résistants qui travaillaient au journal de langue allemande, le *Pariser Zeitung*. Pour distribuer ce mensuel, il fallait l'envoyer par la poste sous enveloppes discrètes, ou le déposer dans des boîtes à lettres privées, le laisser dans des cafés ou le faire circuler dans des cercles d'amis. Le tirage de quatre cents exemplaires en 1943 bondit jusqu'à mille deux cents dans les mois qui précédèrent la Libération.

Les Lettres françaises devinrent la principale raison d'être du CNE, mais ses membres se réunissaient aussi pour échanger des informations ou pour bavarder, pour discuter des nouveaux livres parus, pour envisager de dénoncer les écrivains fascistes et pour préparer la fin de l'Occupation. Morgan, Thomas, Aragon et Eluard faisaient partie de ses membres communistes mais on y trouvait aussi des modérés comme Mauriac et Paulhan. Tout cela était inévitablement marqué par un certain amateurisme. Claude, le fils de François Mauriac, évoque une réunion clandestine chez ses parents réunissant Mauriac, Paulhan, Guéhenno et d'autres : « Avec des airs d'inquisiteurs, ils dressaient " pour le jour de la victoire " des listes de proscription. Jean Paulhan disait (mais avec une certaine ironie) qu'il n'y aurait pas besoin de changer la loi, la référence " flagrant délit de trahison " permettant de juger les prévenus expéditivement et sans enquête[9]. »

Le Comité, ou du moins une poignée parmi les vingt-deux membres qu'il comportait à Paris, se réunissait parfois dans le bureau de Paulhan chez Gallimard, c'est-à-dire, au sens propre, la porte d'à côté du bureau de Drieu la Rochelle. Si deux ou trois écrivains seulement avaient besoin de se voir, la Closerie des Lilas, un restaurant à l'angle du boulevard du Montparnasse, était aussi un de leurs lieux habituels. A partir de février 1943, le Comité se mit à tenir des réunions régulières chez Edith Thomas au 15, rue Pierre-Nicole, près de l'église du Val-de-Grâce dans le 5e arrondissement. L'avantage de cette adresse était que l'immeuble n'avait pas de concierge, mais les écrivains couraient tout de même un risque en se réunissant chaque fois au même endroit. Ce n'était pas le seul risque. Au téléphone, ils devaient en principe employer un langage codé, mais Mauriac reconnut plus tard qu'il oubliait régulièrement les codes et finissait par appeler les gens par leur nom. Une fois, comme se le rappelait Edith Thomas, les vingt-deux membres vinrent chez elle, laissant pas moins de quinze bicyclettes garées au bas de l'immeuble. Elle dut prier ses amis de se montrer plus prudents.

En 1943, beaucoup d'écrivains membres du CNE se lancèrent aussi dans une aventure extraordinaire d'édition clandestine. Cela commença presque par hasard. Fin 1941, Jean Bruller, journaliste et illustrateur satirique qui avait décidé de travailler comme charpentier pendant l'Occupation, lut *Jardins et Routes* d'Ernst Jünger, le journal qu'il avait tenu pendant la conquête de la France. Frappé par le portrait sympathique que Jünger faisait de la France, Bruller écrivit un court roman qu'il intitula *Le Silence de la mer* et qu'il signa Vercors, en référence à la région montagneuse du sud-est de la France où il avait été convalescent. Il espérait le faire publier par son ami Pierre Lescure, un agent secret britannique qui était en contact avec *La Pensée libre*.

Quand les Allemands confisquèrent la presse du journal (et en arrêtèrent les dirigeants), Lescure et Bruller montèrent leur propre maison d'édition clandestine qu'ils appelèrent fort à propos les Editions de Minuit. Ils trouvèrent un imprimeur, Claude Oudeville, qui parvint à imprimer le roman de Vercors, même s'il n'arrivait à réaliser que huit pages à la fois, et Bruller s'adressa à une amie d'enfance, Yvonne Paraf, pour relier le livre à la main. Les trois cent cinquante premiers exemplaires du *Silence de la mer* furent prêts en février 1942, mais sa distribution fut interrompue lorsque Lescure fut obligé de se cacher. Finalement, en septembre 1942, sortit le premier livre clandestin de l'Occupation. Des exemplaires parvinrent à Londres où Cyril Connolly le traduisit en anglais ; de nouveaux exemplaires furent imprimés et convoyés en France par les avions de la RAF qui livraient des armes aux résistants.

Le Silence de la mer était d'autant plus frappant que son ton n'avait rien à voir avec le battage antiallemand et anti-Vichy des *Lettres françaises*. L'histoire est racontée à la première personne par un homme qui vit avec sa nièce dans une ville de province qui n'est pas nommée. Werner von Ebrennac, un officier allemand distingué, descendant de huguenots français, est logé chez eux. Tous les soirs il leur parle, mais eux gardent le silence. Il raconte qu'il a toujours admiré la France de loin mais que sur son lit de mort son père lui a dit : « Tu ne devras jamais aller en France avant d'y pouvoir entrer botté et casqué[10]. » Il s'en excuse, il insiste sur l'amour qu'il porte à la France. Plus tard, quand il vient rendre visite, il raconte qu'il est compositeur, il fait grand usage de la bibliothèque de la maison, il admire Shakespeare, Dante, Cervantès, Molière, Voltaire ; il raconte l'histoire de *La Belle et la Bête*, récite des passages de *Macbeth*, parle de Bach. Il s'adresse souvent à la nièce dont il semble épris. Et chacune de ses visites se termine par : « Je vous souhaite une bonne nuit[11]. »

Un jour, l'officier annonce qu'il doit se rendre à Paris. A son retour, il leur demande d'oublier tout ce qu'il leur a dit au cours des mois précédents. A Paris il a rencontré des soldats allemands qui ne partagent pas ses sentiments à l'égard de la France. Ils lui ont dit : « Nous ne sommes pas des fous ni des niais : nous avons l'occasion de détruire la France, elle le sera. Pas seulement sa puissance : son âme aussi. Son âme surtout. Son âme est le plus grand danger. C'est notre travail en ce moment : ne vous y trompez pas, mon cher ! Nous la pourrirons par nos sourires et nos ménagements. Nous en ferons une chienne rampante[12]. » L'officier leur annonce alors que, dégoûté par ces propos, il a demandé à être transféré sur le front de l'Est et qu'il doit partir le lendemain matin. Une fois de plus il souhaite une bonne nuit à ses hôtes. Puis regardant fixement la jeune femme, il ajoute « Adieu ». Au bout de quelques longues secondes, brisant le silence pour la première et la dernière fois, elle murmure « Adieu* ».

Le Silence de la mer souleva quelques questions délicates, celle de savoir par exemple si le silence était la meilleure réponse à l'Occupation ou celle de savoir si l'on pouvait dans un livre faire un portrait favorable d'un officier allemand. Pourtant, sans même connaître le véritable nom de l'auteur, les Forces françaises libres à Londres approuvèrent l'ouvrage et *Les Lettres françaises* le saluèrent comme « Le livre le plus émouvant, le plus profondément humain que nous ayons eu l'occasion de lire depuis le début de l'occupation allemande[13] ».

* Par coïncidence, il se trouve que cette histoire rappelle celle de *Dolce*, le deuxième volume de *Suite française*, l'œuvre inachevée d'Irène Némirovsky, qui brosse aussi le portrait d'un « bon » Allemand logé chez des particuliers dans une ville de province.

Encouragé par un tel accueil, Bruller décida de poursuivre les publications des Editions de Minuit. Yvonne Paraf, qui garda secrète l'identité de Vercors jusqu'à la fin de la guerre, traversa la ligne de démarcation pour se rendre en zone libre récupérer le manuscrit de *A travers le désastre* du philosophe exilé Jacques Maritain qui l'avait déjà publié aux Etats-Unis sous le titre, *France, my Country, Through the Disaster*. Il parut sous la couverture des Editions de Minuit en octobre 1942. Au début de 1943, Bruller entra en contact avec Paulhan et eut ainsi accès d'un seul coup à tout son cercle de résistants. Ce qui se concrétisa dès le troisième livre, *Chroniques interdites*, publié en avril 1943, qui comprenait un hommage de Paulhan à Jacques Decour. Au cours des seize mois qui suivirent, vingt-deux petits livres de plus furent publiés sous toute une série de pseudonymes. Elsa Triolet publia son bref roman, *Les Amants d'Avignon*, sous le nom de Laurent Daniel, Mauriac donna un essai, *Le Cahier noir*, qu'il signa Forez, Debû-Bridel rendit hommage à la littérature anglaise dans *Angleterre (d'Alcuin à Huxley)* sous le nom d'Argonne, Guéhenno publia *Dans la prison*, adapté de son journal intime, et signa Cévennes, et Morgan publia une longue nouvelle, *La Marque de l'homme*, sous le nom de Mortagne. Le bref roman de John Steinbeck sur l'Occupation et la Résistance dans un pays qui n'est pas nommé, *The Moon is Down*, fut aussi publié par les Editions de Minuit peu avant la Libération sous le titre *Nuits noires*. Il était présenté comme la première traduction française intégrale du livre pour ne pas le confondre avec *Nuits sans lune*, une édition publiée en Suisse en 1943 et dont les passages essentiels avaient été supprimés.

La poésie se révéla mieux adaptée aux circonstances de l'Occupation. Un poème n'avait pas besoin de beaucoup de papier, on pouvait le retenir aisément et le réciter, le recopier à la main et le laisser sur la table d'un café. On pouvait le lire à la BBC, et surtout il avait une grande force émotionnelle. De plus, la poésie de la Résistance jouissait d'une sorte de monopole dans la mesure où les écrivains collaborateurs n'avaient jamais essayé d'exprimer leurs sentiments fascistes en vers. Aragon était particulièrement doué pour publier des poèmes où le message de résistance était masqué par des références littéraires, historiques ou lyriques. « La contrebande, en littérature, est l'art de faire naître les sentiments interdits avec les paroles autorisées », expliqua-t-il après la guerre[14].

Un poète, Pierre Seghers, garda en vie une poésie de qualité en zone libre grâce à sa revue *Poésie 40*, qui changeait de titre chaque année en fonction de la date. Editée chez lui à Villeneuve-lès-Avignon, elle était soumise à la censure de Vichy mais jouissait pourtant d'une grande liberté. Seghers mettait un point d'honneur à publier des poèmes de prisonniers de guerre qui lui étaient envoyés depuis les camps en Allemagne, et il expédiait en retour des exemplaires de *Poésie* dans ces mêmes camps. Il raconta plus tard combien il avait été ému par une lettre qu'il avait reçue au début de 1942, dans laquelle un prisonnier de guerre racontait comment, inspiré par *Poésie*, lui et ses amis avaient lancé une revue mensuelle de poésie dans leur camp de prisonniers. « Votre revue me fait du bien, écrivait-il. C'est tout. Il faudrait que tous les Français connaissent la place que nous donnons à la Poésie, nous qui n'avons rien, et la foi que nous avons tous dans l'avenir de la Poésie française », et il terminait par ces mots : « Monsieur Seghers, courage, courage, courage, courage. » L'année suivante, Seghers consacra un numéro entier de *Poésie 43* aux « Poètes prisonniers ».

D'autres lieux d'expression importants pour la poésie étaient le supplément littéraire du *Figaro*, *Confluences*, de René Tavernier, tous les deux en zone libre à Lyon, *Les Cahiers du Sud* à Marseille, et *Fontaine*, de Max-Pol Fouchet, à Alger. A Paris, *Les Cahiers d'art* réussissaient à combiner la résistance intellectuelle – leurs bureaux rue du Dragon à Saint-Germain-des-Prés servirent souvent à imprimer *Les Lettres françaises* – et la publication de poésie à la fois en secret et ouvertement avec l'approbation allemande.

Quantité de poètes apparurent pendant l'Occupation, mais Aragon et Eluard, tous les deux dans la quarantaine, furent les plus prolifiques et les plus influents. Grâce à l'Occupation, ils parvinrent même à régler un vieux différend qui remontait à 1933 lorsque Eluard, en même temps que Breton, avait été exclu du parti communiste et qu'Aragon avait été chassé du mouvement surréaliste. Jusque-là, Eluard et Aragon avaient été les poètes surréalistes les plus importants. A l'inverse, leur poésie sous l'Occupation était claire, directe et chargée d'émotion. La principale différence entre les poèmes qu'ils signaient et ceux qu'ils publiaient anonymement ou sous pseudonymes était que ceux qui étaient soumis à la censure allemande évoquaient la mélancolie profonde et le malaise de l'époque alors que leurs poèmes résistants étaient souvent violents dans leur dénonciation des nazis et de leurs vassaux français. Ils eurent tous les deux beaucoup de chance de ne jamais être emprisonnés parce que leurs styles individuels étaient aisément reconnaissables dans certains de leurs poèmes clandestins.

Aragon fut le premier à apporter de la poésie aux Editions de Minuit avec une épopée en vers enflammée, intitulée *Le Musée Grévin*. Mais pour lors, en dehors de sa « littérature clandestine », il avait déjà publié un recueil chez Gallimard en 1941, *Le Crève-cœur*, et un autre en Suisse, *Les Yeux d'Elsa*, en 1942. Dans « Les lilas et les roses », composé immédiatement après la défaite française en juin 1940 et publié dans *Le Crève-cœur*, Aragon oppose le printemps à la douleur de la défaite :

O mois des floraisons mois des métamorphoses
Mai qui fut sans nuage et juin poignardé
Je n'oublierai jamais les lilas ni les roses
Ni ceux que le printemps dans les plis a gardés.

Le poème évoque ensuite les soldats, les tanks, la panique et la mort :

Tout se tait L'ennemi dans l'ombre se repose
On nous a dit ce soir que Paris s'est rendu
Je n'oublierai jamais les lilas ni les roses
Et ni les deux amours que nous avons perdus.

Dans « La nuit d'exil », Aragon imagine un Paris lointain :

Reverrons-nous jamais le paradis lointain
Les Halles l'Opéra la Concorde et le Louvre
Ces nuits t'en souvient-il quand la nuit nous recouvre
La nuit qui vient du cœur et n'a pas de matin.

A mesure que l'Occupation s'installait dans la durée, ce ton résigné fut remplacé par des vers plus combatifs. En 1943, Aragon publia « Ballade de celui qui chanta dans les supplices » dans *Les Lettres françaises* et le dédia à Gabriel Péri, un jeune communiste fusillé en décembre 1941 après avoir refusé de livrer des secrets de la Résistance.

Et si c'était à refaire
Referait-il ce chemin
La voix qui monte des fers
Dit je le ferai demain.

Tandis qu'Aragon, le poète, écrivait de manière prolifique, Aragon le communiste s'occupait activement à organiser des groupes de résistants médecins, avocats et écrivains dans le Sud. De février 1943 à mars 1944, il sortit le mensuel clandestin *Les Etoiles*, qui s'ouvrit sur un appel à l'union des intellectuels et plus tard informa ses lecteurs plus largement des activités de la Résistance. Le journal publiait aussi parfois des poèmes d'Aragon sous différents pseudonymes.

Eluard mit plus de temps à rejoindre la Résistance avec *Livre ouvert*, un recueil publié en privé par *Cahiers d'art* en 1941 et qui reflétait son désespoir. Il publia également des poèmes dans *Poésie 41*. Un passage typique était « Je n'entends pas parler les monstres / Je les connais ils ont tout dit ». En juin 1942, *Fontaine*, à Alger, publia ce qui devait devenir le poème le plus célèbre des années de guerre, « Liberté ». S'il ressemblait à un poème d'amour, c'est que Eluard l'avait écrit pour sa femme, Nusch, sous le titre « Une seule pensée ». Et s'il fut autorisé, c'est que les censeurs de Vichy à Alger ne le lurent pas en entier. En vingt-quatre strophes de quatre vers, Eluard y évoque les bonheurs de sa vie, depuis ses années d'écolier jusqu'à ses voyages, ses moments de malheur et ses amours. Et en guise de célébration il termine vingt strophes par « J'écris ton nom ». Mais dans l'édition de *Fontaine*, au lieu de mentionner le nom de Nusch, il changea le dernier mot du poème.

Et par le pouvoir d'un mot
Je recommence ma vie
Je suis né pour te connaître
Pour te nommer
LIBERTÉ.

Trois mois plus tard, Eluard ajouta « Liberté » dans un recueil de poèmes publié en privé à Paris. Mais le plus important fut que Fouchet adressa à Londres un exemplaire du poème qui fut imprimé sous forme de feuilles volantes par une revue gaulliste, *La Revue du monde libre*, et la RAF en largua des dizaines de milliers dans la France occupée.

Fin 1942, après avoir rejoint le parti communiste, Eluard adhéra au CNE et, peu après, écrivit un hommage à Paris pour *Les Lettres françaises* :

> *Paris a froid Paris a faim*
> *Paris ne mange plus de marrons dans la rue*
> *Paris a remis de vieux vêtements de vieilles*
> *Paris dort tout debout sans air dans le métro.*

En avril 1943, Bruller sollicita Eluard pour préparer la première anthologie poétique des Editions de Minuit, *L'Honneur des poètes*. Parmi les vingt-deux auteurs représentés on trouvait Aragon, Seghers, Thomas, Tavernier, Bruller et Eluard lui-même, ainsi que trois prisonniers de guerre, qui utilisaient tous des pseudonymes. Dans une préface non signée, Eluard écrivait : « Devant le péril aujourd'hui couru par l'homme, des poètes nous sont venus de tous les points de l'horizon français. Une fois de plus la poésie mise au défi se regroupe, retrouve un sens précis à sa violence latente, crie, accuse, espère[15]. » En mai 1944, alors qu'il passait l'essentiel de son temps dans la clandestinité, Eluard réussit à publier une nouvelle anthologie, *Europe*, aux Editions de Minuit ; elle comprenait des poèmes de beaucoup des mêmes résistants mais aussi des œuvres de poètes d'autres pays occupés.

Bruller publia un autre livre exceptionnel, *33 sonnets composés au secret*, attribué à Jean Noir. Les poèmes étaient l'œuvre de Jean Cassou, le conservateur du musée d'Art moderne qui avait fui Paris après que les Allemands avaient démantelé le Réseau du musée de l'Homme en 1941. Il continua ses activités de résistant à Toulouse où il fut arrêté par la police française en décembre 1941. Il fut relâché en février 1942 mais fut de nouveau emprisonné peu après jusqu'au début de 1943 et rejoignit alors les rangs de la Résistance. Ce fut lors de son premier séjour en prison qu'il composa de tête ces sonnets, les retenant jusqu'aux derniers jours de sa détention où il put finalement obtenir du papier et un crayon. « Pendant ces deux mois, j'ai composé un demi-sonnet chaque nuit », raconta-t-il des années plus tard.

En mai 1944, les sonnets de Cassou, dédiés à « mes compagnons de prison », parurent aux Editions de Minuit. La longue préface d'Aragon, signée François La Colère, ajoute une dimension dramatique à l'exploit de Cassou : « Dans cette nuit où le captif se retrouve, loin de se complaire à témoigner de la faim, de la soif, du froid, des tourments d'indignité, de l'humiliation de l'homme par l'homme, le poème est un grand défi jeté aux conditions du mépris. Le poème est pour lui l'effort surhumain d'être encore un homme, d'atteindre à ces régions de l'esprit et du cœur que tout autour de lui nie et diffame[16]. »

Même s'ils furent qualifiés plus tard de « sonnets de la Résistance », ces poèmes relèvent plus du sonnet traditionnel que de l'acte de résistance ; ils reflètent les souvenirs fragmentés, les images et les pensées qui viennent à un homme emprisonné dans la solitude de la nuit. Dans un sonnet, les sons qu'il entend se mêlent à ses souvenirs :

Bruits lointains de la vie, divinités secrètes,
Trompe d'auto, cris des enfants à la sortie
Carillon du salut à la veille des fêtes
Voiture aveugle se perdant à l'infini[17].

Dans un autre poème il imagine la joie des poètes retrouvant la terre.

Et ils reconnaîtront sous des masques de folles
A travers Carnaval dansant la farandole,
Leurs plus beaux vers enfin délivrés du sanglot
Qui les fit naître. Alors, satisfaits, dans le soir,
Ils s'en retourneront en bénissant la gloire,
L'amour perpétuel, le vent, le sang, les flots[18].

Paris aussi est évoqué : « *Paris, ses monuments de sang drapés, son ciel / couleur aile d'avion, dans le soleil couchant, j'ai tout revu*[19]. » L'Occupation elle-même est suggérée quand il espère voir « *Les jours renaître au jour*[20] ».

Au point où le mépris toute digue a rompue
cœur près de se briser, il ne te reste plus
qu'à mépriser le mépris même[21]

La qualité lyrique de beaucoup de ces sonnets incita Henri Dutilleux, Darius Milhaud et Manuel Rosenthal à en mettre chacun un en musique. Cassou survécut à la guerre. Grièvement blessé lors d'un accrochage avec une unité allemande pendant la libération de Toulouse, il se rétablit et rentra à Paris où il dirigea le musée d'Art moderne jusqu'en 1965.

Robert Desnos eut moins de chance. Né en 1900, il avait été happé dans les turbulences du mouvement surréaliste avant d'en être expulsé par Breton en 1929, pour, entre autres, avoir refusé d'adhérer au parti communiste. Mais il resta de gauche, soutint les républicains dans la guerre civile espagnole et fut horrifié de la montée des nazis. Mobilisé en septembre 1939, il fut fait prisonnier mais parvint à s'évader en juin 1940 et rentra à Paris travailler pour le journal *Aujourd'hui.* Après que le directeur du journal eut été arrêté parce qu'il refusait d'attaquer les Juifs, Desnos continua à travailler sous la direction de Georges Suarez, le nouveau directeur fasciste, en traitant uniquement de sujets littéraires et en évitant la politique. Mais *Aujourd'hui* se révéla un lieu d'information très précieux; quand Desnos rejoignit en 1942 le groupe de résistance Agir, il était bien placé pour fournir des renseignements qu'il avait glanés en salle de conférence. Il continua également à écrire de la poésie, donnant un poème intitulé « Le Veilleur du Pont-au-Change » à l'anthologie *Europe.* Dans une strophe, il y adresse ce salut à la Résistance :

Je vous salue vous qui dormez
Après le dur travail clandestin,
Imprimeurs, porteurs de bombes, déboulonneurs de rails, incendiaires,
Distributeurs de tracts, contrebandiers, porteurs de messages,
Je vous salue vous tous qui résistez, enfants de vingt ans au sourire de source
Vieillards plus chenus que les ponts, hommes robustes, images des saisons,
Je vous salue au seuil du nouveau matin.

Mais lorsque le volume *Europe* parut en mai 1944, Desnos était dans un camp de concentration allemand. Dans son journal, Galtier-Boissière évoque un coup de téléphone qu'il donna à Desnos et sa femme Youki, le matin du 22 février 1944 : « Youki Desnos à qui je téléphone, me coupe brusquement : “ Rappelle-moi dans un quart d'heure, veux-tu?... ” Un quart d'heure après, elle me dit d'une voix altérée : Les policiers allemands sont entrés pendant que tu téléphonais. Ils ont emmené Robert[22]. » La communauté artistique se mobilisa pour tenter de le faire libérer et Youki obtint même de Heller une promesse d'aide. Desnos écrivit à Youki qu'il espérait encore ne pas être déporté. « J'ai coupé au dernier départ et j'espère bien ne pas être du prochain. Je suis ici avec des gens très bien et gentils : Communistes, gaullistes, royalistes, curés, nobles, paysans. C'est une salade extraordinaire[23]. »

Mais la presse collaborationniste, menée par Laubreaux, continua à faire campagne contre lui, l'accusant d'être communiste. Fin avril, il fut mis à bord d'un convoi en partance pour l'Est. Au cours de l'année suivante, il fut sans arrêt déplacé d'un camp à l'autre jusqu'à son arrivée à Terezin en Tchécoslovaquie. C'est là qu'il mourut du typhus le 8 juin 1945, un mois après le Débarquement.

René Char suivit une autre voie. Ancien joueur de rugby, devenu poète surréaliste, il avait trente-trois ans au moment de la chute de Paris. Mais au lieu de regagner la capitale après sa démobilisation, il préféra rentrer faire le point dans son village natal, L'Isle-sur-la-Sorgue, à l'est d'Avignon. Il prit rapidement la décision de continuer à écrire mais sans publier. « Mes raisons me sont dictées en partie par l'assez incroyable et détestable exhibitionnisme dont font preuve depuis le mois de juin 1940 trop d'intellectuels parmi ceux dont le nom jadis était précédé ou suivi d'un prestige bienfaisant », écrit-il à son vieil ami Francis Curel*. Dans une autre lettre à Curel, Char laisse entendre qu'il est nécessaire d'aller plus loin : « Certes, il faut écrire des poèmes, tracer avec de l'encre silencieuse la fureur et les sanglots de notre humeur mortelle, mais tout ne doit pas se borner là. Ce serait dérisoirement insuffisant[24]. » En décembre 1940, après une perquisition de son domicile par la police française, Char fut prévenu qu'il allait bientôt être arrêté. En février 1941, il se rendit à Marseille pour voir Breton, Wifredo Lam et les autres surréalistes qui attendaient à la Villa Air-Bel d'avoir des visas pour quitter la France, mais il n'envisagea jamais de les accompagner.

Au lieu de cela, il alla se cacher à Céreste, un village de montagne à une cinquantaine de kilomètres à l'est de L'Isle-sur-la-Sorgue. C'est là que, protégé par le silence des habitants, il mit peu à peu sur pied un groupe de résistants, d'abord dans les villages voisins puis beaucoup plus loin, pour finir par établir le contact avec l'Armée secrète, qui unifia un certain nombre de groupes de la Résistance en 1943. Pour lors, le maquis avait vu ses effectifs gonflés par l'arrivée de jeunes hommes qui fuyaient le travail obligatoire en Allemagne. Char fut nommé responsable de la section locale des parachutages, ce qui revenait à récupérer, stocker et distribuer des armes, de l'argent et des papiers parachutés par la RAF. Son groupe compta rapidement quelque deux mille hommes, et lorsque les SS et la milice étendirent

* Curel fut arrêté en juillet 1943 et déporté en Autriche, mais il survécut à la guerre.

leurs activités à la zone sud, ses combattants multiplièrent leurs actions. En juillet 1944, il s'envola pour Alger où il participa à la préparation du débarquement des Alliés sur la côte sud de la France. Un mois plus tard, il guida les troupes américaines libératrices dans les régions où ses combattants avaient résisté.

Pendant toute la guerre, même s'il était coupé de la résistance intellectuelle parisienne, Char continua à prendre des notes, publiées en 1946 sous le titre *Feuillets d'Hypnos* *, qui comprennent des aphorismes, de la prose poétique et des descriptions directes. Ses aphorismes étaient inspirés de son combat de résistant. « L'acquiescement éclaire le visage. Le refus lui donne la beauté » ; « L'éternité n'est guère plus longue que la vie » ; « Le fruit est aveugle. C'est l'arbre qui voit » ; « Un homme sans fautes est comme une montagne sans crevasses. Il ne m'intéresse pas[25] ». Les notes les plus bouleversantes de Char évoquent le combat proprement dit ; l'une d'elles, particulièrement poignante, date du 22 juin 1944, « Horrible journée ! », où il assista à l'exécution d'un de ses combattants, un jeune poète de vingt-trois ans, Roger Bernard : « Je n'avais qu'à presser la détente du fusil-mitrailleur et il pouvait être sauvé », écrit Char, faisant remarquer que les troupes SS ignoraient la présence des résistants cachés à proximité. « Aux yeux qui imploraient partout autour de moi le signal d'ouvrir le feu, j'ai répondu non de la tête. » C'était une décision terrible à prendre ; il ajoute : « Je n'ai pas donné le signal parce que ce village devait être épargné à tout prix. Qu'est-ce qu'un village ? Un village semblable à un autre ? Peut-être l'a-t-il su, lui, à cet ultime instant[26]. »

Les Allemands exécutèrent aussi Emile Cavagni que Char appelait « mon meilleur frère d'action » et dont il disait : « Il portait ses quarante-cinq ans verticalement, tel un arbre de la liberté. Je l'aimais sans effusion, sans pesanteur inutile. Inébranlablement[27]. » Le récit que fait Char d'une embuscade est encore plus brutal : « La petite colonne ennemie a immédiatement battu en retraite. Excepté le mitrailleur, mais il n'a pas eu le temps de devenir dangereux : son ventre a éclaté. Les deux voitures nous ont servi à filer[28]. »

D'autres intellectuels payèrent de leur vie leurs actes de résistance. Le philosophe Jean Cavaillès avait trente-six ans lors de la

* Dans la mythologie grecque, Hypnos est le dieu du sommeil. En choisissant ce nom, Char se définissait comme l'observateur de la longue nuit de l'Occupation.

déclaration de la guerre. Il fut capturé par la Wehrmacht en juin 1940 mais parvint à s'échapper. Plus tard, cette même année, alors qu'il enseignait à Clermont-Ferrand, il rencontra Emmanuel d'Astier de La Vigerie, un ancien officier des services secrets de la marine, et ils fondèrent ensemble un groupe de résistants, Libération-Sud, et publièrent un journal, *Libération*. Quand Cavaillès fut nommé à Paris, à la Sorbonne, il fonda Libération-Nord. La résistance gaulliste lui ordonna alors d'organiser un réseau de renseignements dans tout le nord de la France, avant de le renvoyer encore une fois dans le Sud. En septembre 1942, il fut arrêté par la police française mais parvint à s'échapper trois mois plus tard. Il fut convoqué à Londres pour y rencontrer de Gaulle, ce qui donne une idée de l'importance de son rôle. Le 28 août 1943, il fut de nouveau arrêté, cette fois à Paris. Après avoir été torturé et emprisonné à Fresnes puis à Compiègne, il fut fusillé le 17 février 1944.

Jean Prévost, qui avait lui aussi une trentaine d'années en 1940, mit plus longtemps à s'engager dans la résistance armée. Ecrivain prolifique, il travaillait pour *Paris-Soir* à Lyon et fut introduit dans la branche sud du CNE par Aragon en 1942. Il se retrouva brièvement sous les feux de la rampe lorsque, grâce à Mauriac et Duhamel, il remporta le prix de littérature de l'Académie française pour sa thèse de doctorat sur Stendhal, *La Création chez Stendhal : Essai sur le métier d'écrire et la psychologie de l'écrivain.* A l'époque déjà, sous le nom de guerre de Capitaine Goderville, il faisait partie du maquis du Vercors dans le sud-est de la France. Le 1er août 1944, il fut tué en même temps que quatre de ses camarades en combattant les Allemands.

Deux figures éminentes de l'intelligentsia parisienne, juifs tous les deux, moururent aussi comme résistants. Marc Bloch, un brillant historien qui avait fondé avec Lucien Febvre la revue *Annales d'histoire économique et sociale*, insista pour être enrôlé dans l'armée en 1939 malgré son âge, cinquante-trois ans, et ses six enfants. Après la défaite française, il écrivit son analyse de la débâcle, *L'Etrange Défaite*, qui ne fut publiée qu'en 1946 après sa mort. Après la promulgation du Statut des Juifs par Vichy en 1940, il fut renvoyé de l'enseignement, mais il fit appel de la décision et fut autorisé à enseigner en zone libre, d'abord à Clermont-Ferrand puis à Montpellier. Il eut alors une brouille passagère avec Febvre qui voulait continuer à publier leur revue, ce qui n'était possible que si le nom juif de Bloch en disparaissait. Après que l'Allemagne eut envahi la zone libre, Bloch entra dans la Résistance dans la région de Lyon auprès du groupe des Francs-Tireurs et des Partisans qui se rallièrent ensuite au Mouvement uni de la Résistance. Le 8 mars 1944, il fut arrêté par la Gestapo et torturé. Le 16 juin, il fut fusillé en même temps que seize autres résistants.

Agé lui aussi d'une cinquantaine d'années, Benjamin Crémieux était critique littéraire et secrétaire général de la section française du Pen Club pendant l'entre-deux-guerres. D'allure frappante avec sa grande barbe noire, il est souvent photographié avec des écrivains de l'époque. Il était proche de la *NRF* d'avant guerre où il avait publié en 1924 la première étude sérieuse sur Proust deux après la mort de l'auteur. Comme Bloch, il se réfugia dans la zone sud avant de rejoindre le groupe de résistance Combat en 1943, sous le nom de guerre de Lamy. Arrêté par la milice française à Marseille le 27 avril 1943, il fut torturé par la Gestapo mais ne révéla rien sur son groupe. Détenu successivement à Drancy, Fresnes et Compiègne, il fut déporté à Buchenwald où il mourut d'épuisement le 14 avril 1944.

Le maquis et les autres groupes armés n'avaient guère besoin de textes d'encouragement, mais ils adoptèrent immédiatement « Le Chant des partisans », un ardent poème mis en musique qui fut rapidement chanté et sifflé comme l'hymne de la Résistance. Il fut composé à Londres par deux romanciers, Joseph Kessel et son neveu Maurice Druon*, qui avaient rejoint les Français libres en 1942 et travaillaient aux émissions de propagande. En 1943, d'Astier de La Vigerie leur demanda un chant pour unifier les différents groupes de résistants qui sans cela n'avaient pas grand-chose en commun. « D'Astier n'arrêtait pas d'insister et on lui répondait toujours “ on y réfléchit ”, raconta Druon qui fut élu à l'Académie française en 1966 et en devint plus tard le secrétaire perpétuel. Un beau jour, un dimanche, on s'est mis à écrire. On avait choisi un morceau de musique d'Anna Marly qui était russe et avait emprunté la musique à un chant de son pays. La Résistance l'adopta immédiatement. La BBC le diffusait. La RAF en largua des exemplaires[29]. » Bâti sur un motif entêtant, si souvent répété qu'il devint difficile à oublier, le chant en

* Avant de rejoindre Londres, *via* l'Espagne et le Portugal, Druon, qui vivait en zone libre, vit monter sa première pièce, *Mégarée*, au Grand Théâtre de Monte-Carlo.

quatre strophes était destiné à raffermir le courage. Dès la première, il annonce :

Ce soir l'ennemi
Connaîtra le prix du sang
Et des larmes...

Puis il interpelle les combattants :

Ohé ! les tueurs,
A la balle et au couteau,
Tuez vite !

Et il atteint son apogée lorsqu'il insiste sur l'importance de continuer le combat, quelles qu'en soient les conséquences :

Ami, si tu tombes,
Un ami sort de l'ombre
À ta place.
Demain du sang noir
Séchera au grand soleil
Sur les routes.
Sifflez, compagnons,
Dans la nuit la Liberté
Nous écoute...

Pour beaucoup d'écrivains à Paris, cependant, la lutte armée semblait presque une abstraction. Colette, par exemple, l'un des auteurs français les plus populaires et depuis longtemps, faisait de son mieux pour ne pas se mêler de politique même si elle vivait sous la menace de l'antisémitisme officiel. Déjà âgée d'une bonne soixantaine d'années en 1940 et souffrant d'arthrite, elle avait épousé Maurice Goudeket, « le Juif qui ne sait pas qu'il l'est », selon une expression à elle. Au cours de l'Exode en 1940, ils se retrouvèrent dans un château en Corrèze qui appartenait à la fille de l'auteur. Mais Paris leur manquait et ils obtinrent des autorisations pour franchir la ligne de démarcation. En septembre 1940, ils regagnèrent leur appartement du Palais-Royal et Colette se remit à écrire, fournissant une chronique hebdomadaire au *Petit Parisien* et publiant des nouvelles dans divers hebdomadaires contrôlés par les Allemands comme *Comœdia*, le journal antisémite *Gringoire* et *La Gerbe*. Fin 1941, elle publia une version remaniée de *Le Pur et l'Impur* et un nouveau roman, *Julie de Carneilhan*, où elle dépeignait les Juifs et la IIIe République sous un jour qui choqua certains de ses amis et dut plaire aux occupants. Colette, pour sa part, semblait oublier l'Occupation. Elle demeura un pilier du tout-Paris, dînant dans des restaurants luxueux avec des amis artistes et écrivains d'opinions politiques opposées, tandis que Cocteau venait chez elle en voisin l'amuser de ses bavardages et de ses remarques spirituelles.

Mais la réalité politique se rappela à son souvenir. Le 12 décembre 1941, lors de la première rafle visant des Juifs français connus, Goudeket fut arrêté par la Gestapo et emmené à Compiègne. Par chance, Suzanne Abetz, la femme de l'ambassadeur allemand, était une des admiratrices de Colette et elle parvint à obtenir de son mari la libération de Goudeket au bout de sept semaines. Colette adressa une lettre de remerciement à Epting à l'Institut allemand. Goudeket se procura rapidement de faux papiers et partit en zone libre où il se trouvait chez des amis à Saint-Tropez lorsque eut lieu la grande rafle du Vél d'Hiv à Paris. Fin 1942 pourtant, il rentra à la maison, et pendant tout le reste de l'Occupation, il passa toutes les nuits dans une chambre de bonne au-dessus de l'appartement de Colette. Colette, quant à elle, continua à écrire ; elle publia son très fameux *Gigi* en 1944, mais elle sortait peu désormais et se plaignait de plus en plus de sa santé. Quand Paris fut libéré, le fait qu'elle ait commencé par écrire pour des journaux collaborationnistes fut rapidement oublié. Colette restait Colette.

Il y eut bien certains écrivains qui connurent le froid et la faim et d'autres qui coururent le risque d'être arrêtés et déportés, mais pour la plupart d'entre eux, la guerre resta une affaire de mots. Ils furent nombreux à préférer publier ouvertement plutôt que clandestinement. Ce fut le cas de Jean-Paul Sartre. Dès l'automne 1940, un groupe d'élèves de l'Ecole normale supérieure, celle-là même qu'avait fréquentée Sartre, entreprit de publier un pamphlet intitulé *Sous la botte*. « J'avais la vieille Underwood de mon père, raconta des dizaines d'années plus tard Dominique Desanti qui avait vingt ans à l'époque. J'étais la seule à savoir taper avec un stencil. On distribuait le tract dans le métro ou à la sortie des usines. On diffusait des informations entendues à la BBC, on parlait de la bourgeoisie française qui avait pris la fuite[30]. »

Après que Sartre eut été libéré d'un camp de prisonniers en avril 1941 pour raisons médicales, le philosophe Merleau-Ponty le présenta à ses élèves et ils formèrent ensemble un groupe appelé Socialisme et Liberté qui publia quelque temps un journal d'une seule page sous ce même titre. « Pour nous, Sartre était déjà un grand homme », dit Dominique Desanti en évoquant son roman de 1938, *La Nausée*. Mais après un voyage dans le Sud où Gide et Malraux refusèrent de rejoindre Socialisme et Liberté, l'aventure perdit tout intérêt aux yeux de Sartre. En septembre 1941, il commença à enseigner au lycée Condorcet où il prit la place d'un professeur juif renvoyé quelques mois auparavant. Pendant ce temps, les élèves persévérèrent, même après l'arrestation de l'une d'entre eux qui fut déportée à Birkenau où elle mourut. Un des derniers numéros de *Sous la botte*, à la mi-1942, publia un article non signé de Sartre qui dénonçait l'obligation faite aux Juifs de porter l'étoile jaune. A l'automne 1942, le groupe s'était dispersé.

Sartre, qui avait d'abord été exclu du CNE par Jacques Decour, fut finalement invité à le réintégrer au début de 1943, et, en avril de la même année, il publia un article anonyme dans *Les Lettres françaises* sous le titre « Drieu la Rochelle ou la haine de soi ». Il écrivit deux autres courts articles pour *Les Lettres françaises* en 1944, mais rien pour les Editions de Minuit. Il concentra plutôt ses efforts sur son œuvre personnelle, son ouvrage existentialiste *L'Etre et le Néant*, ses pièces, *Les Mouches* et *Huis clos*, et le scénario d'un film qui ne fut jamais tourné.

Pendant ce temps, Simone de Beauvoir, qui venait de publier son premier roman, fut suspendue de son poste de professeur en juin 1943 pour « incitation de mineur à la débauche », plus précisément pour avoir séduit une de ses élèves, Nathalie Sorokine, dont la mère s'était plainte auprès de l'administration. En février de l'année suivante, Beauvoir se mit à présenter une série d'émissions sur l'histoire du music-hall à Radio-Vichy qui était désormais installée à Paris. A l'époque, elle était encore plus éloignée de la Résistance que Sartre; elle expliqua plus tard qu'elle ne voyait pas l'intérêt d'assister aux réunions du CNE puisqu'elle y était représentée par Sartre qui, de toute façon, les trouvait ennuyeuses. Ils trouvèrent, en revanche, l'un et l'autre, le temps de devenir des vedettes de la Rive Gauche. En janvier 1944, l'hebdomadaire illustré *Toute la vie* publia des photos d'artistes et d'écrivains de Saint-Germain-des-Prés où l'on voyait Sartre écrire au Café de Flore. Dans ses mémoires, *La Force de l'âge*, Beauvoir dépeint une scène typique du Flore : « Peu à peu, au cours de la matinée, la salle se remplissait ; à l'heure de l'apéritif, elle était comble. Picasso souriait à Dora Maar qui tenait en laisse un gros chien ; Léon-Paul Fargue se taisait, Jacques Prévert discourait ; il y avait des discussions bruyantes aux tables des cinéastes qui, depuis 1939, se retrouvaient là presque chaque jour[31]. » Sartre et Beauvoir habitaient l'hôtel La Louisiane, à côté, rue de Seine, mais ils écrivaient la plupart du temps au Flore, dont le poêle à bois fournissait en hiver une bonne raison de s'y rendre.

Au printemps 1944, une nouvelle distraction apparut sous la forme de fêtes qui duraient toute la nuit, surnommées *fiestas*, auxquelles participaient de nombreux écrivains, et parfois Picasso et Dora Maar. « Les désordres amoureux tenaient peu de place dans ces saturnales, écrit Beauvoir. C'était surtout la boisson qui nous aidait à rompre avec le quotidien : sur l'alcool, nous ne rechignions pas ; personne, parmi nous, ne répugnait à se saouler ; certains s'en faisaient presque un devoir ; Leiris, entre autres, s'y appliquait avec zèle et il y réussissait admirablement[32]. » Bien des années plus tard, Sartre devait lui aussi se remémorer ces fêtes avec nostalgie. « En raison du couvre-feu qui durait jusqu'à six ou sept heures du matin, la fête se prolongeait souvent jusqu'à cette heure pour que personne ne risque de se faire arrêter en tentant de rentrer discrètement chez lui en pleine nuit. On prit l'habitude de ces *fiestas*, comme on les appelait, pour le simple plaisir de s'amuser, sans aucune intention de réunions illégales d'écrivains ou quoi que ce soit[33]. » La nuit du Débarquement, la *fiesta* eut lieu chez Charles Dullin, le directeur du Théâtre de la Cité ; s'y trouvaient Sartre, Beauvoir, Camus et sa petite amie l'actrice Maria Casarès, Michel et Louise Leiris et Raymond Queneau. « On mit des disques, on dansa, on but et bientôt nous divaguâmes comme à l'accoutumée », se rappelait Beauvoir[34].

Si Camus mettait de l'ambiance dans ces *fiestas* par son art du *paso doble*, il était en fait plus sérieusement engagé dans la Résistance que Sartre. Pourtant, avant qu'il ne prenne la direction du journal clandestin *Combat*, lié au groupe de résistance du même nom, son cheminement fut long et tortueux. Né en 1913 en Algérie, à l'époque un département français, Camus était dans les années 1930 un journaliste qui se débattait dans les difficultés matérielles et qui était de santé fragile (il avait contracté la tuberculose au début de son adolescence). A vingt et un ans, il épousa Simone Hié, mais le mariage ne tint pas longtemps. En 1935, il adhéra au Parti communiste français, mais il en fut exclu au bout de deux ans lors d'une de ces purges dont le parti avait le secret. Son véritable point d'ancrage était son amitié avec Pascal Pia, un confrère journaliste de dix ans plus âgé que lui qui fit travailler Camus pour *Alger républicain*, puis plus tard pour *Le Soir républicain*. Mais le gouvernement français interdit les deux titres en janvier 1940, mettant Camus et Pia au chômage.

Grâce aux places vides qu'avaient laissées les journalistes partis sur le front, Pia et Camus trouvèrent tous les deux du travail dans le quotidien à grand tirage *Paris-Soir*. Le dernier numéro du journal sorti à Paris avant la chute de la capitale parut le 11 juin. Sous la direction de son propriétaire très influent, Jean Prouvost, une petite troupe d'employés, de rédacteurs en chef et de journalistes partit au Sud, et Camus se retrouva au volant d'une des voitures du convoi. Au mois de septembre, alors que Prouvost était devenu directeur de la propagande au ministère de l'Information de Vichy, *Paris-Soir* fut édité et imprimé à Lyon. En dépit de sa ligne éditoriale pétainiste, sa situation était difficile. Au bout de trois mois, le journal fut réduit à quatre pages et Camus fut renvoyé. Il épousa Francine Faure, une pianiste et amie de longue date, et rentra en Algérie.

Camus emportait trois manuscrits dans ses bagages, fruit de plusieurs années de travail : *L'Etranger*, un roman existentialiste; *Le Mythe de Sisyphe*, un essai philosophique; et *Caligula*, une pièce de théâtre. Son rêve était de voir ces « trois absurdes », comme il les appelait, publiés en un seul volume, et tout en enseignant à Oran pour gagner sa vie, il s'efforça de faire aboutir ce projet. Edmond Charlot, un éditeur local qui faisait partie de ses amis, n'avait ni le papier ni les moyens financiers pour un si gros livre. En avril 1941, Camus envoya donc les manuscrits à Lyon aux bons soins de Pia qui les confia à Malraux qui, à son tour, les recommanda à Gaston Gallimard. En raison des difficultés de communication entre Paris et l'Algérie*, il faudrait plusieurs mois avant que Camus ne se résigne à l'inévi-

* Jusqu'en novembre 1942, lorsque les Alliés débarquèrent en Afrique du Nord et que les Allemands envahirent la zone libre, les services postaux fonctionnaient bien dans les territoires contrôlés par Vichy, mais le courrier important qui franchissait la ligne de démarcation était généralement acheminé de manière individuelle.

table, à savoir que ses « absurdes » seraient publiés séparément. *L'Etranger* parut en juin 1942, *Le Mythe de Sisyphe* en octobre et *Caligula* en mai 1944. Et ce fut bien entendu *L'Etranger* qui fit de Camus la coqueluche du monde des lettres parisien.

Camus pour sa part vivait toujours à Oran et était retombé malade. Son médecin, Henri Cohen, un Juif dont le cabinet allait bientôt être fermé par Vichy, lui ordonna de garder le lit jusqu'à ce qu'il puisse trouver un climat plus doux que celui de l'Algérie pour sa convalescence. Finalement, en août 1942, Camus partit s'installer dans une maison qui appartenait à la famille de sa femme au Chambon-sur-Lignon, un village de montagne à cent kilomètres au sud de Lyon, qui allait devenir célèbre pour avoir caché des milliers de Juifs pendant l'Occupation. Dans les mois qui suivirent, il travailla à un nouveau roman, *La Peste*, et à une nouvelle pièce, *Le Malentendu*, et sa santé s'améliora lentement.

Jusque-là, il était largement étranger au drame français. A la fin des années 1930, il s'était élevé contre l'idée de la guerre, position largement partagée aussi bien à droite qu'à gauche, et ensuite il avait exprimé son dégoût pour la servilité de Vichy devant les Allemands. Lors de son retour en France, il apprit que Pia était engagé dans le mouvement Combat, un groupe de résistants actifs dans une vaste zone de l'est de la France. Il rencontra des membres de Combat et assista à Lyon à des réunions de la branche sud du CNE dirigée par Aragon, au domicile de Tavernier, le directeur de *Confluences*. Il obtint même l'autorisation de se rendre à Paris en janvier 1943, et quand il y retourna en juin, il tint à aller rencontrer Sartre à l'occasion de la générale des *Mouches*.

Sa santé était toujours chancelante, pourtant il ne restait pas en place, et, en novembre il s'installa définitivement à Paris et devint lecteur chez Gallimard. Il resta malgré tout une sorte d'élément étranger parce que jusque-là il avait peu vécu à Paris et que, contrairement à la plupart de ses nouveaux collègues, il n'était passé ni par la Sorbonne ni par l'Ecole normale supérieure. Il trouva une petite chambre dans une pension à cinq cents mètres de chez Gallimard et se mit au travail sous la protection paternelle de Paulhan. *L'Etranger* lui avait valu beaucoup d'admirateurs et il fut bientôt attiré dans le cercle de Sartre au Café de Flore, et il dirigea même la lecture de la pièce de Picasso *Le Désir attrapé par la queue* chez les Leiris, en mars 1944, puis il accepta et ensuite refusa de mettre en scène la nouvelle pièce de Sartre, *Huis clos*.

Camus participa aussi à quelques réunions du CNE et écrivit un article pour *Les Lettres françaises* en mai 1944. Mais le tournant décisif se produisit lorsque Pia le présenta aux directeurs de *Combat*, le journal clandestin fondé en décembre 1941 et qui représentait alors les Mouvements unis de la Résistance. Au début de 1944, le journal atteignait le tirage remarquable de 250 000 exemplaires toutes les deux semaines, imprimé en quinze endroits différents et distribué par les moyens du bord à travers la France entière, souvent par le train, camouflé en marchandise. En tant que collaborateur et plus tard rédacteur en chef de *Combat*, Camus commandait, éditait des articles et en écrivit au moins deux lui-même. Le premier, au mois de mars, était titré « A guerre totale, résistance totale » et rappelait aux lecteurs que chaque résistant était appelé à devenir un exemple. « Chaque Français peut choisir : il sera pour nous ou contre nous. » En mai, un deuxième article, « Ils ont fusillé des Français », dénonça l'exécution de quatre-vingt-six hommes après que la Résistance avait fait dérailler un train allemand de transport de troupes. Au printemps de 1944, Camus avait plusieurs vies : il était membre du prestigieux Comité de lecture de Gallimard, *habitué* du Café de Flore et *résistant* connu dans la clandestinité sous le nom d'Albert Mathé.

Un autre écrivain se rallia tardivement à la Résistance, Marguerite Duras. Née et élevée en Indochine qui sert de cadre à son célèbre roman *L'Amant*, elle arriva en France en 1931 à dix-sept ans pour y poursuivre ses études. A l'université, elle fit la connaissance d'un jeune poète, Robert Antelme, qu'elle épousa en septembre 1939, trois semaines après la déclaration de guerre. A l'époque, elle avait passé plus d'un an à travailler comme secrétaire au ministère des Colonies, mais elle quitta son emploi en novembre 1940. Elle avait déjà l'intention de devenir écrivain, même si Gallimard et Denoël avaient l'un et l'autre refusé son premier roman, *Les Impudents*, qui fut finalement publié chez Plon en 1943. Duras eut à l'époque la douleur de perdre un enfant à la naissance en mai 1942. La carrière d'Antelme durant la guerre suivit un cheminement encore plus étrange. Il commença par travailler à la Préfecture de Police de Paris comme porte-parole de Pierre Pucheu, le ministre de l'Industrie de Vichy. Lorsque Pucheu devint ministre de l'Intérieur, Antelme lui servit de secrétaire particulier. Comme il s'est engagé plus tard dans la Résistance, sa collaboration avec un des personnages les plus odieux de Vichy paraît pour le moins étrange : Pucheu fut accusé d'avoir fourni des otages français pour qu'ils soient exécutés par les nazis et fut lui-même exécuté plus tard par le Gouvernement français provisoire à Alger.

Duras, d'autre part, travaillait au Comité d'organisation du livre, l'association d'éditeurs créée par Vichy, et en janvier 1943 elle devint secrétaire du Comité d'attribution du papier pour les nouveaux livres, organisme contrôlé par les nazis. C'est à ce Comité d'organisation du livre qu'elle rencontra l'écrivain collaborateur Ramon Fernandez, grâce à qui elle put louer un appartement dans l'immeuble où il habitait, 5, rue Saint-Benoît, à deux pas du Café de Flore. Et ce fut à des réunions du Comité d'attribution du papier qu'elle rencontra un représentant de Gallimard, Dionys Mascolo, qui devint son amant *.

Jusqu'à aujourd'hui, il reste difficile d'établir à quel moment et pour quelle raison Duras, Antelme et Mascolo ont rejoint un groupe de résistants dirigé par François Mitterrand qui, jusqu'au début de 1943, avait travaillé pour un service de Vichy chargé du rapatriement des prisonniers de guerre. Des années plus tard, Duras raconta que la première fois que Mitterrand vint la voir chez elle, elle fut choquée de le voir fumer des cigarettes anglaises, ce qui situerait la rencontre au début de mars 1944, au moment où Mitterrand rentrait d'un voyage clandestin à Londres. Ce qui semble certain, c'est que Duras, Antelme et Mascolo commencèrent à travailler pour le réseau de Mitterrand, en cachant entre autres des résistants dans l'appartement de Duras situé juste au-dessous de celui de Fernandez **. Le 1er juin, Antelme fut arrêté et déporté, d'abord à Buchenwald, puis à Dachau.

S'ensuivit alors un des épisodes les plus obscurs de la vie de Duras. Comme Antelme avait au départ été détenu à Fresnes, elle voulut obtenir l'autorisation de lui envoyer de la nourriture. Pour cela elle rencontra Charles Delval, un Français qui travaillait pour la Gestapo et se vantait d'avoir été à l'origine de l'arrestation d'Antelme. Attiré par la jeune femme, Delval l'invita à dîner, et ils se revirent souvent par la suite dans des grands restaurants. Après la Libération, Duras affirma qu'elle recueillait des renseignements pour le groupe de Mitterrand; au cours de ses interrogatoires, Delval raconta qu'ils

* Antelme à son tour prit pour maîtresse Anne-Marie Henrat, une collègue au ministère de l'Intérieur.

** Fernandez mourut le 2 août 1944, échappant ainsi à un inévitable procès pour faits de collaboration.

parlaient de littérature. Au début de 1945, Delval fut exécuté, laissant sans réponse la question récurrente de savoir si Duras et lui avaient été amants. Après la capitulation de l'Allemagne, Mitterrand retrouva miraculeusement Antelme parmi les milliers de déportés à moitié morts de faim à Dachau ; il prévint immédiatement Mascolo qui vint en Allemagne pour ramener chez lui un Antelme squelettique. Antelme survécut*, mais pas son mariage avec Duras.

Au cours des derniers mois de l'Occupation, tandis que certains écrivains continuaient à mener une vie relativement normale, d'autres se sacrifiaient pour la Résistance ou mouraient, comme ce fut le cas du poète Max Jacob à Drancy, parce qu'ils étaient juifs. Parmi eux, il faut compter Saint-Exupéry qui disparut lorsque son avion sombra en Méditerranée au cours d'un vol de reconnaissance entre la Corse et le sud de la France.

A Paris, des auteurs comme Eluard, Mauriac et d'autres étaient de plus en plus contraints de se cacher, et Paulhan s'en sortit de justesse. Dans ses mémoires, Heller affirme qu'en juin 1944 il avertit Paulhan qu'il allait bientôt être arrêté. « Quand les visiteurs indésirables sont arrivés chez lui à sept heures du matin, raconte Heller, il s'est échappé par les toits et a commencé par se cacher dans le grenier d'une école de sœurs proche de chez lui. Il a changé plusieurs fois de cachette avant de trouver une planque dans une maison en banlieue. » Dans une lettre de remerciement à Heller, Paulhan écrit tranquillement : « Mes visiteurs matinaux sont revenus une deuxième fois[35]. » Paul Léautaud, qui n'était pas au courant des activités de Paulhan dans la Résistance, était très étonné de la fuite spectaculaire de son ami. « Je me demande quelle imprudence il a pu commettre », écrit-il dans son journal. Paulhan, lui, restait comme toujours imperturbable, racontant à un autre ami : « Une visite matinale nous a fait changer d'appartement, nous a envoyés jusqu'en banlieue, privés de visites. Quel calme[36] ! » Heller raconte que, quelques semaines plus tard, il aperçut Paulhan dans un bar, et pour ne pas lui attirer d'ennuis il lui fit seulement un signe de reconnaissance presque imperceptible et passa son chemin. Ils ne se reverraient qu'après la guerre[37].

* Duras fit un récit émouvant de ce retour dans *La Douleur* publié en anglais sous le titre : *The War : A Memoir.*

CHAPITRE 15

Le retour de balancier

Qu'ils soient collaborateurs, *attentistes* ou résistants, tous les Français étaient au moins d'accord sur un point : ils savaient que, quoi qu'ils fassent à l'intérieur du pays, le sort de la France dépendait d'autres puissances et serait décidé en dehors de ses frontières. Ils étaient conscients également que la première étape serait une contre-attaque alliée sur la Manche. De fait, pendant tout l'été 1943, des rumeurs annoncèrent l'imminence d'une invasion anglo-américaine. Les Allemands, eux aussi, s'y attendaient. Après un raid effectué par des commandos britanniques sur les cales sèches du port de Saint-Nazaire, le 28 mars 1942, Hitler ordonna la construction du mur de l'Atlantique, un système de fortifications côtières qui s'étendait du nord de la Norvège jusqu'à la frontière franco-espagnole. En août 1943, lorsque les troupes britanniques et canadiennes tentèrent de prendre le port de Dieppe, les défenses allemandes résistèrent avec succès ; l'attaque fut un échec pour les Alliés et retarda encore l'invasion de la France prévue depuis longtemps.

Manifestement, les Alliés n'étaient pas prêts. De plus, Washington et Londres avaient bien précisé que leur principal objectif n'était pas la libération de la France mais la défaite du Reich. Il se trouvait que la France serait le premier pays libéré, mais simplement parce qu'il était sur la route de Berlin. Roosevelt et Churchill n'estimaient certainement pas devoir un traitement de faveur à la France, et encore moins à de Gaulle dont la défense obstinée de l'honneur français leur tapait sérieusement sur les nerfs.

Néanmoins, les vents tournaient, même si cela se faisait lentement. Après l'occupation par les Alliés en novembre 1942 du Maroc et de l'Algérie administrés par Vichy, Hitler déplaça son armée vers le sud de la France en prévision d'une attaque des Alliés sur la côte méditerranéenne. Il autorisa également l'Italie à occuper la Corse et la Savoie, ainsi que la Côte d'Azur jusqu'à Toulon. Mais les Alliés avaient besoin de temps pour affermir leur contrôle de l'Afrique du Nord. Au début de 1943, à la suite de la bataille d'El-Alamein, les Britanniques chassèrent d'Egypte et de Libye l'Afrika Korps du *Feldmarschall* Rommel et le repoussèrent jusqu'en Tunisie. Hitler envoya précipitamment des troupes et des forces aériennes en renfort en Tunisie où Italiens et Allemands tinrent bon. En mai 1943, finalement, les Alliés s'emparèrent de la Tunisie, capturant quelque 275 000 soldats de l'Axe. Mais au lieu d'envahir le sud de la France, Washington et Londres optèrent pour ce qui paraissait une voie plus facile, le « ventre mou », pour atteindre le cœur de l'Europe, selon les propos optimistes de Churchill : en juillet 1943, les troupes alliées s'emparèrent de la Sicile, provoquant la chute et l'arrestation de Mussolini.

Deux mois plus tard, les Alliés envahirent le bout de la botte de l'Italie, et le nouveau gouvernement italien, dirigé par le maréchal Pietro Badoglio, tourna le dos à Berlin et signa un armistice. Loin de se laisser impressionner, les Allemands occupèrent aussitôt le sud-est de la France sous occupation italienne. Ils prirent aussi le contrôle de la guerre sur le territoire italien, armant les milices fascistes, venant au secours de Mussolini et le plaçant à la tête d'un régime fantoche. Pendant ce temps, les troupes alliées progressaient difficilement en Italie. Malgré le soutien des partisans italiens, il fallut attendre jusqu'au 4 juin 1944, deux jours avant le Débarquement, pour que les troupes américaines finissent par entrer dans Rome qui avait été déclarée « ville ouverte ».

Sur le front Est, l'espoir renaquit après l'étonnante victoire de l'Union soviétique sur la Wehrmacht lors de la bataille de Stalingrad au début de février 1943. La guerre, pourtant, là aussi, était loin d'être finie. L'Allemagne occupait toujours une vaste zone de l'ouest de la Russie ainsi que la Biélorussie et l'Ukraine. Et si sa progression vers le sud avait pu être stoppée, le siège de Leningrad (aujourd'hui Saint-Pétersbourg) dura jusqu'à janvier 1944. La machine de destruction des nazis était toujours intacte Après avoir massacré des millions de citoyens soviétiques, dont de nombreux Juifs, lors de l'invasion en juin 1941, l'armée allemande, et en particulier ses redoutables unités de Waffen SS, continuait à commettre des atrocités pendant qu'elle était repoussée hors de l'Union soviétique et de l'Europe de l'Est. Rien qu'en Union soviétique, avant la défaite de Hitler, les combats, les massacres et la faim avaient entraîné la mort, selon les estimations, de vingt-trois millions de personnes, la moitié d'entre eux étant des civils, dont un million de Juifs. En même temps, en 1943 et 1944, au moment où l'idée de l'extermination massive des Juifs commençait à se faire jour à l'Ouest, Hitler continuait à mettre en œuvre la « solution finale » contre les Juifs européens, et les trains de marchandises remplis de déportés arrivaient presque tous les jours dans les camps de la mort en Pologne.

En France, même si on croyait de plus en plus à une défaite de l'Allemagne, l'état d'esprit demeurait morose. Après la suppression de la ligne de démarcation en mars 1943 *, et la présence de l'armée allemande et de la Gestapo sur l'ensemble du territoire, l'idée que Pétain était le père protecteur de la nation ne tenait plus.

Vichy restait en charge de l'économie, de la sécurité intérieure, de l'éducation et de la culture. Mais c'était désormais Laval, le Président du Conseil, qui gouvernait et non plus Pétain, même si les Allemands ne lui faisaient pas tellement confiance. Hitler le tint pour quantité négligeable quand il essaya de s'opposer à l'emprise allemande sur le sud de la France en novembre 1942. Laval avait aussi perdu un interlocuteur et un allié important lorsque l'ambassadeur Abetz, jugé trop francophile, fut évincé et remplacé par son adjoint Rudolf Schleier, de décembre 1942 à décembre 1943. Laval faisait pourtant de son mieux pour plaire à Berlin. Dès le 22 juin 1942, il avait déclaré dans un de ses discours : « Je souhaite la victoire allemande, parce que, sans elle, le bolchevisme demain s'installerait partout. » A présent, plus que jamais, il était convaincu qu'une défaite allemande provoquerait l'installation du communisme en France.

Pour parer à une telle éventualité, l'industrie française, en particulier le domaine de l'aéronautique, fut mise encore davantage au service de l'Allemagne. Laval augmenta l'envoi de travailleurs français. En 1942, 250 000 Français étaient allés travailler en Allemagne en échange de la libération de quelques 90 000 prisonniers de guerre ; le

* La disparition des contrôles allemands sur la ligne de démarcation permit aux groupes de résistants de se déplacer plus librement à travers le pays.

16 février 1943, on instaura le STO, ou Service du travail obligatoire. Cette disposition aida l'effort de guerre nazi dans la mesure où elle fournit des remplaçants aux nombreux Allemands de tous âges qui étaient incorporés dans l'armée ou dans les Waffen SS. A la fin de 1943, près de 650 000 Français et Françaises travaillaient dans l'industrie allemande tandis qu'une proportion importante des 1,4 million de prisonniers de guerre travaillaient eux aussi dans les usines et dans les fermes.

La seule consolation pour Pétain, c'est que désormais Laval était le Français le plus détesté de tout le pays. Le vieux maréchal essaya même de renvoyer Laval à la fin de 1943, espérant peut-être ainsi apparaître comme le sauveur de la France, mais il fut contré par les Allemands.

Une occupation qui avait commencé pour beaucoup comme une sorte d'arrangement tournait de plus en plus à l'affrontement. La Résistance, qui avait mis longtemps à se développer en dépit du soutien des communistes, était devenue très forte dans la zone autrefois libre. Le maquis, qui avait démarré sous la forme de groupes isolés et disposant d'armement dérisoire dans les régions boisées ou montagneuses du sud-est de la France, se développa de façon spectaculaire grâce au STO. En fait, le programme de travail obligatoire de Laval devint le meilleur outil de recrutement de la Résistance. Si en 1942 Vichy s'était efforcé de respecter les quotas par la persuasion et la négociation, en accordant la priorité aux travailleurs qualifiés, désormais la police française et les soldats allemands arrêtaient les jeunes gens qui sortaient du métro ou des cinémas. La vie culturelle en fut évidemment affectée. Si le Conservatoire de Paris parvint à protéger certains de ses élèves en formant un orchestre de jeunes, d'autres orchestres, des théâtres et des studios de cinéma perdirent des musiciens, des acteurs et des techniciens à cause du STO. Parmi les nombreux artistes pris dans ces arrestations figuraient l'écrivain Alain Robbe-Grillet et le chanteur Georges Brassens, alors âgés tous les deux d'une vingtaine d'années.

Mais il y eut aussi une forte opposition au STO. Des dizaines de milliers de jeunes gens devinrent ce qu'on appelait des *réfractaires*, tous ceux qui abandonnèrent leur travail ou leur université pour rejoindre le maquis, généralement dans le Massif central. Du jour au lendemain, ils fuyaient le travail obligatoire en Allemagne et se drapaient dans le patriotisme. Ce qui n'allait pas sans poser d'énormes problèmes à la Résistance. Il fallait très vite trouver de faux papiers, de la nourriture et des armes pour un très grand nombre de jeunes gens qui, en général, n'étaient guère préparés à la lutte armée.

Dans son journal, Guéhenno note avec satisfaction que certains de ses anciens élèves au lycée ont rejoint le maquis. L'un d'entre eux vint le voir lors de son passage à Paris. Guéhenno écrit : « Il me raconte leur vie, la fraternité admirable, les camarades si différents de lui, leur dénuement; la lutte contre la neige et le froid, la guerre avec les Italiens, puis avec la Gestapo, les mouchards. Il est devenu chef d'un corps franc, puis d'un camp. Quatorze de ses camarades ont été fusillés[1]. » Les *maquisards* n'étaient pas toujours très populaires. Le principal reproche était que les attaques du maquis contre les patrouilles allemandes entraînaient des représailles contre des villageois sans défense. Dans certaines régions, lorsque les maquisards dévalisaient les banques ou obligeaient les paysans à leur fournir de la nourriture en échange de bons sans valeur, ils étaient considérés comme des bandits. Mais comme beaucoup de Français plutôt âgés avaient opté pour l'attentisme, les fantassins du maquis devinrent le symbole d'une jeune génération désireuse de résister et de combattre. Beaucoup y laissèrent leur vie : en juin 1944, environ six cents maquisards furent tués lorsque les Allemands, à l'aide de parachutistes et de planeurs transporteurs de troupes, prirent d'assaut le maquis du Vercors sur un plateau isolé au sud-est de la France.

Pourtant, peu à peu, le mouvement de résistance dans son ensemble devenait mieux armé et plus uni. Le Special Operation Executive, la Direction des opérations spéciales britanniques et les Forces françaises libres y contribuèrent largement de l'extérieur. Le SOE, qui disposait d'agents secrets en France dès 1941, fournissait des postes émetteurs, des armes, de l'entraînement et de l'argent aux groupes de résistants reconnus; les gaullistes, inquiets de l'emprise des communistes sur la clandestinité, proposaient une forme de légitimité aux résistants non communistes. Le problème auquel ils devaient faire face les uns et les autres, c'était le nombre de groupes de résistants qui étaient apparus; on en dénombrait près de deux cent cinquante, et la plupart d'entre eux étaient non seulement minuscules mais d'une indépendance farouche.

Un tournant important se produisit au printemps 1943, lorsque huit groupes importants de résistants formèrent le Conseil national de la

Résistance, dirigé par Jean Moulin, un ancien préfet et le nouveau représentant personnel de De Gaulle en France. Mais moins d'un mois après la première réunion du Conseil à Paris, Jean Moulin et sept autres chefs furent arrêtés à Lyon par l'infâme chef de la Gestapo, Klaus Barbie, connu sous le nom de « Boucher de Lyon ». Les circonstances de l'arrestation de Jean Moulin et un peu plus tard de sa mort ne sont pas totalement éclaircies à ce jour. Fut-il, comme on l'a prétendu plus tard, victime d'un informateur qui aurait infiltré le groupe ? Et après avoir été torturé, s'est-il suicidé, comme le prétendait Barbie, ou a-t-il été assassiné ?

Quoi qu'il en soit, même si c'était un revers, la mort de Jean Moulin ne porta pas un coup fatal à la Résistance dans la mesure où ses principaux éléments, des groupes comme Combat, Libération, Francs-Tireurs et Partisans et l'Armée secrète, coordonnaient de mieux en mieux leurs actions. Ils connurent de nombreuses pertes. Des résistants importants furent arrêtés par la Milice et remis à la Gestapo pour être interrogés, torturés et, soit exécutés, soit déportés. Mais au moment du Débarquement, en comptant les groupes urbains de soutien, le nombre de résistants était estimé à cent mille hommes et femmes.

La réaction de Vichy et des nazis fut de se montrer plus agressifs. Leur nouvelle arme était la milice paramilitaire. Fondée par Laval en juin 1943 pour aider à l'arrestation des Juifs et à la lutte contre les résistants, elle lui permit aussi de contourner les réticences de plus en plus fortes de la police française et de la gendarmerie à faire le sale boulot des Allemands. Pour lui donner une mission apparemment élevée, elle était supposée défendre la civilisation chrétienne contre ses ennemis habituels : les Juifs, les francs-maçons, les bolcheviques et la démocratie. Elle avait même son propre journal, *Combats*, dont le titre était le même à une lettre près que celui du mensuel de la Résistance, *Combat*. Et elle pouvait toujours compter sur des articles enthousiastes de la part de l'hebdomadaire collaborationniste *Je suis partout*.

Avec près de trente mille membres, certains à temps complet, d'autres à temps partiel, vêtus de manteaux bleus, de chemises brunes et portant de grands bérets, les miliciens étaient particulièrement redoutés. En guise de guerre psychologique, ils défilaient par groupes dans les rues, se pavanant avec la certitude qu'ils pouvaient agir en toute impunité. Leur chef était Joseph Darnand, fasciste avoué qui en octobre 1943 avait fait allégeance à Hitler et reçu en retour le rang de Sturmbannführer, c'est-à-dire major dans la Waffen-SS. En décembre, Laval prit Darnand dans son gouvernement au poste d'adjoint au ministère de l'Intérieur, fusionnant de fait les activités de la police française et de la Milice. L'une et l'autre dépendaient des Allemands, mais la Milice organisait ses propres raids contre certains villages et ses propres exécutions. Un chef infâme de la milice lyonnaise, Paul Touvier, qui fut arrêté en 1989, après avoir été protégé pendant des années par un ordre religieux à Nice, fut condamné à la réclusion à perpétuité en 1994 pour avoir ordonné l'assassinat de sept otages juifs à Rilleux-la-Pape dans la banlieue lyonnaise le 29 juin 1944. Certains miliciens suivaient aussi un entraînement militaire et prenaient part aux opérations contre le maquis aux côtés des Waffen-SS.

A Paris, où la Milice se montrait rarement, existait une autre bande de brutes connue sous différents noms, la Gestapo française, la bande Bonny-Lafont, ou la bande de la rue Lauriston. Elle était dirigée par Pierre Bonny, un ancien inspecteur de police, et Henri Chamberlain, *alias* Lafont, un vulgaire criminel ; ils avaient fait fortune au marché noir et partageaient parfois leurs rapines avec des officiers nazis. En mai 1941, ils réquisitionnèrent un immeuble au 93, rue Lauriston, dans le 16ᵉ arrondissement, et étendirent leurs activités à la traque des résistants pour le compte de la Gestapo. Le seul nom de la rue Lauriston devint rapidement synonyme d'enlèvement et de torture*. Il y eut aussi des Juifs parmi leurs victimes, mais la plupart des 23 000 Juifs déportés de France en 1943 et des 16 000 déportés au cours des huit premiers mois de 1944 étaient déjà détenus dans des camps répartis dans le sud de la France. Comme dans le cas des déportations antérieures, une majorité d'entre eux étaient d'origine étrangère. En fait, alors que les Juifs d'origine étrangère représentaient un tiers de la population juive de France, ils représentaient les deux tiers des 76 000 déportés dont environ 2 000 survécurent. Autrement dit, le taux de déportation approchait de 50 pour cent, pour les Juifs d'origine étrangère, et d'environ 13 pour cent, pour ceux d'origine française.

Alors qu'une véritable guerre civile couvait sur la plus grande partie du territoire français, la propagande guerrière s'intensifiait de

* Bonny, Lafont et six autres membres de la bande furent exécutés le 27 décembre 1944.

plus en plus. Travaillant en liaison avec la Résistance, le service français de la BBC se faisait largement l'écho des actes de sabotage et dénonçait la répression allemande, mais diffusait aussi quotidiennement des messages codés, comme par exemple l'horaire des parachutages de munitions. Les journaux résistants proliféraient, certains n'étaient guère plus que des feuilles ronéotées tandis que d'autres publications bien imprimées étaient les organes des principaux groupes de résistants. Après la guerre, la Bibliothèque nationale collecta les exemplaires de 1 015 journaux clandestins qui parurent à un moment ou à un autre sous l'Occupation.

Les quotidiens et les hebdomadaires collaborationnistes s'en prenaient aux Alliés et aux « terroristes » de la Résistance, mais aussi Radio-Paris et Radio-Vichy, et tous essayaient d'effrayer les Français à la perspective de tomber sous la coupe des bolcheviques. Michel Francini, le jeune artiste de music-hall qui participait à l'époque à une émission hebdomadaire de variétés sur Radio-Paris, « Les ondes joyeuses », raconta : « Tout le monde écoutait Radio-Paris pour se distraire. Tous les hommes politiques mentaient[2]. » Il y eut un Français en particulier, Philippe Henriot, qui s'avéra un propagandiste habile et efficace au service des nazis. Marqué par le nationalisme de droite de l'Action française de Maurras dans les années 1930, Henriot embrassa la cause des nazis après l'invasion de l'Union soviétique par l'Allemagne en 1941. Il devint aussi un fidèle partisan de Pétain, ou plus exactement de Laval. Et ce fut Laval qui, malgré les objections de Pétain, le nomma en janvier 1944 ministre de l'Information et de la Propagande de Vichy.

La véritable force d'Henriot était son talent d'orateur aussi bien dans les réunions publiques que dans ses « éditoriaux » quotidiens sur Radio-Paris. Lui donnant la réplique, sur Radio-Londres, Pierre Dac annonça que sur la tombe d'Henriot on pourrait lire : MORT POUR HITLER, FUSILLÉ PAR LES FRANÇAIS. Ce qui se produisit plus vite que Dac ne l'avait prédit. Le matin du 28 juin 1944, de bonne heure, un groupe de résistants déguisés en miliciens l'assassinèrent dans son appartement du ministère de l'Information à Paris. Henriot fut le plus important des membres du gouvernement de Vichy tué par la Résistance, et, à ce titre, il eut droit à des funérailles nationales à Notre-Dame, célébrées par l'archevêque de Paris en personne, le cardinal Emmanuel Suhard. Pour venger Henriot, la Milice s'attaqua à une cible facile. Georges Mandel, homme politique juif qui avait été ministre de l'Intérieur de Paul Reynaud en 1940, était déjà détenu à Buchenwald. Les Allemands le renvoyèrent à Paris et le livrèrent à la Milice. Le 7 juillet, il fut assassiné dans la forêt de Fontainebleau. Deux semaines plus tard, un autre homme politique juif célèbre, Jean Zay, ancien ministre de l'Education du Front populaire, fut tiré de sa prison française par la Milice et lui aussi assassiné.

Dès le début de 1944, les Parisiens sentirent également que la guerre se rapprochait. Les bombardiers alliés qui visaient régulièrement les usines et les nœuds ferroviaires de la banlieue parisienne manquaient parfois leurs cibles. Les studios de cinéma de Boulogne-Billancourt furent touchés et gravement endommagés. Plus tard, lorsque des bombes égarées frappèrent des zones résidentielles, les Parisiens s'habituèrent à passer la nuit dans des caves ou des stations de métro. Les représentations d'opéra, les pièces de théâtre, les concerts, les séances de cinéma étaient fréquemment interrompus par des alertes aériennes et, en raison des coupures d'électricité, les cinémas étaient fermés le mardi.

Le 26 avril 1944, Pétain vint à Paris, la seule visite qu'il y fit pendant toute la guerre, afin d'exprimer sa solidarité aux Parisiens après plusieurs jours de bombardements intensifs. Il fut accueilli avec enthousiasme par une foule de quelque dix mille Parisiens qui l'écoutèrent prononcer un discours depuis le balcon de l'Hôtel de Ville. Après une interprétation émouvante de *La Marseillaise*, chantée en public à Paris pour la première fois depuis 1940, Pétain assista à une messe solennelle à Notre-Dame, célébrée par le cardinal Suhard. Pendant un moment bien court, le vieil homme put se considérer comme un symbole de l'unité nationale. Mais deux jours plus tard, les nazis l'obligèrent à prononcer à la radio une allocution où il louait l'Allemagne de défendre l'Europe contre le communisme. Il y critiquait aussi la Résistance et déclarait aux Français : « Il est dans votre intérêt de conserver une attitude correcte et loyale envers les troupes d'occupation. » Au cours des mois suivants, des foules l'acclamèrent lorsqu'il se rendit pour la première fois en quatre ans dans quatre villes qui se trouvaient autrefois dans la zone occupée : Nancy, Rouen, Epinal et Dijon. Mais il était trop tard pour Pétain qui ne pouvait plus prendre ses distances par rapport à Laval; aux yeux de leurs ennemis, tant en France qu'à l'étranger, ils restaient les deux piliers sur lesquels reposait Vichy.

Le 6 juin, six semaines à peine après la venue de Pétain à Paris, les troupes américaines, britanniques et canadiennes commencèrent à débarquer sur une portion désolée et peu habitée de la côte normande. En même temps, les groupes de résistants furent mobilisés. Connus désormais sous l'appellation d'ensemble de Forces françaises libres de l'intérieur, ou FFI, ils entreprirent de saboter les centrales électriques, les ponts et les nœuds de communication pour empêcher les Allemands d'envoyer des renforts. Quand les premiers parachutistes alliés atterrirent au-delà des lignes allemandes, les résistants étaient bien placés pour leur fournir des renseignements sur les mouvements militaires de l'ennemi. Il fallut tout de même sept semaines aux Alliés pour prendre le contrôle de la Normandie et de la Bretagne.

Pendant la plus grande partie du mois de juin, les Américains luttèrent pour forcer le passage vers le nord du Cotentin avant de s'emparer du port stratégique de Cherbourg. Vers l'est, les forces britanniques et canadiennes durent lutter jusqu'à fin juillet pour s'emparer de Caen, et même s'ils parvinrent à anéantir les divisions blindées allemandes et d'ailleurs à détruire en grande partie la ville, pour la première fois depuis 1940, il y eut de lourdes pertes parmi les civils. Finalement, les Alliés réussirent à sortir de leur tête de pont côtière le 25 juillet et se mirent à progresser rapidement vers l'est. Une semaine plus tard, la 2e division blindée française, commandée par le général Philippe Leclerc, débarqua en Normandie et se joignit aux Alliés.

Pendant ce temps, les troupes allemandes rappelées du sud de la France pour contrer l'avance alliée commirent deux actes de représailles particulièrement choquants : le 9 juin, après que le maquis eut tué la veille quarante soldats allemands, des unités de la IIe Panzer Division SS *Das Reich* pendirent quatre-vingt-quinze hommes à des réverbères à Tulle en Corrèze ; le lendemain, à une centaine de kilomètres plus au nord, après avoir appris qu'un officier allemand était retenu en otage, les troupes allemandes pénétrèrent dans le village d'Oradour-sur-Glane, arrêtèrent toute la population, fusillèrent cent quatre-vingt-dix hommes et enfermèrent dans l'église du village les deux cent quarante-sept femmes et deux cent cinq enfants qu'ils firent brûler vifs. La nouvelle du massacre d'Oradour frappa la France de stupeur et incita *Les Lettres françaises* à sortir un numéro spécial pour dénoncer les massacres. Elle raffermit aussi la détermination de la

Résistance qui joua un rôle important dans la libération des petites villes en harcelant les unités allemandes après le débarquement des Alliés sur la Riviera, le 15 août.

Grâce à la BBC, Paris pouvait suivre les mouvements sur le terrain et fut averti par exemple du débarquement en Normandie au moment même où on l'annonçait à Londres. « Des flottes nombreuses et onze mille avions ont participé aux opérations, note Jünger de façon très professionnelle dans son journal. C'est là, sans aucun doute, le début de la grande attaque qui fera passer ce jour dans l'histoire. J'ai été tout de même surpris, et précisément parce qu'on avait proféré tant d'oracles à ce propos. Mais pourquoi ce lieu, ce moment[3] ? » Galtier-Boissière, lui, était nettement plus enthousiaste : « Enfin, ça y est ! Le débarquement a commencé ce matin en Normandie. On parle de parachutages dans la région de Rouen. Dans la rue, les figures de tous les passants reflètent une douce joie[4]. »

Dans la perspective de la fin de l'Occupation, artistes et écrivains engagés dans la résistance intellectuelle commencèrent à préparer leur profession pour après la Libération. Le Front national du théâtre, dont la principale activité avait été jusque-là de dénoncer les auteurs et les acteurs collaborationnistes dans *La Scène française*, créa un Comité du théâtre, composé de trente-cinq membres, chargé d'épurer et de réorganiser le théâtre français après la Libération. Parmi ses membres on trouvait Sartre, le dramaturge Armand Salacrou, l'acteur Pierre Dux qui allait prendre la direction de la Comédie-Française après la Libération, puis de nouveau dans les années 1970. Ce front et d'autres groupes dressèrent aussi des listes de ceux de leurs pairs qui avaient trahi la France et leur profession en collaborant avec l'ennemi. Certains groupes mirent même sur pied des comités d'épuration, pour juger les traîtres.

Un grand nombre de collaborateurs, toutefois, sachant très bien ce qui les attendait, avaient déjà quitté Paris. Parmi les premiers à prendre la fuite, onze jours exactement après le Débarquement, il y eut Céline qui se réfugia en Allemagne. D'autres attendirent que les troupes alliées aient réussi à quitter la Normandie et à progresser vers le nord. Certains profitèrent des premiers convois allemands qui évacuaient la capitale. Les « bons » Allemands eux aussi firent leurs bagages. Gerhard Heller quitta Paris à l'aube du 14 août. Ce soir-là, Jünger quitta l'Hôtel Raphaël, notant : « Départ subit à la tombée de la nuit. J'avais mis la chambre en ordre, posé un bouquet sur la table et distribué des pourboires. Malheureusement, j'ai oublié dans le tiroir d'une armoire des lettres irremplaçables[5]. »

Les derniers vestiges du régime de Vichy explosèrent eux aussi. Depuis 1943, la ville de Vichy était devenue un endroit de plus en plus vide et sinistre, et peu de pays y avaient conservé une ambassade. Convaincus que Pétain pouvait encore leur être utile, les Allemands ne voulaient pas que le vieux maréchal tombe entre les mains des Alliés, et, le 17 août, ils lui ordonnèrent de se préparer à partir. Lui avait très envie de donner l'impression qu'il tenait tête aux Allemands, et ceux-ci firent semblant d'y croire pendant deux jours. Mais au matin du 20 août, après que Pétain eut prononcé une dernière allocution à la radio, il fut emmené avec son entourage à Belfort qui se trouvait toujours en France mais proche de l'Alsace et de la Lorraine, les provinces françaises annexées par l'Allemagne en 1940. De là, Pétain écrivit une lettre de protestation à Hitler lui rappelant qu'il avait promis de ne jamais quitter la France.

Laval lui aussi était à Belfort, mais en état d'arrestation pour avoir eu des entretiens avec le chef radical d'avant guerre Edouard Herriot en vue de reconvoquer l'Assemblée nationale. D'autres hommes politiques de Vichy, dont Fernand de Brinon, l'ancien représentant de Pétain à Paris, furent convoqués à Berlin pour des entretiens sur la formation d'un nouveau gouvernement. Puis à partir du 8 septembre tout le cirque de Vichy fut transféré à Sigmaringen dans le sud-ouest de l'Allemagne. Pétain refusa de former un gouvernement en exil mais accepta que Brinon prenne la tête d'une « Délégation gouvernementale française » qui comprenait des fascistes notoires comme Darnand, le chef de la Milice, Marcel Déat, directeur de *L'Œuvre* et chef du mouvement de droite, le Rassemblement national populaire ; et Jean Luchaire, ami proche d'Abetz, fondateur et directeur des *Nouveaux Temps*.

En octobre 1944, Céline lui aussi arriva à Sigmaringen où il exerça officieusement ses fonctions de médecin jusqu'à ce que les Allemands lui accordent la permission de se rendre au Danemark en mars 1945. Un ami de Céline, l'acteur Robert Le Vigan, était là lui aussi, mais les écrivains et les journalistes étaient les plus nombreux, parmi eux Lucien Rebatet et Paul Marion, le prédécesseur d'Henriot au ministère de l'Information et de la Propagande de Vichy. Jacques Doriot, le politicien fasciste, monta sa propre radio et son journal en langue française à Mainau, à une cinquantaine de kilomètres plus au sud, mais il fut tué par l'aviation alliée alors qu'il se rendait en voiture à Sigmaringen, le 22 février 1945. Egalement ignorée par Paris et par Berlin, la « république » de Sigmaringen dura jusqu'à l'arrivée des troupes françaises qui prirent la ville en avril 1945.

Même après le débarquement de Normandie, la vie culturelle à Paris continua à bien se porter. *Le Soulier de satin* de Claudel et *Huis clos* de Sartre attiraient toujours les foules. Le tournage de nouveaux films se poursuivait, y compris *Les Enfants du paradis*. Le Philharmonique de Berlin faisait partie des orchestres qui se produisaient à Paris, et les officiers de la Wehrmacht remplissaient les loges de l'Opéra de Paris et de l'Opéra-Comique. Entre le Débarquement et la Libération par exemple, il y eut vingt-sept représentations d'opéras et de ballets à l'Opéra de Paris, et l'Opéra ne ferma ses portes qu'après une représentation d'*Alceste* de Gluck, le 8 août. Les éditeurs se plaignaient du manque de papier mais continuaient à publier de nouveaux livres. Seul le marché de l'art tournait au ralenti. Les œuvres les plus intéressantes vendues par des familles parisiennes ou volées aux Juifs avaient déjà été pour la plupart acquises par les Allemands, qui, à l'exception évidemment de Hitler et Göring, avaient désormais moins d'argent à investir dans des tableaux. Comme la plupart des Parisiens, les artistes, les écrivains et aussi leurs femmes avaient appris les astuces nécessaires pour survivre, l'usage des cartes de rationnement et le recours au marché noir pour se procurer de la nourriture et de quoi se chauffer, même si tout cela manquait cruellement. Les journaux des écrivains faisaient pourtant allusion à des déjeuners et à des dîners dans de bons restaurants et des brasseries. Sartre, Beauvoir, Leiris et les autres invités n'avaient apparemment aucun mal à se procurer du vin pour leurs *fiestas* au printemps 1944. Quant à Florence Gould, naturellement, elle continuait à offrir à ses invités tout ce qu'il y avait de meilleur.

Au début du mois d'août, il n'était pas encore très facile de savoir quand Paris serait libéré. Le général Dwight Eisenhower, commandant suprême des Alliés, préférait progresser vers le nord-est et, en tous les cas, n'était pas favorable à un siège prolongé de la ville au cas où les Allemands auraient décidé de résister. A l'inverse, de Gaulle estimait qu'une libération rapide de Paris était essentielle pour établir la légitimité de son Gouvernement provisoire et pour bloquer le projet que les Américains avaient de former un Gouvernement militaire allié pour les territoires occupés (pour lequel une nouvelle monnaie avait déjà été imprimée).

Finalement, deux événements inattendus jouèrent en sa faveur. Le général Dietrich von Choltitz, commandant général allemand du Grand Paris, commença à opérer la retraite en bon ordre de quelque vingt mille soldats et quatre-vingts tanks qui quittèrent la capitale. En voyant des camions remplis de soldats se diriger vers l'est de la France, les Parisiens osèrent finalement défier les occupants. Le premier signe de révolte, le 15 août, fut une grève de la police parisienne qui, jusque-là, s'était déshonorée en raflant les Juifs et en arrêtant les résistants. La grève s'étendit aux employés du métro et au personnel de la Poste, et poussa le chef des FFI parisiens, le colonel Henri Rol-Tanguy, à se préparer pour la lutte armée.

Pourtant, les Allemands n'avaient pas dit leur dernier mot. Au début du mois d'août, ils entassèrent des œuvres prises au Jeu de Paume dans cinq wagons de marchandises destinés à Berlin, mais la Résistance réussit à empêcher le départ du convoi. Le 15 août, le dernier train transportant des déportés juifs put quitter Paris sans encombre. Le 16 août, trente-cinq jeunes résistants furent arrêtés et exécutés dans le bois de Boulogne. Le même jour, cependant, *Je suis partou*t paraissait pour la dernière fois. Ce qui amena Galtier-Boissière à le rebaptiser *Je suis parti.*

Le 19 août, l'insurrection se préparait ; des attaques sporadiques furent lancées contre des divisions blindées allemandes et pas moins de six cents barricades furent dressées dans les rues de la capitale. Les troupes allemandes occupèrent des positions défensives à l'intérieur du jardin du Luxembourg, place de la Concorde, dans les Tuileries, porte Maillot, autour de l'Arc de triomphe et à proximité de l'Ecole militaire. Aujourd'hui encore, de nombreux bâtiments de ces quartiers portent la marque des obus tirés par les tanks allemands et des centaines de plaques de marbre à l'endroit où de jeunes combattants FFI sont tombés.

Les jours suivants furent une sorte de drame chaotique. Des affiches du parti communiste, reprenant le terme d'argot de la Première Guerre mondiale pour désigner les Allemands, appelaient au soulèvement : « A chaque Parisien, son Boche. » Pendant les accalmies des combats, la population parisienne apportait à boire et à manger à ceux qui tenaient les barricades, puis retournait en courant se mettre à l'abri dès que les affrontements reprenaient. « Ce que j'aimais dans la Résistance, c'est que je me retrouvais au milieu de gens que je ne connaissais pas, qui n'étaient pas de mon milieu et qui représentaient toutes les couches de la société, dit Anne Ubersfeld, alors jeune résistante. J'aimais bien rencontrer des gens différents[6]. » Un matin, le peintre Françoise Gilot vint à bicyclette de Neuilly où elle habitait pour voir son nouvel amant. Mais Picasso n'était pas à son atelier. Elle retourna donc chez elle en suivant la rive gauche de la Seine. Près de l'Assemblée nationale, elle se trouva face à face avec un tank allemand pointé vers elle. « Ou bien il tirait et j'allais probablement être tuée, ou bien il ne tirait pas, raconta-t-elle bien des années plus tard. Il ne fallait donc pas que je m'arrête. J'ai continué à pédaler et j'ai pris le pont de la Concorde, ils n'ont pas tiré et je me suis dit, ouf, je l'ai échappé belle[7]. »

Sartre et Beauvoir avaient quitté Paris à la mi-juillet pour trois semaines de vacances mais ils furent de retour dans la capitale avant le début de l'insurrection (ce qui fit dire plus tard à certains esprits caustiques que Sartre avait rejoint la Résistance le même jour que la police parisienne). Dans ses mémoires, *La Force de l'âge*, Beauvoir donne une idée assez juste de la manière dont la vie et la mort s'entremêlaient.

« Les combats avaient repris. La matinée paraissait paisible; on apercevait sur les berges de la Seine des pêcheurs à la ligne et quelques jeunes gens qui prenaient le soleil, en maillots de bain; mais des FFI se cachaient derrière les balustrades des quais, me dit Zette, d'autres dans des immeubles voisins, d'autres place Saint-Michel, sur les escaliers de la gare souterraine. Un camion allemand passa sous la fenêtre; deux jeunes soldats, très blonds, se tenaient debout, mitraillette au poing; à vingt mètres de là, la mort les guettait; on avait envie de leur crier : “ Attention ! ” Il y a eu une rafale, et ils sont tombés[8]. »

Si Beauvoir vit de jeunes soldats, la majorité de ceux qui restaient encore à Paris étaient plutôt âgés, mal équipés pour se battre et peu désireux de le faire. « Je regardais depuis le sixième étage, raconte Francini. Je vois un Allemand, il avait environ cinquante ans. Sa voiture était tombée en panne. Il la poussait tout seul et les passants lui criaient des insultes. On agitait des drapeaux français. La peur le faisait transpirer. J'avais pitié de lui[9]. » Des tanks allemands furent même abandonnés en pleine rue quand ils se trouvaient à court de munitions.

Guéhenno vit deux soldats allemands, seuls sur un pont. « Avec leurs grenades au ceinturon, leur mitraillette dans les mains, ils étaient terrifiés, attendant la mort inévitable[10] », écrit-il dans son journal, et il ajoutait : « Que faisaient-ils là, rue Manin, au milieu de cette foule qui ne les haïssait ni ne les aimait et ne pensait cependant qu'à les tuer ? Le soir, vers huit heures, ils sont morts[11]. » Guéhenno conclut qu'il n'a pas l'âme guerrière et qu'il est incapable de se réjouir de leur mort. « Mais, écrit-il, je ne peux non plus oublier tous ces crimes depuis cinq années de ces valets d'armée stupides. Tout mon cœur est avec les jeunes garçons de Paris qui se battent presque sans armes, c'est pour eux que je garde ma pitié[12]. » Trois jours plus tard, le 23 août, son ami B. lui téléphone et a une vision moins romantique de l'insurrection. « Tous ces combats dans Paris pour se donner l'illusion qu'on ne doit qu'à soi-même sa liberté, quand il est si clair que c'est aux autres que nous la devons, aux armées qui arrivent, lui semblent vains, menteurs, un gaspillage de la vie. » Guéhenno, toutefois, a une vision plus nuancée. « La vie d'une idée – de la liberté – ne peut être la même dans les masses et dans les cervelles critiques comme celles de mon ami B… ou la mienne. Et l'histoire des peuples est faite de telles illusions[13]. »

Incontestablement, un parfum de révolution flottait dans l'air. Les kiosques à journaux qui, un jour, vendaient *Je suis partout* ou *Au pilori*, proposaient le lendemain *Combat* et *Libération*. Le Comité de la presse clandestine préparait ce moment depuis des mois, et comme le personnel des journaux collaborationnistes avait pris la fuite, leurs locaux et leurs presses furent repris par les journaux de la Résistance. Ainsi *Combat* partageait les presses du *Pariser Zeitung*, le journal de la Wehrmacht, avec *Franc-Tireur* et *Défense de la France*. On retrouva également en vente le quotidien du parti communiste, *L'Humanité*, qui, à la fin de 1944, atteignait un tirage de trois cent mille exemplaires, ainsi que *Le Figaro*, le quotidien conservateur qui avait cessé de paraître à Lyon lorsque la ville avait été occupée, vingt-deux mois auparavant. *Les Lettres françaises* publièrent leur premier numéro non clandestin le 9 septembre, mais pendant l'insurrection, Eluard et

Seghers distribuaient déjà de vieux numéros du mensuel un peu partout, Rive Gauche.

Tandis que les combats continuaient dans Paris, la presse quotidienne fournissait au jour le jour un compte rendu haletant des actes héroïques de la Résistance. Dirigé par Albert Camus et Pascal Pia, le premier numéro non clandestin de *Combat* sortit le 21 août avec pour gros titre « L'insurrection fait triompher la République à Paris – Les troupes Alliées sont à six kilomètres de la capitale ». Ce même jour, Camus s'exprima sur Radio-Liberté, une station parisienne occupée par les Résistants, il y lut un éditorial de *Combat* : « De la Résistance à la Révolution ». S'arrogeant le droit de parler au nom des Français, l'article disait : « Ayant commencé par la résistance, ils veulent finir par la révolution[14]. » On pouvait raisonnablement penser que l'époque se prêtait aux rêves. De fait, les contributions de Camus à *Combat*, au cours des jours qui précédèrent la Libération, tenaient moins du reportage que de l'essai philosophique agrémenté d'images poétiques.

Camus commanda aussi à Sartre un reportage sur l'insurrection, basé sur son témoignage oculaire. Le 28 août, trois jours après la Libération, *Combat* publia le premier de ses sept reportages sous le titre générique : « Un promeneur dans Paris insurgé ». Rédigés dans un langage journalistique très vivant, ces articles accordaient autant d'importance à l'expérience personnelle de Sartre qu'à ce tournant historique, ils évoquaient la confusion et l'incertitude dans lesquelles étaient plongés la plupart des civils qui devaient, à un moment donné, faire la queue pour avoir du pain et, l'instant d'après, se cacher dans des entrées d'immeubles. Sartre écrivait : « Il existe une géographie de l'insurrection, dans certaines zones, on a combattu ; dans d'autres (à Montparnasse par exemple) tout semblait anormalement calme. » Il poursuivait : « Peu de gens s'aventurent à remonter en totalité le boulevard Saint-Germain et ils en reviennent déçus : le drapeau à croix gammée flotte toujours sur la Seine. » Sartre, le dramaturge, s'observait lui-même en scène. « Tout à coup ce mercredi, la BBC annonça que Paris avait été libéré. Nous écoutions les nouvelles, un ami et moi, couchés à plat ventre parce que des tirs d'artillerie avaient pris notre immeuble pour cible : on ne pouvait s'empêcher de trouver la nouvelle quelque peu paradoxale et même contrariante. Paris était libéré mais nous ne pouvions sortir de l'immeuble parce que la rue de Seine où j'habitais était toujours bloquée. »

Beauvoir et Leiris ont vraisemblablement largement contribué à ces articles * dans la mesure où Sartre a passé l'essentiel de son temps pendant l'insurrection dans les locaux de la Comédie-Française, transformés en quartier général du Comité national du théâtre, le petit groupe de résistance du théâtre. Cependant, grâce à sa signature bien en évidence à la une de *Combat,* Sartre pouvait commencer à construire l'image du Sartre *Grand Résistant*.

Galtier-Boissière, qui allait promener son chien Azor en plein milieu des barricades, apporte un témoignage de première main sur la vie pendant l'insurrection. Et comme il habitait place de la Sorbonne tout près du boulevard Saint-Michel, une des zones de combat, il disposait d'un bon poste d'observation. Il était aussi tenu au courant par des amis de ce qui se passait dans d'autres quartiers. Le 23 août il note : « A deux heures, Delattre me téléphone que le Grand Palais brûle. Comme il paraît sincèrement affligé, je le console en lui assurant que ce n'est pas un grand malheur[15]. » Le lendemain, il notait : « Les barricades ont tenu. Décidément les obus des tanks ne valent rien pour la guerre des rues et font plus de bruit que de mal[16]. » Vers minuit, un premier petit groupe des Forces françaises atteignit l'Hôtel de Ville, et les cloches de Notre-Dame annoncèrent un peu prématurément la Libération. Elle n'eut lieu en réalité que quelques heures plus tard. Le matin du 25 août, de bonne heure, Galtier-Boissière vit passer les tanks de la division blindée de Leclerc qui remontaient la rue Saint-Jacques à quelques pas de chez lui. « Une foule vibrante entoure les chars d'assaut français hérissés de drapeaux et parsemés de bouquets. Sur chaque tank, sur chaque auto-mitrailleuse, à côté des servants en tenue kaki de mécanos et coiffés de petits calots roses, des grappes de jeunes filles, de femmes, de gamins, de “ fifis ” à brassard[17]. » Il suivit la colonne jusqu'à Notre-Dame : « Dans sa pagaille charmante, ce défilé est cent fois plus émouvant que le défilé solennel de la victoire en 1919[18]. »

Les combats cependant n'étaient pas terminés. Ce jour-là il y eut encore des tirs d'artillerie entre des unités françaises et des troupes allemandes qui tenaient toujours le jardin du Luxembourg, mais aussi près de l'Ecole militaire et autour des principales gares de la ville. L'Hôtel Majestic, quartier général de la Wehrmacht, fut incendié pour obliger les soldats à sortir. « Ce fut le rôle des blindés de Leclerc à

* Après la mort de Sartre, Beauvoir revendiqua explicitement le fait d'avoir coécrit ces articles.

qui les Alliés eurent la délicatesse de confier le nettoyage complet de la capitale française », écrivit Galtier-Boissière[19].

De Gaulle avait atteint son but. Avec l'accord du commandant en chef américain, le général Omar Bradley, les troupes françaises étaient entrées dans Paris quelques heures avant les troupes américaines. De plus, tandis qu'environ cinq cents combattants et quelques passants innocents furent tués lors des combats de rue, le général von Choltitz désobéit à Hitler qui lui avait ordonné de détruire Paris avant de quitter la ville. Et donc, à 15 h 30, le 25 août, il se rendit au cours d'une brève cérémonie à la préfecture de police. A côté de sa signature, le document comportait celle du général Leclerc et, au-dessus d'elle, au grand déplaisir de De Gaulle, celle du chef de la Résistance, le colonel Rol-Tanguy. Les soldats allemands furent rapidement arrêtés et détenus dans la cour principale du Louvre où ils restèrent pendant trois jours.

Plus tard dans l'après-midi, de Gaulle arriva à son tour à Paris et, debout, dans le grand salon de l'Hôtel de Ville, à l'endroit même où Pétain s'était exprimé quatre mois auparavant, il s'adressa à une vaste foule. Se montrant à la hauteur de l'intensité dramatique du moment, il salua les Parisiens comme si c'étaient eux et les Français qui avaient seuls libéré la capitale. Et tandis que de Gaulle s'engageait dans une réécriture de l'histoire de l'Occupation, il soulignait aussi sa détermination à revendiquer la place de la France, au même titre que les Etats-Unis, la Grande-Bretagne et l'Union soviétique parmi les vainqueurs de la guerre.

« Pourquoi voulez-vous que nous dissimulions l'émotion qui nous étreint tous, hommes et femmes, qui sommes ici, chez nous, dans Paris debout pour se libérer et qui a su le faire de ses mains. Non ! nous ne dissimulerons pas cette émotion profonde et sacrée. Il y a là des minutes qui dépassent chacune de nos pauvres vies. Paris ! Paris outragé ! Paris brisé ! Paris martyrisé ! mais Paris libéré ! libéré par lui-même, libéré par son peuple avec le concours des armées de la France, avec l'appui et le concours de la France tout entière, de la France qui se bat, de la seule France, de la vraie France, de la France éternelle. Eh bien ! puisque l'ennemi qui tenait Paris a capitulé dans nos mains, la France rentre à Paris, chez elle. Elle y rentre sanglante mais bien résolue. Elle y rentre, éclairée par l'immense leçon, mais plus certaine que jamais de ses devoirs et de ses droits. Je dis d'abord de ses devoirs, et je les résumerai tous en disant que, pour le moment, il s'agit de devoirs de guerre. L'ennemi chancelle mais il n'est pas encore battu. Il reste sur notre sol. Il ne suffira même pas que nous l'ayons, avec le concours de nos chers et admirables alliés, chassé de chez nous pour que nous nous tenions pour satisfaits après ce qui s'est passé. Nous voulons entrer sur son territoire comme il se doit, en vainqueurs. »

Le lendemain, en compagnie des troupes françaises, de Gaulle descendit les Champs-Elysées au milieu d'une foule en délire, suivant le chemin où, pendant quatre ans, les soldats de la Wehrmacht avaient défilé chaque jour. C'était la première fois que les Parisiens découvraient cet homme grand à l'allure solennelle qui avait quitté la France en tant qu'obscur officier des blindés et qui y revenait en héros. Il portait toujours l'uniforme de général à deux étoiles, ce qui était son grade en 1940, mais désormais il ne serait plus appelé que *le Général*. A Notre-Dame, il y eut un moment de panique lorsque des coups de feu furent tirés depuis les toits voisins, mais les tireurs furent neutralisés et la messe d'action de grâces se poursuivit. Le cardinal Suhard, qui avait été écarté pour avoir célébré les funérailles d'Henriot deux mois auparavant, fut prié de ne pas se montrer à la cathédrale et fut confiné dans son évêché. Le jour de la Victoire ne viendrait pas avant neuf mois, l'horreur des chambres à gaz n'était pas encore très connue et la France devait encore gagner son rang entre les Alliés victorieux sur les champs de bataille de l'est de la France et d'Allemagne. Mais pour l'instant, Paris avait de bonnes raisons de faire la fête.

CHAPITRE 16

Vengeance et amnésie

Même si les Parisiens pouvaient enfin dormir sans redouter d'entendre frapper à leur porte, on commença à purger le passé. De l'avis général, c'était nécessaire. La France avait été trahie, des crimes abominables avaient été commis et, à présent, comme pour célébrer un rite de passage entre l'Occupation et la Libération, il fallait démontrer aux yeux de tous que la loi reprenait ses droits. Mais avant qu'on ait pu mettre en place une structure légale appropriée, des actes de vengeance se produisirent spontanément. Tandis que des tribunaux militaires *ad hoc* condamnaient à mort quelque sept cents traîtres notoires, le plus souvent des informateurs de la Gestapo, des miliciens, des policiers et des soldats français qui avaient combattu aux côtés de la Wehrmacht, il y eut une vague d'assassinats illégaux. Elle fut rapidement désignée sous le nom d'« épuration sauvage ». Tandis que villes et villages étaient libérés, il y eut peut-être environ neuf mille miliciens, collaborateurs ou trafiquants du marché noir qui furent sommairement exécutés, soit à titre individuel par des citoyens furieux, soit par des résistants regroupés à présent sous la bannière unique des Forces françaises de l'intérieur, ou FFI.

Dans de nombreux endroits, on s'en prit également aux femmes, accusées de « collaboration horizontale », c'est-à-dire d'avoir couché avec l'ennemi. Des milliers d'entre elles furent tondues en public, d'autres furent déshabillées et promenées nues au milieu de foules en furie. Ce n'était pas beau à voir. « J'ai vu un groupe de voyous qui bousculaient et frappaient une femme à qui on avait rasé le crâne, se rappelait Michel Francini. Elle était nue et on lui avait peint une croix gammée sur la poitrine. Ils étaient soûls[1]. » Certaines de ces femmes étaient des prostituées mais d'autres avaient eu des relations plus durables. Ce qui ne manqua pas de provoquer des situations complexes. Moins d'un an plus tard, lorsque environ deux millions de Français, prisonniers ou travailleurs forcés en Allemagne, commencèrent à rentrer chez eux, certains découvrirent un nouvel enfant dans la famille *.

En raison de leur notoriété, les artistes, les écrivains, les journalistes qui avaient soutenu Vichy ou collaboré avec les Allemands se retrouvèrent bientôt sur la sellette. Il y avait parmi eux plus d'opportunistes que de véritables criminels, mais beaucoup d'entre eux avaient nommément été dénoncés sur Radio Londres, et parfois même leur condamnation avait été assortie de menaces de mort. D'autre part, ce n'était un secret pour personne que, grâce à leurs relations avec la puissance occupante, ils avaient bénéficié de privilèges refusés à la plupart des autres citoyens français.

Deux personnalités avaient toujours eu tendance à attirer l'attention. La différence de traitement qui leur fut réservée à la Libération fut le signe précoce du caractère irrationnel qui allait marquer la plus grande partie de l'épuration. L'un d'eux était Cocteau, artiste, poète, dramaturge, hôte très fréquent des manifestations sociales et culturelles organisées par l'Institut allemand. Dans son journal, à la date du 25 août 1944, le jour même de la Libération, il se préoccupe de ce que l'on va penser de son amitié avec Arno Breker, et surtout de cet article qu'il avait publié en 1942 dans *Comœdia*, à la gloire du sculpteur allemand.

« Ce qui compte, c'est Breker, l'article Breker, l'amitié Breker, le seul acte qui puisse servir à me pendre. » En se tournant vers Eluard et Sartre pour obtenir leur protection, il se complaisait dans l'autoapitoiement en demandant : « Pourquoi le destin d'un poète changerait-il ? Mon royaume n'est pas de ce monde et ce monde m'en veut de mal suivre ses règles. Je souffrirai toujours la même injustice. Toujours on me suscitera les scandales que je déteste en m'accusant de les aimer et d'en être l'instigateur[2]. »

A un moment donné, le 25 août, tandis que Paris faisait la fête, Cocteau alla se placer sous la protection de la famille de l'actrice Elina Labourdette, sur l'île de la Cité. Elina appela aussitôt son ami

* On estima le nombre d'enfants nés de mère française et de père allemand, ceux qu'on appela les enfants de Boche, durant l'Occupation et immédiatement après, entre 100 000 et 200 000. Des Français travaillant dans le cadre du STO eurent aussi des enfants avec des femmes allemandes.

Claude Anglès, jeune médecin à l'hôpital voisin de l'Hôtel-Dieu. « Je vis un homme assis dans un coin, l'air très choqué, raconta Claude Anglès. C'était Cocteau. Il était terrifié. Il s'attendait à devoir répondre de ses liens avec les Allemands. Mais ce ne fut pas le cas. Cocteau appartenait à un groupe qui le protégea alors que Sacha Guitry, qui en fit cent fois moins que Cocteau, avait de nombreux ennemis[3]. » En réalité, ce qui probablement sauva Cocteau, ce fut que son jeune compagnon, le fringant acteur Jean Marais, avait rejoint les FFI pendant l'insurrection. Au bout de quelques heures, Cocteau quitta l'appartement d'Elina Labourdette et dans les mois qui suivirent, son attitude cavalière pendant l'Occupation fut balayée par les comités d'épuration du cinéma et des écrivains.

En revanche, deux jours plus tôt, cinq jeunes membres des FFI se présentèrent à l'hôtel particulier de Guitry, près de la tour Eiffel, et l'accusèrent d'« intelligence avec l'ennemi », l'accusation fourre-tout contre les collaborateurs. Vêtu d'un pyjama vert sous une veste en tweed, coiffé d'un panama, Guitry, toujours tiré à quatre épingles, fut conduit à pied jusqu'à la mairie du 7e arrondissement, rue de Grenelle. La nouvelle de son arrestation se répandit rapidement et, par chance, Alain Decaux*, un des admirateurs de Guitry et jeune recrue des FFI, obtint la permission de protéger du pillage la maison de l'auteur. Guitry fut emmené dans toute une série de centres de détention qui, à peine quelques jours auparavant, avaient servi à emprisonner des Juifs et des prisonniers politiques : le Vélodrome d'Hiver, ce stade où des milliers de Juifs avaient été enfermés lors des rafles de juillet 1942, Drancy, le principal camp de transit pour les Juifs déportés, et la prison de Fresnes, où étaient habituellement enfermés des résistants.

Tristan Bernard, auteur dramatique juif, certifia qu'il avait été libéré de Drancy en 1943 sur intervention de Guitry, mais ses détracteurs y virent seulement la preuve de ses bonnes relations avec les Allemands. « Est-ce " collaborer " que d'exercer sa profession sous l'œil de l'occupant pendant un armistice ? » demanda-t-il, dépité. Pourtant, si Guitry se sentait accusé complètement à tort, une enquête menée au mois de septembre indiqua que 56 pour cent des personnes interrogées approuvaient son arrestation, 12 pour cent seulement étaient contre et les autres ne se prononçaient pas.

* Decaux fit par la suite une brillante carrière d'écrivain et fut élu à l'Académie française en 1979.

Finalement, le 20 octobre, après « Soixante jours de prison », comme s'intitulait le récit qu'il donna de son incarcération, Guitry fut libéré pour raisons de santé. Mais les poursuites à son encontre durèrent encore trente-quatre mois, visant moins sa vie professionnelle que ses bonnes relations avec les gradés allemands. Guitry en devint de plus en plus amer : « Ce que je paie aujourd'hui, ce n'est pas mon activité pendant quatre ans mais bien quarante années de réussite et de bonheur qu'on ne me pardonne pas. » De fait, la jalousie avait pu jouer : il était acteur, auteur dramatique, réalisateur de cinéma, propriétaire d'un théâtre, et riche. Quand les poursuites furent abandonnées, le 8 août 1947, le jugement expliqua sa conduite par son narcissisme et conclut : « D'où son besoin, comme d'oxygène, de public ; et, hors de scène, de l'adulation et des faveurs du monde et de ses puissants. Il n'a eu de vie qu'exhibée. C'est ce qui explique et mesure ses relations avec l'occupant[4]. »

Au moment de l'arrestation de Guitry, bon nombre de jeunes gens qui se promenaient dans Paris en portant les armes étaient des résistants de fraîche date. « Les héros se sont multipliés, observait Galtier-Boissière. Le nombre de résistants de la dernière heure, armés de pied en cap et le ventre ceint de cartouchières à la façon mexicaine, est considérable. Quelques héroïnes aussi, le revolver à la ceinture[5]. » Mais à la fin du mois d'août, le Gouvernement provisoire donna aux membres des FFI le choix de rendre leurs armes ou de continuer le combat contre l'Allemagne en rejoignant l'armée française. Puis, à partir de la mi-septembre, il créa une structure légale pour mener à bien l'épuration. La tâche était immense. Au départ quelque 900 000 personnes furent arrêtées, souvent pour quelques jours seulement ; pour finir ce furent 124 613 personnes qui répondirent devant les tribunaux de leurs activités pendant l'Occupation.

La Haute Cour de justice, qui pouvait prononcer la peine de mort, fut convoquée pour juger un petit nombre d'hommes politiques de premier plan, associés de près au régime de Vichy et dont plusieurs rentrèrent en France, de gré ou de force, après le jour de la victoire. Le niveau suivant, les cours de justice, avait à juger d'autres cas sérieux de collaboration, il était nettement plus encombré. Ces cours prononcèrent 6 760 condamnations à mort dont près de 60 pour cent par contumace. Finalement, 767 de ces sentences furent suivies d'effet. Enfin, les tribunaux civils examinèrent les cas moins graves de collaboration et les atteintes au patriotisme. Ceux qui furent reconnus coupables d'*indignité nationale* furent condamnés à des peines de prison ou à la *dégradation nationale* qui interdisait de travailler dans la police, dans l'enseignement ou d'exercer toute fonction gouvernementale. La position personnelle de De Gaulle ajoutait de nouveaux paramètres. Pendant qu'il était en exil, il avait considéré la Résistance comme une menace potentielle pour son pouvoir et avait minimisé son importance. A présent, dans le cadre de sa stratégie de réunification du pays, il présentait la France comme une nation de résistants, ne comportant qu'un petit nombre de véritables collaborateurs. Cela revenait à faire preuve d'une tolérance considérable à l'égard de ces « quarante millions de pétainistes » des années 1940. « S'il est urgent de châtier les traîtres avérés, déclara-t-il, dans un discours du 14 octobre 1944, il ne convient pas de retrancher de la communauté française les hommes qui, par souci de légalité, se sont égarés à la suite du Maréchal[6]. »

Le procès de Vichy était évidemment une priorité, non seulement en raison des crimes commis par le régime mais aussi parce qu'il importait de démontrer que l'Etat français n'était pas le successeur de la IIIe République mais un régime totalement illégal. Le procès s'appuyait sur l'article 75 du code pénal, décrété en juillet 1939, qui définissait le crime de trahison et rendait passibles de la peine de mort ceux qui en étaient reconnus coupables. Pétain, qui avait demandé à être rapatrié de Suisse, à la fin du mois d'avril 1945, fut déféré devant la Haute Cour trois mois plus tard. Mais si le procès suscita un énorme intérêt dans un pays qui avait placé ses espoirs en lui, peu d'années auparavant, il s'avéra très décevant.

Après l'ouverture officielle du procès, le Maréchal refusa de parler et, à présent âgé de quatre-vingt-neuf ans, il passa la plus grande partie des audiences à somnoler. Ses avocats soutinrent qu'il avait joué un double jeu, calmant les Allemands tout en soutenant les Alliés. Mais ils avaient peu de preuves à l'appui d'une telle thèse. En même temps, il était difficile d'oublier que beaucoup de Français l'avaient soutenu avec enthousiasme. Le 26 juillet 1945, François Mauriac écrivit dans *Le Figaro* : « Ne reculons pas devant cette pensée qu'une part de nous-mêmes fut peut-être complice, à certaines heures, de ce vieillard foudroyé. » Pétain fut finalement reconnu coupable de haute trahison, d'intelligence avec l'ennemi et frappé d'*indignité nationale* (ce qui signifiait la perte de ses titres militaires), mais la condamnation à mort fut commuée par de Gaulle, et Pétain mourut en 1951 dans sa prison de l'île d'Yeu sur la côte Atlantique.

Le procès de Laval, en octobre 1945, fut plus mouvementé. Le président du tribunal peinait à maintenir l'ordre tandis que les jurés lançaient des insultes à l'accusé. Après avoir été condamné à mort, Laval tenta de se suicider avec du cyanure, mais les médecins le sauvèrent grâce à un lavage d'estomac. Il avait voulu se suicider, expliqua-t-il, pour éviter à des soldats français de prendre part à un « crime judiciaire », mais il affronta la mort avec courage. Après qu'on lui eut refusé le droit de donner au peloton d'exécution l'ordre de tirer, il leur dit : « Je ne vous en veux pas. Visez au cœur, vive la France[7] ! »

Sur les seize autres condamnations à mort prononcées par la Haute Cour, deux seulement furent appliquées, celle de Joseph Darnand, le chef de la Milice, et celle de Fernand de Brinon, le chef du gouvernement en exil à Sigmaringen. Abel Bonnard, l'académicien, ancien ministre de l'Education, s'était enfui en Espagne et fut condamné à mort par contumace. Ayant obtenu l'asile grâce à Franco, il rentra en France en 1960 pour un nouveau procès qui le condamna à une peine symbolique de dix années de bannissement, avec effet rétroactif à partir de 1945. S'estimant injustement condamné, il repartit en Espagne où il mourut en 1968. D'autres condamnations à mort par contumace furent prononcées, dont celle de Darquier de Pellepoix, l'infâme chef du Commissariat général aux questions juives de Vichy, qui, lui aussi, passa le reste de sa vie en Espagne.

Dans le monde de la culture, chaque discipline mit sur pied ses propres comités d'épuration qui étaient autorisés à enquêter et à interroger les artistes et écrivains collaborateurs. Les comités pouvaient aussi initier le déclenchement de procédures judiciaires et prononcer des sanctions professionnelles, telles que l'interdiction de jouer ou de publier pendant une période maximale de deux ans. Dans la pratique, toutefois, les situations furent souvent confuses et embrouillées, dans la mesure où les disciplines étaient souvent représentées par plusieurs organisations professionnelles. Ainsi, six groupes représentant les écrivains menaient des enquêtes tandis que plusieurs institutions comme la Comédie-Française, l'Académie française et l'Opéra de

Paris organisaient leurs propres investigations et effectuaient leurs propres purges. Les « procès » pouvaient prendre un caractère incestueux dans la mesure où, assez souvent, juges et prévenus se connaissaient bien et pouvaient avoir travaillé ensemble avant la guerre et même durant l'Occupation.

Certains pouvaient même s'être côtoyés dans des réceptions allemandes. « Je ne me rappelle pas un seul cas où un intellectuel français important ait refusé une invitation à de telles réceptions à l'ambassade d'Allemagne à Paris, déclara Abetz aux Français qui l'interrogeaient après la guerre. Même ceux qui se déclaraient ouvertement anticollaborationnistes sur le plan politique étaient, disaient-ils, partisans d'une confrontation d'idées et d'un échange de vues sur le plan culturel[8]. » Ajoutant encore à la confusion, il y avait la lutte d'influence entre les communistes qui dominaient la plupart des comités d'épuration et les modérés qui répugnaient à prendre part à une chasse aux sorcières. Dans certains cas, les vengeances personnelles prirent la forme d'accusations politiques, d'autres fois la jalousie professionnelle jouait un certain rôle, puisque l'interdiction de travailler pouvait servir à écarter des concurrents ; dans quelques cas plus rares, de vieilles amitiés survécurent aux divergences politiques et contribuèrent à alléger les condamnations. Les conflits idéologiques refirent surface : lorsque Aragon dénonça Gide pour une remarque défaitiste de son journal, datée de septembre 1940, et publiée après la Libération*, il était évident que le poète de la Résistance, comme on l'appelait désormais, n'avait pas oublié les attaques de Gide contre Moscou en 1936, dans son *Retour de l'URSS*.

En fait, ce qui paraissait relativement simple pendant l'Occupation se révéla extrêmement compliqué après la Libération. Pratiquement tous les artistes et tous les écrivains avaient continué à travailler sous l'Occupation; où fallait-il, dès lors, tracer la frontière? En quoi consistait exactement la collaboration. Cela incluait-il une sympathie de la première heure pour Pétain? Ou le fait de se produire sur scène devant un public allemand? Assister à une réception offerte par les Allemands constituait-il un acte de trahison? Pouvait-on faire confiance à un collaborateur notoire quand il affirmait qu'il travaillait clandestinement pour les services secrets britanniques? A quelle

* Le 5 septembre 1940, Gide écrit : « Composer avec l'ennemi d'hier, ce n'est pas lâcheté, c'est sagesse; et d'accepter l'inévitable. » Il ajoute : « A quoi bon se meurtrir contre les barreaux de sa cage? Pour souffrir moins de l'étroitesse de la geôle, il n'est que de se tenir bien au milieu. »

preuve se référer lorsque certains fascistes prétendaient avoir sauvé de Juifs en les avertissant de l'imminence d'une rafle ? En pratique, on ne parvint jamais à un consensus, et l'épuration culturelle fut donc marquée par des incohérences. Parmi les artistes, écrivains et journalistes qui avaient collaboré autant les uns que les autres, certains furent sanctionnés, d'autres emprisonnés, quelques-uns furent exécutés, tandis que bon nombre d'entre eux ne furent même jamais arrêtés. Ce n'est qu'après coup qu'une sorte de logique apparut : plus une arrestation, un procès et une condamnation pouvaient être retardés, plus la peine était légère. « Si Drieu la Rochelle avait accepté de se cacher deux ans dans une cave, on l'aurait nommé ministre », aurait dit Jouhandeau, d'après un propos rapporté par Paul Léautaud[9].

Parmi les différents comités d'épuration culturels, celui des écrivains était le mieux organisé et aussi le plus radical, de la même façon que le Comité national des écrivains, ou CNE, avait été le groupe de résistants le plus efficace dans le domaine culturel. Sa commission d'épuration qui comprenait Eluard, Queneau et Jean Bruller (plus connu désormais sous le nom de Vercors) commença par désigner douze traîtres au début du mois de septembre 1944, parmi lesquels Céline, Drieu la Rochelle, Brasillach, Montherlant, Giono, Jouhandeau et Châteaubriant. S'ajoutèrent à cette liste cent cinquante-trois « indésirables », définis comme des journalistes et des écrivains restés fidèles à Vichy après que l'Allemagne avait occupé la zone sud en novembre 1942. Leurs noms s'étalaient dans *Les Lettres françaises* qui y rajoutèrent, de leur propre initiative, ceux de quelques écrivains « professionnellement répugnants ». Parmi les plus visés figuraient les directeurs des journaux proallemands qui, non seulement avaient fait l'éloge de Hitler et dénoncé des Juifs, mais avaient aussi attaqué et insulté communistes et gaullistes, à présent au pouvoir. Ces cas-là furent de toute façon jugés par des tribunaux qui, pour ajouter encore à la confusion, étaient parfois présidés par des juges qui avaient eux-mêmes travaillé pour Vichy. Au début, du moins, les condamnations furent lourdes.

Le premier à être jugé et condamné à mort pour ses écrits fut Georges Suarez, le directeur d'*Aujourd'hui*. Même si Youki Desnos parla en sa faveur, disant qu'il avait tenté de sauver son mari Robert de la déportation, il fut exécuté le 9 novembre 1944. Paul Chack, écrivain et ancien officier de marine, qui avait lui aussi écrit pour la presse collaborationniste, fut condamné à mort. « Vous avez fait le jeu de l'Allemagne au moment où les Français s'unissaient contre l'envahisseur. » Il fut fusillé le 9 janvier 1945. Trois journalistes bien connus furent eux aussi exécutés : Jean Hérold-Paquis, qui avait participé à des émissions de propagande sur Radio-Paris et s'était rendu célèbre en achevant tous les soirs son émission d'informations par ce cri : « L'Angleterre, comme Carthage, doit être détruite », fut exécuté le 11 octobre 1945. Paul Ferdonnet, accusé d'avoir diffusé de la propagande nazie en français sur Radio-Stuttgart, entre 1940 et 1942, fut arrêté en Allemagne en mai 1945, jugé en juillet et exécuté en août. Jean Luchaire, le premier directeur des *Nouveaux Temps*, dont le vieil ami Abetz fut tiré de sa prison pour témoigner en sa faveur, fut fusillé le 22 février 1946.

D'autres eurent plus de chance. Henri Béraud, écrivain connu pour son anglophobie, rédacteur en chef de *Gringoire*, fut lui aussi condamné à mort en décembre 1944. Mais Mauriac vint à son secours, disant qu'il n'avait pas intentionnellement aidé l'ennemi. Il fut gracié par de Gaulle et libéré en 1950*. Lucien Rebatet, antisémite enragé, fut arrêté en Allemagne le 8 mai 1945 et finalement jugé en novembre 1946 en même temps que Pierre-Antoine Cousteau, le directeur de *Je suis partout*. Les deux hommes furent condamnés à mort mais six mois plus tard leur condamnation fut commuée en réclusion à perpétuité, et au bout de cinq ans, ils sortirent, eux aussi, de prison.

Deux écrivains fascistes, qui étaient aussi journalistes, payèrent pour leur célébrité. Drieu la Rochelle, qui dirigea pendant trente mois la *Nouvelle Revue française*, ne se faisait aucune illusion sur le sort qui l'attendait. Bien avant la Libération, il avait non seulement prévu la défaite allemande mais aussi programmé son suicide. Le 10 août 1944, il écrivit une dernière lettre à son frère Jean, dans laquelle il défendait sa philosophie : « J'étais au fond au-delà de ma nation, des nations – plus raciste que nationaliste. J'aurais mieux aimé être anglais ou allemand ou russe : enfin du Nord. La France est trop mélangée de Midi, pour nous. » A présent il était heureux de mettre fin à ses jours avant d'être confronté au grand âge et à la maladie. « Je me tue, écrivit-il. Cela n'est défendu par aucune loi supérieure, bien

* Autre contradiction apparente, Horace de Carbuccia, adjoint de Béraud à *Gringoire*, ne passa jamais en jugement.

au contraire. Ma mort est un sacrifice librement consenti qui m'évitera certaines salissures, certaines faiblesses. Et surtout, je ne m'intéresse pas assez à la politique pour en encombrer (prison, etc.) mes derniers jours[10]. »

Deux jours plus tard, Drieu la Rochelle avala une forte dose de barbituriques, mais il fut découvert inconscient par sa femme de ménage et transporté à l'Hôpital américain de Neuilly. Gerhard Heller se rappela plus tard comment il avait appris l'état de son ami et s'était précipité à son chevet. « Il ouvre brièvement les yeux – " c'est la première fois ", me dit l'infirmier – et il chuchote " Ah, c'est vous Heller ! " Je glisse le passeport sous l'oreiller[11]. » Le passeport portait des visas qui permettaient à Drieu de se rendre en Espagne ou en Suisse mais il ne devait jamais s'en servir. Alors qu'il était toujours à l'hôpital, il fit une nouvelle tentative de suicide en se taillant les veines des poignets mais il fut sauvé cette fois encore.

Après la libération de Paris, se cachant parfois au domicile de sa première femme, juive, Colette Jeramec, il fut apparemment protégé d'une arrestation par ses amis Malraux et Emmanuel d'Astier de La Vigerie, le chef de la Résistance, devenu ministre de l'Intérieur du Gouvernement provisoire. Drieu la Rochelle savait bien qu'il n'échapperait pas à un jugement. Le 15 mars 1945, après avoir ouvert le gaz et avalé du poison, il mourut. Galtier-Boissière se souvenait de lui avoir dit, cinq ans auparavant, qu'il serait fusillé pour ses sympathies proallemandes. « Le malheureux s'est fusillé lui-même », écrivit-il[12]. Parmi ceux qui assistèrent à ses obsèques à Neuilly figuraient Paulhan, Léautaud et Gaston Gallimard. Malraux, dont Drieu avait expressément réclamé la présence, ne put pas revenir du front où il combattait dans les rangs de l'armée française.

Si Drieu la Rochelle échappa à une arrestation en se suicidant, Robert Brasillach fut contraint de se rendre à la police française, le 14 septembre 1944, après l'arrestation de sa mère et de son beau-frère, Maurice Bardèche, qui partageait ses opinions fascistes. Après avoir été détenu à Noisy-le-Sec, en banlieue parisienne, il fut transféré à Fresnes en attendant l'ouverture de son procès devant une cour de justice, le 19 janvier 1945. Les charges contre lui étaient claires, elles reposaient sur les éditoriaux qu'il avait signés dans *Je suis partout* et des articles ultérieurs dans *La Révolution nationale* qui semblaient tous relever de l'accusation d'intelligence avec l'ennemi.

Comme dans d'autres procès semblables, les opinions antisémites de Brasillach ne furent pas retenues contre lui, son crime était d'avoir soutenu les Allemands et dénoncé des Juifs et des résistants. Pour sa défense, son avocat, Jacques Isorni, lut des lettres de soutien de Claudel et de Valéry, ainsi qu'une lettre de Mauriac qui, selon les dires de l'avocat, avait écrit « que ce serait une perte pour les lettres françaises si ce brillant esprit s'éteignait à jamais[13] ». Pour le procureur du gouvernement, Marcel Reboul, les crimes de Brasillach s'expliquaient par sa vanité. « La trahison de Brasillach est, avant tout, une trahison d'intellectuel. C'est une trahison d'orgueil. Cet homme s'est lassé de la joute dans le tournoi paisible des lettres pures. Il lui a fallu une audience, une place publique, une influence politique et il eût été prêt à tout pour les conquérir[14]. » Au terme d'un procès qui ne dura que six heures, Brasillach fut condamné à mort.

Le cas de Brasillach était compliqué. C'était un écrivain admiré qui avait dépassé les bornes en dénonçant des gens qui se retrouvèrent, de ce fait, emprisonnés ou déportés. Le verdict prononcé contre lui ne fit pourtant qu'intensifier le débat parmi les écrivains sur la façon de gérer la collaboration au sein de la profession. En public, la question opposait Camus dans *Combat* et Mauriac dans *Le Figaro*. Ils admettaient tous les deux que l'épuration était chaotique, mais Camus insistait sur la nécessité d'une véritable purge qui permette la renaissance de la France. Sans une telle justice, ajoutait-il, « on voit bien que M. Mauriac a raison, nous allons avoir besoin de charité ». Mauriac avait demandé si, dans un monde d'une « cruauté impitoyable », la tendresse humaine et la miséricorde pouvaient être ignorées[15]. Dans cet état d'esprit, Mauriac avait déjà pris position en défendant Béraud dont la condamnation à mort fut immédiatement commuée avant le procès de Brasillach.

En réponse à Camus, le 7 janvier 1945, dans un article intitulé « Le mépris de la charité », Mauriac plaida une fois de plus pour les vertus d'une réconciliation nationale et l'importance de l'impartialité judiciaire en cette époque de vives émotions. Quelques jours plus tard, dans un article intitulé « Justice et charité », Camus répliqua : « Chaque fois qu'à propos de l'épuration j'ai parlé de justice, M. Mauriac a parlé de charité. Et la vertu de charité est assez singulière pour que j'aie eu l'air, réclamant la justice, de plaider pour la haine. On dirait vraiment à entendre M. Mauriac qu'il nous faille absolument choisir dans ces affaires quotidiennes entre l'amour du Christ et la haine des hommes. » Et il poursuivait : « En tant qu'homme, j'admirerai peut-être M. Mauriac de savoir aimer les traîtres, mais en tant que citoyen je le déplorerai parce que cet amour nous amènera justement une nation de traîtres et de médiocres et une société dont nous ne voulons plus[16]. »

Mauriac, dont la campagne avait poussé *Le Canard enchaîné* à le surnommer saint François des Assises, ne se laissa pas décourager. Après le verdict dans le procès Brasillach, il prit l'initiative d'une pétition adressée à de Gaulle pour demander sa clémence, non pour des raisons morales mais parce que le père de Brasillach était « mort pour la France », lors de la Première Guerre mondiale. Parmi ses signataires figuraient Valéry, Claudel, Anouilh, Paulhan, Colette, le musicien Honegger, les peintres Derain et Vlaminck et, ajouté à la dernière minute, Camus. De Gaulle rejeta l'appel et Brasillach fut fusillé le 6 février. Mais six mois plus tard, Camus commença à éprouver de sérieux doutes au sujet de l'épuration. Le 30 août 1945, il écrivit dans *Combat* : « Il est certain désormais que l'épuration en France est non seulement manquée, mais encore déconsidérée. Le mot d'épuration était déjà assez pénible en lui-même. La chose est devenue odieuse[17]. » En 1948, il concéda que Mauriac avait eu raison depuis le début.

Le procès de Charles Maurras, déjà âgé de soixante-seize ans au moment de la Libération, eut une signification totalement différente. Même s'il ne fut élu à l'Académie française qu'en 1939, l'influence de Maurras remontait au début du siècle lorsqu'il avait mené campagne contre le capitaine Alfred Dreyfus, l'officier juif de l'armée française accusé à tort d'espionnage pour le compte de l'Allemagne. Dans les années qui suivirent, et particulièrement après la Première Guerre mondiale, son mouvement et son journal, *L'Action française*, représentaient un mélange très particulier d'antisémitisme, de nationalisme, de germanophobie et de monarchisme. En même temps, Maurras devint le mentor idéologique de toute une génération de jeunes intellectuels brillants, dont Brasillach et Rebatet qui, vers la fin des années 1930, adhérèrent au national-socialisme de Hitler. Quand la France fut vaincue, en 1940, Maurras partit en zone libre et soutint la Révolution nationale de Pétain. Il demeura violemment antisémite mais si ouvertement hostile aux Allemands que, lorsque l'Allemagne envahit la zone libre, il craignit des représailles de la part de la Gestapo.

L'arrestation de Maurras en septembre 1944 ouvrit la voie à un procès sensationnel qui débuta le 26 janvier 1945, en plein milieu de la campagne des écrivains pour sauver Brasillach ; comme on ne pouvait guère l'accuser d'avoir collaboré avec un ennemi qu'il détestait, la charge officielle retenue contre lui fut qu'il avait démoralisé la France. Son vrai crime toutefois était son action au sein du mouvement fasciste qui avait fait tant de mal au pays. Le tribunal réclama la peine de mort mais, en raison de son âge et du cas Brasillach, il fut condamné à la réclusion à perpétuité. « C'est la revanche de Dreyfus », s'écria-t-il. Il fut libéré en mars 1952 pour des raisons de santé et mourut huit mois plus tard.

Après Brasillach, aucun écrivain ne fut exécuté. Certains d'entre eux qui auraient certainement été châtiés très sévèrement étaient à l'étranger. Alphonse de Châteaubriant, qui avait dirigé le groupe Collaboration et le journal, *La Gerbe*, parvint à atteindre l'Autriche et trouva refuge dans un monastère du Tyrol où il mourut en 1951. Alain Laubreaux, le critique théâtral venimeux de *Je suis partout*, se réfugia dans l'Espagne de Franco où il mourut en 1968. Mais comme le CNE et *Les Lettres françaises* menaient campagne pour une justice rapide et radicale contre les écrivains collaborateurs, d'autres séjournèrent en prison avant d'être jugés.

Jean Giono, qui avait été emprisonné comme pacifiste pendant la drôle de guerre, fut à nouveau arrêté, en septembre 1944, et détenu pendant cinq mois. Son crime était d'avoir publié des articles dans certains organes collaborationnistes et d'avoir écrit sur la vie rurale, comme il l'avait toujours fait, d'une manière qui semblait à présent avoir des accents pétainistes. Finalement, aucune charge ne fut retenue contre lui, dans la mesure où il n'avait jamais soutenu les nazis et affirmait même avoir protégé un réfugié allemand et deux Juifs. Le CNE l'interdit pourtant de publication pendant deux ans. Certains de ses amis dirent que sa véritable erreur était de s'être brouillé avec Aragon et le parti communiste avant la guerre.

Les poursuites contre Simenon, le fameux auteur de romans policiers, durèrent pendant six ans. Simenon ne faisait pas partie du milieu littéraire parisien, préférant vivre en Vendée. Mais comme neuf de ses romans avaient été portés à l'écran durant l'Occupation, quatre pour les Films Continental, studio qui appartenait aux Allemands, en 1950, il fut interdit de publication pendant cinq ans, mais la sentence était rétroactive et n'avait donc aucun effet. Il était malgré tout suffisamment inquiet pour partir au Canada et aux Etats-Unis après la guerre, et ne pas revenir en Europe avant 1955.

Pour de nombreux écrivains, le principal châtiment fut l'incertitude. Jacques Chardonne, romancier qui détenait des parts de la maison Stock, avait fait partie de deux délégations françaises à la conférence des écrivains de Weimar. Il fit six semaines de prison en 1944, mais les charges contre lui furent abandonnées en 1946. Marcel Jouhandeau, l'ami de Florence Gould, qui avait lui aussi accepté de se rendre à Weimar à l'invitation des Allemands, ne fut jamais emprisonné mais il vécut plusieurs mois dans la terreur d'être arrêté. Déjà, avant la libération de Paris, il avait commencé à recevoir des menaces au téléphone et avait demandé à Paulhan s'il ne ferait pas mieux d'aller se cacher avec sa femme. Dans son journal, il préparait déjà des arguments pour sa défense : « A nous un simple délit d'opinion, des imprudences qui ne nous ont rien rapporté[18]. » Quand son nom apparut sur la liste des « indésirables » du CNE, il quitta Paris. Puis, comme il ne se passait rien, il rentra et recommença à enseigner. Mais en mai 1945, il fut convoqué pour un interrogatoire et se retrouva en compagnie de Montherlant : « Mais avant la nuit, on va vous conduire à Drancy, moi peut-être à Vincennes, et nous ne nous reverrons jamais, lui dit le dramaturge. On nous étranglera dans nos prisons[19]. »

Le dénouement fut beaucoup moins dramatique. Tandis que Montherlant était interdit de publication pendant un an, en particulier à cause de son essai, *Le Solstice de juin*, paru en 1941 et jugé proallemand, le châtiment de Jouhandeau fut d'être ostracisé par les écrivains de gauche. Ce qui ne le dérangea guère : il se retrouva sans tarder engagé dans des joutes oratoires avec Léautaud, à la table de Florence Gould, lors de ses déjeuners du jeudi.

Pourtant, la soif de vengeance contre les écrivains commença progressivement à se calmer. Un facteur important de cette évolution fut la prise de conscience qu'écrivains et journalistes étaient traités bien plus sévèrement que, par exemple, les industriels qui avaient profité de faire des affaires avec les nazis. « Dans l'épuration, c'est le journaliste, ce pelé, ce galeux, qui sert de bouc émissaire, écrit

Galtier-Boissière. On oublie que certains n'avaient que leur plume pour nourrir leur famille et n'ont écrit que des chroniques anodines. Reproche-t-on aux ouvriers de Renault d'avoir fait des tanks pour la Wehrmacht ? Un tank n'était-il pas plus utile aux Fritz qu'un écho du *Petit Parisien*[20] ? »

Paulhan qui, en tant que figure centrale de la résistance intellectuelle, avait soutenu l'épuration était lui aussi à présent persuadé que les écrivains étaient injustement pris pour cibles. « Les ingénieurs, entrepreneurs et maçons qui ont bâti le Mur de l'Atlantique se promènent parmi nous bien tranquillement. Ils bâtissent les murs des nouvelles prisons, où l'on enferme les journalistes qui ont eu le tort d'écrire que le Mur de l'Atlantique était bien bâti[21] », fit-il remarquer. A la fin du mois de septembre 1944, Paulhan démissionna des *Lettres françaises* et s'éloigna progressivement de ses anciens collègues. Il s'inquiétait de constater que, avec des communistes aux commandes, l'épuration intellectuelle commençait à ressembler à une purge stalinienne. Son argument selon lequel les écrivains avaient un « droit à l'erreur » était rejeté par les tenants d'une ligne dure. D'autres modérés, constatant que les châtiments variaient considérablement pour les mêmes faits, commencèrent à se demander si, dans un pays libre, un écrivain pouvait être condamné pour un « crime d'opinion ». Certains manifestèrent leur mécontentement lorsque quatre-vingt-treize livres de Céline, Rebatet et d'autres collaborateurs furent interdits. Cela leur rappelait la Liste Otto des nazis.

Si les écrivains collaborateurs subirent finalement une épuration sévère, ce n'est pas seulement à cause de leur influence sur l'opinion publique, c'est aussi parce que en leur accordant une grande importance les écrivains résistants mettaient en évidence leur propre rôle et renforçaient leur statut social. Ils n'entendaient pas renoncer à l'idée selon laquelle les écrivains sont investis de responsabilités spéciales, une vue partagée par de Gaulle lui-même.

Dans ses *Mémoires de guerre*, évoquant son attitude à l'égard des collaborateurs, il donne indirectement la raison pour laquelle il n'avait pas sauvé la vie de Brasillach. « S'ils n'avaient pas servi directement et passionnément l'ennemi, je commuais leur peine, par principe. Dans un cas contraire – le seul – je ne me sentis pas le droit de gracier. Car, en littérature, comme en tout, le talent est un titre de responsabilité[22]. » Même Drieu la Rochelle avait écrit à propos de l'intellectuel : « Il a des devoirs et des droits supérieurs à ceux des autres[23]. »

Cependant, en dépit de leurs divergences éthiques et philosophiques, les écrivains avaient tous éprouvé le même besoin fondamental sous l'Occupation : celui de voir leurs œuvres publiées.

Du coup, dans la mesure où tant de résistants avaient eux aussi publié des livres avec l'approbation des Allemands, le comité d'épuration de l'édition qui comprenait Sartre, Bruller et Seghers, se trouvait largement désarmé. Et son incapacité à juger les éditeurs incita bientôt Bruller et Seghers, écœurés, à démissionner. Bernard Grasset, l'éditeur le plus résolument proallemand, fut bien arrêté le 19 septembre et envoyé à Drancy. Mais comme Mauriac, Valéry et Duhamel, entre autres, volèrent à son secours, il fut relâché au bout de six semaines. Les Editions Grasset se virent interdire la publication et la vente de livres, mais la sanction fut levée en mai 1946. Robert Denoël, éditeur d'origine belge qui avait publié les délires antisémites de Céline et de Rebatet mais également des livres d'Aragon et d'Elsa Triolet, ne fit jamais face à la justice. On le retrouva assassiné dans une rue proche des Invalides, le 2 décembre 1945, et on ne découvrit jamais ni le motif du crime ni l'identité de l'assassin. De son côté, Gaston Gallimard, qui avait protégé sa maison en autorisant Drieu la Rochelle à prendre la direction de la *Nouvelle Revue française*, n'avait rien à craindre. Il avait publié de nombreux écrivains opposés aux Allemands, et vingt d'entre eux écrivirent des lettres en sa faveur. « J'estime que tout blâme qui serait porté contre la maison Gallimard atteindrait tous les écrivains qui faisaient partie de la résistance intellectuelle et qui se sont fait publier par lui », écrivit Sartre, sans se poser la question de savoir si ces écrivains auraient dû continuer à publier ou non[24]. De toute façon, deux « intouchables », Paulhan et Camus, étaient toujours salariés de la maison Gallimard.

Deux institutions littéraires entreprirent de faire le ménage chez elles. L'Académie française chassa Pétain, Maurras, Bonnard et Abel Hermant, et désigna de nouveaux membres pour remplir les sièges laissés vacants durant l'Occupation. Elle resta néanmoins une institution conservatrice, élisant Claudel, Marcel Pagnol, Jules Romains et Edouard Herriot en 1946, Cocteau en 1955 et Montherlant en 1960. Deux résistants furent élus encore plus tard, Guéhenno en 1962 et Paulhan en 1963. L'Académie Goncourt, à son tour, chassa Guitry et René Benjamin et accueillit Colette. Bientôt, les amnisties, la première en janvier 1951, la seconde en juillet 1953, entraînèrent la libération de presque tous les collaborateurs incarcérés.

Quelques écrivains décidèrent de rester à l'étranger, mais ce fut le retour du Danemark de Céline qui referma le chapitre des guerres littéraires en France. Il était arrivé à Copenhague le 22 mars 1945, en provenance de Sigmaringen, mais le gouvernement français ne l'apprit que plusieurs mois plus tard. Finalement, en décembre, la France demanda son extradition pour qu'il réponde du crime de trahison. Céline passa les dix-huit mois suivants en prison au Danemark et ne fut pas extradé. Au début de 1950, il fut jugé par contumace, déclaré coupable d'*indignité nationale*, et condamné à un an de prison, une lourde amende et la confiscation de la moitié de ses biens. Moins d'un an plus tard, il fut amnistié et, en juillet 1951, il rentra en France avec sa femme Lucette. Ils s'installèrent à Meudon où, deux ans plus tard, Céline ouvrit un cabinet médical. S'il avait été arrêté en 1944, il est presque certain qu'il aurait été exécuté. Dix ans plus tard, il avait l'air d'un ermite fou, publiait de nouveau chez Gallimard et semblait désormais reconnu comme l'un des plus grands écrivains français du XXe siècle. Pour beaucoup de Français, son génie faisait tout simplement oublier ses délires pronazis et antisémites.

L'épuration dans les autres domaines de la culture fut, en comparaison, relativement douce, même si, dans le cas de la musique, une forme d'art particulièrement chère aux Allemands, deux exemples particuliers attirèrent l'attention. Le pianiste Alfred Cortot, qui avait trouvé le temps de jouer en Allemagne alors qu'il faisait fonction de conseiller musical pour Vichy, fut arrêté par les FFI à son domicile de Neuilly, le 1er septembre 1944. Il fut rapidement relâché après l'intervention de Claude Delvincourt, directeur du Conservatoire de Paris et résistant.

Mais l'année suivante, le Comité d'enquête des Beaux-Arts renvoya Cortot de son poste de professeur au Conservatoire tandis qu'un comité d'épuration professionnelle lui interdit de jouer en public pendant un an. Quand il reprit sa carrière au Théâtre des Champs-Elysées à Paris, en janvier 1947, il dut quitter la scène sous les huées. Mais deux ans plus tard, la majorité du public lui avait pardonné.

En revanche, l'épuration brisa la carrière de Germaine Lubin, la grande soprano wagnérienne. Adorée par les Allemands, elle fut arrêtée par les FFI, le lendemain de la Libération, et emmenée pour interrogatoire à la mairie du 8e arrondissement. Son avocat obtint sa libération, mais, une semaine plus tard, elle fut à nouveau arrêtée et, cette fois, emprisonnée deux mois, d'abord à Drancy, puis à Fresnes. En même temps, elle fut interdite sur la scène de l'Opéra de Paris. Les poursuites contre elle furent abandonnées en janvier 1945, rouvertes en mars devant un tribunal civil, puis à nouveau abandonnées. Elle se retira dans son château de la vallée de la Loire. Mais en décembre 1946, elle fut encore une fois arrêtée et déférée, cette fois devant une cour de justice qui la déclara coupable d'*indignité nationale*, ordonna la confiscation de ses biens et la condamna à la *dégradation nationale*. Puis, en mai 1949, elle fut, une fois de plus, convoquée devant une autre cour civile à Paris, accusée d'avoir fait jouer son amitié avec Hitler pour obtenir la libération de son fils d'un camp de prisonniers.

L'année suivante, à soixante ans, elle donna un récital à la Salle Gaveau. Ses fidèles admirateurs lui firent une ovation, mais sa voix n'était plus à la hauteur et elle ne se produisit plus jamais en public. En revanche, jusqu'à sa mort en 1979, elle donna des cours de chant, et eut parmi ses élèves la soprano Régine Crespin.

Les autres cas d'épuration dans le domaine de la musique et de la danse visèrent des artistes proches des Allemands. Serge Lifar, le directeur du ballet de l'Opéra de Paris qui se vantait de sa proximité avec les Allemands et en faisait étalage, quitta Paris avant qu'on ne l'arrête. Il fut chassé de l'Opéra mais trouva du travail à Monte-Carlo et reprit son ancien poste de maître de ballet à l'Opéra en 1947. Ce qui est peut-être le plus étonnant, du moins si l'on en juge d'après ses mémoires, *Ma Vie*, c'est que Lifar fut toujours persuadé d'avoir bien agi et d'avoir servi les intérêts de l'Opéra de Paris.

La danseuse étoile Solange Scharwz, qui avait un amant allemand, fut, elle aussi, chassée de l'Opéra de Paris, mais très vite poursuivit sa carrière, d'abord au Ballet des Champs-Elysées, puis à l'Opéra-Comique. Même Jacques Rouché, le vénérable directeur à la fois de l'Opéra et de l'Opéra-Comique, fut interrogé par les FFI, mais les musiciens Francis Poulenc, Georges Auric et Roger Desormières le défendirent, et aucune charge ne fut retenue contre lui. En revanche, Max d'Ollone, pétainiste qui avait été à la tête de la section musicale du Groupe Collaboration et avait été directeur de l'Opéra-Comique pendant la plus grande partie de l'Occupation, ne fut nullement inquiété.

Le monde de la musique populaire ne fut pas moins exposé que celui de l'opéra ou du ballet, puisque chansonniers et artistes de cabaret s'étaient régulièrement produits devant les Allemands. Comme tant d'autres, Léo Marjane avait très souvent chanté sur Radio-Paris où son grand succès « Je suis seule ce soir » s'était fait l'écho de la mélancolie des femmes dont le mari était prisonnier en Allemagne. Quand on l'amena devant une cour civile pour se justifier d'avoir chanté devant des Allemands, elle s'en tira par une pirouette en répondant « je suis myope ». Mais sa carrière en fut brisée.

Maurice Chevalier, Tino Rossi, Charles Trenet et Edith Piaf avaient été attaqués par Radio-Londres pour s'être rendus en Allemagne même si c'était seulement pour chanter devant des prisonniers de guerre ou des travailleurs du STO. Chevalier, qui avait passé les derniers mois de l'Occupation à se cacher à la fois de la Résistance et de la Gestapo, fut arrêté pour quelque temps. Grâce à l'intervention d'Aragon, il fut relâché et ne fut plus davantage inquiété, même si en échange il dut se produire dans divers galas au profit du parti communiste. Il essaya aussi de persuader ses admirateurs américains qu'il n'avait jamais collaboré en filmant, à leur intention, un message où il s'adressait à eux dans son anglais si « frenchie ». Tino Rossi fut arrêté en octobre 1944 et passa trois semaines à Fresnes avant d'être brièvement interdit de spectacle, tandis que Trenet, qui n'avait plus également le droit de se produire en public, partit aux Etats-Unis où il passa deux ans avant de revenir en France poursuivre une brillante carrière. Piaf fut à peine inquiétée : convoquée pour un interrogatoire, elle fournit des témoins qui affirmèrent qu'elle avait aidé des prisonniers de guerre à s'échapper, et on lui pardonna d'avoir assuré le divertissement des Allemands à Paris.

Dans le cas du cinéma, c'était encore plus difficile de distinguer les juges des accusés. Car, à l'exception des Juifs et de quelques acteurs et réalisateurs partis aux Etats-Unis, l'industrie cinématographique tout entière avait continué à fonctionner pendant la durée de l'Occupation : pas moins de deux cent vingt films français sous la direction de quatre-vingt-deux cinéastes différents avaient été tournés et distribués sous le contrôle des Allemands. Après la Libération, le Comité d'épuration du cinéma, contrôlé par les communistes, décida de viser plus particulièrement ceux qui avait travaillé pour les films

Continental d'Alfred Greven. Parmi eux, curieusement, figuraient le scénariste Jean-Paul Le Chanois et l'assistant-réalisateur Jean Devaivre qui avaient fait partie du petit groupe de résistance du cinéma qui avait publié *L'Ecran français*. De plus, alors que sept des huit réalisateurs dont le cas était retenu avaient travaillé pour Continental, d'autres, comme Michel Tourneur qui avait réalisé six films pour Greven, ne figuraient pas sur la liste. Jean Marais, qui portait désormais l'uniforme des FFI, désapprouva ces persécutions. « Beaucoup de mes collègues qui avaient travaillé pour Continental ou Radio-Paris se révélèrent à la Libération être des résistants, écrit-il dans ses mémoires, *Histoire de ma vie*. Ils accusaient et jugeaient leurs pairs[25]. »

Marcel Carné se vit reprocher d'avoir signé un contrat avec Continental même si en définitive il ne fit aucun film pour la firme allemande. Henri-Georges Clouzot, pour sa part, après d'interminables interrogatoires, fut interdit de réalisation pendant deux ans, mais c'était parce que la Résistance détestait *Le Corbeau* bien plus que parce que le film avait été fait par Continental. Le film fut même interdit à la Libération, malgré le témoignage du poète et scénariste Jacques Prévert qui certifia qu'il ne s'agissait pas d'un « film de propagande anti-français ». En raison peut-être de sa grande notoriété, Pierre Fresnay, qui avait tourné dans neuf films sous l'Occupation, dont quatre pour Continental, fut emprisonné pendant six semaines avant d'être placé en résidence surveillée.

Dans quelques cas, le châtiment alla au-delà des sanctions professionnelles. Certains réalisateurs et opérateurs qui avaient tourné des séquences de propagande pour *France Actualités* furent condamnés à des peines de prison. Un réalisateur, Jean Mamy, qui avait travaillé sous le pseudonyme de Paul Riche, fut même exécuté. Il avait réalisé *Forces occultes*, un film contre les Juifs et les francs-maçons dont on peut dire que ce fut le seul long métrage de propagande de l'Occupation. En août 1944, après s'être d'abord caché, il finit par se rendre à la police après que sa mère eut été arrêtée par les FFI. Curieusement, il ne fut pas jugé avant 1948 et, en mars 1949, il fut le dernier à être fusillé.

Certaines listes des FFI comprenaient les acteurs qui avaient fait le voyage à Berlin en 1942 en compagnie de Danielle Darrieux. Albert Préjean, qui avait participé à six films pour Continental, passa six semaines en prison mais ne fut pas condamné. Viviane Romance fut arrêtée à Biarritz, détenue plusieurs semaines puis acquittée par un tribunal militaire. Danielle Darrieux se souvint que lorsqu'elle se présenta à son interrogatoire, la première personne qu'elle vit fut son ex-mari, Henri Decoin, qui avait lui-même tourné trois films pour Continental. « Moi par exemple, j'ai été convoquée à l'épuration parce que j'avais fait ce voyage. Alors j'y vais et qui je vois qui me reçoit à un bureau, Henri Decoin. Et il me dit, " Mais qu'est-ce que tu fous là ? " et il dit " Mais tu fous le camp tout de suite ". Ils ne savaient pas vraiment qui était qui à l'épuration[26]. » Decoin lui-même fut interdit de tournage pendant un an à cause d'un de ses films, *Les Inconnus dans la maison*, qu'on accusa d'avoir sapé le moral des Français.

Il y eut des cas plus sérieux. Robert Le Vigan, ami de Céline, dut faire face à de nombreuses charges, vedette depuis longtemps de la scène et de l'écran, c'était un fasciste convaincu qui avait donné libre cours à son antisémitisme sur Radio-Paris, avait adhéré au parti d'extrême droite de Doriot et était même soupçonné d'avoir servi d'informateur à la Gestapo. Jean-Louis Barrault, Madeleine Renaud et Pierre Renoir parlèrent en sa faveur, il fut néanmoins condamné à dix ans de travaux forcés par une Cour de Justice, avant d'être libéré sur parole en 1948. La vieille actrice Cécile Sorel, âgée de soixante-dix ans à la Libération, fut condamnée à la *dégradation nationale* pour avoir réclamé un appartement confisqué à une famille juive. Alice Cocéa fut emprisonnée pendant trois mois et interdite d'activité professionnelle pendant un an pour avoir pris la direction du Théâtre des Ambassadeurs qui appartenait au dramaturge juif Henry Bernstein*, parti en exil. Ginette Leclerc, qui tourna dans onze films sous l'Occupation, dont *Le Corbeau*, fut sanctionnée plus lourdement que d'autres : elle écopa de neuf mois de prison pour avoir, avec l'aide de Greven, ouvert un cabaret très apprécié des officiers allemands.

Les femmes impliquées dans la *collaboration horizontale* étaient accusées d'avoir sali l'honneur de la France, de même les actrices qui avaient paradé dans Paris au bras d'officiers allemands furent montrées du doigt. L'amant de Mireille Balin qui appartenait à la Wehrmacht fut même assassiné lorsque celle-ci fut arrêtée par les FFI en septembre 1944. L'actrice Corinne Luchaire attendait un

* En 1950, Bernstein pardonna publiquement à Cocéa et fit abandonner les poursuites contre l'actrice Michèle Alfa qui s'était installée depuis 1940 dans son appartement avec son amant de la Wehrmacht.

enfant de son amant autrichien, lui aussi de la Wehrmacht, quand elle suivit son père, le collaborateur Jean Luchaire, à Sigmaringen en 1944. Elle fut condamnée plus tard à dix ans de *dégradation nationale*.

L'actrice la plus célèbre rattrapée par l'épuration fut l'inimitable Arletty. A sa décharge, elle n'avait pas tourné pour Continental et, avec Guitry, elle avait contribué à faire relâcher Tristan Bernard de Drancy. Mais à partir de 1941, elle s'était entichée d'un jeune officier de la Luftwaffe, Hans Jürgen Soehring. Elle s'affichait partout avec lui, elle dînait chez Maxim's, se rendait aux réceptions de l'ambassade d'Allemagne, y compris à l'une qui fut donnée en l'honneur de Göring en décembre 1941. Après la Libération, elle se cacha, mais fut arrêtée au bout de deux mois et envoyée à Drancy. « En prison, j'ai rencontré une jeune religieuse qui voulait me rapprocher de Dieu, raconta-t-elle plus tard. Je lui ai dit qu'on s'était déjà rencontrés mais que ça n'avait pas marché[27]. » Toujours prête à faire un bon mot, un matin, au cours de son procès, au procureur qui lui demandait comment elle se sentait, elle répondit : « Pas très *résistante.* » La principale charge contre elle était d'avoir eu un amant allemand, ce à quoi elle rétorqua : « Dans mon lit il n'y a pas d'uniforme. » Puis elle ajouta cette réplique restée célèbre : « Mon cœur est français mais mon cul est international. » Au bout de six semaines à Drancy, elle fut placée en résidence surveillée chez des amis au château de La Houssaye-en-Brie, à une trentaine de kilomètres de Paris. En 1947, elle reprit sa carrière avec *La Fleur de l'âge*, un nouveau film de son vieil ami Carné, pour qui elle avait joué dans deux des meilleurs films de l'Occupation, *Les Visiteurs du soir* et *Les Enfants du paradis*. En 1956, avec dix films à son action depuis la Libération, elle fut choisie pour participer au jury du neuvième festival de Cannes. A cinquante-huit ans, elle maîtrisait toujours parfaitement l'art de charmer les Français.

Dans le domaine des arts visuels, il était relativement facile sous l'Occupation de continuer à travailler et même à vendre des toiles ou des sculptures en privé ou par l'intermédiaire d'une galerie sans avoir aucun contact avec les Allemands. Quand des officiers allemands se présentaient à sa porte, Picasso ne pouvait pas les chasser, mais du moins, certains de ces visiteurs imposés étaient-ils des gens de bonne éducation, comme Jünger et Heller. Le problème de la collaboration se posait lorsque les artistes étaient sortis de leurs activités coutumières pour se mettre à fréquenter les occupants. Après la Libération, le Front national des arts, contrôlé par les communistes, dénonça immédiatement la douzaine d'artistes qui avaient accepté l'invitation à se rendre en Allemagne en octobre 1941, parmi eux figuraient les fauves Derain, Van Dongen, Vlaminck et Friesz. Plusieurs de ces artistes avaient également fait partie du comité d'honneur de la spectaculaire exposition Arno Breker à l'Orangerie en 1942. Aristide Maillol aurait sans doute été interrogé sur son amitié avec Breker si le sculpteur octogénaire ne s'était pas tué dans un accident de voiture le 26 septembre 1944 alors qu'il allait rendre visite à Dufy. Le Front national n'avait pas le pouvoir de procéder à des arrestations, mais lorsqu'il nommait de manière infamante les artistes qui faisaient l'objet d'une enquête, le fait bénéficiait d'une large publicité, surtout après que Picasso eut rejoint le parti communiste et eut été nommé président du comité directeur du Front*.

En juin 1946, vingt-trois artistes, dont ceux qui avaient participé au voyage en Allemagne en 1941, furent sanctionnés de deux ou trois ans d'interdiction d'exposer ou de vendre leurs œuvres. Et si cela avait peu d'effet sur leur activité professionnelle, du moins cela entachait-il leur réputation. En revanche, les galeries qui avaient fonctionné sous l'Occupation, y compris celles qui avaient vendu des œuvres d'art volées à des familles juives, ne furent pas sanctionnées. Ainsi, une fois de plus, les artistes étaient soumis à des exigences morales plus élevées que les hommes d'affaires. Dans le domaine de la mode, les couturiers furent eux aussi traités en hommes d'affaires, essentiels pour la guérison économique du pays, plutôt que comme des artistes : sur les cinquante-cinq cas examinés par la commission d'épuration de la couture, aucun ne concernait une maison en vue. En revanche, ce fut la vie privée de Chanel qui lui valut un bref séjour en prison. Des amis obtinrent rapidement sa libération et elle décida sagement de s'installer en Suisse jusqu'en 1954.

* Galtier-Boissière n'était pas convaincu du nouvel engagement de Picasso. Dans *Mon journal depuis la libération*, il écrit : « La vérité que tous les artistes connaissaient, c'était que Picasso avait très peur de perdre son immense fortune. En rejoignant le parti communiste, il obtenait une garantie, et certains avancent même le montant exact de la récompense. »

Le débat sur le théâtre pendant l'Occupation fut simplifié par le fait que, comme dans le cinéma, tout ce qui était présenté au public avait été soumis à la censure et approuvé par la Propaganda Staffel. Cependant, la volonté d'épuration était rendue complexe par le fait que les auteurs qui avaient accepté ces règles comprenaient non seulement des pétainistes comme Montherlant, des attentistes comme Anouilh et Claudel ou des opportunistes comme Cocteau et Guitry, mais aussi Sartre et Camus, des hommes qui, après la Libération, incarnaient la Résistance. De plus, ce n'était un secret pour personne que des officiers allemands avaient assisté aux représentations des deux pièces de Sartre et les avaient applaudies.

Parmi les membres principalement communistes du Front national du théâtre, il y avait pourtant un désir très fort de sanctionner ceux qui s'étaient montrés trop proches du régime de Vichy. René Rocher, qui avait été nommé par Vichy directeur du Théâtre de l'Odéon, fut incarcéré cinq mois avant d'être acquitté. Le propre comité d'épuration de la Comédie-Française renvoya un certain nombre d'acteurs qui, de leur propre chef, avaient récité des poèmes ou des monologues célèbres lors de manifestations patronnées par les nazis. A l'inverse, l'actrice juive Béatrice Betty, dont le compagnon, Georges Mandel, avait été assassiné par la Milice en 1944, réintégra le théâtre. Parmi les auteurs, la seule cible tentante était Montherlant, non pas pour son drame historique, *La Reine morte*, mais pour *Le Solstice de juin*. Mais même l'interdiction de publier pendant un an qui lui fut imposée avait un effet rétroactif.

Un débat plus intéressant eut lieu sur la question de savoir si les pièces approuvées par les nazis pouvaient contenir des messages de résistance cachés. Pour certains membres du Front national du théâtre, Anouilh était suspect, non seulement parce que Laubreaux l'appréciait beaucoup mais aussi parce que c'était un nouveau venu dans le monde du théâtre et qu'il n'appartenait pas aux milieux littéraires de la Rive Gauche. Il se défendit en affirmant qu'*Antigone* proclamait fortement sa croyance dans la liberté individuelle. Mais s'il ne fut jamais sanctionné, les accusations sans preuves lancées contre lui, la plupart du temps par le quotidien du parti communiste, *L'Humanité*, suscitèrent des doutes sur son comportement.

Sartre, pour sa part, était mieux placé pour affirmer que *Les Mouches* et *Huis clos* étaient l'une et l'autre des pièces résistantes.

Même si son engagement dans la résistance intellectuelle avait été minime, il apparut soudain après la Libération comme le chroniqueur du calvaire français. Tandis que de nombreux artistes et écrivains étaient atteints par l'épuration, il tint bon et réinventa l'Occupation sous la forme d'un roman historique tragique. « Jamais nous n'avons été plus libres que sous l'occupation allemande. Nous avions perdu tous nos droits et d'abord celui de parler ; on nous insultait en face chaque jour et il fallait nous taire ; on nous déportait en masse, comme travailleurs, comme Juifs, comme prisonniers politiques ; partout sur les murs, dans les journaux, sur l'écran, nous retrouvions cet immonde et fade visage que nos oppresseurs voulaient nous donner de nous-mêmes : à cause de tout cela nous étions libres. » Dans ce drame, la Résistance était le héros infaillible. Et du moment que le « nous » de Sartre incluait à la fois les Français et la Résistance, on pouvait supposer que lui aussi avait dû faire face au risque « d'emprisonnement, de déportation et de mort », oubliant le fait que lui, du moins, n'avait pas « perdu tous ses droits » de publier des livres ou de faire jouer son théâtre. Quand l'article fut repris en décembre 1944 dans *Atlantic Monthly*, sous le titre « La République du silence », le magazine présenta son auteur comme « un des chefs du CNE » qui « s'était consacré aux activités clandestines avec un courage sublime », et il le classait parmi les combattants littéraires aux côtés d'Aragon, d'Eluard et de Paulhan. La fabrication de l'image américaine de Sartre était déjà en bonne voie.

Pendant ce temps, artistes et écrivains qui avaient choisi l'exil commençaient à rentrer en France, le directeur de théâtre Louis Jouvet en 1945, André Breton en mai 1946, d'autres beaucoup plus tard. La vie culturelle parisienne d'après guerre ne les avait pas attendus. L'Opéra de Paris rouvrit le 23 octobre 1944 avec une production déjà montée du *Roméo et Juliette* de Gounod. Picasso fut la star du Salon d'automne 1944*, sa première exposition en France depuis le début de 1940. Joséphine Baker remonta sur scène en héroïne de la Résistance, le théâtre de boulevard renaquit. Il y eut enfin la première des *Enfants du paradis* en mars 1945, et de nouveaux journaux et périodiques apparurent dont *Le Monde* et *Les Temps modernes* de Sartre. Parmi les artistes et écrivains qui avaient fait

* Picasso qui s'était toujours tenu à l'écart du Salon d'automne, traditionnellement conservateur, fut surpris lorsque ses soixante-quatre toiles et cinq sculptures provoquèrent de virulentes protestations de la part de visiteurs choqués par leur radicalité.

partie de la Résistance, en particulier tous les proches d'Aragon, surnommé à présent *le grand inquisiteur*, l'envie de régler de vieux comptes commença à s'estomper. Mais une fois que les pires traîtres et les criminels des années de guerre eurent fait face à la justice (ou furent partis se cacher à l'étranger), la plupart des Français semblaient heureux d'adopter le mythe de la Résistance, de façon à enterrer le souvenir de leur propre ambivalence et pour oublier l'Occupation. Artistes et écrivains en furent les bénéficiaires. La plupart d'entre eux, au bout de quelques années, jouaient, peignaient ou publiaient.

CHAPITRE 17

Survivre à tout prix

Quel était, en définitive, l'héritage culturel de l'Occupation ? Ces « années noires » avaient-elles été en fait un âge d'or de la culture, d'après le souvenir de certains, ou bien une période de stérilité créatrice et de souffrance ? Il est certain que malgré les circonstances difficiles, les acteurs et créateurs furent particulièrement actifs et offrirent au public un large éventail d'activités artistiques et de distractions pour s'amuser ou pour réfléchir. En l'espace de seulement quatre années, ils produisirent aussi des œuvres durables, de nombreux films, en particulier *Les Enfants du paradis*, quelques pièces dont *Huis clos*, des œuvres musicales dont le *Quatuor pour la fin du temps* de Messiaen, des tableaux et des sculptures cachés et une grande œuvre de fiction, *L'Etranger*, de Camus. Cela reflétait en partie les avantages dont la France avaient bénéficié par rapport aux autres pays occupés : un certain degré d'autonomie politique et un reste de respect de la part des Allemands à l'égard de la culture française. A Paris, aussi bien les occupants que la population occupée tenaient à une vie culturelle animée : les Allemands, pour distraire les Parisiens, les Français, pour prouver que leur culture était toujours vivante.

Ce n'était vraiment pas une période normale. De nombreux artistes de premier plan avaient quitté le pays, d'autres étaient obligés de se cacher, quelques-uns choisirent de se taire. Et ceux qui restèrent travailler à Paris ne pouvaient guère puiser leur inspiration dans le spectacle quotidien des troupes nazies. La peur, la censure et la propagande étouffaient la créativité, mais, de plus, l'Allemagne était bien déterminée à empêcher la France de prétendre désormais à la prééminence culturelle en Europe. Et, surtout, il n'y avait plus de place pour l'intense débat culturel et artistique qui avait bouillonné à Paris pendant l'entre-deux-guerres. Les créateurs avaient besoin de liberté comme d'oxygène pour prendre leur envol. Sous l'Occupation, ils avaient tout juste assez d'air pour survivre, pas pour s'élever. En ce sens, les Allemands pouvaient se flatter d'avoir remporté une victoire.

La réussite des occupants cependant fut plus mitigée dans leur vaste projet de brider la culture française et d'importer les arts allemands à sa place. Si l'Occupation coupa les artistes et écrivains français du reste du monde, les Allemands aimaient tout de même les promener dans Berlin et les autres villes en tant qu'invités du Reich. Ils chassèrent et persécutèrent les artistes juifs mais donnèrent ainsi plus de place à de nouveaux talents en France. Ils étendirent leur interdiction de l'« art dégénéré » et du jazz à la France, et pourtant on continua à y créer de l'art moderne, à y composer de la musique et à jouer du jazz. La pénurie de textiles, de cuir, de fourrure handicapa l'industrie de la mode mais les couturiers, et même les ménagères, improvisèrent avec talent ; les officiers allemands étaient évidemment ébahis par le style et la beauté des Parisiennes.

Naturellement, l'ambassade d'Allemagne et l'Institut allemand n'avaient aucun mal à réunir des personnalités célèbres lors des dîners officiels et des réceptions. Et parmi ces invités on retrouvait invariablement des écrivains fascistes et des directeurs de journaux favorables à la Nouvelle Europe de Hitler. Mais il y avait aussi parmi eux beaucoup d'hôtes qui venaient tout simplement pour bien boire et bien manger, et écarter d'éventuels obstacles à leur carrière. C'étaient des opportunistes et pas nécessairement de fidèles apôtres de la culture allemande. En fait, même les fascistes français, qui adoptaient volontiers le national-socialisme, ne faisaient pas grand-chose pour promouvoir l'art allemand, tout au plus allaient-ils applaudir l'exposition de Breker à l'Orangerie en 1942. Cette tâche revenait à l'Institut allemand qui invitait historiens et philosophes à donner des conférences et à débattre avec leurs homologues français. Mais les films allemands, les pièces et les livres touchèrent une minorité du public français. Il n'y a que dans le domaine de la musique que les Français montrèrent de l'enthousiasme pour la culture allemande, comme ils l'avaient fait avant 1940, et comme ils continueraient à le faire après la guerre.

La résistance culturelle profita de la moindre occasion de s'exprimer ouvertement comme du meilleur moyen de toucher un vaste public. Et si on ne pouvait guère attendre des artistes qu'ils provoquent un soulèvement, du moins pouvaient-ils faire comprendre à leur public qu'il n'était pas le seul à mal supporter l'Occupation.

Certains chansonniers, doués pour les textes à double entente, pouvaient compter sur les ricanements complices de la part des Parisiens avertis. Les pièces d'Anouilh et de Sartre, même si elles avaient reçu l'approbation de la censure allemande, posaient la question de la liberté individuelle et pouvaient se lire comme des allégories. Au cinéma, il y eut la dernière scène des *Visiteurs du soir* avec le cœur battant d'une statue de pierre qui laissait entendre que la France vivait toujours. Des poèmes contenant des messages codés appelant à la résistance furent aussi publiés ouvertement avec l'aval de la Propaganda Staffel à Paris ou de Vichy dans la zone sud. De façon plus ou moins accidentelle, le poème le plus influent de l'Occupation, « Liberté » d'Eluard, en fit partie.

La poésie qui dénonçait l'Occupation et faisait l'éloge de la Résistance ne pouvait, par ailleurs, circuler que sous le manteau. Elle avait une autre fonction. Directe, chargée d'émotion, patriotique, souvent violente, elle n'était pas écrite pour la postérité : il s'agissait d'agit-prop plutôt que d'art. Après la guerre, le poète surréaliste Benjamin Péret, qui était en exil au Mexique, compara le lyrisme de cette poésie militante à la « publicité pour les médicaments » dans *Le Déshonneur des poètes*, dont le titre était une réplique à *L'Honneur des poètes*, le recueil publié par les Editions de Minuit en 1943. Depuis New York où il était en sécurité, André Breton reprocha violemment à Aragon et à Eluard de sacrifier leur art à la politique. Pourtant, dans la France occupée, la poésie politique était la plus significative.

Dans le domaine du roman, deux œuvres directement liées à l'Occupation se distinguèrent par leur qualité. *Le Silence de la mer* de Vercors, publié clandestinement par les Editions de Minuit en 1942, décrivait la souffrance de la défaite sous une forme littéraire raffinée. Et *Suite française* d'Irène Némirovsky, écrit en 1941 et 1942 et publié seulement en 2004, offrait encore un plus bel exemple de fiction en temps de guerre. Il est intéressant de remarquer qu'aucun chef-d'œuvre caché ne fut publié immédiatement après la Libération.

Cette forme de résistance culturelle préoccupa-t-elle les Allemands ? Au début de l'Occupation, attentifs au moindre signe de complot, ils s'empressèrent de démanteler le Réseau du musée de l'Homme en 1941, même si ces résistants ne faisaient que publier de la propagande antiallemande. Plus tard, pourtant, la persécution des artistes et des écrivains devint plus aléatoire. Plusieurs artistes étrangers, dont Otto Freundlich, furent arrêtes et déportés dans des camps de la mort, mais en tant que Juifs et non pas en tant que résistants. De la même façon, Tristan Bernard et Max Jacob furent arrêtés parce qu'ils étaient juifs. Tristan Bernard fut rapidement libéré mais Max Jacob mourut à Drancy. Deux intellectuels juifs, Benjamin Crémieux et Marc Bloch, moururent également entre les mains des Allemands, mais ils étaient, l'un et l'autre, engagés dans la résistance armée. Parmi ceux qui étaient actifs à Paris, Robert Desnos fut un des rares à être arrêté et déporté (il mourut du typhus au camp de Terezin en Tchécoslovaquie). Mais, dans son cas également, il appartenait au groupe de résistance Agir.

A partir de 1942, aucun de ceux qui étaient impliqués dans le Comité national des écrivains ou dans les groupes plus petits du cinéma, des arts, de la musique ou du théâtre ne fut arrêté. Une explication plausible est que, tout en étant décidés à lutter contre la résistance armée, les Allemands accordaient peu d'importance à ces groupes. Ils étaient bien renseignés sur *Les Lettres françaises* et avaient de bonnes raisons de penser que Paulhan, Mauriac, Aragon et Eluard en faisaient partie. Dans ses mémoires, Heller raconte qu'il se faisait constamment du souci pour la sécurité de Paulhan : « Plusieurs fois, je fis de nuit les cent pas rue des Arènes, comme une sentinelle, en vue de le prévenir en cas d'intervention de la police allemande ou française[1]. » Et, de fait, à la mi-1944, c'est un avertissement de Heller qui donna à Paulhan le temps de se cacher. En même temps, si ces résistants littéraires avaient de bonnes raisons d'avoir peur, ils n'étaient pas très prudents; si la Gestapo avait voulu les suivre, elle aurait pu rafler une bonne partie du groupe d'écrivains de la Résistance au domicile d'Edith Thomas, dans le 5e arrondissement. Mais les Allemands se disaient probablement qu'ignorer ces célèbres intellectuels causerait moins d'ennuis que de les arrêter.

En réalité, la résistance culturelle n'avait qu'une influence limitée, et tout d'abord parce qu'elle impliquait très peu de gens; même si on y comptait quelques-uns des écrivains français les plus respectés, les membres du CNE, aussi bien à Paris que dans le Sud, ne furent jamais plus de quarante; et les autres groupes de la résistance culturelle étaient encore plus petits. Et ils avaient tous beaucoup de mal à trouver des ressources, et des imprimeurs, indispensables pour publier leurs journaux clandestins. A ses meilleurs moments, au cours des semaines qui précédèrent la Libération, *Les Lettres françaises* tiraient à douze mille exemplaires par mois (ce qui représentait un dixième du tirage par exemple de *Combat*). Et à l'exception du *Silence de la mer*, qui fut republié à Londres et réacheminé en France par la RAF, les Editions de Minuit publiaient chacun de leurs livres entre cinq cents et deux mille exemplaires.

Après la Libération, Galtier-Boissière fit peu de cas de cette résistance littéraire : « Des poètes qui ont fait passer sous un pseudonyme un quatrain sur Hitler dans une feuille confidentielle – baptisée clandestine – croient sincèrement avoir sauvé la France », écrit-il dans son journal[2]. En fait, le public ne comprenait souvent qu'un artiste ou un écrivain était dans l'opposition que lorsque celui-ci était insulté par la presse collaborationniste. A la Libération, Mauriac se rappela que c'était grâce aux « calomnies » de ses ennemis qu'il fut rapidement désigné comme un opposant au régime. Et ce furent les attaques lancées contre Aragon par son ancien ami, Drieu la Rochelle, qui l'identifièrent comme un poète de la Résistance. Mais la presse collaborationniste tirait souvent sur tout le monde, visant fréquemment Cocteau parce qu'il était homosexuel et accusant, à tort, Guitry, Trenet et Lifar d'être juifs. En fin de compte, les Français connaissaient l'existence de la résistance armée mais savaient très peu de choses des activités clandestines dans le domaine des arts et de la littérature.

Quel fut, dans ces conditions, l'impact de la résistance culturelle ? Son importance réelle n'avait rien à voir avec ses résultats visibles. Bien que sa structure lui ait été donnée par le parti communiste, elle était née surtout de la réaction, idéologique, patriotique ou morale, d'un certain nombre d'individus qui refusaient l'Occupation et éprouvaient le besoin de réagir. Ils se réunirent entre collègues partageant les mêmes vues et trouvèrent le moyen d'exprimer par écrit leur opinion. Même s'ils souhaitaient toucher un plus large public, leur but premier était de préserver un petit espace de dignité parmi les artistes. Autrement dit, en n'écoutant que leur conscience, ils restaient fidèles à ce qu'ils considéraient comme les responsabilités des artistes et des écrivains. « La résistance des intellectuels leur fut d'abord utile à eux-mêmes, ce qui après tout n'est pas sans valeur », déclara Mauriac après la guerre[3]. Tenant une place importante au sein de la communauté des artistes et des écrivains, la Résistance servit aussi à avertir les collaborateurs qu'ils auraient un jour à payer pour avoir embrassé la cause allemande. Certains, en France, pouvaient s'y attendre en lisant la farouche poésie clandestine ou en entendant le bouleversant « Chant des partisans ».

Pourtant, même alors, la plupart des collaborateurs faisaient peu de cas de ces critiques. Ils étaient trop heureux d'être sous les feux de la rampe, prêts à monnayer leur prestige contre tous les avantages possibles. Et à l'inverse du monde des combats improvisés de la presse résistante, ils étaient bien payés pour leurs articles, et leurs avis rencontraient un grand écho. Ce qui était encore plus fâcheux, c'était l'exemple déplorable qu'ils donnaient en fréquentant les Allemands et en acceptant des invitations à Berlin. Mais comme toujours, la réalité ne correspondait pas toujours aux apparences : les Parisiens auraient été surpris d'apprendre que certains écrivains célèbres, des musiciens, des cinéastes qui travaillaient avec l'accord des Allemands étaient en même temps engagés dans la Résistance. Au lieu de cela, beaucoup de Français avaient l'impression que la collaboration culturelle était devenue une chose acceptable.

A la Libération, les résistants de la culture s'empressèrent de faire savoir que, depuis 1940, ils étaient des artistes et des écrivains opposés à la collaboration et qui luttaient activement contre l'ennemi. Ils voulaient ainsi sauver leur réputation personnelle mais aussi le prestige des acteurs et des créateurs en tant que classe sociale. Et à présent les colonnes des journaux qui venaient de rouvrir leur étaient à nouveau accessibles. Galtier-Boissière s'amusait de la rapidité de leurs réactions. Dans son journal, il écrit, le 28 août : « Premier journal : un " message " de Mauriac ; second journal : un " message " de Duhamel ; troisième journal : un " message " de Mauriac à droite et un " message " de Duhamel à gauche ; quatrième journal : un " message " de Duhamel à droite et un " message " de Mauriac à gauche… Quand on s'est retenu pendant quatre ans[4]. » Mauriac eut bientôt une chronique régulière dans *Le Figaro* tandis que d'anciens résistants avaient leurs propres journaux : Camus était le rédacteur en chef de *Combat*, Aragon du *Soir* et Morgan dirigeait toujours *Les Lettres françaises*.

Sartre, qui avait commencé par glorifier la Résistance, et lui-même par la même occasion, dans *Les Lettres françaises*, ne varia jamais de cette idée simpliste et largement enjolivée selon laquelle il n'y avait eu d'autre choix possible que la collaboration ou la résistance. Des années plus tard, il déclara dans un entretien : « Chaque Français pouvait donc choisir librement de s'engager dans la résistance, au moins dans sa tête, même si en réalité il n'agissait pas, ou de devenir un ennemi[5]. » Il alla jusqu'à suggérer que les intellectuels résistants étaient plus importants que les saboteurs. « Notre tâche était de dire à tous les Français que nous n'accepterions pas la domination allemande. Celle de la résistance n'était que de faire sauter çà et là quelques trains et quelques ponts[6]. »

La résistance culturelle s'employait activement à dénoncer les collaborateurs et tous ceux qui s'écartaient des impératifs éthiques revendiqués par les artistes et les créateurs. Plus les collaborateurs étaient méprisés, plus les résistants en tiraient de prestige. Là aussi, le rôle de la presse était crucial, elle donnait en détail la liste de tous les artistes et écrivains célèbres qui avaient été arrêtés par les FFI et expédiés tous ensemble quelques semaines à Drancy ou à Fresnes. On rendait compte également des réunions de comités d'épuration dans le domaine culturel, tout comme des interdictions professionnelles de collaborateurs. Il semblait raisonnable de penser qu'il fallait ce nettoyage rituel en public pour que la communauté culturelle retrouve sa place dans la société. Mais même parmi ceux qui avaient les revendications morales les plus élevées, de profondes dissensions ne tardèrent pas à apparaître. Les tenants d'une ligne dure, pour la plupart communistes, réclamaient des châtiments sévères, tandis que les modérés, et pratiquement la plus grande partie de la population, étaient plus enclins au pardon. Le fossé entre les deux groupes, illustré par le débat entre Camus et Mauriac sur la justice et la charité, à la Libération, ne cessa de s'agrandir.

Paulhan, qui émettait des réserves sur l'épuration dès l'automne 1944, se retira en 1947 du CNE qu'il avait cofondé. En 1952, il alla plus loin en publiant une critique de l'épuration dans une plaquette intitulée, *Lettre aux directeurs de la résistance*. Huit ans après la Libération, il essayait encore de sauver la Résistance de l'extrémisme politique. « Je suis résistant, écrivait-il. J'ai commencé à l'être le mois de juin quarante, et je le suis encore. Pourtant je n'en tire plus aucune fierté, plutôt de la honte[7]. » Il accusait les résistants d'abuser de leur pouvoir. « Je me permets de leur dire qu'ils sont tombés dans le piège : non moins lâches et traîtres, non moins injustes que celui d'entre eux qui, sur la table de torture, livrait ses camarades[8]. » Et il concluait : « Je ne suis pas un politique, ni un juge. Tout ce que je vois – mais je le vois bien – c'est que l'horreur et le dégoût nous réveilleront demain, si nous nous bouchons les yeux aujourd'hui. On nous doit un certain arriéré de justice et de droit. Qu'on nous le donne ! Ensuite, qu'on nous tienne, ce doit être possible, au courant[9]. »

Que Paulhan ait cru ou pas que les péchés de collaboration culturelle devaient être pardonnés, au début des années 1950 ils avaient été largement oubliés. En 1951, les Editions Gallimard publièrent *Les Deux Etendards* de Rebatet. L'année suivante, elles publièrent *Féerie pour une autre fois* de Céline. Et en 1953, Gallimard obtint l'autorisation de rouvrir la *Nouvelle Revue française*, baptisée désormais la « nouvelle » *NRF* jusqu'en 1959 pour la distinguer de la version de Drieu la Rochelle, et Paulhan en reprit la direction, ouvrant ses pages à tous les courants politiques comme il l'avait fait avant la guerre. Dans sa lettre aux « directeurs de la résistance » cependant, Paulhan semblait s'attaquer moins aux excès passés de l'épuration qu'aux excès récents du parti communiste qui demeurait aussi stalinien et doctrinaire que dans les années 1930. Le parti évidemment avait connu un important changement, il était sorti considérablement renforcé de l'Occupation, gagnant 27 pour cent des sièges dans la nouvelle Assemblée constitutionnelle en octobre 1945 et prenant part aux gouvernements de coalition jusqu'en 1947. Même après avoir quitté le gouvernement, il contrôlait le mouvement ouvrier et pouvait organiser des grèves générales et d'autres actions susceptibles de déstabiliser la IVe République nouvellement installée.

Dans le monde de la culture, le pouvoir se déplaça très nettement à gauche, le parti communiste se donna beaucoup de mal pour imposer sa manière de penser à une nouvelle génération d'artistes et de créateurs d'après guerre. Même Eluard, dont le poème « Liberté » avait inspiré la Résistance, devint un valet de la propagande soviétique, composant une « ode à Staline » en 1950. Aragon, qui restait le commissaire intellectuel du parti, publia son journal, *Ce soir*, jusqu'à sa fermeture en 1953. Il fit des *Lettres françaises* le supplément hebdomadaire du quotidien du parti, *L'Humanité*. Sartre avait une influence plus grande encore, il n'avait jamais adhéré au parti communiste mais partageait la plupart de ses positions. Le gourou à la pipe de l'existentialisme régnait sur l'intelligentsia de la Rive Gauche depuis les banquettes du Café de Flore. Ceux qui, à gauche, voulaient défier ce conformisme ne devaient s'attendre à aucune pitié, comme Camus n'allait pas tarder à le découvrir. Brièvement communiste en Algérie quand il avait une vingtaine d'années, il resta fermement de gauche, mais en 1952 son antistalinisme fervent provoqua une querelle avec Sartre qu'il accusait d'être de plus en plus tolérant pour le totalitarisme. Du coup, il fut de plus en plus ostracisé par la gauche.

Du point de vue de la célébrité, Picasso était bien sûr la nouvelle star du parti communiste. Dans un entretien au magazine américain *New Masses*, en 1944, qui parut également dans *L'Humanité*, il expliquait ainsi sa décision d'adhérer au parti communiste : « J'ai conscience d'avoir toujours lutté, par ma peinture, en véritable révolutionnaire, mais j'ai compris maintenant que cela même ne suffit pas[10]. » Dans un autre entretien aux *Lettres françaises*, il défendait l'art politique en disant : « Non, la peinture n'est pas faite pour décorer les appartements. C'est une arme de guerre, pour attaquer et se défendre contre l'ennemi[11]. » Au début de 1945, pour la première fois depuis *Guernica*, il réalisa une œuvre politique, *La Maison charnelle*, sa réponse au génocide des camps de la mort nazis. En 1950, il se rendit à Moscou pour recevoir le prix Staline international de la paix. Et l'année suivante, il peignit une nouvelle toile engagée, *Massacre en Corée*, montrant des soldats américains tirant sur des civils coréens. Mais Picasso n'avait pas l'âme d'un apparatchik, et sa nouvelle expérience dans le domaine de l'art politique allait être la dernière. Quand Staline mourut, le 5 mars 1953, Aragon lui demanda un portrait du dictateur. Picasso, qui se trouvait dans le sud de la France, ne put dénicher qu'une photo de Staline en jeune homme et, la prenant pour modèle, il fit un portrait de paysan géorgien qui fut publié à la une des *Lettres françaises*. Le scandale que provoqua cette image « irrespectueuse » dans les rangs communistes fut tel qu'Aragon fut obligé de faire publiquement son *mea culpa*. Picasso, lui, ne s'en repentit pas.

Malgré toute cette agitation politique, la vie culturelle à Paris reprit pourtant lentement son rythme. Mais manifestement beaucoup de choses avaient changé. La Libération fut suivie par un hiver très rigoureux qui aggrava la pénurie de nourriture et de moyens de chauffage tandis que la situation économique dans son ensemble ne devait commencer à se rétablir que lorsque les effets du Plan Marshall se feraient sentir vers la fin des années 1940 et au début des années 1950. Ce qui était plus frappant, c'était que, sur le plan culturel, Paris n'était plus le centre pour les artistes et les écrivains du monde entier. Les écrivains américains faisaient exception : Richard Wright, Chester Himes, James Jones, James Baldwin, William Burroughs Allen Ginsberg et William Styron faisaient partie de tous ceux qui goûtaient, en expatriés, aux joies de la Rive Gauche dans les années 1940 et 1950. Mais si ces Américains trouvaient refuge à Paris contre le racisme ou le maccarthysme, ils restaient des Américains à Paris et contribuaient peu à la vie littéraire de la capitale. En revanche, les artistes et les écrivains européens qui avaient fait partie intégrante de la culture parisienne au cours des années d'entre deux guerres n'avaient plus besoin d'un refuge contre le fascisme (et il faudrait encore plusieurs années avant que la ville ne devienne un refuge pour les auteurs d'Europe de l'Est fuyant le communisme). Beaucoup d'entre eux avaient aussi été dispersés par la guerre. Et même si certains, comme Chagall, y revinrent, Paris n'était plus le centre de leur vie. La question n'allait pas tarder à se poser : la ville avait-elle perdu sa place de cœur de la création pour la culture moderne occidentale ?

Le signe le plus évident de ce déplacement du pouvoir culturel loin de Paris vint des arts visuels, avec Jackson Pollock et l'expressionnisme abstrait qui plaça New York à l'avant-garde de l'art contemporain. A Paris aussi, une nouvelle génération de peintres apparut : elle comprenait Jean Bazaine, Jean Fautrier et Nicolas de Staël, qui se firent connaître pendant l'Occupation et créèrent leur propre mouvement abstrait connu sous le nom d'Abstraction lyrique. D'autres suivirent leur propre voie, comme Pierre Soulages qui se fit connaître comme « le peintre du noir » et Jean Dubuffet qui développa un style néo-primitif, l'*art brut*. Mais ils ne pouvaient plus compter sur d'influents marchands d'art qui avaient tant fait, depuis le XIXe siècle, pour faire de Paris la capitale mondiale de l'art. A présent le marché, l'argent et l'énergie se trouvaient à New York. A la place, Paris se mit à exporter les maîtres modernes comme Picasso, Matisse, Braque et Léger qui représentaient une époque antérieure.

Même des artistes surréalistes importants comme Dalí et Miró étaient retournés en Espagne.

Cependant, dans cet autre art visuel de luxe, la haute couture, Paris conserva tout son panache. En mars 1945, dans une tentative pour retrouver leur position dominante, des couturiers célèbres organisèrent une exposition appelée le Théâtre de la Mode dans une annexe du Louvre. Sur treize scènes baignées d'une lumière théâtrale, se tenaient 228 *petits mannequins* ou poupées, faites de fil surmontées de têtes d'ange et hautes d'une cinquantaine de centimètres. Chaque poupée présentait les projets de Balenciaga, Lucien Lelong, Schiaparelli, Nina Ricci, Pierre Balmain et d'autres couturiers pour la collection printemps-été de 1946. Deux mois après le jour de la victoire, l'exposition annonçait à Londres, Barcelone, Copenhague, Stockholm et Vienne, et en mai 1946 à New York, que « Paris était de retour ». Un changement de génération provoqua un renouvellement radical. Coco Chanel étant partie en Suisse après sa liaison avec un officier nazi à la fin des années 1940, à présent Christian Dior révolutionnait la haute couture par son New Look. En peu de temps, la mode sévère du temps de guerre céda la place à l'élégance et à la féminité.

Dans d'autres formes d'art, la créativité de la France d'après guerre fut plus nuancée. Au théâtre, même si Anouilh était le seul nouvel auteur des années de guerre dont les pièces étaient jouées à l'étranger, Paris pouvait toujours s'enorgueillir d'avoir Samuel Beckett. A partir d'*En attendant Godot* en 1952, ses pièces radicalement existentialistes, souvent écrites d'abord en français, allaient révolutionner le théâtre occidental. Messiaen, le principal compositeur français d'après guerre, fut aussi un innovateur, même si, dans les années 1950, ce fut Pierre Boulez qui devint le maître de la musique expérimentale électroacoustique. Le théâtre et la musique bénéficièrent aussi en partie de l'héritage de Vichy. Jean Vilar, un metteur en scène qui avait travaillé avec Jeune France, fonda le festival d'Avignon en 1947. Et en tant que ministre de la Culture de 1959 à 1969, André Malraux suivit l'exemple de Jeune France en ouvrant des centres culturels dans tout le pays. Les Jeunesses musicales de France, fondées sous l'Occupation, survécurent également. Chaque année, elles continuent à donner quelques trois cents concerts suivis par près d'un demi-million d'enfants et d'adolescents.

Dans le domaine de la danse, si les danseurs et les chorégraphes des Ballets russes de Diaghilev avaient apporté la modernité à Paris au début du siècle, c'était désormais New York qui prenait l'initiative. Avec le retour de Serge Lifar à l'Opéra en 1947 (il en resta le chef de ballet jusqu'en 1958), le ballet classique resta la règle en France. Et là aussi, de nouveaux noms se firent connaître, en particulier Roland Petit en tant que chorégraphe et Jean Babilée comme danseur célèbre. Mais New York insufflait une vie nouvelle à la danse, grâce à George Balanchine qui y travaillait depuis qu'il avait quitté Paris au milieu des années 1930, et à Martha Graham, Merce Cunningham, Jerome Robbins et de nombreux autres chorégraphes américains. Ensemble ils créèrent un vocabulaire entièrement nouveau de la danse contemporaine qui, vingt ans plus tard, serait adopté avec enthousiasme en France.

Là où l'influence américaine fut la plus immédiatement sensible, et d'ailleurs mal ressentie, ce fut dans le domaine du cinéma. Déjà avant guerre, l'industrie cinématographique française voyait d'un mauvais œil l'influence croissante de Hollywood, et vers la fin des années 1940, les studios américains profitaient largement de la pauvreté et du naufrage de la plus grande partie du cinéma européen. Mais la France était bien décidée à reconstruire son industrie. Avec l'Institut des hautes études cinématographiques*, fondé par Vichy en 1944, elle disposait d'une école de cinéma capable de former une nouvelle génération de réalisateurs, dont Alain Resnais fut un des premiers diplômés. Des cinéastes qui s'étaient fait un nom pendant l'Occupation, dont Robert Bresson et Henri-Georges Clouzot (en dépit de la controverse à propos du *Corbeau*), continuèrent à réaliser des films exceptionnels au cours de la décennie suivante. Le festival de Cannes qui avait annulé sa séance inaugurale en septembre 1939 et qui finalement débuta en 1946 devint rapidement le lieu où les cinéastes venaient chercher la reconnaissance.

Le moment crucial pour le cinéma français d'après guerre fut peut-être la création des *Cahiers du cinéma* en 1951, parce qu'ils firent connaître la Nouvelle Vague du cinéma français de la fin des années 1950. La voie fut ouverte par des films caractéristiques comme *Les 400 coups* de François Truffaut et *A bout de souffle* de Jean-Luc Godard. Et à côté de réalisateurs comme Resnais, Eric Rohmer, Claude Chabrol, Jacques Demy et Agnès Varda, il y avait les nou-

* En 1986, l'Institut fut rebaptisé Ecole nationale supérieure des métiers de l'image et du son, désormais connue sous le non de la Fémis, acronyme de la Fondation européenne pour les métiers de l'image et du son.

velles actrices de charme comme Brigitte Bardot et Jeanne Moreau. On aurait dit que, d'un seul coup, la Nouvelle Vague rendait à Paris sa réputation de ville de l'innovation artistique.

La littérature suivit un cheminement plus compliqué. A la fin des années 1940 et 1950, le roman français était encore habituellement traduit en anglais et dans d'autres langues. La permanence de son prestige se mesurait au fait qu'André Gide reçut le prix Nobel de littérature en 1947, et François Mauriac en 1952. Mais là aussi les années de guerre avaient fait connaître de nouveaux auteurs, le plus connu étant Camus qui, après *L'Etranger*, publia *La Peste* en 1947, tous deux immédiatement traduits en anglais. Dans les années 1950, il publia *L'Homme révolté*, une analyse historique du phénomène révolutionnaire en Europe, et *La Chute*, son roman le plus existentialiste. En 1957, il reçut à son tour le prix Nobel de littérature. A l'époque, un nouveau mouvement littéraire venait de naître à Paris, *le nouveau roman*, lancé par un groupe d'écrivains encore plus jeunes et tournés vers des styles expérimentaux nouveaux opposés à la narration traditionnelle. Parmi eux figuraient Marguerite Duras, Alain Robbe-Grillet, Nathalie Sarraute et Claude Simon (qui reçut le prix Nobel en 1985) ainsi que le Parisien d'origine argentine Julio Cortázar. Mais leur obsession du style laissa le champ libre aux partisans de la narration, Américains, Anglais et Latino-Américains et à certains égards, la littérature française ne s'est jamais remise du *nouveau roman**.

Ce fut plutôt dans le domaine mal défini de la pensée que la France eut la plus grande influence dans les années d'après guerre. Développant les thèses existentialistes de Kierkegaard et de Nietzsche, Sartre fut pendant vingt ans le philosophe dominant à Paris. En 1964, il se vit attribuer le prix Nobel de littérature, qu'il refusa, mais le jugement du comité Nobel montrait bien son influence : « Pour son œuvre qui, riche d'idées et pleine de l'esprit de liberté et de la quête de la vérité, a exercé une très grande influence sur notre époque. »

Sartre n'était pas seul. Le traité de Beauvoir, *Le Deuxième Sexe*, en 1949, devint la pierre angulaire du féminisme moderne tandis qu'un groupe disparate d'intellectuels jouèrent un rôle central dans une nouvelle façon d'envisager l'histoire, la littérature et la société. Le

* En 2006, *Suite française* d'Irène Némirovsky fut le premier roman français best-seller aux Etats-Unis depuis *Bonjour tristesse* de Françoise Sagan et *Les Mandarins* de Simone de Beauvoir, plus de cinquante ans auparavant.

philosophe marxiste Louis Althusser introduisit successivement dans le langage des concepts comme ceux de structuralisme, déconstruction et poststructuralisme, mais aussi le sociologue et philosophe nietzschéen Michel Foucault, le psychanalyste Jacques Lacan, l'anthropologue Claude Lévi-Strauss, le sémioticien Roland Barthes et le philosophe Jacques Derrida. Ils n'avaient pas le charme des peintres ou des acteurs, ils n'étaient pas toujours très connus en France, mais leur influence intellectuelle fut immense, en particulier dans les universités américaines.

Plusieurs d'entre eux furent, à un moment ou à un autre, membres du parti communiste, pourtant ils n'étaient pas les héritiers des intellectuels engagés de l'entre-deux-guerres ni des intellectuels résistants de l'Occupation. Ce fut plutôt une fois de plus Sartre qui, en défendant des causes aussi variées que l'indépendance de l'Algérie, la révolte étudiante de 1968 à Paris et le mouvement contre la guerre au Vietnam, maintint vivante jusqu'à sa mort en 1980 l'idée de l'intellectuel engagé. Et même ceux qui croisèrent le fer avec lui, comme Camus et Raymond Aron, ne faisaient dans un sens que réagir aux positions radicales qu'il adoptait. Cela signifiait-il que, malgré la trahison des collaborateurs, la société française comptait toujours sur les artistes et les intellectuels pour dicter la morale ? Il y avait certainement moins de prétendants à un tel rôle qu'avant la guerre, à cause de tous ceux qui avaient failli pendant l'Occupation. Pourtant, dans un pays où les hommes politiques sont largement déconsidérés, l'idée subsistait que ceux qui sont impliqués dans la création artistique et intellectuelle étaient voués plus que d'autres aux vérités désintéressées.

La véritable question n'était pas de savoir si ces voix influentes avaient exercé un certain pouvoir mais comment elles l'avaient fait. Et sur ce point, une fois de plus, la France offrait une idée intéressante. Aucun autre pays probablement n'illustre mieux les périls auxquels s'expose un peuple habitué à révérer les théories : il devient un terrain fertile pour l'extrémisme. Il y en a qui voient là un certain héritage de la révolution de 1789, l'idée enivrante qu'un principe transformé en action peut provoquer un changement soudain, radical et merveilleux. Pendant une bonne partie du XXe siècle, nombre d'intellectuels et d'écrivains français importants ont propagé diverses doctrines, le monarchisme, le fascisme, l'antisémitisme, le communisme et même le maoïsme, qui proposent une explication et une solution à tous les problèmes. Si les intellectuels français n'ont plus la même autorité qu'autrefois, c'est parce que leurs doctrines ont échoué et que les mirages de l'Utopie ont disparu. Et c'est tant mieux, sans aucun doute ; sur le terrain politique, comme les artistes et les écrivains n'ont plus autant d'influence, ils en sont devenus moins dangereux. Ils peuvent toujours utiliser leur prestige et leur renommée pour tirer un signal d'alarme sur des questions nationales ou internationales ignorées par la classe politique. Mais, heureusement, ils ne sont plus convaincus que les idées peuvent résoudre à elles seules toutes les préoccupations de l'humanité.

Bibliographie et notes

Un certain nombre d'ouvrages m'ont été d'une très grande utilité pour l'écriture de ce livre. Pour le contexte général je me suis servi de *La France de Vichy, 1940-1944* de Robert O. Paxton et de *France : les années sombres, 1940-1944* de Julian Jackson; et de *La France à l'heure allemande*, de Philippe Burrin. Pour une vue d'ensemble culturelle, je me suis reporté à *La Vie parisienne sous l'Occupation* de Hervé Le Boterf et à *La Vie culturelle sous l'Occupation* de Stéphanie Corcy. Les ouvrages traitant d'aspects plus détaillés de la vie culturelle sous l'Occupation sont cités ci-dessous.

CHAPITRE 1
Tout le monde en scène

BIBLIOGRAPHIE

Beauvoir, Simone de. *La Force de l'âge.* 1960. Paris : Editions Gallimard (Folio), 1986.

Bernier, Olivier. *Fireworks at Dusk : Paris in the Thirties.* Boston : Little, Brown, 1993.

Céline, Louis-Ferdinand. *Bagatelles pour un massacre.* Paris : Editions Denoël, 1937.

Gide, André. « Retour de l'URSS », *Souvenirs et Voyages.* Paris : Editions Gallimard, coll. « La Pléiade », 2001.

Guéhenno, Jean. *Journal des années noires.* Paris : Editions Gallimard, 1947.

Jackson, Julian. *France : The Dark Years, 1940-1944.* New York : Oxford University Press, 2001.

Koch, Stephen. *Stalin, Willi Müzenberg and the Seduction of the Intellectuals.* New York : Free Press, 1994.

Mauriac, Claude. *Le Temps immobile.* Paris : Editions Grasset, 1993.

Paxton, Robert O. *Vichy France : Old Guard and New Order, 1940-1944.* New York : Knopf, 1972.

Rysselberghe, Maria Van. *Je ne sais si nous avons dit d'impérissables choses : Une anthologie des* Cahiers de la Petite Dame. Paris : Editions Gallimard, 2006.

Weber, Eugen. *The Hollow Years : France in the 1930s.* New York : Norton, 1994.

ENTRETIENS

Jean-Louis Crémieux-Brilhac, Paris, 4 avril 2008.

NOTES

1. Guéhenno, *Journal*, p. 205.
2. *The Paris Review, The Art of Fiction N° 28*, Summer-Fall 1962.
3. Weber, *Hollow Years*, p. 229.
4. Bernier, *Fireworks*, p. 164.
5. Entretien avec Crémieux-Brilhac, Paris, 4 avril 2008.
6. Judaisme.sdv.fr/perso/lblum/lblum.htm.
7. Actionfrancaise.net/histoire-biographies-charles_maurras.htm.
8. Minaudier.com/documents/allemagne/allemagne-03-troisiemereich.pdf, p. 35 n. 2.
9. Céline, *Bagatelles*, p. 180.
10. *Nouvelle Revue française*, No. 295, Avril 1938.
11. Letter to D. W. Strauss, 1937, citée dans *Lire Hors-Série*, N° 7, p. 75.
12. Bernier, *Fireworks*, p. 191.
13. Mauriac, *Le Temps*, p. 143.
14. Gide, *Souvenirs et Voyages*, p. 750.
15. *Ibid.*, p. 752.
16. *Ibid.*, p. 782.
17. *Ibid.*, p. 774.
18. Beauvoir, *La Force*, p. 330.
19. Bernier, *Fireworks*, p. 311.

CHAPITRE 2
Pas si drôle

BIBLIOGRAPHIE

Beauvoir, Simone de. *La Force de l'âge*. 1960. Paris : Editions Gallimard (Folio), 1986.

Bernier, Olivier. *Fireworks at Dusk : Paris in the Thirties*. Boston : Little, Brown, 1993.

Carrington, Leonora. *House of Fear : Notes from Down Below*. London : Dutton, 1988.

Daix, Pierre, et Armand Israël. *Pablo Picasso : Dossiers de la préfecture de police, 1901-1940*. Paris : Editions Acatos, 2003.

Gerassi, John. *Talking with Sartre : Conversations and Debates*. New Haven : Yale University Press, 2009.

Gide, André. *Journal II, 1926-1950*. Paris : Editions Gallimard, coll. « La Pléiade », 1997.

Giraudoux, Jean. *Pleins pouvoirs*. Paris : Editions Gallimard, 1939.

Guggenheim, Peggy. *Out of This Century : The Informal Memoirs of Peggy. Guggenheim*. New York : Dial, 1946. All page references are to *Out of This Century : Confessions of an Art Addict*. London : André Deutsch, 1997.

Huffington, Arianna Stassinopoulos. *Picasso : Creator and Destroyer*. London : Weidenfeld and Nicolson, 1988.

Jackson, Julian. *France : The Dark Years, 1940-1944*. New York : Oxford University Press, 2001.

Jouhandeau, Marcel. *Journal sous l'Occupation*. Paris : Editions Gallimard, 1980.

Klarsfeld, Serge. *Le Calendrier de la persécution des juifs en France, 1940-1944*. Paris : Les Fils et Filles des Déportés Juifs de France and the Beate Klarsfeld Foundation, 1993.

Koch, Stephen. *Stalin, Willi Müzenberg and the Seduction of the Intellectuals*. New York : Free Press, 1994.

Némirovsky, Irène. *Suite française*. Paris : Editions Denoël, 2004.

Paxton, Robert O. *Vichy France : Old Guard and New Order, 1940-1944.* New York : Knopf, 1972.

Philipponnat, Olivier, et Patrick Leinhardt. *La Vie d'Irène Némirovsky.* Paris : Editions Grasset & Denoël, 2007.

Rysselberghe, Maria Van. *Je ne sais si nous avons dit d'impérissables choses : Une anthologie des* Cahiers de la Petite Dame. Paris : Editions Gallimard, 2006.

Saint-Exupéry, Antoine de. *Vol de nuit.* Paris : Editions Gallimard, 1933.

Sartre, Jean-Paul. *Carnets de la drôle de guerre, septembre 1939-mars 1940.* Paris : Editions Gallimard, 1995.

Weber, Eugen. *The Hollow Years : France in the 1930s.* New York : Norton, 1994.

ENTRETIENS

Leonora Carrington, Mexico City, 20 novembre 2008. Jean-Louis Crémieux-Brilhac, Paris, 4 avril 2008. Michel Déon, Paris, 7 avril 2008. Michel Francini, Paris, 13 mars 2008. Stéphane Hessel, Paris, 8 avril 2008. Jorge Semprun, Paris, 26 mars 2008.

NOTES

1. Van Rysselberghe, *Je ne sais,* p. 508.
2. Klarsfeld, *Le Calendrier,* p. 14.
3. Carrington, *House of Fear,* p. 164.
4. Giraudoux, *Pleins pouvoirs,* p. 65.
5. Entretien avec Déon, Paris, 7 avril 2008.
6. Entretien avec Hessel, Paris, 8 avril 2008.
7. Daix and Israël, *Pablo Picasso,* p. 124.
8. Guggenheim, *Out of This Century,* p. 209.
9. Philipponnat and Leinhardt, *La Vie,* p. 332.
10. Gide, *Journal II,* p. 696.
11. Drieu la Rochelle, *Journal,* p. 93.
12. *Ibid.*, p. 97.
13. *Ibid.*, p. 96.
14. *Ibid.*, p. 129.
15. Sartre, *Carnets,* p. 154.
16. Gerassi, *Talking with Sartre,* p. 119.
17. Némirovsky, *Suite,* p. 61.
18. Beauvoir, *La Force de l'âge*, p. 503.
19. Entretien avec Francini, Paris, 13 mars 2008.
20. Jouhandeau, *Journal,* p. 32.
21. *Ibid.*, p. 40.
22. Entretien avec Déon, Paris, 7 avril 2008.
23. Weber, *Hollow Years,* p. 282.

CHAPITRE 3
Si on dansait ?

BIBLIOGRAPHIE

Abetz, Otto. *Histoire d'une politique franco-allemande, 1930-1950 : Mémoires d'un ambassadeur.* Paris : Editions Stock, 1953.

Amouroux, Henri. *La Grande Histoire des Français sous l'Occupation.* Vols. 1-5. Paris : Editions Robert Laffont, 1976.

Beauvoir, Simone de. *La Force de l'âge.* 1960. Paris : Editions Gallimard (Folio), 1986.
Berghaus, Günter, ed. *Fascism and Theatre.* Oxford : Berghahn Books, 1996.
Chimènes, Myriam, ed. *La Vie musicale sous Vichy.* Paris : Editions Complexe, 2001.
Claudel, Paul. *Journal.* Vol. 2, *1933-1955.* Paris : Bibliothèque de la Pléiade, 1969.
Cocteau, Jean. *Journal, 1942-1945.* Paris : Editions Gallimard, 1989.
Desanti, Dominique. *Sacha Guitry : 50 ans de spectacle.* Paris : Editions Grasset, 1982.
Feliciano, Hector. *The Lost Museum : The Nazi Conspiracy to Steal the World's Greatest Works of Art.* New York : Basic Books, 1997.
Galtier-Boissière, Jean. *Mon journal pendant l'Occupation.* Paris : Editions La Jeune Parque, 1944.
Gerassi, John. *Talking with Sartre : Conversations and Debates.* New Haven : Yale University Press, 2009.
Gide, André. *Journal II, 1926-1950.* Paris : Editions Gallimard, coll. « La Pléiade », 1997.
Guéhenno, Jean. *Journal des années noires.* Paris : Editions Gallimard, 1947.
Heller, Gerhard. *Un Allemand à Paris.* Paris : Editions du Seuil, 1981.
Loiseaux, Gérard. *La Littérature de la défaite et de la collaboration.* Paris : Editions Fayard, 1995.
Nicholas, Lynn H. *The Rape of Europa : The Fate of Europe's Treasures in the Third Reich and the Second World War.* New York : Knopf, 1994.
Porcile, François. *Les Conflits de la musique française, 1940-1965.* Paris : Editions Fayard, 2001.
Speer, Albert. *Inside the Third Reich.* New York : Simon and Schuster, 1970.
Yagil, Limore. *« L'Homme nouveau » et la révolution nationale de Vichy (1940-1944).* Paris : Presses Universitaires du Septentrion, 1997.

ENTRETIENS

Danielle Darrieux, Paris, 22 janvier 2009. Françoise Gilot, New York, 4 avril 2009. Stéphane Hessel, Paris, 8 avril 2008. Micheline Presle, Paris, 28 avril 2009. Jorge Semprun, Paris, 26 mars 2008.

NOTES

1. Speer, *Inside the Third Reich,* p. 184.
2. Abetz, *Histoire,* p. 176.
3. Essai de Manuela Schwartz, « La Musique, outil majeur de la propagande culturelle des Nazis », in Chimènes, *La Vie,* p. 90.
4. Desanti, *Sacha Guitry*, p. 332.
5. Amouroux, *Grande Histoire,* vol. 2, p. 199.
6. Cité dans l'essai de Serge Added « Jacques Copeau and " Popular Theatre " in Vichy France », in Berghaus, *Fascism and Theatre,* p. 249.
7. Speer, *Inside the Third Reich,* pp. 171-72.
8. Porcile, *Les Conflits,* pp. 21-22.
9. Entretien avec Darrieux, Paris, 22 janvier 2009.
10. Entretien avec Presle, Paris, 28 avril 2009.
11. Beauvoir, *La Force*, p. 532.
12. The Nizkor Project : http://www.nizkor.org/ftp.cgi/imt:nca:ftp.py?imt/nca-nca-06/nca-06-3766-ps.
13. The Nizkor Project : nca-06/nca-06–3766-ps.
14. Gerassi, *Talking with Sartre,* p. 122.
15. Claudel, *Journal,* p. 321.

16. Heller, *Un Allemand*, p. 146.
17. Cocteau, *Journal*, p. 335.
18. Gide, *Journal II*, 7 juillet 1940.
19. *Ibid.*, 24 septembre 1940.
20. *Ibid.*, 17 juillet 1940.
21. *Ibid.*, 12 janvier 1941.
22. *Ibid.*
23. *Ibid.*, 14 juin 1941.
24. *Ibid.*, 5 juillet 1941.
25. Guéhenno, *Journal*, p. 15.
26. *Ibid.*
27. *Ibid.*, p. 57.
28. *Ibid.*, p. 72.
29. *Ibid.*, p. 127.
30. Galtier-Boissière, *Mon journal*, pp. 17-18.
31. *Ibid.*, pp. 34-35.
32. Entretien avec Semprun, Paris, 26 mars 2008.
33. Entretien avec Gilot, New York, 4 avril 2009.
34. Galtier-Boissière, *Mon journal*, p. 28.
35. *Ibid.*, p. 25.

CHAPITRE 4
L'Américain

BIBLIOGRAPHIE

Alexander, Sydney. *Marc Chagall.* New York : G. P. Putnam's, 1978.

Bair, Deirdre. *Samuel Beckett : A Biography.* New York : Harcourt Brace Jovanovich, 1978.

Benjamin, Walter. *Selected Writings.* Publié par Howard Eiland et Michael W. Jennings. Cambridge, Mass. : Harvard University Press, 2003.

Carrington, Leonora. *House of Fear : Notes from Down Below.* London : Dutton, 1988.

Fry, Varian. *Assignment Rescue,* avec une préface d'Albert O. Hirschman. New York : Scholastic, 1968. Publié originellement sous le titre *Surrender on Demand.* New York : Random House, 1945.

Guggenheim, Peggy. *Out of This Century : The Informal Memoirs of Peggy Guggenheim.* New York : Dial, 1946. (Les notes de bas de pages se réfèrent à *Out of This Century : Confessions of an Art Addict.* London : André Deutsch, 1997.)

Holl, Adolf. *The Left Hand of God.* Traduit par John Cullen. New York : Doubleday, 1998.

Malcolm, Janet. *Two Lives : Gertrude and Alice.* New Haven : Yale University Press, 2007.

Paxton, Robert O., Olivier Corpet et Claire Paulhan, eds. *Archives de la vie littéraire sous l'Occupation : A travers le désastre.* Paris : Editions Tallandier, 2009.

Plessix Gray, Francine de. *Simone Weil.* New York : Vicking, 2001.

Schiffrin, André. *A Political Education : Coming of Age in Paris and New York.* New York : Melville House, 2007.

Stein, Gertrude. *Wars I Have Seen.* New York : Random House, 1945. Sullivan, Rosemary. *Villa Air-Bel.* London : John Murray, 2006.

Varian Fry à Marseille. Catalogue de l'exposition. Paris : Fondation Mona Bismarck, 2000.

Vierny, Dina. *Histoire de ma vie racontée à Alain Jaubert.* Paris : Editions Gallimard, 2009.

Wullschlager, Jackie. *Chagall : A Biography.* New York : Knopf, 2008.

ENTRETIENS

Leonora Carrington, Mexico City, 20 novembre 2008. Stéphane Hessel, Paris, 8 avril 2008.

NOTES

1. Fry, *Assignment*, p. 8.
2. *Ibid.*, p. 14.
3. *Ibid.*, p. 41.
4. *Ibid.*, p. VII.
5. Wullschlager, *Chagall*, p. 392.
6. Benjamin, *Selected Writings*, p. 445.
7. Fry, *Assignment*, p. 140.
8. Stein, *Wars*, p. 50.
9. Fry, *Assignment*, p. 44.
10. Paxton, Corpet and Paulhan, *Archives*, p. 266.
11. Schiffrin, *A Political Education*, p. 30.
12. Entretien avec Hessel, Paris, 8 avril 2008.
13. Fry, *Assignment*, p. 121.
14. *Ibid.*, p. 137.
15. *Varian Fry à Marseille.*
16. Fry, *Assignment*, p. 111.
17. *Ibid.*, p. 112.
18. Guggenheim, *Out of This Century*, p. 231.
19. Carrington, *House of Fear*, p. 213.
20. Wullschlager, *Chagall*, p. 389.
21. Fry, *Assignment*, p. 163.
22. *Ibid.*, p. 119.
23. *Ibid.*
24. *Ibid.*, p. 173.
25. *Varian Fry à Marseille*, p. 4.
26. Entretien avec Hessel, Paris, 8 avril 2008.

CHAPITRE 5
Paris by night

BIBLIOGRAPHIE

Abetz, Otto. *Histoire d'une politique franco-allemande, 1930-1950 : Mémoires d'un ambassadeur*. Paris : Editions Stock, 1953.

Behr, Edward. *The Good Frenchman : The True Story of the Life and Times of Maurice Chevalier*. New York : Villard Books, 1993.

Baker, Joséphine, and Jo Bouillon. *Josephine*. Traduit par Mariana Fitzpatrick. New York : Harper & Row, 1976.

Berteaut, Simone. *Piaf : A Biography*. New York : Harper & Row, 1972.

Burke, Cardyn. *No Regrets : The Life of Edith Piaf*. New York : Knopf, 2011.

Chimènes, Myriam, ed. *La Vie musicale sous Vichy*. Paris : Editions Complexe, 2001.

Crosland, Margaret. *Piaf*. London : Coronet Books, 1985.

Galtier-Boissière, Jean. *Mon journal pendant l'Occupation*. Paris : Editions La Jeune Parque, 1944.

Halimi, André. *Chantons sous l'Occupation.* Paris : Marabout, 1976.
Jünger, Ernst. *Journaux de guerre.* Vol. 2, *1939-1948.* Paris : Editions Gallimard, 2008.
Le Boterf, Hervé. *La Vie parisienne sous l'Occupation.* Paris : Editions France-Empire, 1997.
Veillon, Dominique. *La Mode sous l'Occupation.* Paris : Editions Payot, 1990.
Zucca, André. *Les Parisiens sous l'Occupation : Photographies en couleurs d'André Zucca.* Exhibition catalog. Paris : Editions Gallimard, 2008.
Zwerin, Mike. *La Tristesse de Saint Louis : Jazz Under the Nazis.* New York : Beech Tree Books, 1985.

ENTRETIEN
Michel Francini, Paris, 13 mars 2008.

NOTES

1. Le Boterf, *La Vie parisienne,* p. 47.
2. *Ibid.*, p. 46.
3. Entretien avec Francini, Paris, 13 mars 2008.
4. Jünger, *Journaux,* pp. 213-14.
5. Entretien avec Francini, Paris, 13 mars 2008.
6. Essai d'Ursula Mathis « " Honte à qui peut chanter " : Le Neuvième Art sous l'Ocupation », in Chimènes, *La Vie,* p. 302.
7. Berteaut, *Piaf,* p. 207.
8. Behr, *The Good Frenchman,* p. 241.
9. Galtier-Boissière, *Mon journal,* p. 99.
10. Baker and Bouillon, *Josephine,* p. 128.
11. Abetz, *Histoire,* p. 176.

CHAPITRE 6
La Résistance comme idée

BIBLIOGRAPHIE

Boris Vildé : Chef du Réseau du musée de l'Homme. Pamphlet pour l'exposition du Musée national d'histoire naturelle et du musée de l'Homme, 2008.
Humbert, Agnès. *Notre guerre : souvenirs de résistance.* Paris : Editions Tallandier, 2004.
Paulhan, Jean. *Choix de lettres, 1937-1945.* Paris : Gallimard, 1992.

NOTES

1. Humbert, *Notre guerre*, p. 107.
2. *Ibid.*, p. 111.
3. *Boris Vildé,* p. 13.
4. Humbert, *Notre guerre*, p. 113.
5. *Ibid.*, p. 115.
6. Paulhan, *Choix,* p. 214.
7. *Ibid.*, pp. 214-15.
8. *Boris Vildé,* p. 15.
9. Humbert, *Notre guerre*, 17 février 1941.

CHAPITRE 7
Maréchal, nous voilà !

BIBLIOGRAPHIE

Bernier, Olivier. *Fireworks at Dusk : Paris in the Thirties.* Boston : Little, Brown, 1993.

Burrin, Philippe. *La France à l'heure allemande, 1940-1944.* Paris : Editions du Seuil, 1995.

Callil, Carmen. *Bad Faith : A Story of Family and Fatherland.* London : Jonathan Cape, 2006.

Cointet, Michèle. *Vichy capitale.* Paris : Perrin, 1993.

Daladier, Edouard. *Prison Journal, 1940-1945.* Traduit par Arthur D. Greenspan. Boulder, Colo. : Westview Press, 1995.

Eychart, François, and Georges Aillaud, eds. *Les Lettres françaises et Les Etoiles dans la clandestinité, 1942-1944.* Paris : Le Cherche Midi, 2008.

Galtier-Boissière, Jean. *Mon journal pendant l'Occupation.* Paris : Editions La Jeune Parque, 1944.

Guéhenno, Jean. *Journal des années noires.* Paris : Editions Gallimard, 1947.

Jackson, Julian. *France : The Dark Years, 1940-1944.* New York : Oxford University Press, 2001.

Le Bail, Karine. *Musique, pouvoir, responsabilité : La politique musicale de la Radiodiffusion française, 1939-1953.* Paris : CNRS Editions, 2010.

Mollier, Jean-Yves. *Edition, presse et pouvoir en France au XXe siècle.* Paris : Editions Fayard, 2008.

Nord, Philip. « Scout's Honor : Catholic Scoutism and Vichy Culture. » Article présenté au colloque *Between Collaboration and Resistance : French Literary Life Under Nazi Occupation, 1940-1944,* New York Public Library, le 3 avril 2009.

Paulhan, Jean. *Choix de lettres, 1937-1945.* Paris : Gallimard, 1992.

Paxton, Robert O. *Vichy France : Old Guard and New Order, 1940-1944.* New York : Knopf, 1972.

Paxton, Robert O., Olivier Corpet and Claire Paulhan, eds. *Archives de la vie littéraire sous l'Occupation : A travers le désastre.* Paris : Editions Tallandier, 2009.

Philipponnat, Olivier, and Patrick Leinhardt. *La Vie d'Irène Némirovsky.* Paris : Editions Grasset & Denoël, 2007.

Rebatet, Lucien. *Les Décombres.* Paris : Editions de l'Homme Libre, 2006.

Rioux, Jean-Pierre, ed. *La Vie culturelle sous Vichy.* Paris : Editions Complexe, 1990.

Weber, Nicholas Fox. *Le Corbusier : A Life.* New York : Knopf, 2008.

ENTRETIENS

Michel Déon, Paris, 7 avril 2008. Denise Epstein, Paris, 18 novembre 2004. Gérard Morley, Issy-l'Evêque, 16 avril 2009.

NOTES

1. Rebatet, *Les Décombres,* p. 535.
2. Weber, *Le Corbusier,* p. 413.
3. *Ibid.*, p. 425.
4. *Ibid.*, p. 453.
5. Entretien avec Déon, Paris, 7 avril 2008.
6. Galtier-Boissière, *Mon journal,* p. 27.
7. Rioux, *La Vie,* p. 89.

8. Bernier, *Fireworks*, p. 311.
9. Daladier, *Prison Journal*, p. 117.
10. Jackson, *France*, p. 357.
11. Guéhenno, *Journal*, p. 139.
12. *Ibid.*, p. 170.
13. Lesamitiesdelaresistance.fr/lien6/saliege.
14. Entretien avec Epstein, Paris, 18 novembre 2004.
15. *Ibid.*
16. Entretien avec Morley, Issy-L'Evêque, 16 avril 2009.
17. *Ibid.*
18. Philipponnat and Leinhardt, *La Vie*, p. 421.
19. Eychart and Aillaud, *Les Lettres*, p. 251.
20. Guéhenno, *Journal*, p. 300.
21. Galtier-Boissière, *Mon journal*, pp. 155-156.

CHAPITRE 8
Vivace ma non troppo

BIBLIOGRAPHIE

Chimènes, Myriam, ed. *La Vie musicale sous Vichy.* Paris : Editions Complexe, 2001.
Corcy, Stéphanie. *La Vie culturelle sous l'Occupation.* Paris : Editions Perrin, 2005.
Eychart, François, and Georges Aillaud, eds. *Les Lettres françaises et Les Etoiles dans la clandestinité, 1942-1944.* Paris : Le Cherche Midi, 2008.
Goebbels, Joseph. *Journal.* Vol. 4 : *1939-1942.* Paris : Editions Tallandier, 2009.
Guéhenno, Jean. *Journal des années noires.* Paris : Editions Gallimard, 1947.
Hamann, Brigitte. *Winifred Wagner : A Life at the Heart of Hitler's Bayreuth.* Traduit par Alan Bance. London : Granta Books, 2005.
Huynh, Pascal, ed. Catalogue de l'exposition « Le IIIe Reich et la musique », au musée de la Musique, Paris, octobre 2004.
Langham Smith, Richard, and Caroline Potter. *French Music Since Berlioz.* Farnham, Eng. : Ashgate Publishing, 2005.
Le Bail, Karine. *Musique, pouvoir, responsabilité : La politique musicale de la Radiodiffusion française, 1939-1953.* Paris : CNRS Editions, 2010.
Le Boterf, Hervé. *La Vie parisienne sous l'Occupation.* Paris : Editions France-Empire, 1997.
Lifar, Serge. *Ma vie.* Paris : Editions René Julliard, 1965.
Némirovsky, Irène. *Suite française.* Paris : Editions Denoël, 2004.
Porcile, François. *Les Conflits de la musique française, 1940-1965.* Paris : Editions Fayard, 2001.
Poulenc, Francis. *Correspondance 1910-1963.* Edited by Myriam Chimènes. Paris : Editions Fayard, 1994.
Rioux, Jean-Pierre, ed. *La Vie culturelle sous Vichy.* Paris : Editions Complexe, 1990.
Simeone, Nigel. *Making Music in Occupied Paris.* Hove, Eng. : Musical Times, 2006.
Simon, Yannick. *Composer sous Vichy.* Paris : Editions Symétrie, 2009.
—, *La SACEM et les droits des auteurs et compositeurs juifs sous l'Occupation.* Paris : Mission d'étude sur la spoliation des Juifs de France, 2000.

ENTRETIENS

Jean Babilée, Paris, 17 avril 2008. Pierre Boulez, Paris, 7 août 2009. Henri Dutilleux, Paris, 22 juillet 2009. Michel Francini, Paris, 13 mars 2008.

NOTES

1. Huynh, *Le IIIe Reich*, p. 15.
2. Goebbels, *Journal*, p. 535.
3. Poulenc, *Correspondance*, p. 511.
4. Eychart and Allaud, *Les Lettres*, p. 159.
5. Poulenc, *Correspondance*, pp. 533-534.
6. Entretien avec Boulez, Paris, 7 août 2009.
7. Entretien avec Dutilleux, Paris, 22 juillet 2009.
8. Poulenc, *Correspondance*, p. 577.
9. Hamann, *Winifred Wagner*, p. 332.
10. Sandrine Grandgambe essay « La réunion des théâtres lyriques nationaux », in Chimènes, *La Vie*, p. 118.
11. Entretien avec Francini, Paris, 13 mars 2008.
12. Guéhenno, *Journal*, p. 101.
13. Poulenc, *Correspondance*, p. 584.
14. Entretien avec Babilée, Paris, 17 avril 2008. Toutes les citations de Babilée sont extraites de cet entretien.
15. Fonds Lifar, Archives de la ville de Lausanne, Suisse.
16. Lifar, *Ma vie*, p. 250.
17. *Ibid.*, p. 326.
18. Poulenc, *Correspondance*, p. 577.

CHAPITRE 9
Une toile déchirée

BIBLIOGRAPHIE

Arnaud, Claude. *Jean Cocteau.* Paris : Editions Gallimard, 2003.

Bouchoux, Corinne. *Rose Valland : La Résistance au musée.* Paris : Geste Editions, 2006.

Brandon, Ruth. *Surreal Lives : The Surrealists, 1917-1945.* London : Macmillan, 1999.

Bucher, Jeanne. Catalogue de l'exposition « Une galerie d'avant-garde » au musée d'Art moderne et contemporain de Strasbourg, 1994.

Calvi, Fabrizio, et Marc J. Masurovsky. *Le Festin du Reich : Le Pillage de la France occupée, 1940-1945.* Paris : Editions Fayard, 2006.

Cocteau, Jean. *Journal, 1942-1945.* Paris : Editions Gallimard, 1989.

Cone, Michele C. *Artists Under Vichy.* Princeton : Princeton University Press, 1992.

La Dame du Jeu de Paume : Rose Valland sur le Front d'Art. Catalogue de l'exposition du Centre d'histoire de la Résistance et de la Déportation de Lyon, décembre 2009.

Dorléac, Laurence Bertrand. *Art of the Defeat : France, 1940-1944.* Traduit par Jane Marie Todd. Los Angeles : Getty Research Institute, 2008.

Feliciano, Hector. *The Lost Museum : The Nazi Conspiracy to Steal the World's Greatest Works of Art.* New York : Basic Books, 1997.

Fonkenell, Guillaume, ed. *Le Louvre pendant la guerrre : Regards photographiques, 1938-1947.* Exhibition catalog. Paris : Musée du Louvre Editions, 2009.

Galtier-Boissière, Jean. *Mon journal pendant l'Occupation.* Paris : Editions La Jeune Parque, 1944.

Gilot, Françoise, and Carlton Lake. *Life with Picasso.* New York : McGraw-Hill, 1964.

Greilsamer, Laurent. *Le Prince foudroyé : La Vie de Nicolas de Staël.* Paris : Editions Fayard, 1998.

Heller, Gerhard. *Un Allemand à Paris.* Paris : Editions du Seuil, 1981.
Huffington, Arianna Stassinopoulos. *Picasso : Creator and Destroyer.* London : Weidenfeld and Nicolson, 1988.
Jaër, Muriel. « Jeanne Bucher, grande prêtresse de l'art avant-garde. » *Supérieur Inconnu* 19 (octobre-décembre 2000).
Jean Cocteau, sur le fil du siècle. Catalogue de l'exposition du Centre Pompidou, 2003. Paris : Centre Pompidou, 2003.
Jünger, Ernst. *Journaux de guerre.* Vol. 2, *1937-1948.* Paris : Editions Gallimard, 2008.
Léautaud, Paul. *Journal littéraire.* Vol. 13, *Février 1940-Février 1956.* Paris : Mercure de France, 1986.
Le Musée Maillol s'expose. Catalogue de l'exposition du musée Maillol, 2003. Paris : Editions Gallimard, 2003.
Nicholas, Lynn H. *The Rape of Europa : The Fate of Europe's Treasures in the Third Reich and the Second World War.* New York : Knopf, 1994.
Spurling, Hilary. *Matisse the Master.* New York : Knopf, 2005.
Vierny, Dina. *Histoire de ma vie racontée à Alain Jaubert.* Paris : Editions Gallimard, 2009.

ENTRETIENS

Leonora Carrington, Mexico City, 20 novembre 2008. Françoise Gilot, New York, 4 avril 2009. Véronique Jaeger (petite-fille de Jeanne Bucher), Paris, 29 avril 2009. Denise René, Paris, 15 juillet 2008. Annie Ubersfeld, Paris, 25 mars 2008.

NOTES

1. *La Dame du Jeu de Paume.*
2. Bouchoux, *Rose Valland,* p. 39.
3. *Ibid.*, p. 42.
4. The Nizkor Project : http://wwwnizkor.org/hweb/imt/nca/nca-01-14-plunder-01c.html.
5. *Ibid.*
6. Entretien avec Gilot, New York, 4 avril 2009 ; toutes les citations de Gilot sont extraites de cet entretien.
7. Jaër, « Jeanne Bucher ».
8. Galtier-Boissière, *Mon journal,* p. 98.
9. www.means.com/arno-breker-biography.htm.
10. Cocteau, *Journal,* 16 mai 1942, p. 125.
11. *Ibid.*, 6 mai 1942, p. 112.
12. Greilsamer, *Le Prince,* pp. 118–19.
13. *Le Musée Maillol,* p. 101.
14. *Ibid.*, p. 102.
15. Nicholas, *The Rape,* p. 124.
16. Heller, *Un Allemand,* p. 118.
17. Jünger, *Journaux,* p. 325.
18. Entretien avec Ubersfeld, Paris, 25 mars 2008.
19. Léautaud, *Journal,* p. 1041.
20. Heller, *Un Allemand,* p. 118.
21. Huffington, *Picasso,* p. 260.

CHAPITRE 10
Distraction à l'écran

BIBLIOGRAPHIE

Arletty. *La Défense : Auto-portrait.* Paris : Editions Ramsay, 1971.
Aurenche, Jean. *La Suite à l'écran.* Arles : Actes Sud, 1993.
Bertin-Maghit, Jean-Pierre. *Le Cinéma français sous l'Occupation.* Paris : Presses Universitaires de France, 1994.
Carné, Marcel. *La Vie à belles dents.* Paris : Editions Belfond, 1989.
Château, René. *Le Cinéma français sous l'Occupation.* Paris : Editions René Château et La Mémoire du cinéma français, 1995.
Corcy, Stéphanie. *La Vie culturelle sous l'Occupation.* Paris : Editions Perrin, 2005.
Desanti, Dominique. *Sacha Guitry : 50 ans de spectacle.* Paris : Editions Grasset, 1982.
Devaivre, Jean. *Action ! Mémoires, 1930-1970.* Paris : Nicolas Philippe, 2002.
Eychart, François, et Georges Aillaud, eds. *Les Lettres françaises et Les Etoiles dans la clandestinité, 1942-1944.* Paris : Le Cherche Midi, 2008.
Goebbels, Joseph. *Journal.* Vol. 4, *1939-1942.* Paris : Editions Tallandier, 2009.
Jünger, Ernst. *Journaux de guerre.* Vol. 2, *1939-1948.* Paris : Editions Gallimard, 2009.
Le Boterf, Hervé. *La Vie parisienne sous l'Occupation.* Paris : Editions France-Empire, 1997.
Presle, Micheline. *L'Arrière-mémoire.* Paris : Editions Flammarion, 1994.
Ragache, Gilles, et Jean-Robert Ragache. *La Vie quotidienne des écrivains et des artistes sous l'Occupation.* Paris : Hachette, 1988.
Rioux, Jean-Pierre, ed. *La Vie culturelle sous Vichy.* Paris : Editions Complexe, 1990.
Sadoul, Georges. *Histoire du cinéma mondial : Des origines à nos jours.* Paris : Editions Flammarion, 1999.
Servat, Henry-Jean. *Les Trois Glorieuses.* Paris : Editions Pygmalion, 2008.
Weber, Alain. *La Bataille du film, 1933-1945.* Paris : Ramsay, 2007.
Yagil, Limore. *« L'Homme nouveau » et la Révolution nationale de Vichy.* Paris : Presses Universitaires du Septentrion, 1997.

ENTRETIENS

Marcel Carné, Paris, 3 décembre 1994. Danielle Darrieux, Paris, 22 janvier 2009. Elina Labourdette, Paris, 11 août 2009. Micheline Presle, Paris, 28 avril 2009.

NOTES

1. Aurenche, *La Suite,* p. 115.
2. Entretien avec Darrieux, Paris, 22 janvier 2009; toutes les citations de Darrieux sont extraites de cet entretien.
3. Entretien avec Carné, Paris, 3 décembre 1994.
4. Yagil, « *L'Homme nouveau* », p. 170.
5. Le Boterf, *La Vie,* p. 76.
6. Jünger, *Journaux,* p. 214.
7. Goebbels, *Journal,* p. 573.
8. Carné, *La Vie,* p. 156.
9. Eychart et Allaud, *Les Lettres,* p. 117.
10. *Ibid.*
11. Arletty, *La Défense,* p. 162.
12. Entretien avec Presle, Paris, 28 avril 2009; toutes les citations de Presle sont extraites de cet entretien.

13. Entretien avec Labourdette, Paris, 11 août 2009; toutes les citations de Labourdette sont extraites de cet entretien.
14. Entretien avec Carné, Paris, 3 décembre 1994.
15. *Ibid.*

CHAPITRE 11
Au miroir du passé

BIBLIOGRAPHIE

Anouilh, Jean. *Antigone.* Paris : La Table Ronde, 1946.
Beauvoir, Simone de. *La Force de l'âge.* 1960. Paris : Editions Gallimard (Folio), 1986.
Berghaus, Günter, ed. *Fascism and Theatre.* Oxford : Berghahn Books, 1996.
Camus, Albert. *Carnets II, janvier 1942-mars 1951.* Paris : Editions Gallimard, 1964.
Cohen-Solal, Annie. *Sartre : A Life.* New York : Pantheon Books, 1987.
Copeau, Jacques. *Journal, 1901-1948.* Paris : Seghers, 1991.
Corcy, Stéphanie. *La Vie culturelle sous l'Occupation.* Paris : Editions Perrin, 2005.
Desanti, Dominique. *Sacha Guitry : 50 ans de spectacle.* Paris : Editions Grasset, 1982.
Eychart, François, and Georges Aillaud, eds. *Les Lettres françaises et Les Etoiles dans la clandestinité, 1942-1944.* Paris : Le Cherche Midi, 2008.
Galtier-Boissière, Jean. *Mon journal pendant l'Occupation.* Paris : Editions La Jeune Parque, 1944.
Gerassi, John. *Talking with Sartre : Conversations and Debates.* New Haven : Yale University Press, 2009.
Jacobs, Gabriel. « The Role of Joan of Arc on the Stage of Occupied Paris. » In *Vichy France and the Resistance : Culture and Ideology,* publié par Harry Roderick Kedward and Roger Austin. London : Croom Helm, 1985.
Joubert, Marie-Agnès. *La Comédie-Française sous l'Occupation.* Paris : Editions Tallandier, 1998.
Jünger, Ernst. *Journaux de guerre.* Vol. 2, *1939-1948.* Paris : Editions Gallimard, 2008.
Le Boterf, Hervé. *La Vie parisienne sous l'Occupation.* Paris : Editions France-Empire, 1997.
Lottman, Herbert R. *Albert Camus : A Biography.* New York : Doubleday, 1979.
Montherlant, Henry de. *Le Solstice de juin.* Paris : Editions Grasset, 1941.
Ragache, Gilles, et Jean-Robert Ragache. *La Vie quotidienne des écrivains et des artistes sous l'Occupation, 1940-1944.* Paris : Hachette, 1998.
Rioux, Jean-Pierre, ed. *La Vie culturelle sous Vichy.* Paris : Editions Complexe, 1990.
Sartre, Jean-Paul. *Huit clos.* Paris : Editions Gallimard, 1947.
—, *Les Mouches.* Paris : Editions Gallimard, 1943.
Todd, Olivier. *Albert Camus : A Life.* New York : Knopf, 1997.

ENTRETIENS

Héléna Bossis, Paris, 2 mai 2008. Dominique Delouche, Paris, 24 novembre 2008. Michel Francini, Paris, 13 mars 2008. Jorge Semprun, Paris, 26 mars 2008. Annie Ubersfeld, Paris, 25 mars 2008.

NOTES

1. Entretien avec Ubersfeld, Paris, 25 mars 2008.
2. Copeau, *Journal,* p. 507.
3. Le Boterf, *La Vie,* p. 140.

4. Entretien avec Francini, Paris, 13 mars 2008.
5. Joubert, *La Comédie-Française*, p. 169.
6. Galtier-Boissière, *Mon journal*, p. 179.
7. Montherlant, *Le Solstice*, p. 952.
8. Jacobs, « The Role of Joan of Arc », p. 115.
9. Beauvoir, *La Force*, p. 581.
10. Le Boterf, *La Vie*, p. 115.
11. *Ibid.*, p. 141.
12. Desanti, *Sacha Guitry*, p. 389.
13. Eychart et Aillaud, *Les Lettres*, p. 132.
14. Jünger, *Journaux*, p. 239.
15. Beauvoir, *La Force*, p. 616.
16. Entretien avec Semprun, Paris, 26 mars 2008.
17. Gerassi, *Talking with Sartre*, p. 114.
18. *Ibid.*, pp. 108-109.
19. Le Boterf, *La Vie*, p. 159.
20. Entretien avec Delouche, Paris, 24 novembre 2008.
21. Entretien avec Bossis, Paris, 2 mai 2008.

CHAPITRE 12
Ecrire pour l'ennemi

BIBLIOGRAPHIE

Abetz, Otto. *Histoire d'une politique franco-allemande 1930-1950 : Mémoires d'un ambassadeur.* Paris : Editions Stock, 1953.

Beauvoir, Simone de. *La Force de l'âge.* 1960. Paris : Editions Gallimard (Folio), 1986.

Brasillach, Robert. *Notre avant-guerre.* Paris : Editions Godefroy de Bouillon, 1998.

Céline, Louis-Ferdinand. *Les Beaux draps.* Paris : Nouvelles Editions Françaises, 1942.

—, *Lettres*. Bibliothèque de la Pléiade. Paris : Editions Gallimard, 2009.

Corcy, Stéphanie. *La Vie culturelle sous l'Occupation.* Paris : Editions Perrin, 2005.

Drieu La Rochelle, Pierre. *Journal, 1939-1945.* Paris : Editions Gallimard, 1992.

Dufay, François. *Le Voyage d'automne : Octobre 1941, des écrivains français en Allemagne.* Paris : Editions Plon, 2000.

Eychart, François, et Georges Aillaud, eds. *Les Lettres Françaises et Les Etoiles dans la clandestinité, 1942-1944.* Paris : Le Cherche Midi, 2008.

Fouché, Pascal. *L'Edition française sous l'Occupation.* Paris : Editions Fayard, 2008.

Galtier-Boissière, Jean. *Mon journal pendant l'Occupation.* Paris : Editions La Jeune Parque, 1944.

Glass, Charles. *Americans in Paris : Life and Death Under Nazi Occupation, 1940-1944.* London : Harper Press, 2009.

Guéhenno, Jean. *Journal des années noires.* Paris : Editions Gallimard, 1947.

Heller, Gerhard. *Un Allemand à Paris.* Paris : Editions du Seuil, 1981.

Jouhandeau, Marcel. *Ecrits secrets I : Le voyage secret.* Paris : Arléa, 1988.

—, *Journal sous l'Occupation*. Paris : Editions Gallimard, 1980.

Jünger, Ernst. *Journaux de guerre.* Vol. 2, *1939-1948.* Paris : Editions Gallimard, 2008.

Kaplan, Alice. *The Collaborator : The Trial and Execution of Robert Brasillach.* Chicago : University of Chicago Press, 2000.

Lire, Hors-Série. N° 7. *Céline, les derniers secrets*. Juin 2008.

Loiseaux, Gérard. *La Littérature de la défaite et de la collaboration.* Paris : Editions Fayard, 1995.
Lottman, Herbert. *The Left Bank : Writers in Paris from Popular Front to Cold War.* Boston : Houghton Mifflin, 1982.
Malcolm, Janet. *Two Lives : Gertrude and Alice.* New Haven : University Press, 2007.
Martinoir, Francine de. *La Littérature occupée : Les années de guerre, 1939-1945.* Paris : Hatier, 1995.
Mollier, Jean-Yves. *Edition, presse et pouvoir en France au XXe siècle.* Paris : Editions Fayard, 2008.
Ory, Pascal. *Les Collaborateurs, 1940-1945.* Paris : Editions du Seuil, 1976.
Paulhan, Jean. *Choix de lettres, 1937-1945.* Paris : Editions Gallimard, 1992.
Poulain, Martine. *Livres pillés, lectures surveillées : Les Bibliothèques françaises sous l'Occupation.* Paris : Editions Gallimard, 2008.
Ragache, Gilles, et Jean-Robert Ragache. *La Vie quotidienne des écrivains et des artistes sous l'Occupation, 1940-1944.* Paris : Hachette, 1998.
Rebatet, Lucien. *Les Décombres.* Paris : Editions de l'Homme Libre, 2006. Première édition : Denoël, 1942.
Sapiro, Gisèle. *La Guerre des écrivains, 1940-1953.* Paris : Editions Fayard, 1999.
White, Edmund. *Genet : A Biography.* New York : Knopf, 1993.

NOTES

1. Jünger, *Journaux*, pp. 220-222.
2. Lottman, *The Left Bank*, p. 157.
3. Brasillach, *Notre avant-guerre*, p. 197.
4. *Ibid.*, p. 291.
5. Kaplan, *The Collaborator*, p. 57.
6. Rebatet, *Les Décombres*, p. 447.
7. *Ibid.*, p. 16.
8. Beauvoir, *La Force*, p. 636.
9. Paul Riche, *Au Pilori*, http://www.thyssens.com/01chrono/chrono_1940.php.
10. Paulhan, *Choix*, p. 196.
11. Heller, *Un Allemand*, p. 46.
12. *Ibid.*, p. 48.
13. Guéhenno, *Journal*, p. 77.
14. Drieu la Rochelle, *Journal*, p. 316.
15. *Ibid.*, p. 303.
16. *Ibid.*, p. 280.
17. *Ibid.*, p. 300.
18. *Ibid.*, p. 301.
19. *Ibid.*, p. 289.
20. *Ibid.*, p. 33.
21. *Ibid.*, p. 348-349.
22. Heller, *Un Allemand*, p. 30.
23. Mollier, *Edition*, p. 66.
24. Lottman, *The Left Bank*, p. 161.
25. Fouché, *L'Edition*, p. 160.
26. Poulain, *Livres pillés*, p. 133.
27. Eychart and Aillaud, *Les Lettres*, p. 104.
28. Jouhandeau, *Journal*, p. 84.

29. Jouhandeau, *Ecrits secrets*, p. 21.
30. *Ibid.*, pp. 27-28.
31. Jouhandeau, *Journal*, p. 121.
32. Dufay, *Le Voyage*, pp. 157-158.
33. *Ibid.*, pp. 168-170.
34. Heller, *Un Allemand*, pp. 84-85.
35. *Ibid.*, p. 92.
36. *Ibid.*, p. 87.
37. White, *Genet*, p. 284.
38. Jünger, *Journaux*, p. 255.
39. Heller, *Un Allemand*, p. 153.
40. Céline, *Lettres*, p. 672.
41. Céline, *Les Beaux*, p. 47.
42. *Ibid.*, p. 8.
43. Loiseaux, *La Littérature*, p. 565.
44. *Lire, Hors-Série*, N° 7, *Céline*, p. 76.
45. Céline, *Lettres*, p. 622.
46. Jünger, *Journaux*, p. 716.

CHAPITRE 13
Chez Florence

BIBLIOGRAPHIE

Abramovici, Pierre. *Un rocher bien occupé.* Paris : Editions du Seuil, 2001.
Arnaud, Claude. *Jean Cocteau.* Paris : Editions Gallimard, 2003.
Aury, Dominique. Préface à *Par le don de Florence Gould.* Paris : Bibliothèque littéraire Jacques-Doucet, 1988.
Burrin, Philippe. *La France à l'heure allemande, 1940-1944.* Paris : Editions du Seuil, 1995.
Cornut-Gentille, Gilles, et Philippe Michel-Thiriett. *Florence Gould.* Paris : Mercure de France, 1989.
Dufay, François. *Le Voyage d'automne : Octobre 1941, des écrivains français en Allemagne.* Paris : Editions Plon, 2000.
Gould, Florence. Témoignage donné à Paris au juge d'investigation Thirion, le 28 mars 1945.
Heller, Gerhard. *Un Allemand à Paris.* Paris : Editions du Seuil, 1981.
Jouhandeau, Marcel. *Ecrits secrets I : Le voyage secret.* Paris : Arléa, 1988.
—, *Journal sous l'Occupation.* Paris : Editions Gallimard, 1980.
Jünger, Ernst. *Journaux de guerre.* Vol. 2, *1939-1948.* Paris : Editions Gallimard, 2008.
Léautaud, Paul. *Journal littéraire.* Vol. 15, *Novembre 1942-juin 1944.* Paris : Mercure de France, 1962.
Journal littéraire. Vol. 17, *1946-1949.* Paris : Mercure de France, 1964.
Mauriac, Claude. *Le Temps immobile.* Paris : Editions Grasset, 1986.
Ministère Public. Département des poursuites publiques de la Cour de Justice du Département de la Seine dans le cas de *Ministère Public contre X… pouvant être le personnel dirigeant de la Banque Charles de Monaco,* 20 septembre 1948.
Nicholas, Lynn H. *The Rape of Europa : The Fate of Europe's Treasures in the Third Reich and the Second World War.* New York : Knopf, 1994.
Paulhan, Jean. *Choix de lettres, 1937-1945.* Paris : Editions Gallimard, 1992.
Thurman, Judith. *Secrets of the Flesh : A Life of Colette.* New York : Knopf, 1999.

NOTES

1. Cornut-Gentille and Michel-Thiriett, *Florence Gould*, p. 97.
2. Jünger, *Journaux*, p. 296.
3. Aury, Preface to *Par le don*, p. 7.
4. Heller, *Un Allemand*, p. 75.
5. Jünger, *Journaux*, p. 476.
6. Burrin, *France*, p. 205.
7. Jünger, *Journaux*, p. 519.
8. Abramovici, *Un rocher*, p. 257.
9. Jünger, *Journaux*, p. 566.
10. *Ibid.*, p. 563.
11. *Ibid.*, p. 593.
12. Cornut-Gentille and Michel-Thiriett, *Florence Gould*, p. 109.
13. Thurman, *Secrets*, pp. 436-37.
14. Mauriac, *Le Temps*, p. 223.
15. Léautaud, *Journal*, p. 935.
16. *Ibid.*, p. 1022.
17. *Ibid.*, p. 1723.
18. Heller, *Un Allemand*, p. 65.
19. *Ibid.*
20. Jünger, *Journaux*, p. 694.
21. *Ibid.*, p. 696.
22. *Ibid.*, p. 697.
23. The Nizkor Project : http://www.nizkor.org/ftp.cgi/imt/ftp.py?imt//nca/nca-06/nca-06–3766-ps.
24. Gould, Témoignage.
25. Cornut-Gentille and Michel-Thiriett, *Florence Gould*, p. 99.
26. Jünger, *Journaux*, p. 478.
27. Heller, *Un Allemand*, p. 64.
28. Jünger, *Journaux*, p. 728.
29. *Ibid.*, p. 1299.
30. Heller, *Un Allemand*, p. 66.
31. Gould, Témoignage.
32. Ministère Public, *Banque Charles*.
33. Cornut-Gentille and Michel-Thiriett, *Florence Gould*, p. 188.

CHAPITRE 14
« Du côté de la vie »

BIBLIOGRAPHIE

Adler, Laure. *Marguerite Duras*. Paris : Editions Gallimard, 1998.
Beauvoir, Simone de. *La Force de l'âge*. 1960. Paris : Editions Gallimard (Folio), 1986.
Betz, Albrecht, et Stefan Martens. *Les Intellecteuls et l'Occupation, 1940-1944 : Collaborer, partir, résister*. Paris : Editions Autrement, 2004.
Burrin, Philippe. *La France à l'heure allemande, 1940-1944*. Paris : Editions du Seuil, 1995.
Camus, Albert. *Œuvres complètes II, 1944-1948*. Paris : Editions Gallimard, coll. « La Pléiade », 2006.
—, *Carnets II, janvier 1942-mars 1951*. Paris : Editions Gallimard, 1964.

Cassou, Jean. *33 sonnets composés au secret.* Signé Jean Noir, préfacé par François La Colère. Paris : Editions de Minuit, 1943. Publié en anglais sous le titre *33 Sonnets of the Resistance.* Préface de Louis Aragon. Traduit par Timothy Adès. Todmorden, Eng. : Arc Publications, 2002.

Cate, Curtis. *André Malraux : A Biography.* London : Hutchinson, 1995.

Char, René. *Feuillets d'Hypnos.* Paris : FolioPlus, 2007.

—, *Œuvres complètes.* Paris : Editions Gallimard, 1983.

Cohen-Solal, Annie. *Sartre : A Life.* New York : Pantheon Books, 1987.

Corcy, Stéphanie. *La Vie culturelle sous l'Occupation.* Paris : Editions Perrin, 2005.

Daix, Pierre. *Les Lettres françaises : Jalons pour l'histoire d'un journal, 1941-1972.* Paris : Editions Tallandier, 2004.

Duras, Marguerite. *Cahiers de guerre et autres textes.* Paris : Editions P.O.L/IMEC, 2006.

Eluard, Paul, ed. *L'Honneur des poètes.* Paris : Editions de Minuit, 1943.

Eychart, François, et Georges Aillaud, eds. *Les Lettres françaises et Les Etoiles dans la clandestinité, 1942-1944.* Paris : Le Cherche Midi, 2008.

Galtier-Boissière, Jean. *Mon journal pendant l'Occupation.* Paris : Editions La Jeune Parque, 1944.

Gerassi, John. *Talking with Sartre : Conversations and Debates.* New Haven : Yale University Press, 2009.

Gide, André. *Journal 1889-1939.* Paris : Editions Gallimard, coll. « La Pléiade », 1940.

Guéhenno, Jean. *Journal des années noires.* Paris : Editions Gallimard, 1947.

Guérin, Raymond. *Retour de barbarie.* Bordeaux : Editions Finitude, 2005.

Heller, Gerhard. *Un Allemand à Paris.* Paris : Editions du Seuil, 1981.

Jünger, Ernst. *Journaux de guerre.* Vol. 2, *1939-1948.* Paris : Editions Gallimard, 2008.

Léautaud, Paul. *Journal littéraire.* Vol. 3, *février 1940-février 1956.* Paris : Mercure de France, 1986.

Le Boterf, Hervé. *La Vie parisienne sous l'Occupation.* Paris : Editions France-Empire, 1997.

Loiseaux, Gérard. *La Littérature de la défaite et de la collaboration.* Paris : Editions Fayard, 1995.

Lottman, Herbert R. *Albert Camus : A Biography.* New York : Doubleday, 1979.

—, *The Left Bank : Writers in Paris from Popular Front to Cold War.* Boston : Houghton Mifflin, 1982.

Malraux, André. « Antimémoires », *Le Miroir des limbes.* Paris : Editions Gallimard, 1976.

Martinoir, Francine de. *La Littérature occupée : Les Années de guerre, 1939-1945.* Paris : Hatier, 1995.

Mauriac, Claude. *Le Temps immobile.* Publié et annoté par José Cabanis. Paris Editions Grasset, 1993.

Mollier, Jean-Yves. *Edition, presse et pouvoir en France au xxe siècle.* Paris : Editions Fayard, 2008.

Paulhan, Jean. *Choix de lettres, 1937-1945.* Paris : Editions Gallimard, 1992.

Paxton, Robert O., Olivier Corpet et Claire Paulhan, eds. *Archives de la vie littéraire sous l'Occupation : A travers le désastre.* Paris : Editions Tallandier, 2009.

Ragache, Gilles, et Jean-Robert Ragache. *La Vie quotidienne des écrivains et des artistes sous l'Occupation, 1940-1944.* Paris : Hachette, 1998.

Rioux, Jean-Pierre, ed. *La Vie culturelle sous Vichy.* Paris : Editions Complexe, 1990.

Rondeau, Daniel. *Camus, ou Les promesses de la vie.* Paris : Editions Mengès, 2005.

Saint-Exupéry, Antoine de. *Lettre à un otage.* New York : Brentano's, 1943.

Sapiro, Gisèle. *La Guerre des écrivains, 1940-1953.* Paris : Editions Fayard, 1999.

Seghers, Pierre. *La Résistance et ses poètes (France 1940-1945).* Paris : Editions Seghers, 1974.

Thurman, Judith. *Secrets of the Flesh : A Life of Colette.* New York : Knopf, 1999.

Todd, Olivier. *Albert Camus : A Life*. New York : Knopf, 1997.
—, *Malraux*. New York : Knopf, 2005.
Vallier, Jean. *C'était Marguerite Duras*. Vol. 1, *1914-1945*. Paris : Editions Fayard, 2006.
Vercors. *Le Silence de la mer*. Paris : Editions de Minuit, 1942. (Les références se reportent à l'édition d'Albin Michel, 1951.)

ENTRETIENS

Dominique Desanti, Paris, 14 mars, 2008. Maurice Druon, Paris, 3 juin 2008. Marguerite Duras, Paris, 26 mars 1990. Madeleine Malraux, Paris, 12 juin 2008. Jorge Semprun, Paris, 26 mars, 2008.

NOTES

1. Guéhenno, *Journal*, p. 73.
2. *Ibid.*, p. 74.
3. *Ibid.*, p. 75.
4. Saint-Exupéry, *Lettre*, p. 32.
5. *Ibid.*, pp. 69-70.
6. Gide, *Journal*, 26 juin 1943.
7. Guéhenno, *Journal*, p. 189.
8. Eychart et Aillaud, *Les Lettres*, p. 27.
9. Mauriac, *Le Temps*, p. 42.
10. Vercors, *Le Silence*, p. 28.
11. *Ibid.*, p. 29.
12. *Ibid.*, p. 53.
13. Eychart et Aillaud, *Les Lettres*, p. 52.
14. Betz and Martens, *Les Intellectuels*, p. 206.
15. Eluard, *L'Honneur*, p. 10.
16. Aragon, *in* Cassou, *33 sonnets*, p. 32.
17. Cassou, *33 sonnets*, pp. 30-31.
18. *Ibid.*
19. *Ibid.*, pp. 50-51.
20. *Ibid.*, pp. 58-59.
21. *Ibid.*
22. Galtier-Boissière, *Mon journal*, p. 227.
23. Mémorial de l'internement et de la déportation, Camp de Royallieu, Compiègne, Dossier de presse, p. 17.
24. Char, *Œuvres*, p. 632.
25. Char, *Feuillets*, pp. 29, 36, 51, 17.
26. *Ibid.*, pp. 44-45.
27. *Ibid.*, pp. 49-50.
28. *Ibid.*, p. 39.
29. Entretien avec Druon, Paris, 3 juin 2008.
30. Entretien avec Desanti, Paris, 14 mars 2008.
31. Beauvoir, *La Force*, p, 609.
32. *Ibid.*, p. 657.
33. Gerassi, *Talking with Sartre*, p. 118.
34. Beauvoir, *La Force*, p. 665.
35. Heller, *Un Allemand*, p. 106.
36. Léautaud, *Journal*, p. 340.
37. Paulhan, *Choix*, p. 364.

CHAPITRE 15
Le retour du balancier

BIBLIOGRAPHIE

Beauvoir, Simone de. *La Force de l'âge.* 1960. Paris : Editions Gallimard (Folio), 1986.

Burrin, Philippe. *La France à l'heure allemande, 1940-1944.* Paris : Editions du Seuil, 1995.

Camus, Albert. *Œuvres complètes II, 1944-1948.* Paris : Editions Gallimard, coll. « La Pléiade », 2006.

Eychart, François, et Georges Aillaud, eds. *Les Lettres françaises et Les Etoiles dans la clandestinité, 1942-1944.* Paris : Le Cherche Midi, 2008.

Galtier-Boissière, Jean. *Mon journal pendant l'Occupation.* Paris : Editions La Jeune Parque, 1944.

Guéhenno, Jean. *Journal des années noires.* Paris : Editions Gallimard, 1947.

Heller, Gerhard. *Un Allemand à Paris.* Paris : Editions du Seuil, 1981.

Jackson, Julian. *France : The Dark Years, 1940-1944.* New York : Oxford University Press, 2001.

Jünger, Ernst. *Journaux de guerre,* Vol. 2, *1939-1948.* Paris : Editions Gallimard, 2008.

Le Boterf, Hervé. *La Vie parisienne sous l'Occupation.* Paris : Editions France-Empire, 1997.

Paxton, Robert O. *Vichy France : Old Guard and New Order, 1940-1944.* New York : Knopf, 1972.

Paxton, Robert O., Olivier Corpet and Claire Paulhan, eds. *Archives de la vie littéraire sous l'Occupation : À travers le désastre.* Paris : Editions Tallandier, 2009.

ENTRETIENS

Michel Francini, Paris, 13 mars 2008. Françoise Gilot, New York, 4 avril 2009. Annie Ubersfeld, Paris, 25 mars 2008.

NOTES

1. Guéhenno, *Journal,* p. 387.
2. Entretien avec Francini, Paris, 13 mars 2008.
3. Jünger, *Journaux,* p. 713.
4. Galtier-Boissière, *Mon journal,* p. 238.
5. Jünger, *Journaux,* p. 733.
6. Entretien avec Ubersfeld, Paris, 25 mars 2008.
7. Entretien avec Gilot, New York, 4 avril 2009.
8. Beauvoir, *La Force de l'âge,* p. 679.
9. Entretien avec Francini, Paris, 13 mars 2008.
10. Guéhenno, *Journal,* p. 433.
11. *Ibid.*, p. 434.
12. *Ibid.*
13. *Ibid.*, p. 436.
14. Camus, *Combat,* p. 13.
15. Galtier-Boissière, *Mon journal,* pp. 271-272.
16. *Ibid.*, p. 272.
17. *Ibid.*, pp. 275-276.
18. *Ibid.*, p. 276.
19. *Ibid.*, p. 282.

CHAPITRE 16
Vengeance et amnésie

BIBLIOGRAPHIE

Assouline, Pierre. *L'Epuration des intellectuels.* Paris : Editions Complexe, 1996.
Baruch, Marc-Olivier, ed. *Une poignée de misérables : L'épuration de la société française après la Seconde Guerre mondiale.* Paris : Editions Fayard, 2003.
Beauvoir, Simone de. *La Force de l'âge.* 1960. Paris : Editions Gallimard (Folio), 1986.
Beevor, Antony, et Artemis Cooper. *Paris After the Liberation, 1944-1949.* New York : Doubleday, 1994.
Betz, Albrecht, and Stefan Martens. *Les Intellectuels et l'Occupation.* Paris : Editions Autrement, 2004.
Camus, Albert. *Œuvres complètes II, 1944-1948.* Paris : Editions Gallimard, coll. « La Pléiade », 2006.
Château, René. *Le Cinéma français sous l'Occupation.* Paris : Editions René Château et La Mémoire du Cinéma français, 1995.
Chimènes, Myriam, ed. *La Vie musicale sous Vichy.* Paris : Editions Complexe, 2001.
Cocteau, Jean. *Journal, 1942-1945.* Paris : Editions Gallimard, 1989.
Cohen-Solal, Annie. *Sartre : A Life.* New York : Pantheon Books, 1987.
Corcy, Stéphanie. *La Vie culturelle sous l'Occupation.* Paris : Editions Perrin, 2005.
Decaux, Alain. *Tous les personnages sont vrais : Mémoires.* Paris : Editions Perrin, 2005.
De Gaulle, Charles. *Mémoires de guerre.* Paris : Editions Plon, 1959.
Desanti, Dominique. *Sacha Guitry : 50 ans de spectacle.* Paris : Editions Grasset, 1982.
Drieu la Rochelle, Pierre. *Journal, 1939-1945.* Paris : Editions Gallimard, 1992.
Galtier-Boissière, Jean. *Mon journal depuis la Libération.* Paris : La Jeune Parque, 1945.
—, *Mon journal pendant l'Occupation.* Paris : Editions La Jeune Parque, 1944.
Gide, André. « Retour de l'URSS », *Souvenirs et Voyages.* Paris : Editions Gallimard, coll. « La Pléiade », 2001.
Guéhenno, Jean. *Journal des années noires.* Paris : Editions Gallimard, 1947.
Guitry, Sacha. *60 jours de prison.* Paris : L'Elan, 1949.
Jackson, Julian. *France : The Dark Years, 1940-1944.* New York : Oxford University Press, 2001.
Jouhandeau, Marcel. *Journal sous l'Occupation.* Paris : Editions Gallimard, 1980.
Judt, Tony. *Past Imperfect : French Intellectuals, 1944-1956.* Los Angeles : University of California Press, 1992.
Kaplan, Alice. *The Collaborator : The Trial and Execution of Robert Brasillach.* Chicago : University of Chicago Press, 2000.
Léautaud, Paul. *Journal littéraire,* Vol. 17. Paris : Mercure de France, 1954.
Le Boterf, Hervé. *La Vie parisienne sous l'Occupation.* Paris : Editions France-Empire, 1997.
Letan, Michel. *Pierre Laval : De l'armistice au poteau.* Paris : Editions de la Couronne, 1947.
Lifar, Serge. *Ma vie.* Paris : Editions René Julliard, 1965.
Loiseaux, Gérard. *La Littérature de la défaite et de la collaboration.* Paris : Editions Fayard, 1995.
Lottman, Herbert. *The Left Bank : Writers in Paris from Popular Front to Cold War.* Boston Houghton Mifflin, 1982.
Ory, Pascal. *Les Collaborateurs, 1940-1945.* Paris : Editions du Seuil, 1976.
Paxton, Robert O. *Vichy France : Old Guard and New Order, 1940-1944.* New York : Knopf, 1972.

Paxton, Robert O., Olivier Corpet et Claire Paulhan, eds. *Archives de la vie littéraire sous l'Occupation : A travers le désastre.* Paris : Editions Tallandier, 2009.
Picaper, Jean-Paul, et Ludwig Norz. *Enfants maudits.* Paris : Editions des Syrtes, 2004.
Rioux, Jean-Pierre, ed. *La Vie culturelle sous Vichy.* Paris : Editions Complexe, 1990.
Rousso, Henry. *La Collaboration : les noms, les thèmes, les lieux.* Paris : MA Editions, 1987.
Sapiro, Gisèle. *La Guerre des écrivains, 1940-1953.* Paris : Editions Fayard, 1999.
Weyembergh, Maurice. *Albert Camus, ou La mémoire des origines.* Paris : De Boeck Université, 1998.

ENTRETIENS

Claude Anglès, Paris, 8 août 2007. Danielle Darrieux, Paris, 22 janvier 2009. Dominique Desanti, Paris, 14 mars 2008. Michel Francini, Paris, 13 mars 2008.

NOTES

1. Entretien avec Francini, Paris, 13 mars 2008.
2. Cocteau, *Journal,* p. 537.
3. Entretien avec Anglès, Paris, 8 août 2007.
4. Desanti, *Sacha Guitry,* p. 441.
5. Galtier-Boissière, *Mon journal pendant,* p. 284.
6. Galtier-Boissière, *Mon journal depuis,* p. 36.
7. Letan, *Pierre Laval,* p. 167.
8. Betz and Martens, *Les Intellectuels,* p. 77.
9. Léautaud, *Journal,* vol. 17, p. 121.
10. Drieu La Rochelle, *Journal,* p. 506.
11. Heller, *Un Allemand,* p. 56.
12. Galtier-Boissière, *Mon journal depuis la Libération*, p. 189.
13. Assouline, *L'Epuration,* p. 54.
14. *Ibid.*, p. 53.
15. Weyembergh, *Albert Camus,* p. 167.
16. Assouline, *L'Epuration,* pp. 46-47.
17. Camus, *Œuvres complètes II*, p. 407.
18. Jouhandeau, *Journal,* p. 278.
19. *Ibid.*, p. 365.
20. Galtier-Boisssière, *Mon journal depuis l'Occupation,* p. 129.
21. Assouline, *L'Epuration,* p. 123.
22. De Gaulle, *Mémoires,* p. 115.
23. Assouline, *L'Epuration,* p. 82.
24. *Ibid.*, p. 100.
25. Château, *Le Cinéma,* p. 458.
26. Entretien avec Darrieux, Paris, 22 janvier 2009.
27. Château, *Le Cinéma,* p. 441.

CHAPITRE 17
Survivre à tout prix

BIBLIOGRAPHIE

Assouline, Pierre. *L'Epuration des intellectuels.* Paris : Editions Complexe, 1996.
Beevor, Antony, et Artemis Cooper. *Paris After the Liberation, 1944-1949.* New York : Doubleday, 1994.

Bibliographie et notes

Galtier-Boissière, Jean. *Mon journal depuis la Libération.* Paris : La Jeune Parque, 1945.
—, *Mon journal pendant l'Occupation.* Paris : Editions La Jeune Parque, 1944.
Gerassi, John. *Talking with Sartre : Conversations and Debates.* New Haven : Yale University Press, 2009.
Heller, Gerhard. *Un Allemand à Paris.* Paris : Editions du Seuil, 1981.
Maison Rouge, Isabelle de. *Picasso.* Paris : Le Cavalier Bleu, 2005.
Paulhan, Jean. *Lettre aux directeurs de la Résistance.* Paris : Les Editions de Minuit, 1952.
Sapiro, Gisèle. *La Guerre des écrivains, 1940-1953.* Paris : Editions Fayard, 1999.

NOTES

1. Heller, *Un Allemand*, p. 105.
2. Galtier-Boissière, *Mon journal pendant l'Occupation*, p. 289.
3. Sapiro, *La Guerre*, p. 62.
4. Galtier-Boissière, *Mon journal pendant l'Occupation*, p. 287.
5. Gerassi, *Talking with Sartre*, p. 122.
6. *Ibid.*, p. 124.
7. Paulhan, *Lettre*, p. 7.
8. *Ibid.*, p. 10.
9. *Ibid.*, p. 54.
10. Maison Rouge, *Picasso*, p. 15.
11. In *Theories of Modern Art : A Source Book by Artists and Critics*, publié par Herschel B. Chipp (Berkeley : University of California Press, 1973), pp. 487-89.

Remerciements

Tous les auteurs qui ont écrit sur l'Occupation en France au cours des dernières décennies sont redevables envers Robert O. Paxton, qui a été pionnier dans ce domaine. Mais j'ai personnellement une dette particulière envers le professeur Paxton qui, généreusement, a accepté de relire mon manuscrit et ainsi corrigé quantité d'erreurs et m'a fait des suggestions d'une très grande pertinence pour améliorer mon texte. J'ai eu aussi la chance immense que Robert Gottlieb, cet éditeur extraordinaire, ait bien voulu lire mon manuscrit à un stade où son érudition et son attention affûtée lui ont permis d'améliorer le résultat final. Un grand merci à ces deux Bob.

Je suis aussi reconnaissant envers les autres amis et spécialistes qui ont lu le livre en partie ou en totalité et qui m'ont évité de nombreuses erreurs ; parmi eux Daphné Anglès, Lenny Borger, Myriam Chimènes, Hector Feliciano, Debra Isaac, Karine Le Bail, Gisèle Sapiro, Yannick Simone et C. K. Williams. En tant que journaliste, je me serais senti encore plus déplacé dans le monde des historiens si je n'avais eu l'occasion de réaliser des entretiens avec de nombreux protagonistes qui avaient personnellement participé à la vie culturelle à Paris sous l'Occupation. Je suis très reconnaissant du temps que m'ont consacré, des souvenirs et des réflexions que m'ont confiés Jean Babilée, Pierre Boulez, Danielle Darrieux, Dominique Delouche, Michel Déon, Françoise Gilot, Stéphane Hessel, Elina Labourdette, Micheline Presle, Denise René, mais aussi tous ceux qui sont décédés depuis, Claude Anglès, Héléna Bossi, Marcel Carné, Leonora Carrington, Dominique Desanti, Maurice Druon, Marguerite Duras, Willy Ronis, Jorge Semprun et Annie Ubersfeld.

Je tiens aussi à exprimer toute ma reconnaissance aux historiens et universitaires qui, trop nombreux pour que je puisse les nommer en dehors de ma bibliographie, ont effectué toutes les difficiles recherches qui m'ont permis d'avoir une vue d'ensemble. L'Institut d'histoire du temps présent et l'Institut Mémoires de l'édition contemporaine ont mené des recherches qui m'ont été d'une très grande utilité. Sans le travail de ces savants et de ces institutions, je n'aurais su par où commencer. J'ai eu également la chance de pouvoir compter sur Ginny Power pour m'aider à trouver les photos qui illustrent ce livre.

Je dois des remerciements tout particuliers à Ashbel Green chez Knopf qui non seulement a semé la graine de ce livre il y a quinze ans mais qui, au cours des trente dernières années, a été un ami fidèle et un éditeur d'une patience inépuisable. Susanna Lea, qui était déjà une amie bien avant d'être mon agent, n'a cessé de me soutenir et de m'encourager. Ma mère, Ina, dans sa centième année à l'époque de l'écriture de ce livre, a été, comme toujours, une source d'inspiration. Et enfin mon épouse, Marlise Simons, a accepté une fois de plus que je désorganise notre vie en consacrant de longues heures à un livre. Ma plus profonde gratitude pour sa patience, sa force et son soutien.

Table

Cet ouvrage a été composé par
CPI Firmin Didot à Mesnil-sur-l'Estrée
pour le compte des Éditions Plon
76, rue Bonaparte
*Paris 6e*
en janvier 2012

Imprimé en France
Dépôt légal : janvier 2012
N° d'édition : 14805 – N° d'impression : 108389